Berufen zur Verwandlung der Welt

D1943121

Schriften des Ostkircheninstituts der Diözese Regensburg
Band 6

Herausgegeben von
Dietmar Schon O.P.

Dietmar Schon

Berufen zur Verwandlung der Welt

Die Orthodoxe Kirche in sozialer und ethischer Verantwortung

VERLAG FRIEDRICH PUSTET
REGENSBURG

Bibliografische Information der Deutschen Nationalbibliothek

Die Deutsche Nationalbibliothek verzeichnet diese Publikation in der Deutschen Nationalbibliografie; detaillierte bibliografische Daten sind im Internet über http://dnb.dnb.de abrufbar.

© 2021 Verlag Friedrich Pustet, Regensburg
Gutenbergstraße 8 | 93051 Regensburg
Tel. 0941/920220 | verlag@pustet.de

ISBN 978-3-7917-3260-2
Reihen-/Umschlaggestaltung: Martin Veicht, Regensburg
Satz: SATZstudio Josef Pieper, Bedburg-Hau
Druck und Bindung: Friedrich Pustet, Regensburg
Printed in Germany 2021

eISBN 978-3-7917-7356-8 (pdf)

Unser gesamtes Programm finden Sie im Webshop unter
www.verlag-pustet.de

Inhaltsverzeichnis

Vorwort

Zu den erfreulichen Ereignissen des schwierigen Jahres 2020 gehörte das Erscheinen des Dokuments „Für das Leben der Welt – Das Sozialethos der Orthodoxen Kirche". Es handelt sich dabei um die Frucht der Arbeit einer Kommission renommierter Theologinnen und Theologen aus Europa, Asien und den USA, die Seine Allheiligkeit, der Ökumenische Patriarch Bartholomaios, beauftragt hatte, ein sozialethisches Dokument auf der Grundlage der kirchlichen Tradition und insbesondere der Beschlüsse des Heiligen und Großen Konzils der Orthodoxen Kirche (Kreta, 18.–26. Juni 2016) zu verfassen. Die Heilige Synode des Ökumenischen Patriarchats hat die Arbeit der Kommission mit Wohlwollen zur Kenntnis genommen und ihre Zustimmung zur Veröffentlichung des Dokuments erklärt.

„Für das Leben der Welt" spiegelt das hohe Niveau der modernen orthodoxen Theologie weltweit, vor allem aber ist es Ausdruck der intensiven Bemühungen der Orthodoxie auf allen Ebenen, Zeugnis vom Evangelium in der heutigen Welt abzulegen, die Schätze der ostkirchlichen Tradition in einer angemessenen Sprache zu vermitteln und auf die Herausforderungen der heutigen Welt zukunftsweisend zu reagieren. Das Heilige und Große Konzil von 2016 hat maßgebliche Impulse in diese Richtung gegeben. Es hat uns erinnert: Die Kirche ist „nicht indifferent gegenüber den Problemen der Menschen zu jeder Zeit, sondern nimmt im Gegenteil an seinen Nöten und seinen existentiellen Problemen Anteil; sie heilt wie ihr Herr den Schmerz und die Wunden, welche das Böse in der Welt hervorruft, und gießt wie der gute Samariter Öl und Wein auf seine Wunden (Lk 10,34); sie tut dies durch das Wort der ‚Geduld und des Trostes' (Röm 15,4; Hebr 13,22) und die tätige Liebe. Ihr Wort an die Welt zielt nicht primär darauf, diese zu richten oder zu verurteilen (vgl. Joh 3,17 und 12,47), sondern um ihr das Evangelium vom Reich Gottes als Leitfaden darzubieten, sowie die Hoffnung und die Zusicherung, dass das Böse in welcher Form auch immer, nicht das letzte Wort in der Geschichte hat und ihren Lauf nicht bestimmen darf."*

---

* Dokument „Der Auftrag der Orthodoxen Kirche in der heutigen Welt", zitiert nach Synodos. Die offiziellen Dokumente des Heiligen und Großen Konzils der Orthodoxen Kirche (Kreta, 18.–26. Juni 2016), Bonn 2018, 87.

Besonders erfreulich ist die Tatsache, dass ein in Deutschland lebender Ostkirchenkundler und Dominikanerpater, PD Dr. Dietmar Schon OP, Direktor des Ostkircheninstituts der Diözese Regensburg, sich vorgenommen hat, dem Dokument „Für das Leben der Welt" eine Monographie zu widmen, die meines Wissens weltweit die erste ihrer Art ist. Der römisch-katholische Verfasser bietet darin eine sorgfältige und ausführliche Analyse des neuen orthodoxen sozialethischen Dokuments, trägt entscheidend zu seiner korrekten Einordnung im Gesamtkontext der sozialethischen Bemühungen unserer Kirche bei und liefert hilfreiche hermeneutische Schlüssel zur Wahrnehmung seiner reichlichen Impulse. Gleichzeitig übt Pater Dietmar Schon als guter Kenner der Orthodoxen Kirche und ihrer Theologie auch konstruktive Kritik an bestimmten Aspekten des Dokuments, die als willkommener Beitrag zu dessen Rezeption anzusehen ist.

Ökumene brauchen wir heute mehr denn je. Dazu gehört auch anspruchsvolle akademische Arbeit, die Stereotype abbaut, komplexe Sachverhalte verständlich macht, interkonfessionelle Spannungen entschärft und stattdessen essentielle theologische Anregungen für ein gemeinsames Zeugnis der Christen anbietet.

Mögen die Impulse des vorliegenden Buches breit rezipiert werden; seinem Verfasser wünsche ich weiterhin Ausdauer, Kraft und Gottes Segen in seiner vielfältigen akademischen und ökumenischen Tätigkeit.

Metropolit Augoustinos von Deutschland
Exarch von Zentraleuropa
Vorsitzender der Orthodoxen Bischofskonferenz in Deutschland
(OBKD)

Einleitung

Unter dem Titel „Für das Leben der Welt" („For the Life of the World") ist in der Großen Fastenzeit der orthodoxen Kirche 2020 ein Dokument zur Sozialethik veröffentlicht worden.[1] Ihm sind einige Begleitmaterialien beigegeben, die Auskunft über seine Entstehung und über die mit ihm verbundenen Motivationen bzw. Zielsetzungen bieten. Der Blickwinkel dieser Texte ist in doppelter Hinsicht global.[2] Angesprochen werden die orthodoxen Gläubigen auf der ganzen Welt. Darin spiegelt sich die Tatsache, dass die orthodoxe Kirche längst den Raum einer begrenzten Zahl von Nationalstaaten überschritten und sich zu einem globalen Akteur entwickelt hat. Zugleich sollen die Probleme und Aufgaben fokussiert werden, denen sich die Welt heute gegenübersieht. Insoweit wird einer Entwicklung der letzten Jahrzehnte Rechnung getragen. Viele Einflussfaktoren, die menschliches Leben und seine Entwicklungsräume heute bestimmen, orientieren sich inzwischen weder an nationalen Grenzen noch an den territorialen Grenzen einer einzelnen autokephalen Kirche. Diese globale Orientierung wird durch den Gebrauch der modernen digitalen Möglichkeiten des Internets für die Erstveröffentlichung des Dokuments unterstrichen. Zudem sind die Texte in zwölf westlichen wie östlichen Sprachen online gestellt worden, eine ungewöhnlich hohe Zahl, wenn man bedenkt, dass die Dokumente der Großen und Heiligen Synode von Kreta 2016 in ihrer digitalen Form in vier verschiedenen Sprachen publiziert wurden.[3] So darf auch die große Zahl von Übersetzungen, die zeitgleich im Internet zugänglich gemacht wurden, als Indiz gewertet werden, dass ein weltweiter Austausch über die sozialethischen Einsichten der Orthodoxie ange-

---

1 David Bentley Hart / John Chryssavgis (Hg.), For the Life of the World. Toward a Social Ethos of the Orthodox Church, Holy Cross Orthodox Press Brookline/MA 2020. Das Dokument wurde bereits einige Monate vor Drucklegung online auf der Homepage der Griechisch-Orthodoxen Metropolie von Amerika publiziert; vgl. https://www.goarch.org/social-ethos?p_p_id=56_INSTANCE_km0Xa4sy69OV&p_p_lifecycle=0&p_p_state=normal&p_p_mode=view&p_p_col_id=column-1&p_p_col_count=1&_56_INSTANCE_km0Xa4sy69OV_languageId=en_US (abgerufen 12.5.2020). Wenn nicht anders vermerkt, wird im Folgenden die Druckausgabe zugrunde gelegt. *Kurztitel künftig: Dokument.*

2 Ebd., XIII: „our faithful throughout the world" und „vital issues and challenges facing the world today".

3 Vgl. https://www.holycouncil.org/ (abgerufen 12.5.2020).

strebt ist. Die Druckausgabe ist in der Holy Cross Press Brookline/ Massachusetts erschienen; digital ist das Dokument auf der Homepage der Griechisch-Orthodoxen Metropolie von Amerika angesiedelt. Bereits durch den Publikationsort bzw. die Wahl der Homepage kommt die orthodoxe Diaspora in den Blick, und zwar in derjenigen Region der Neuen Welt, in der die Orthodoxie zahlenmäßig wie vom Organisationsgrad her besonders stark vertreten ist und wo die „Assembly of Canonical Orthodox Bishops of the United States of America“ unter dem Vorsitz des Repräsentanten des Ökumenischen Patriarchats, aktuell Erzbischof Elpidophoros von Amerika, besonders intensive und fruchtbare Arbeit leistet.[4]

[4] Vgl. http://www.assemblyofbishops.org/about/; über Links sind die vielfältigen Tätigkeitsbereiche erfasst; vgl. auch die Intensität der Berichterstattung unter „News“ (abgerufen 12.5.2020).

A. Die Genese des sozialethischen Dokuments „For the Life of the World" und seine Verortung im Leben der Kirche ausweislich der Begleitmaterialien

Im Folgenden sollen zunächst die vier Begleitmaterialien („Preface", „Letter of Approval", „Foreword" und „Executive Summary"[5]) untersucht werden, da sie Aufschlüsse über die Genese des Textes und die ihm zugrunde liegenden Aufträge, Vorgaben und Sichtweisen bieten. Nicht zuletzt enthält diese Gruppe von Texten Aussagen zur Einordnung des sozialethischen Dokuments und über die mit ihm verbundene Zielsetzung, die für eine Interpretation des eigentlichen Dokuments von Bedeutung sind.

1. Das Vorwort der Herausgeber

Das Vorwort der Herausgeber resümiert zunächst die Vorgeschichte des Dokuments. Im Juni 2017 hatte der Ökumenische Patriarch Bartholomaios eine Kommission von zwölf Theologinnen und Theologen unter Vorsitz des Erzdiakons Dr. John Chryssavgis eingesetzt[6] und erteilte ihr einen sehr konkreten Auftrag, den das Vorwort anhand eines wörtlichen Zitats umreißt. Demzufolge sollte ein offizielles Dokument über die Soziallehre der orthodoxen Kirche vorbereitet werden, wie sie (1) in der

---

5 Das „Executive Summary" findet sich nur in der Online-Publikation des Dokuments.

6 Vgl. Dokument, XX (Namensliste und Angabe der Wirkungsstätte). Regina Elsner würdigte die Kommission als eine internationale und mehrheitlich mit Laien besetzte Arbeitsgruppe; sie bestehe aus führenden Theologinnen und Theologen, die vor allem aus den USA stammten und durch ihren offenen Dialog mit anderen Wissenschaften und Konfessionen bekannt seien; vgl. Regina Elsner, Neue Impulse für eine orthodoxe Sozialethik, NÖK 8/2020 „Hintergrund", online publiziert unter https://noek.info/hintergrund/1502-neue-impulse-fuer-eine-orthodoxe-sozialethik?utm_source=newsletter_128&utm_medium=email&utm_campaign=noek-newsletter-8-2020 (abgerufen 14.5.2020).

Tradition über Jahrhunderte reflektiert bzw. formuliert worden sei und wie sie (2) vom Ökumenischen Patriarchat aktuell angewandt werde, insbesondere auch (3) im Licht der Beschlüsse der Großen und Heiligen Synode von Kreta (Juni 2016).[7] Damit wurden der Kommission drei Quellen für die Erarbeitung des Dokuments vorgegeben. Bereits in der Beauftragung der Kommission war vorgesehen, dass der von ihr vorzulegende Text durch die Heilige Synode der Konstantinopler Kirche geprüft und approbiert werden sollte, um dann – am Ende des Prozesses – als kirchliches Dokument den Gläubigen zur Verfügung gestellt zu werden. Von der doppelten globalen Ausrichtung dieser Perspektive wurde eingangs bereits gesprochen.

Drei Monate später, im Dezember 2017, richtete der Ökumenische Patriarch eine offizielle Enzyklika an die Hierarchen der Kirche von Konstantinopel. In ihr erging die Einladung, Anregungen zu diesem Projekt zu unterbreiten,

> „‚concerning the nature of the signs of our times as well as ways of responding to these challenges in the spirit of the Orthodox spiritual and pastoral tradition‘ and encouraging each of them ‚to submit a report on the urgent social problems‘ faced by the faithful today, as well as ‚a pastoral response in the context of an Orthodox ecclesiastical witness in the modern world‘“[8].

Die Enzyklika des Patriarchen stellte sicher, dass und wie die Bischöfe der Konstantinopler Kirche mit substantiellen Beiträgen an der Arbeit der Theologenkommission beteiligt werden sollten. Der ihnen erteilte Auftrag weist wiederum Spezifika auf: (1) Die Formulierung „Zeichen der Zeit“ spielt auf Lk 12,56 an und verweist damit auf eine notwendige Auseinandersetzung mit der Heiligen Schrift. Antworten auf diese Zeichen sollten (2) im Licht der orthodoxen geistlichen wie pastoralen Tradition gesucht werden; weiter sollten (3) die drängenden sozialen Probleme der Gläubigen identifiziert und (4) eine pastorale Antwort auf sie als Teil des orthodoxen Zeugnisses in der Welt von heute gegeben werden. Die für (4) verwendete Formulierung „Orthodox ecclesiastical witness in the modern world“ steht dem Titel des Dokuments „The Mission of the Orthodox Church in Today's World“ der Synode von Kreta sehr nahe. Dies dürfte kein Zufall sein, hatte doch bereits der Auftrag an die Theologenkommission drei Monate zuvor eine Auseinandersetzung mit den Synodenbeschlüssen ausdrücklich eingeschlossen. Der Schwer-

7 Dokument, XIII.

8 Ebd., XIV.

punkt des Auftrags lag jedoch auf der pastoralen Ebene. Dabei stand im Blick, dass die Bischöfe in ihrem Dienst aus erster Hand erfahren, welchen Herausforderungen der modernen Welt die Gläubigen ausgesetzt sind. Gleichzeitig verfügen sie über entsprechende Erfahrung, darauf pastoral zu antworten. Diese Stärken sollten für das Projekt fruchtbar gemacht werden. Im Vorwort des Dokuments ist festgehalten, dass die Hierarchie positiv auf die an sie ergangene Einladung reagiert hat. Innerhalb von zwei Monaten gingen demnach aus mehr als 25 Eparchien detaillierte Antworten ein, wobei viele auf die Einsichten beteiligter Priester und Theologen, Spezialisten und Wissenschaftler, Sozialarbeiter und Repräsentanten der Zivilgesellschaft Bezug genommen hätten.[9]

Im September 2019 legte die Kommission den Text des Dokuments vor. Dieser wurde im Folgemonat den Hierarchen der Heiligen Synode sowie den Ortsbischöfen zur Beurteilung übermittelt. Bei der Sitzung der Heiligen Synode im Januar 2020 erteilte diese ihre Zustimmung und gab der Kommission den Auftrag zur Publikation

> „in order to provide parameters and guidelines for the social responsibility of the Orthodox Church before the challenges and perspectives of today's world, without at the same time overlooking the favorable potential and perspectives of contemporary civilization“[10].

Das wörtliche Zitat innerhalb des betreffenden Abschnitts im Vorwort legt nahe, dass insoweit aus dem Wortlaut des von der Heiligen Synode gefassten Beschlusses geschöpft wurde. Deshalb kommt den dabei gebrauchten Formulierungen besonderes Gewicht zu. Das Dokument bietet demzufolge Rahmenbedingungen bzw. Leitlinien und bleibt damit in seiner Anwendung offen und flexibel. Erreicht werden soll eine aktive Wahrnehmung sozialer Verantwortung der Kirche, indem aktuell bestehende Herausforderungen identifiziert und aufgegriffen werden. Dabei ist die grundsätzliche Sicht eine positive, wie der angeschlossene Hinweis auf das günstige Potential und entsprechende Perspektiven der heutigen Zivilisation unterstreicht.

Auch nach der synodalen Approbation des Dokuments sind noch Ergänzungen durch prominente Hierarchen des Patriarchats übermittelt und durch die Kommission in den Text eingearbeitet worden. So erklärt sich eine nur in der Online-Ausgabe enthaltene und dem Kerntext vor-

---

[9] Ebd.

[10] Ebd., XIV f.

geschaltete Notiz der Kommission.[11] In ihr sind die nach Approbation vorgenommenen Ergänzungen erwähnt, jedoch als „redaktionelle Änderungen“ qualifiziert. Deren Tragweite scheint begrenzt gewesen zu sein, denn es wurde weder eine erneute Abstimmung der Synode für notwendig erachtet, noch erfolgte ein Rückzug der dem Dokument beigefügten Erklärung des Ökumenischen Patriarchen oder des Vorworts von Erzbischof Elpidophoros. Die Druckausgabe verzichtete deshalb auf eine Wiederholung dieses Hinweises.

Ein zweiter Abschnitt des Vorworts ist dem theologischen Hintergrund gewidmet. Den Einstieg bildet die Reflexion eines ekklesiologischen Sachverhalts, nämlich das Verhältnis von Einheit und Vielfalt:

> „The Orthodox Church operates within a vast variety of cultural and historical contexts, each with its own social and political concerns and traditions. The Church regards its social teaching as nothing other than a faithful transcription of the moral teachings of the gospel into the language of public ethics and policy, and insists that every Orthodox Christian is called to live in the world as a faithful disciple of Christ [...]; thus any reflection on Orthodox social doctrine must rely upon the accumulated experience and wisdom of the Church as a whole, throughout the world and throughout her history.“[12]

Da der Schwerpunkt der sich stellenden Aufgabe dergestalt auf eine Umsetzung evangeliumsgemäßer Lehren gelegt wird und diese natürlich gleichermaßen an alle Gläubigen gerichtet sind, handelt es sich um ein pastorales Engagement *der* Orthodoxen Kirche. Deren Vielfalt wird verortet in einer großen Bandbreite kultureller und historischer Kontexte. Diese wiederum hätten zu einer Anhäufung von Erfahrung und Weisheit der Kirche in ihrer Gesamtheit geführt, wie sie über die ganze Welt verbreitet sei, quer durch eine lange Geschichte. Dieser Fokus auf die Gesamtheit der Orthodoxie findet sich durchgängig. Bedingt durch den gewählten Anknüpfungspunkt „Umsetzung des Evangeliums“ spielte die Vielfalt autokephaler Kirchen bei der Entwicklung des sozialethischen Dokuments dagegen keine Rolle und fand konsequenterweise auch keine Erwähnung. So konnte bereits im Einleitungssatz des Ab-

---

11 Dokument/Online-Ausgabe (wie FN 1). Nach „Refine By Keyword“ ist dort vermerkt: „For the Life of the World reflects editorial changes by the Special Commission that incorporate elaborations and amplifications not included in the original document reviewed and approved for publication by the Holy and Sacred Synod.“

12 Dokument, XV.

schnitts das Ergebnis der Kommissionsarbeit bezeichnet werden als „a single statement of the social doctrine of the Orthodox Church“[13].

Beachtung verdient die einschränkende Formulierung „statement“. Auf derselben Linie bewegt sich der Untertitel des Dokuments „Toward a Social Ethos of the Orthodox Church“. Das Unterwegssein („toward“) hin zu einer solchen Soziallehre mag das Bewusstsein andeuten, dass die angesprochene „getreue Übersetzung“ der spezifischen Lehren des Evangeliums durch die Kirche nie zum Abschluss kommt, sondern in einer sich stetig verändernden Welt auch stetiger Anpassung bedarf bzw. auf verschiedene Weise ins Wort gebracht werden kann. Ausschlaggebender dürfte jedoch ein formaler Gesichtspunkt sein: Sowohl die Bezeichnung als „statement“ wie auch der Untertitel stellen eine gewisse Relativierung der Verbindlichkeit des Dokuments dar und können als Rücksichtnahme auf die ekklesiale Struktur der orthodoxen Kirche interpretiert werden.[14] Diese Sichtweise hatte sich bereits die Russische Orthodoxe Kirche (ROK) in ihren „Grundlagen der Sozialkonzeption“ zu eigen gemacht, ein Dokument, dessen Titel ähnlich vorsichtig formuliert worden ist. Dennoch ist auch in diesem Text „die Rede nicht nur von der russischen Kirche, sondern oft allgemein von der Orthodoxie“[15].

Der nächste Abschnitt der im Vorwort gebotenen Skizze des theologischen Hintergrunds befasst sich mit dem richtigen Verständnis von „Tradition“. Den Einstieg bildet das Bekenntnis, die Kirche sei nicht selten schlecht vorbereitet, um auf die tatsächlichen Gegebenheiten von Pluralismus und Globalisierung zu antworten; dasselbe gelte für die mit Individualismus und Säkularisierung verbundenen Probleme. Dies berge die Gefahr, dass sich die Kirche in vielen Gesellschaften versucht sehe, einfach nur in Opposition zur Welt zu verharren, indem ihre Erscheinungs- oder Ausdrucksformen oft pauschal angeprangert und verachtet würden. Das führe zu einem ernsthaften Problem:

---

13 Ebd.

14 Alexandros Papaderos, Aspekte orthodoxer Sozialethik, in: Ingeborg Gabriel / Alexandros Papaderos / Ulrich Körtner, Perspektiven ökumenischer Sozialethik. Der Auftrag der Kirchen im größeren Europa, Grünewald Mainz ^{2}2006, 23–126 (60) wies darauf hin, dass eine Sozialdoktrin oder -lehre in gesamtorthodoxer Verantwortung erarbeitet werden müsste.

15 Alexandros Papaderos, Aspekte orthodoxer Sozialethik (wie FN 14), 60.

> „All to often, those who presume to speak for Orthodox tradition believe that the Church can preserve her integrity only by turning blindly away from the present and uncritically toward the past, seeking shelter in a petrified and sentimentalized vision of the Christian orders of earlier centuries.“[16]

Mit der hier beschriebenen fundamentalistischen Versuchung[17] hatte sich bereits die Heilige und Große Synode von Kreta (2016) beschäftigt und sie klar verurteilt.[18] Im betreffenden Zusammenhang ging es allerdings um die Einheit der Kirche und um selbsternannte Verteidiger der „wahren Orthodoxie“. Ihnen wurde von der Synode entgegengehalten, dass die Erhaltung des wahren orthodoxen Glaubens ausschließlich durch das synodale System, die höchste Autorität in der Kirche, sichergestellt werde. Diese Argumentation hat eine klare ekklesiologische Komponente. Letztlich handelt es sich aber doch nur um ein Autoritätsargument, mit dem fundamentalistischer Widerstand Einzelner oder von Gruppen um der Absicherung der kirchlichen Einheit willen ausgehebelt werden sollte. Im Vorwort des sozialethischen Dokuments ist demgegenüber „Tradition“ und deren richtiges Verständnis als entscheidender Anknüpfungspunkt gewählt. Dieselben fundamentalistischen Versuchungen im Blick, fällt die Argumentation denn auch entsprechend differenzierter und theologischer als im Synodentext aus: „Tradition“ bedeute viel mehr als ein statisches, aus der Vergangenheit ererbtes „Depositum“, das lediglich sorgsam gehütet und wiederholt werden müsse. Sie sei vielmehr (1) eine lebendige und dynamische Realität, auf die die Kirchenväter hinweisen; sie sei (2) bestimmt von der bleibenden Gegenwart des Heiligen Geistes und (3) eine beständige und doch immer neue Pilgerfahrt hin zum kommenden Reich Gottes.[19] Damit wird eine

---

16 Dokument, XVI.

17 Regina Elsner kommentierte diese Passage, man könne sie als Kritik am Moskauer Patriarchat lesen; vgl. Regina Elsner, Neue Impulse für eine orthodoxe Sozialethik (wie FN 6). Einer solchen Zuspitzung ist jedoch entgegenzuhalten, dass die angesprochene fundamentalistische Versuchung keineswegs nur in Moskau anzutreffen ist; für eine grundsätzlichere Deutung sprechen zudem eine gedankliche Querverbindung zur Synode von Kreta und vor allem die hinzugefügten treffenden Argumente hinsichtlich einer theologisch tragfähigen Interpretation von „Tradition“.

18 In Nr. 22 des Dokuments „Die Beziehungen der Orthodoxen Kirche zur übrigen christlichen Welt“; vgl. Synodos. Die offiziellen Dokumente des Heiligen und Großen Konzils der Orthodoxen Kirche (Kreta, 18.–26. Juni 2016), Griechisch-Orthodoxe Metropolie von Deutschland Bonn 2018, 57–66 (65). *Kurztitel künftig: Synodos.*

19 Vgl. Dokument, XVI. Zu den hier im Dokument präsentierten Aussagen finden sich vor allem bezüglich der Einordnung der Vätertheologie, der Tradition und des Wir-

gegenwarts- bzw. zukunftsgerichtete Interpretation der Lehren der Kirchenväter eingefordert, ein pneumatologisch ausgerichtetes Verständnis von „Tradition“ vorgetragen und durch einen eschatologischen Aspekt nochmals geweitet.

Die weitere Argumentation wendet sich – noch innerhalb des Abschnitts „theological background“ – einem neuen Gesichtspunkt zu, nämlich der theologischen Begründung für ein sozialethisches Engagement der Kirche. Ein erster Ansatz wird – unter Bezug auf ein Werk des Metropoliten Ioannis (Zizioulas) von Pergamon – aus der Inkarnationstheologie abgeleitet: So wie das inkarnierte Wort „von innen“, in einer inkarnierten Sendung, zur gegenwärtigen Welt gesprochen habe, so müsse auch die Kirche von innen her die Welt mit allen ihren neuen Herausforderungen verändern.[20] Metropolit Kallistos (Ware) sieht die Trinitätstheologie als entscheidende Quelle für ein Eintreten der Kirche im Bereich der Sozialethik: Der dreifaltige Gott sei in sich soziale Beziehung und geteilte Liebe zwischen den drei göttlichen Personen; der Glaube an ihn verpflichte dazu, gegen alle Formen von Ausbeutung, Ungerechtigkeit und Diskriminierung vorzugehen und für die Menschenrechte einzutreten.[21] Den dritten Ansatz bildet ein Zitat aus einem Werk von Mutter Maria Skobtsova, in dem sie ein sozialethisches Engagement der Kirche aus der Sakramententheologie ableitet: Im Zentrum des kirchlichen Lebens stehe die Eucharistie als eine aufopfernde, selbstverschenkende Liebe; in deren Vollzug könne es für die Kirche keine Grenze geben, damit die ganze Welt zu einem Altar in einem einzigen Tempel werde.[22] Hinzuzufügen ist, dass Mutter Maria Skobtsova bereits in Person eine glaubwürdige Zeugin für den sozialen Dienst der Kirche darstellt. Sie wurde wegen ihres unermüdlichen Engagements für Marginalisierte und Verfolgte während des NS-Regimes, darunter auch Juden, in Frankreich verhaftet und 1945 im KZ Ravensbrück hingerichtet; 2004 sprach sie die Heilige Synode des Ökumenischen Patriarchats als Märtyrerin heilig.[23] Damit sind

---

kens des Heiligen Geistes gedankliche Parallelen bei: Bartholomaios I. (Ökumenischer Patriarch), Begegnung mit dem Mysterium. Das orthodoxe Christentum von heute verstehen, Schöningh Paderborn 2019, 31–45 (31–34).

20 Dokument, XVI f.

21 Ebd., XVII mit FN 3 unter Verweis auf Kallistos Ware, The human Person as icon of the Trinity, in: Sobornost 8 (1986), 6–23 (18).

22 Ebd. mit FN 4.

23 Eine kurze, instruktive Biographie der hl. Maria Skobtsova ist auf der Homepage der Orthodox Church of America (OCA) online zugänglich unter https://www.oca.

bereits im Vorwort des sozialethischen Dokuments eine ganze Reihe gewichtiger theologischer Ansätze präsentiert, die auf eine kirchliche Mitgestaltung der gegenwärtigen Welt in all ihrer Pluralität drängen, immer in Verbundenheit mit einer recht verstandenen, d. h. lebendigen und dynamischen Interpretation von „Tradition“.

Der dritte Teil des Vorworts widmet sich der pastoralen Dimension des Projekts. Klar ausgesprochen wird, dass sich die im Dokument behandelten Themenbereiche an denen orientieren, die der Ökumenische Patriarch Bartholomaios und weitere Hierarchen der Kirche von Konstantinopel aus allen Teilen der Welt in ihrem pastoralen Dienst als besonders relevant identifiziert haben. Auch die Zielsetzung des Projekts ist deutlich hervorgehoben. Den Gläubigen und den Gemeinden sollen spezifische Grundsätze zur Erwägung und Umsetzung angeboten werden. Dem dienend soll auf Abstraktionen und Verallgemeinerungen verzichtet werden, ebenso auf eine urteilende oder gar verurteilende Sprache.[24] Nochmals wird betont, dass die Zielsetzung des sozialethischen Dokuments eine rein pastorale sei.[25]

Nach dem Eindruck der vorangehenden Abschnitte des Vorworts überrascht die Versicherung, dass die Kommission nichts aufgenommen habe, ohne zuvor gründlichst („through a scrupulous contemplation“) die biblischen, patristischen, dogmatischen und theologischen Quellen der gesamten Tradition erwogen zu haben. In dieselbe Richtung zielt auch die Absichtserklärung, „to remain faithful to the historical teachings of the Church, even in attempting to bring those teachings into direct engagement with modern concerns“[26]. Erscheinen in solchen Aussagen „Tradition“ bzw. „historical teachings of the Church“ nicht doch wieder als ein statisches, aus der Vergangenheit ererbtes „Depositum“, das lediglich sorgsam gehütet, wiederholt und allenfalls vorsichtig in neue Formulierungen gehüllt werden müsse? Insoweit wäre eine konsequentere Rückbindung des Abschnitts „Pastorale Dimension“ an die zuvor im Abschnitt „theological background“ so gewinnend formulierten Einsichten vielleicht überzeugender gewesen.

---

org/saints/lives/2008/07/20/108892-righteous-martyr-maria-skobtsova (abgerufen 13.5.2020).

24 Vgl. Dokument, XVIII f.

25 Ebd. Die betreffende Passage lautet: „The document's intentions are purely pastoral, moreover; its analysis of the present is meant to be compassionate, its critiques strictly constructive, and its exhortations studiously humble.“

26 Dokument, XVIII.

2. Das Bestätigungsschreiben

Zu den Dokumenten, die dem sozialethischen Essay beigefügt sind, gehört ein „Letter of Approval by the Holy and Sacred Synod“, unterzeichnet vom Ökumenischen Patriarchen Bartholomaios.[27] Der Brief ist auf den 18. Januar 2020 datiert und trägt eine Protokollnummer, was den offiziellen Charakter des Schreibens unterstreicht. In ihm wird der Kommission und dem Ergebnis ihrer Arbeit höchstes Lob gezollt und herzlicher Dank ausgesprochen. Vor allem wird dem sozialethischen Dokument der patriarchale Segen erteilt, was seinen Inhalt als Beitrag zur authentischen orthodoxen Theologie ausweist. Darüber hinaus enthält der Brief den Hinweis auf die erfolgte Approbation durch die Heilige Synode und den Auftrag zur Publikation, wodurch die Arbeit einer aus Theologen zusammengesetzten Kommission an das Urteil der Hierarchie rückgebunden wurde. Für den Zusammenhang dieser Untersuchung sind aus dem Inhalt zwei spezifische Aussagen hervorzuheben, die Maßstäbe für eine Interpretation des dergestalt approbierten Texts bieten:

(1) Es wird an den Auftrag erinnert, einen sozialethischen Text im Geist und im Kontext der Entscheidungen der Heiligen und Großen Synode von Kreta zu verfassen und dabei deren Lehre weiterzuentwickeln, zu pflegen und zu verbreiten. Damit ist angedeutet, dass die Synodenbeschlüsse mit dem sozialethischen Dokument bei dessen Interpretation zusammengeschaut werden können und müssen.

(2) Das Schreiben bietet eine sehr präzise Einordnung des sozialethischen Dokuments. Es enthalte

> „parameters and guidelines for the social responsibility of our Church before the complex challenges and problems of todays world, without at the same time overlooking the favorable potential and positive perspectives of contemporary civilization“[28].

Diese Formulierung steht derjenigen sehr nahe, die im Vorwort des Dokuments mit Bezug auf die Entscheidung der Heiligen Synode im Januar 2020 gebraucht wurde.[29] Das patriarchale Schreiben vertieft die darin bereits enthaltene Qualifikation des Textes als „Maßstäbe“ und „Leitlinien“, ebenso wie ihre „Verortung“ im Spannungsfeld von Prob-

[27] Ebd., VI f.
[28] Ebd., VI.
[29] Ebd., XIV f.

lemen, aber auch positiven Errungenschaften der modernen Zivilisation. Andererseits ist eine Abschwächung der Verbindlichkeit des Dokuments gegenüber dem ursprünglichen Auftrag an die Kommission festzustellen. Dieser hatte sich – wie dargelegt – auf die Erarbeitung eines Beitrags zu einer Sozial*lehre* („social doctrine“) bezogen, und zwar für die gesamte Orthodoxie. Die nunmehr gebrauchten Begriffe „Maßstäbe“ und „Leitlinien“ sind im Vergleich zurückhaltender gewählt.

3. Das Vorwort des Erzbischofs Elpidophoros von Amerika

Das Vorwort des Erzbischofs Elpidophoros von Amerika,[30] das ebenfalls zu den Begleitmaterialien des sozialethischen Dokuments zählt, setzt nochmals andere Akzente. Ein zentrales Stichwort des prägnanten Textes ist „Diskurs“, ein Begriff, der gleich dreimal verwendet wird. Es ist Erzbischof Elpidophoros offenbar wichtig zu betonen, dass das Dokument nicht dazu bestimmt ist, gleichsam monolithisch im dogmatischen Raum abgestellt zu werden. Seinen Zweck erfülle es vielmehr dann, wenn es zum Nachdenken anregt, konkrete Fragen klären hilft, kurz: wenn es in einen Diskurs hineingenommen wird und diesen bereichert oder vertieft. Entsprechend weit ist der Blickwinkel bei den angeschlossenen Darlegungen:

(1) Es soll um einen Diskurs mit der Welt und untereinander gehen, bezogen nicht nur auf den Kreis der orthodoxen Gläubigen, sondern auf alle Menschen guten Willens.[31]

(2) Weiterhin greift der Erzbischof eine Formulierung des patriarchalen Auftrags und des Bestätigungsschreibens auf, entfaltet diese aber in spezifischer Weise:

> „This statement does not pronounce clear-cut responses to social challenges, but instead proposes general guidelines to difficult questions. […] it is actually an initiation of a continuing conversation, an ongoing meditation on what ‚the Spirit is saying to the Churches‘ […].“[32]

Hier wird gleichsam ein Gegengewicht zu den ausdrucksstarken Elementen offizieller Bestätigung gebildet. Das Dokument wird abschwä-

---

30 Vgl. ebd., IX–XI.

31 Ebd., IX.

32 Ebd., IX f.

chend als „statement" bezeichnet[33] und als solches einer Diskussion anvertraut. Die Bestimmung des Textes als „allgemeine Leitlinie" erhält hier – verglichen mit der Verwendung desselben Begriffs durch die Herausgeber in deren Vorwort – eine andere Richtung,[34] nämlich eine gewisse Relativierung des Grades an Verbindlichkeit. Die anschließende Umschreibung entfaltet den pastoralen Aspekt in einer Weise, die im Abschnitt „Pastoral Dimensions" des Vorworts so nicht enthalten ist: Ziel des Dokuments sei eine Anregung zum Gespräch, zu einer Meditation über die Gestaltung des christlichen Auftrags in der Welt im Licht des Heiligen Geistes. An anderer Stelle fügt der Erzbischof eine ähnliche, sehr eingängige Umschreibung hinzu:

> „[…] what this text does is open us up to the implications of what it means to be loved by God, and to respond to that love by loving one another."[35]

(3) Ebenfalls sehr deutlich fällt der Hinweis aus, dass das sozialethische Dokument eine Fortsetzung der Bemühungen der Heiligen und Großen Synode von Kreta (2016) darstellt. Dieser Aspekt wird weiter entfaltet:

> „This extrapolation of the Council's pastoral and ministerial accomplishment is a practical and pastoral, rather than an academic or analytical application […]. Each heading defines an area of Christian concern, presenting theological context and spiritual perspectives in a clearly elucidated discourse."[36]

Hier wird der Bereich Sozialethik nicht nur in seiner pastoralen Dimension betont, sondern diese zugleich als allgemein christliches Anliegen bezeichnet. Der angestrebte Diskurs soll demnach konfessionelle Grenzen überschreiten und gewinnt dabei eine ökumenische Facette.

(4) Der erhoffte Diskurs wird nochmals näher bestimmt und auf die Zukunft hin geweitet:

> „The text is most apt for furthering conversations about current and open-ended questions of contemporary life."[37]

---

33 Derselbe Begriff ist im Vorwort der Herausgeber im Zusammenhang mit der Bestätigung durch die Heilige Synode im Januar 2020 gebraucht; vgl. Dokument, XIV.

34 Vgl. ebd., XVIII. Dort galten die Vorgaben des Ökumenischen Patriarchen und anderer Hierarchen als „guidelines" für die Erarbeitung des Textes.

35 Ebd., X.

36 Ebd.

37 Ebd.; eine ähnliche Formulierung („a solid foundation for reference and conversation on vital issues") enthielt bereits der patriarchale Auftrag an die Kommission, von dem im „Preface" (ebd., XIII) berichtet wurde.

Gedanklich eng damit verbunden ist eine weitere Aussage, in der die Bedeutung einer Teilhabe der Gläubigen an der modernen Welt unterstrichen wird:

> „This text offers to the reader, who is willing to listen, insight and guidance on how to participate in life in the world, all while enjoying the life in the Spirit.“[38]

Im Ergebnis ist es Erzbischof Elpidophoros gelungen, die pastorale Dimension des sozialethischen Dokuments auch unter Rückgriff auf die Heilige Schrift und pneumatologische Aspekte eingängiger und nachdrücklicher zu umreißen, als dies im Vorwort der Herausgeber beobachtet werden konnte.

4. Das „Executive Summary“

Als vierter und letzter Begleittext des sozialethischen Dokuments hat das „Executive Summary“ zu gelten, obwohl es nur in der Online-Ausgabe der Texte enthalten ist. In ihm wird einiges zur Vorgeschichte bereits Gesagte wiederholt und zusätzlich eine Gliederung des sozialethischen Dokuments geboten. Dennoch lohnt sich ein genaues Lesen des kurzen Textes, denn in diesem eher unscheinbaren Zusammenhang sind einige Elemente zur Sprache gebracht, die in den bereits in den Blick genommenen Begleitmaterialien nicht entfaltet wurden:

(1) Die Herausgeber rechnen mit Zustimmung, offenbar aber auch mit Widerspruch zu dem von ihnen erarbeiteten Text:

> „It (= das Dokument, Anm. d. Verf.) will be highly significant, and not without controversy, because it addresses contemporary social issues in a sustained manner that is unusual for the Orthodox Church, including poverty, racism, human rights, reproductive technology, and the environment.“[39]

Tatsächlich sind systematische Darlegungen sozialethischen Inhalts in der Orthodoxie bislang eher selten. Wohl aber hat sich die Arbeit einer Reihe von Theologen ebenso wie das Engagement von Hierarchen bereits seit längerem diesem Bereich zugewandt. In der Regel bleibt dabei jedoch eine umfassende orthodoxe Positionierung hinsichtlich des sozialen Bereichs ausgeklammert. Die Bemühungen betreffen primär vielmehr Einzelaspekte wie „Menschenrechte“ oder „Bewahrung der Schöp-

---

[38] Ebd., XI.

[39] Dokument/Online-Ausgabe (wie FN 1), „Executive Summary – Abstract“, 2. Abschnitt.

fung". Eine Auseinandersetzung damit wird an dieser Stelle noch aufgeschoben und in die Analyse des Kerndokuments eingebracht. Hinzuweisen ist aber bereits jetzt darauf, dass sich der Kommissionsvorsitzende, Erzdiakon John Chryssavgis, zur Frage eines möglichen Widerspruchs gegen das jüngst vorgelegte Dokument in einer Stellungnahme wie folgt detailliert geäußert hat:

> „Dieses bahnbrechende Dokument ist angesichts des historischen Hintergrunds der Orthodoxie von besonderer Bedeutung. In den vergangenen Jahren reagierte die Ostkirche allergisch, ja feindselig auf soziale Stellungnahmen. Das ist vermutlich auch eine Folge ihres Ringens um ein Verständnis ihrer Stellung in der Welt während langer Perioden der Isolation oder Verfolgung in vielen traditionell orthodoxen Ländern, insbesondere hinter dem Eisernen Vorhang. Die Kirche hat sich jedoch immer mit ihrem Ort und ihrer Rolle in der Welt auseinandergesetzt. Die östliche Christenheit hat jedoch ab einem gewissen Zeitpunkt auf ihrem byzantinischen Weg aufgehört, sich mit gegenwartsbezogenen Fragen zu befassen, und begonnen, auf die Wiederholung von Antworten aus der Vergangenheit zu fokussieren. Die Kirche wurde ausgerüstet, sich mit jenseitigen und heiligen Dingen zu beschäftigen, während der Staat sich um weltliche oder säkulare Dinge kümmerte. Dies war aber nicht immer so: Die frühe und byzantinische Kirche hatte eine starke Stimme bei Fragen sozialer Gerechtigkeit. Überfliegt man die Schriften der frühen christlichen Autoren, springt die Bedeutung des sozialen Kerns der Botschaft des Evangeliums in ihrem Denken und Dienen ins Auge.
> Ein weiterer Grund, weshalb die orthodoxe Christenheit über die Jahrhunderte die Artikulation einer klaren sozialen Vision verloren oder vermieden hat, ist die Tendenz und Versuchung, alle Dinge zu verurteilen oder zurückzuweisen, die der westlichen Christenheit ähneln oder sie widerspiegeln. Diese Einstellung wird auch heute Kritik und Kontroversen um das neue Dokument hervorrufen."[40]

Diese Darlegungen können als Entfaltung bzw. Verdeutlichung einer Passage im Vorwort der Herausgeber gelten, in der beklagt wurde, dass die Kirche auf die Herausforderungen durch die moderne Welt schlecht vorbereitet sei.[41] Im Interview erläuterte John Chryssavgis unter Ver-

---

[40] John Chryssavgis, „Für das Leben der Welt" – Sozialethos nach dem Panorthodoxen Konzil von Kreta, Interview, in: NÖK Newsletter 8/2020 vom 16.4.2020, online publiziert unter https://noek.info/hintergrund/1503-fuer-das-leben-der-welt-sozialethos-nach-dem-panorthodoxen-konzil-von-kreta?utm_source=newsletter_128&utm_medium=email&utm_campaign=noek-newsletter-8-2020 (abgerufen 14.5.2020).

[41] Vgl. Dokument, XVI: „In our time, the Church frequently finds itself ill-prepared to respond to the realities of pluralism and globalization, or for that matter of individualism and secularization. In many societies, the Church is tempted simply to stand in opposition to the world, often sweepingly denouncing and despising all its forms and fashions."

weis auf die Sowjetunion und auf Byzanz historische Gründe dafür. Bemerkenswert erscheint die Offenheit, mit der er den Hinweis auf eine verbreitete antiwestliche „Tendenz“ in der Orthodoxie als weiteres historisches Begründungselement anschließt.[42]

Regina Elsner hat dagegen andere, vornehmlich inhaltliche Gründe vorgetragen, die zu Widerspruch gegen das Dokument Anlass geben könnten:

> „Allerdings zeigt die Zusammensetzung der Arbeitsgruppe und die Herausgeberschaft durch die amerikanische Erzdiözese, dass auch dieser Text einem bestimmten Kontext entspringt und vermutlich nicht von allen orthodoxen Kirchen mitgetragen werden wird. Die Autor*innen sind führende orthodoxe Theolog*innen vor allem aus den USA, viele von ihnen sind durch ihren offenen Dialog mit anderen Wissenschaften und Konfessionen bekannt. Einige von ihnen treiben seit einigen Jahren die kritische Auseinandersetzung der orthodoxen Theologie mit Globalisierung, Säkularisierung und Politisierung voran und engagieren sich für die Entwicklung einer modernen orthodoxen Moral-, Bio- und Sexualethik, die auch vor der Inklusion von LGBTI*-Personen, Fragen moderner Biomedizin oder Gendergerechtigkeit nicht die Augen verschließt. Damit überschreiten sie oft den bisherigen orthodoxen Konsens und sind deswegen teilweise als ‚liberale‘ Theolog*innen verrufen – dieses Urteil könnte nun auch ihren Text zur Sozialethik treffen.“[43]

Die hier vorgetragenen Einsichten und Zusammenhänge werden bei der weiteren Beschäftigung mit dem Dokument nochmals aufzugreifen sein.

(2) Weiterhin verdient bereits jetzt die Tatsache festgehalten zu werden, dass zumindest in dem „unscheinbaren“ Zusammenhang des „Executive Summary“ die bereits vorhandenen systematischen und kirchlich approbierten Dokumente zu sozialethischen Fragen hätten Erwähnung finden können. Dabei handelt es sich um die im August 2000 verabschiedeten „Grundlagen der Sozialkonzeption der Russischen Orthodoxen Kirche“[44] und das gleichfalls in diesen Zusammenhang gehörende Dokument „Grundlagen der Lehre der Russischen Orthodoxen Kirche

---

42 Zu dieser antiwestlichen Versuchung und den Hintergründen dafür vgl. Vasilios Makrides, Der konstruktive Umgang mit der Moderne – oder was die Orthodoxie vom Katholizismus zu lernen vermag, in: Dietmar Schon (Hg.), Identität und Authentizität von Kirchen im ‚globalen Dorf‘. Annäherung von Ost und West durch gemeinsame Ziele? (Schriften des Ostkircheninstituts der Diözese Regensburg 4), Pustet Regensburg 2019, 103–127.

43 Regina Elsner, Neue Impulse für eine orthodoxe Sozialethik (wie FN 6).

44 Deutsche Übersetzung von Josef Thesing / Rudolf Uertz, Die Grundlagen der Sozialdoktrin der Russisch-Orthodoxen Kirche, Verlag der Konrad-Adenauer-Stiftung St. Augustin 2001. *Kurztitel künftig: Grundlagen.*

über Würde, Freiheit und Rechte des Menschen“ vom Juni 2008.[45] In einer ersten, unmittelbar nach Erscheinen abgegebenen Stellungnahme zum sozialethischen Dokument hat bereits Dagmar Heller darauf hingewiesen, dass an keiner Stelle ein Bezug auf die genannten Dokumente der Russischen Orthodoxen Kirche festgestellt werden könne.[46] Diese Tatsache unterstrich auch Regina Elsner und fügte an weiteren Beobachtungen hinzu:

> „Die ‚Grundlagen der Sozialkonzeption der ROK‘ wurden vor genau 20 Jahren veröffentlicht, und sozialethisch ist auch das Dokument zu den Menschenrechten von 2008 bedeutsam. Beide Dokumente galten jeweils als erste und damit wegweisende sozialethische Positionierung in der orthodoxen Welt. Sie waren jedoch auch immer sehr umstritten, sowohl innerhalb der orthodoxen Kirchen als auch im ökumenischen Dialog. Im neuen Text werden die beiden russischen Dokumente nicht erwähnt, und allein diese Nicht-Erwähnung deutet auf Spannungen zwischen der russischen Seite und den Herausgebern des neuen Dokuments hin. […]
> So entsteht der Eindruck, dass man mit dem neuen Text bewusst einen Gegenentwurf zur russischen Position erstellen wollte. Dieser Eindruck verstärkt sich vor dem Hintergrund des anhaltenden Konflikts zwischen dem Moskauer und dem Ökumenischen Patriarchat. Natürlich hat man aus verschiedenen Gründen unterschiedliche Herangehensweisen an die Fragen der modernen Welt. […] Das gegenseitige Ignorieren schadet der Orthodoxie dabei im globalen Kontext enorm. Mit einer – vielleicht auch kritischen – Würdigung der russischen Texte hätte auch Versöhnungspotential in diesen Konflikten aufgezeigt werden können.“[47]

Die Nicht-Erwähnung der ROK-Dokumente im Zusammenhang mit „For the Life of the World“ steht als Faktum im Raum. Auch die Hinweise Elsners auf den zeitgeschichtlichen Kontext der russischen Dokumente, ihre sehr kontroverse Aufnahme (vor allem im Westen) und die Existenz aktueller Spannungen zwischen Konstantinopel und Moskau bringen Tatsachen ins Wort. Dennoch stellt sich die Frage, inwieweit der mitgeteilte Eindruck eines (bewussten?) „Gegenentwurfs“ hinsichtlich des neuen sozialethischen Dokuments von belastbaren Indizien ge-

---

[45] Deutsche Übersetzung des Dokuments bei Barbara Hallensleben / Guido Vergauwen / Klaus Wyrwoll (Hg.), Freiheit und Verantwortung im Einklang. Zeugnisse für den Aufbruch zu einer neuen Weltgemeinschaft, Institut für Ökumenische Studien der Universität Freiburg/CH 2009, 220–239. *Kurztitel künftig: Freiheit und Verantwortung.*

[46] Dagmar Heller, Neuere sozialethische Entwicklungen in der Orthodoxie, online zugänglich auf der Homepage des Konfessionskundlichen Instituts Bensheim unter https://konfessionskundliches-institut.com/essay/neuere-sozialethische-entwicklungen-in-der-orthodoxie/ (abgerufen 14.5.2020).

[47] Regina Elsner, Neue Impulse für eine orthodoxe Sozialethik (wie FN 6).

stützt wird. Auch hinsichtlich des „Versöhnungspotentials“ einer kritischen Würdigung der ROK-Texte im neuen sozialethischen Dokument seien Zweifel angemeldet. Insoweit mag sich eine entsprechende Hoffnung in den Vordergrund geschoben haben. Die weitere Untersuchung wird zeigen, ob – und gegebenenfalls welche – Indizien für die von Regina Elsner vorgetragene Beobachtung einer unterschiedlichen Herangehensweise an die Fragen der modernen Welt einschließlich möglicher Gründe dafür im sozialethischen Dokument zutage treten.

Zur Frage nach dem Verhältnis zwischen dem jüngsten sozialethischen Dokument und den früheren ROK-Texten ist noch eine weitere Positionierung festzuhalten. In einer unter dem Datum vom 16. April 2020 veröffentlichten Stellungnahme hat der Kommissionsvorsitzende, Erzdiakon John Chryssavgis, den Verzicht auf eine Auseinandersetzung damit folgendermaßen begründet:

> „Zugegebenermaßen hat die Russische Orthodoxe Kirche bereits im Jahr 2000 ihre ‚Grundlage der Sozialkonzeption‘ publiziert, einen vorläufigen und bewundernswerten Versuch, die sozialen Prinzipien der Orthodoxen Kirche in Russland nach einer langen Periode der Unterdrückung zum Ausdruck zu bringen, und ihre Rolle in einer anderen und antagonistischen Welt zu definieren. Doch der gesamte Ansatz dieses Dokuments war kritisch, wenn nicht zynisch gegenüber der Welt, und betrachtete sie als Bedrohung, der man trotzen und die man besiegen muss. Solch eine defensive Haltung kann unter Bedingungen der konfessionellen Isolation überleben und sich entfalten, im Kontext der ökumenischen Begegnung jedoch hält sie oft nicht stand und löst sich selbst auf.“[48]

Bei der nachfolgenden Analyse des sozialethischen Dokuments wird darauf nochmals zurückzukommen sein.

5. Zusammenfassung: Die „Koordinaten“ des sozialethischen Dokuments in den Begleitmaterialien

Im Folgenden sollen Elemente einer Einordnung des sozialethischen Dokuments zusammengestellt werden, wie sie sich anhand der Begleitmaterialien darbieten. Eine solche Zusammenfassung ist vorläufig, da natürlich auch das Kerndokument zu diesen „Koordinaten“ weitere Aussagen enthält. Dennoch ließen sich aus der in diesem Abschnitt be-

[48] John Chryssavgis, „Für das Leben der Welt“ (wie FN 40).

handelten Gruppe von Texten bereits deutliche Tendenzen herausarbeiten, welche die hinsichtlich des sozialethischen Dokuments zu stellenden Fragen mitbestimmen.

Die Ausrichtung des sozialethischen Dokuments wird bereits im Titel als eine globale qualifiziert. Zur Begründung dient die Feststellung, dass es sich bei den darin behandelten Aufgaben und Problemen um global auftretende Phänomene handelt, weshalb die orthodoxen Gläubigen auf der ganzen Welt angesprochen werden. Im Vorwort des Erzbischofs Elpidophoros wird durch Bezug auf eine allgemein christliche Herausforderung hinsichtlich des sozialen Bereichs erweiternd eine kirchenübergreifende, d. h. ökumenische Relevanz vorgetragen, ja sogar eine solche, die alle Menschen guten Willens betreffe.

Auffallend vielfältig sind die verwendeten Bezeichnungen für den von der beauftragten Kommission erarbeiteten Text und die damit verbundene Einordnung des Verbindlichkeitsgrads. Die insoweit stärkste Formulierung enthielt der Auftrag an die Kommission („a formal document on the social doctrine of the Orthodox Church“[49]), gefolgt von einer Formulierung im Abschnitt „theologischer Hintergrund“ des Vorworts („a single statement of the social doctrine of the Church“[50]). Demgegenüber erscheinen der Untertitel „Toward a Social Ethos …“ und die Formulierungen „reflection on Orthodox social doctrine“[51] bzw. „social teaching“ mit der näheren Bestimmung als einer getreuen Übersetzung der evangeliumsgemäßen Lehren bereits abgeschwächter und offener. Die übrigen für das sozialethische Dokument verwendeten Bezeichnungen, insbesondere

– „parameters and guidelines for the social responsibility of the Orthodox Church“[52]
– „specific principles for consideration and adoption by the faithful“[53]

sowie die von Erzbischof Elpidophoros gewählten Umschreibungen „Diskurs“, „initiation of continuing conversation“, „meditation“, „insights and guidance“ lassen die Frage nach der Verbindlichkeit außen vor und verlegen den Schwerpunkt ganz auf die Adressaten, d. h. die Leser des Dokuments und die ihnen angebotene Orientierung hinsichtlich einer komplexen Problemstellung. Insoweit besteht eine gewisse Span-

---

[49] Vgl. den Nachweis in FN 7.
[50] Vgl. den Nachweis in FN 13.
[51] Vgl. den Nachweis in FN 12.
[52] Vgl. die Nachweise in FN 10 und FN 28.
[53] Vgl. Dokument, XVIII.

nung zu dem auf höchster kirchlicher Ebene angesiedelten Verfahren (Beauftragung der Kommission, Enzyklika zur Beteiligung der Bischöfe, Prüfung und Approbation des Dokuments in der Heiligen Synode).

Diese Spannung relativiert sich allerdings angesichts einer weiteren Verortung des Dokuments, nämlich hinsichtlich seines Verhältnisses zu den Beschlüssen der Heiligen und Großen Synode von Kreta (2016). Insoweit ist die Bandbreite der verwendeten Formulierungen geringer:

- „a pastoral response in the context of an orthodox ecclesiastical witness in the modern world“[54] mit Anspielung auf das Synodendokument „The Mission of the Orthodox Church in Today's World“;
- „in the spirit and context of the decisions of the Holy and Great Council convened in Crete, with a view to developing, cultivating and disseminating its teaching“[55].
- „This extrapolation of the Council's pastoral and ministerial accomplishment is a practical and pastoral […] application.“[56]

Demnach bezweckt das Dokument eine Fortführung und eine auf pastorale Anwendung zugespitzte Entfaltung dessen, was die Synode hinsichtlich der sozialen Verantwortung der Kirche grundgelegt hat. In einem Interview sprach der Kommissionsvorsitzende, John Chryssavgis, sogar vom sozialethischen Dokument als Teil eines Rezeptionsprozesses, der die Arbeit der Synode von Kreta ergänze und vervollständige.[57] Dementsprechend steht im Dokument durchgängig die orthodoxe Kirche in ihrer Gesamtheit im Blick, da sie Trägerin der angesprochenen sozialen Verantwortung ist. Andererseits erklären sich die zurückhaltend formulierten Rückbezüge auf die Synode von Kreta daraus, dass deren Dokument „Der Auftrag der Orthodoxen Kirche in der heutigen Welt“ noch keine offizielle Soziallehre der Orthodoxie darstellt. Vasilios Makrides charakterisierte diesen Text – ebenso moderat wie es in den hier fokussierten Begleitmaterialien zu beobachten ist – als Teil „einer ‚kontrollierten Öff-

---

54 Vgl. ebd., XIV.

55 Vgl. ebd., VI.

56 Vgl. ebd., X.

57 John Chryssavgis, „Für das Leben der Welt“ (wie FN 40). Die entscheidende Passage lautet: „An dem Treffen auf Kreta im Juni 2016 verfassten die orthodoxen Patriarchen und Hierarchen […] ein offizielles Dekret sowie eine Enzyklika über ‚Die Sendung der Orthodoxen Kirche in der Welt von heute‘. In diesem Sinne ist das aktuelle Dokument Teil eines Rezeptionsprozesses, der die Arbeit des außerordentlichen Heiligen und Großen Konzils der Orthodoxen Kirche auf Kreta im Juni 2016 ergänzt und vervollständigt.“

nung' der Orthodoxen Kirche zur modernen Welt"[58] und fügte hinzu: „Insofern findet sich im Dokument keine umfassende soziale Lehre aus orthodoxer Sicht."[59] Natallia Vasilevich sprach zwar im Titel eines Beitrags zu „Der Auftrag der Orthodoxen Kirche in der heutigen Welt" von einer „Soziallehre" der Synode,[60] relativierte diese Aussage aber bereits im Untertitel; im Textverlauf fand sie zur vorsichtigen Formulierung, das Synodendokument sei „eine Bezugsgröße für eine orthodoxe Soziallehre, die als Grundlage einer positiven Entwicklung dienen kann"[61].

Die Adressaten des Dokuments sind – entsprechend der bereits dargelegten pastoralen Zielsetzung – primär die orthodoxen Gläubigen auf der ganzen Welt, denen kirchliche Orientierungshilfe angesichts der Herausforderungen der modernen Welt nicht versagt bleiben soll.[62] Das Vorwort von Erzbischof Elpidophoros weitet den Blick sogar auf alle Menschen guten Willens.

Die Zielsetzung ist in den Begleitmaterialien in zweifacher Weise bestimmt, mit jeweils unterschiedlicher Blickrichtung. Zunächst gilt für die Kirche, dass sie eine soziale Verantwortung angesichts von Herausforderungen und Problemen der heutigen Welt wahrzunehmen habe; sie müsse ein orthodoxes kirchliches Zeugnis in der modernen Welt bieten. Hinsichtlich der orthodoxen Gläubigen wird angestrebt, ihnen dabei zu helfen, in der Welt als gläubige Schüler Christi zu leben. Ihnen müsse vermittelt werden, was es bedeute, von Gott geliebt zu sein und darauf mit Nächstenliebe zu antworten. Es gehe um die Frage, wie sie am Leben in der Welt teilhaben können, während sie zugleich das Leben im Heiligen Geist genießen, wie sie und alle Menschen guten Willens einen Diskurs mit der Welt und untereinander führen können.

---

58 Vasilios Makrides, Das Panorthodoxe Konzil 2016 und die moderne Welt, in: Karlies Abmeier (Hg.), Monitor Religion und Politik. Ausgewählte Beiträge 2016, online zugänglich auf der Homepage der Konrad-Adenauer-Stiftung unter https://www.kas.de/documents/252038/253252/7_dokument_dok_pdf_47691_1.pdf/8d179f56-4318-9860-803f-5f44ed446774?version=1.0&t=1539649681302, 141–157 (145) (abgerufen 18.5.2020).

59 Ebd., 151.

60 Natallia Vasilevich, Die Soziallehre des Heiligen und Großen Konzils: Auf dem Weg, eine Kirche für die Welt zu werden, in: Ökumenische Rundschau 66 (2017), 12–28.

61 Ebd., 19.

62 Mit je eigenen Formulierungen, aber bezogen auf denselben Adressatenkreis; vgl. Dokument, XIII (im Auftrag des Ökumenischen Patriarchen vom Dezember 2017), ebd., XV (im Beschluss der Heiligen Synode vom Januar 2020), ebd., VI (im Bestätigungsschreiben des Patriarchen).

B. Der Text des sozialethischen Dokuments „For the Life of the World“

Das eigentliche sozialethische Dokument besteht aus einer Einleitung mit theologischer Grundlegung, sieben thematisch orientierten Abschnitten und einem Schlussabschnitt, in dem Positionierungen in verschiedene Richtungen vorgenommen werden. Die weitere Darstellung folgt dieser vorgegebenen Einteilung des Textes.

1. Das theologische Fundament für ein orthodoxes sozialethisches Engagement

1.1 Die Darlegungen in der Einleitung von „For the Life of the World“

Die Einführung in das sozialethische Dokument ist einer theologischen Erschließung gewidmet. Anknüpfungspunkt in deren § 1 ist die Theologie der menschlichen Person. Sie wird auf die in Gen 1,26 angesprochene Gottesebenbildlichkeit des Menschen gegründet und – unter Rückgriff auf Kol 1,16 – als eine freie und bewusste Gemeinschaft und Einheit mit Gott in Jesus Christus[63] näher bestimmt. Der hier aufscheinende Begriff von „Person“ in seiner charakteristischen Verbindung mit „Gemeinschaft“ stellt ein zentrales Element der theologischen Anthropologie von Ioannis Zizioulas dar.[64] Der Text setzt mit einem Zitat des hl. Basilius fort, in dem die in der Schöpfung angelegte einzigartige Ausrichtung des Menschen auf Gott betont ist. Unter Hinweis auf 2 Kor 4,4 und auf den hl. Irenäus von Lyon wird der Begriff „Bild Christi“ hervorgehoben. Der Gedankengang hinsichtlich der Bedeutung von „Bild Christi“ ist jedoch nur dann nachvollziehbar, wenn man die entsprechende Passage des Kirchenvatertexts im Wortlaut heranzieht. Unter Bezug auf Gen 9,6 hält Irenäus an der angegebenen Stelle fest, dass der Mensch nach Gottes Bild geschaffen ist. Dann heißt es weiter:

---

[63] Dokument, 1: „to be made for free and conscious communion and union with God in Jesus Christ“.

[64] Vgl. John D. Zizioulas, Being as Communion, Darton Longman & Todd London 2004, 27–65.

> „Das Bild Gottes aber ist der Sohn, nach dessen Bild auch der Mensch geworden ist. Deshalb erschien er auch in der letzten Zeit, damit er die Ähnlichkeit des Menschenbildes mit sich selbst zeigte."[65]

Dargelegt ist demnach eine nähere Bestimmung der Gottesebenbildlichkeit des Menschen nach Gen 1,26 und 9,6 anhand eines christologischen, näherhin eines inkarnationstheologischen Aspekts. Der folgende Satz des Textes beginnt mit „This service through prayer and action …"[66]; der (Rück-)Bezug der Formulierung bleibt jedoch unklar. Davon abgesehen wird der liebende Lobpreis und die Dankbarkeit des Menschen gegenüber Gott für die Gabe des Lebens und für alles Gute zugespitzt auf eine grundsätzliche Bestimmung menschlichen Dienstes gegenüber Gott als doxologisch und eucharistisch. Auf diese beiden stichwortartig präsentierten Spezifika erscheint § 1 letztlich hingeordnet. Sie bringen eine eucharistische Ausdeutung der Gemeinschaft zwischen Gott und Mensch ins Wort. Diesbezüglich besteht eine weitere Querverbindung zum theologischen Konzept von Ioannis Zizioulas.[67]

§ 2 knüpft an die zuvor entwickelte schöpfungsgemäße Bestimmung des Menschen zum Lobpreis Gottes an und setzt diese gleich mit der Bestimmung zu einer liebenden Gemeinschaft. Diese Gemeinschaft wird näher beschrieben als eine solche mit dem Königreich des Vaters, des Sohnes und des Heiligen Geistes. Da sie dergestalt mit Gott als Dreifaltigkeit bestehe, seien die Menschen ebenso in eine liebende Gemeinschaft mit ihren Nächsten und mit dem ganzen Kosmos gerufen.[68] Hier wird ein trinitarischer Aspekt vorgetragen, um die Hinordnung des Menschen zum Aufbau einer von Nächstenliebe gekennzeichneten Beziehung zu anderen Menschen und letztlich zur gesamten Schöp-

---

[65] Irenäus von Lyon, Darlegung der Apostolischen Verkündigung (Fontes Christiani 8/1), Herder Freiburg u. a. 1993, 47, Nr. 22.

[66] Dokument, 1 f.

[67] Vgl. John D. Zizioulas, The Eucharistic Communion and the World, t&t clark London/New York 2011, 31–38. Vgl. ebd., 131: „If instead, the Orthodox Church resolves the contemporary dichotomies in the Eucharist, it will appear liturgically as the hope of the world where humanity finds its integrity in communion with God." Vgl. ders., Lectures in Christian Dogmatics, t&t clark London/New York 2008, 138: „The Eucharist is the free coming together of all parts into their proper relationships and so into the good order of the whole in which each creature is liberated from its limits given by its own nature. This liberation is the eternal will of the Father which the Son has substantiated and which the Spirit now makes possible for us to share."

[68] Dokument, 2.

fung aufzuzeigen. Sehr unvermittelt wird dann die Argumentation auf menschliches Handeln zugespitzt: Dieses müsse der Liebe zu Gott entströmen, von einer liebenden Einheit mit Gott in und durch Christus, in dem wir unseren Brüdern und Schwestern begegnen als unserem eigenen Leben. Die beigefügte Referenz bezieht sich auf die *Apophthegmata Patrum*, näherhin auf ein Diktum des hl. Antonius, der ausführt, man gewinne Gott, wenn man den Bruder gewinne, und sündige gegen Christus, wenn der Bruder gekränkt werde. Eine solche Gemeinschaft mit Christus im Angesicht des Nächsten stehe hinter dem Doppelgebot der Liebe in Mt 22,37–39; eine ergänzende Referenz bezieht sich auf den hl. Basilius.[69] Im Zentrum des Abschnitts steht demnach eine Interpretation menschlicher Bestimmung im Rahmen eines trinitätstheologischen Ansatzes, der in recht großen gedanklichen Sprüngen unter Verweis auf eine liebende Gemeinschaft in und durch Christus auf eine tätige Gottes- und Nächstenliebe hin entfaltet wird. Diese erscheint wiederum als Zielpunkt der theologischen Begründung eines sozialethischen Engagements.

§ 3 setzt neuerlich bei der Schöpfung des Menschen nach dem Abbild und Gleichnis Gottes an. Aus ihr folge, dass jede Person einzigartig sei, unendlich kostbar, und in Gottes Liebe stehe. Der Begriff „Person" wird im Text unter Rückgriff auf § 1 recht unvermittelt in den Text eingeführt, dabei weder definiert noch in seinem inneren Zusammenhang mit „Bild und Gleichnis Gottes" aufgezeigt. Stattdessen wird der Gedankengang hinsichtlich der Liebe Gottes zu jedem Menschen und zur ganzen Schöpfung anhand neutestamentlicher Schriftstellen fortgeführt und entfaltet. Diese Liebe dränge darauf, jeden Menschen in immer größere Gleichförmigkeit mit Gottes eigenem Gutsein zu bringen; das geschehe, indem der Mensch eine immer größere Liebe zum Nächsten und zu allen Mitgeschöpfen kultiviere. So sei der Mensch in eine immer größere Gemeinschaft mit anderen Menschen, mit der Gesamtheit der Schöpfung und letztlich mit dem Schöpfer selbst gerufen. Der Gedankengang wird dann in einer eschatologisch ausgerichteten Argumentation fortgesetzt, in deren Zentrum die Zielbestimmung des Menschen zur Vergöttlichung („theosis") steht. Da dieses Ziel für alle gleich sei, wohne der Vergöttlichung ein gemeinschaftlicher Aspekt inne; deshalb sei unser geistliches Leben immer auch ein soziales Leben; Frömmigkeit könne immer nur zugleich „Ethos" sein. Damit erweist sich die

[69] Ebd. mit FN 4.

Argumentation ebenfalls auf praktizierte Nächstenliebe hin ausgerichtet. Sie vertieft die dazu bereits herausgearbeiteten spezifischen Zusammenhänge und verklammert zugleich § 2 und § 3.

Der Text bietet in § 4 einen neuen Anknüpfungspunkt. Die Welt entspreche in vielem nicht demjenigen Zustand, den Gott für seine Schöpfung gewollt habe. Der theologische Grund dafür wird nicht erörtert; stattdessen wird der Blick ganz auf die Symptomatik der „gefallenen Welt“ gerichtet: gebrochen und verdunkelt, versklavt durch Sünde und Tod, gequält durch Gewalt und Ungerechtigkeit. Diese Kennzeichen eines unheilvollen Zustands der Welt werden zusammengefasst im Begriff „Entfremdung“ („estrangement“) der Welt von ihrem Schöpfer. Auch insoweit wird die theologische Ursache nicht ergründet. Stattdessen wird festgestellt, dass die Entfremdung der Schöpfung von ihrem Schöpfer eine Realität sei, die keine Grenze moralischer Verantwortung für die Mitgeschöpfe darstelle. Zur Begründung wird auf Joh 18,36 und Joh 14,27 verwiesen. Die erste dieser Evangelienstellen bringt zum Ausdruck, dass das Reich Gottes keine irdische Größe darstellt;[70] die zweite enthält die Belehrung, dass der umfassende Friede nicht zu den Kennzeichen der Welt, sondern zu denen der messianischen Heilszeit gehört.[71] Deshalb seien die Menschen gerufen, sich nicht in den Realitäten der Welt zu erschöpfen, wie sie ist, sondern beständig gegen das Böse und für die Liebe und Gerechtigkeit zu arbeiten, die Gott von seinen Geschöpfen erwarte. Dies führt zum Kernsatz des Abschnitts: Auf dem Weg zur Gemeinschaft mit Gott sei es die Berufung der Menschheit, die Welt nicht bloß anzunehmen, wie sie ist, sondern sie zu segnen, zu erheben und zu verklären („to bless, elevate, and transfigure“), damit das der Welt innewohnende Gute aufgedeckt werde.[72] Die Erfüllung dieser

---

[70] In Joh 18,36 spricht Jesus von *seinem* Reich, das nicht von dieser Welt ist. Johannes Beutler, Das Johannesevangelium, Herder Freiburg u. a. ^{2}2016, 486 stellt klar: „Insofern das Reich Jesu das in der Geschichte gegenwärtige Reich Gottes ist, kann man sagen, dass es nicht von dieser Welt ist.“

[71] Vgl. ebd., 412: „Hier werden eschatologische Verheißungen Jesu erkennbar, die ihre Wurzeln im Glauben Israels haben.“

[72] Im gedanklichen Hintergrund dieser Formulierung mag die theologische Interpretation von Ioannis Zizioulas stehen, der zufolge der Mensch als „Priester der Schöpfung“ wirkt. Vgl. Metropolitan John (Zizioulas) of Pergamon, Proprietors or Priests of Creation?, in: John Chryssavgis / Bruce V. Foltz, Toward an Ecology of Transfiguration. Orthodox Christian Perspectives on Environment, Nature, and Creation, Fordham University Press New York 2013, 163–171 (170): „The human being is the

Verwandlung der Welt sei zwar erst im Reich Gottes „angesiedelt“, aber alle Taten der Liebe trügen bereits im jetzigen Leben ihre Früchte, weil der Heilige Geist darauf hinwirke, alle Dinge zur Vollendung zu bringen.[73] Auf diese Weise wird ein eschatologischer mit einem pneumatologischen Aspekt verbunden. Ziel dessen ist, die Wirksamkeit menschlichen Einsatzes für das Gute in einer Welt hervorzuheben, deren Vollendung noch aussteht, die aber dennoch bereits nachhaltig durch Taten der Liebe mit Gutem durchwirkt werden kann. Trotz einer gegenüber den vorangegangenen Abschnitten neu eingeführten eschatologisch-pneumatologischen Ausrichtung der Argumentation bleibt der Fokus derselbe wie in den vorangegangenen Abschnitten: praktisch gelebte Nächstenliebe.

Der folgende § 5 entfaltet den Topos „tätige Nächstenliebe“ nochmals weiter. Da die Triebfeder dieses Einsatzes, die christliche Liebe, niemals aufhöre, könnten die mit Christus Verbundenen in vielfacher Weise aufgerufen sein, die Güte Gottes zu bezeugen. Das Bemühen um eine Verwandlung des Kosmos durch Kampf gegen alles Böse sei sowohl auf den einzelnen Menschen wie auch auf die gesamte Schöpfung bezogen; deshalb müsse es asketisch geprägt sein und bestehe ebenso in einem Widerstand gegen Egoismus und sündige Neigungen wie auch in einer Kultivierung der Liebe, die uns in den Brüdern und Schwestern das Angesicht Christi erkennen lasse. Diese Aussage enthält Anklänge an die Interpretation von „Bild Christi“ in § 1 sowie auf die Ausführungen in § 2, dass wir in unseren Brüdern und Schwestern Christus selbst begegnen.[74] Vor allem das Ziel ist an allen drei Stellen erkennbar dasselbe: Es geht um die Herleitung und Begründung, dass tätige Nächs-

---

priest of creation in the sense that the material world he takes in his hands is transformed into something better than what it is naturally.“ Vgl. John D. Zizioulas, The Eucharistic Communion and the World (wie FN 67), 130: „This eschatological invasion is not an historical development that one can comprehend logically and by experience; it is the descent of the Holy Spirit […] that transfigures the ‚present age‘ and transforms it in Christ into ‚a new creation‘.“

73 Als Referenz zu dieser Aussage ist in § 4 des Dokuments Röm 8,28 angegeben. Dieser Vers hat jedoch nicht den Heiligen Geist, sondern die Gott liebenden Menschen im Blick. Vom Eintreten des Heiligen Geistes, der sich der Schwachheit der Menschen annimmt, ist dagegen in Röm 8,26 die Rede. Insoweit dürfte es sich um ein Redaktionsversehen handeln.

74 Vgl. Dokument, 2: „Our actions are to flow from love of God and loving union with him in and through Christ, in whom we meet and treat our brother and sister as our very life.“

tenliebe den unverzichtbaren Ausdruck einer lebendigen Christusbeziehung darstellt. Dieses Ziel wird durch eine Referenz auf Mt 25,40.45 untermauert. Eine solche tätige Nächstenliebe – so entwickelt der Text von § 5 weiter – könne nicht nur von Einzelnen, sondern auch als gemeinschaftliche Anstrengung Vieler geübt werden, die sich gegenseitig zu einem Leben in Liebe und Dienst für andere stützen oder fördern. Dieser Gedanke wird dann eucharistisch ausgedeutet:

> „It is the natural expression of a life transformed by the Holy Spirit, a life of joy, at whose communal heart stands the Eucharist, the ever-renewed celebration of God's lavish self-donation, the sharing of his very flesh and blood for the life of the world.“[75]

Im eucharistischen Geheimnis ziehe Christus jeden an sich, weshalb jeder auch zu seinem Nächsten gezogen werde. Dies sei ein Vorgeschmack des endzeitlichen Hochzeitsmahls, zu dem alle Menschen eingeladen seien, sogar solche, die gegenwärtig außerhalb der sichtbaren Gemeinschaft der Kirche stünden. Hier wird nochmals ein eschatologischer Aspekt herangezogen, um den Kreis derer zu weiten, die durch praktizierte Nächstenliebe zum göttlichen Plan einer verwandelten, geheilten Welt beitragen.

Zu Beginn von § 6 der theologischen Einführung findet sich erstmals im eigentlichen sozialethischen Dokument eine Bezeichnung für das mit ihm verbundene Projekt. Demzufolge geht es um „ein orthodoxes Sozialethos“. Dessen Begründung („warrant“) und Ausgestaltung („charta“) seien vor allem in den Lehren Christi zu finden. Damit wird auf die Heilige Schrift, näherhin auf das Evangelium verwiesen. So bietet die folgende Textpassage denn auch ein kleines Kompendium von Stichworten, die Worte und Taten Christi hinsichtlich einer Zuwendung zu Armen und Marginalisierten und hinsichtlich seiner Kritik an den Reichen, an Gleichgültigkeit gegenüber den Unterdrückten und an Ausbeutung zusammenschauen. Die entsprechenden Weisungen seien Bestätigung und zugleich Überbietung der alttestamentlichen Forderungen. Der Kernsatz des Abschnitts ist dann die Feststellung, dass jeder, der Christus nachfolgen wolle, gehalten sei, sich seine Weisungen zu eigen zu machen. Als Beleg, wie konkret dieser Auftrag in apostolischer Zeit angenommen und umgesetzt worden ist, gilt den Autoren des Textes die Lebenspraxis der frühen Kirche. Einige von deren Charakteristika werden

---

[75] Ebd., 5.

unter Bezug auf Gal 3,28 und verschiedene Stellen der Apostelgeschichte skizziert und auf das Liebesgebot zugespitzt. Dann kommt konsequenterweise die Kirche der heutigen Zeit in den Blick:

> „Though the Orthodox Church knows that society as a whole operates upon different principles than these, and that Christians have it in their power to remedy social ills to only a limited degree at any time and in any place, still it holds up the ideal of the Apostolic Church as the purest expression of Christian charity as a social logic and communal practice, and judges all human political and social arrangements in light of that divinely ordained model.“[76]

Damit präsentiert sich § 6 als eine gedanklich abgerundete und durchgängig anhand der Heiligen Schrift entwickelte Texteinheit, in der praktizierte Nächstenliebe aus Wort und Bespiel Jesu abgeleitet wird, verknüpft mit dem Gedanken der Nachfolge.

In § 7 setzt die theologische Erschließung mit Ausführungen zur natürlichen Gotteserkenntnis nochmals neu an. Dieser Anknüpfungspunkt überrascht und wirft die Frage nach dem Grund auf. Er ist in der Textpassage selbst angedeutet: Die Darlegungen des Textes richten sich nämlich nicht nur an die Getauften, sondern an die ganze Schöpfung, näherhin an alle Menschen.[77] Insoweit besteht eine Querverbindung zu den Begleitmaterialien des Dokuments, insbesondere zum Vorwort des Erzbischofs Elpidophoros von Amerika.[78] Mit dem Ansatz „natürliche Gotteserkenntnis“ in § 7 wird den nichtgetauften Gliedern der Menschheit eine Verständnisbrücke gebaut, um sie zu ermutigen, sich ebenfalls mit dem sozialethischen Dokument auseinanderzusetzen.

Die in § 7 gebotene kurze Umschreibung der natürlichen Gotteserkenntnis als Kenntnis des Guten („some knowledge of the good“) wird ergänzt durch den Hinweis auf die natürliche Fähigkeit aller Menschen, die Bedeutung von „Gerechtigkeit“ und „Barmherzigkeit“ wahrzunehmen. Unter Bezug auf Röm 2,15 wird festgehalten, dass Gottes Gesetz in jedes menschliche Herz eingeschrieben sei und über das Gewissen sowohl den menschlichen Verstand wie den Willen anspreche. Zitate aus Irenäus von Lyon *(Adversus haereses)*, Johannes von Damaskus,

[76] Ebd., 6 f.

[77] Ebd., 8: „speaking not only to the closed company of the baptized but to the whole of creation, recalling human beings everywhere to the decrees written into their very nature“.

[78] Ebd., X: „It speaks to the best of our shared humanity, acknowledging from its first paragraph that every human being is created to ‚look up to and see God‘ […].“

Maximus Confessor und Johannes Chrysostomos bieten eine patristische Untermauerung und inhaltliche Entfaltung. Der Zusammenhang mit der Offenbarung in Christus wird in nur einem Satz meisterlich aufgezeigt:

> „But in Christ we have received a new outpouring of the Spirit and have become a new holy priestly people, under this new covenant of liberty – a covenant that does not abolish the natural law, but rather enlarges its range and makes its demands upon us absolute.“[79]

Daraus wird weiter abgeleitet, dass die Christen eine prophetische Aufgabe in der Welt wahrzunehmen hätten, gerichtet nicht nur an die Getauften, sondern an die ganze Schöpfung. Der Dienst bestehe darin, alle Menschen an das zu erinnern, was in ihre Natur eingeschrieben sei, nämlich Gerechtigkeit und Barmherzigkeit zu üben. Abschließend wird die Gottesmutter als herausragende Zeugin angeführt. In mehreren Ansätzen wird dargelegt, dass sie in ihrer frei gegebenen Zustimmung zu Gottes Willen seiner Liebe in Person einen Platz bereitet habe und Gottes Logos als größte Berufung und als größte Erfüllung menschlicher Natur empfangen habe. Damit erweist sich auch § 7 als eine in sich geschlossene und überzeugend aufgebaute Einheit, dazu bestimmt, für ein sozialethisches Engagement aller Menschen guten Willens zu werben.

Im Ergebnis konnten die Schwerpunkte der theologischen Einführung des sozialethischen Dokuments wie folgt identifiziert werden:

- § 1: Die Schöpfung des Menschen nach Bild und Gleichnis Gottes bedingt liebenden Lobpreis und Dankbarkeit des Menschen gegenüber Gott für die Gabe des Lebens und für alles Gute.
- § 2: Der Mensch ist zu einer liebenden Gemeinschaft mit dem dreifaltigen Gott berufen; deshalb ist der Mensch ebenso in eine liebende Gemeinschaft mit dem Nächsten und mit dem ganzen Kosmos berufen.
- § 3: Die Liebe Gottes zu jedem Menschen drängt diese, in immer größere Gleichförmigkeit mit Gottes eigenem Gutsein zu gelangen; das geschieht, indem der Mensch eine immer größere Liebe zum Nächsten und zu allen Mitgeschöpfen kultiviert.
- § 4: Die von ihrem Schöpfer entfremdete Welt soll durch Taten der Liebe nachhaltig mit Gutem durchwirkt werden. Die damit eingeleitete Verwandlung der Welt vollendet sich zwar erst im Reich Gottes;

---

[79] Ebd., 8.

dennoch tragen alle Taten der Liebe durch das Wirken des Heiligen Geistes bereits im jetzigen Leben ihre Früchte.

- § 5: Die christliche Liebe wird bezeugt in einem Widerstand gegen Egoismus und sündige Neigungen, aber auch in einer Kultivierung der Liebe gegenüber den Brüdern und Schwestern. Tätige Nächstenliebe ist unverzichtbarer Ausdruck einer lebendigen Christusbeziehung.
- § 6: Worte und Taten Christi zeigen einerseits seine Zuwendung zu Armen und Marginalisierten, andererseits seine Kritik an den Reichen, an Gleichgültigkeit gegenüber den Unterdrückten und an Ausbeutung. Jeder, der Christus nachfolgen wolle, ist gehalten, sich seine Weisungen zu eigen zu machen.
- § 7: Jeder Mensch hat von der Schöpfung her eine natürliche Kenntnis vom Guten. Gottes Gesetz ist in jedes menschliche Herz eingeschrieben. Die Christen haben die prophetische Aufgabe, die ganze Schöpfung an das zu erinnern, was in ihre Natur eingeschrieben ist, nämlich Gerechtigkeit und Barmherzigkeit zu üben.

Die Zusammenstellung veranschaulicht, dass die Einleitung eine durchkomponierte Begründung sozialethischen Engagements bietet, basierend auf dem Gedanken der dem Menschen erwiesenen Liebe Gottes und einer Antwort des Menschen darauf durch praktizierte Gottes- und Nächstenliebe. Diese „Priorität der Liebe“ als durchgängiges Motiv der theologischen Einleitung unterstreicht eine Beobachtung zur Wortwahl: „Liebe“ („love“) kommt in den sieben Abschnitten der Einleitung 19 Mal vor, annähernd gleichmäßig verteilt auf die Blickrichtung „Liebe Gottes bzw. Liebe Christi zu den Menschen“ (10 Belege) sowie „Gottes- bzw. Nächstenliebe des Menschen“ (9 Belege). Hinzu kommen noch vier weitere Belege in Wortverbindungen: „loving praise“ des Menschen; „loving communion“ zwischen Gott und Mensch; „loving communion“ unter den Menschen; „loving union“ des Menschen mit Gott in und durch Christus. Verschiedene charakteristische Formulierungen in der theologischen Einleitung können als Indizien gelten, dass die Theologie des Metropoliten von Pergamon, Ioannis Zizioulas, im gedanklichen Hintergrund der Argumentation steht. Dennoch präsentiert sich der Text als eigenständiger Entwurf, dessen Proprium die mehrfache Herleitung sozialethischer Verantwortung aus dem Gebot der Gottes- und Nächstenliebe darstellt. Diese Zuspitzung auf die zentrale Weisung des Evangeliums – ergänzt durch den Aspekt „natürliche Gotteserkenntnis“ – kann als Bemühen interpretiert werden, das theologische Fundament auch über den primären Adressatenkreis in der Orthodoxie hinaus Christen anderer Konfession und sogar Nichtchristen als Verständnishorizont anzubieten.

1.2 Theologische Ansätze zu einer Sozialethik in den Dokumenten der Synode von Kreta?

Bei der Untersuchung der Begleitmaterialien zum sozialethischen Dokument (vgl. oben A) wurde beobachtet, dass die Heilige und Große Synode von Kreta (2016) in fast allen Schritten der Genese des sozialethischen Dokuments ebenso wie in den weiteren Begleitmaterialien als ein herausragender Bezugspunkt für dessen Erarbeitung und Ausrichtung herausgestellt wurde. Deshalb stellt sich die Frage, ob auch die Synodentexte theologische Ansätze erkennen lassen, auf denen ein sozialethisches Engagement der Orthodoxie gründet.

Erster Anknüpfungspunkt ist das Synodendokument „Der Auftrag der Orthodoxen Kirche in der heutigen Welt“.[80] Der Text enthält eine Auseinandersetzung mit zahlreichen sozialethischen Fragestellungen wie z. B. „Freiheit und Verantwortung“ oder „Friede und Gerechtigkeit“.[81] Die diesen Einzelaspekten vorangestellte Einleitung fokussiert jedoch nicht deren theologisches Fundament, sondern handelt – der Zielrichtung der Überschrift entsprechend – von der Stellung der Kirche in der Welt, von ihrem Verkündigungsauftrag und von der Art und Weise, wie dieser zu erfüllen ist. Die entsprechenden Aussagen sind stark biblisch ausgerichtet, patristische Bezüge sind vergleichsweise selten eingearbeitet. Vergleicht man die im Synodendokument bzw. im sozialethischen Dokument zur theologischen Argumentation herangezogenen Schriftstellen, zeigt sich lediglich eine Gemeinsamkeit, nämlich Gal 3,28.[82] Darüber hinaus gibt es noch einen argumentativen Querbezug, dass nämlich die Kirche in der Welt lebt, aber nicht von der Welt ist; dies wird im Synodendokument auf Joh 17,11.14–15 gestützt. Im sozialethischen Dokument wird festgehalten: „We are called to serve a Kingdom not of this world …“[83]; als Schriftbezug dazu ist Joh 18,36 angegeben.

[80] Vgl. Synodos, 86–102.

[81] Ebd., 90–93.

[82] Ebd., 86 und Dokument, 6.

[83] Dokument, 3.

Ein deutlicherer Querbezug lässt sich jedoch hinsichtlich des Werts der menschlichen Person und der diesbezüglichen theologischen Verankerung beobachten. Das Synodendokument widmet dieser Thematik seinen ersten Abschnitt und entfaltet ihn in vier unterschiedlich großen Texteinheiten. Betont wird bereits im Einleitungssatz, dass sich der Wert der menschlichen Person von der Erschaffung des Menschen „nach dem Bild und zur Ähnlichkeit Gottes" und vom Auftrag ableite, den der Mensch und die Welt im Heilsplan Gottes innehaben.[84] Eine Schriftstelle – etwa Gen 1,26 – ist trotz des im Synodentext gekennzeichneten wörtlichen Zitats nicht angegeben; möglicherweise wurde sie einfach als bekannt vorausgesetzt. Die weitere Argumentation geht rasch zum Thema „Inkarnation" und ihrem Ziel über: „Der Zweck der Menschwerdung des Logos Gottes ist die Vergöttlichung des Menschen."[85]

Daran anschließend wird anhand mehrerer patristischer Zeugnisse die mit der Inkarnation verbundene Annahme des Menschen und seine Erneuerung zur Sprache gebracht. Dies führt zum Kernsatz:

> „Diese christliche Lehre über die Heiligkeit des Menschengeschlechts ist die unerschöpfliche Quelle allen christlichen Bemühens zum Schutz des Wertes und der Würde der menschlichen Person."[86]

In der theologischen Einleitung zum sozialethischen Dokument wird genau derselbe Anknüpfungspunkt zugrunde gelegt:

> „The Orthodox Church understands the human person as having been created in the image and likeness of God (Genesis 1:26)."[87]

Im weiteren Verlauf von § 1 kommt zwar nicht die Inkarnation in den Blick. Ein christologischer Bezug wird jedoch über den Aspekt „human being was made in ‚image of Christ'"[88] ins Spiel gebracht; dessen Gehalt wird allerdings – wie oben dargelegt – nur aus dem vollen Wortlaut der gebotenen Referenz aus dem Werk des Irenäus von Lyon nachvollziehbar. In § 3 wird gleichsam nachgetragen:

> „Being made in the image and likeness of God, each person is unique and infinitely precious, and each is a special object of God's love."[89]

---

84 Vgl. Synodos, 88.
85 Ebd.
86 Ebd., 89.
87 Dokument, 1.
88 Ebd.
89 Ebd., 2.

Die der Synode im Zusammenhang mit der menschlichen Person wichtigen Begriffe „Wert“ und „Würde“ sind nicht wiederholt, sondern umschrieben. Auch der Begriff „Inkarnation“ wird nicht verwendet,[90] wohl aber wird auf ihr Ziel hingewiesen, die Vergöttlichung des Menschen. Als deren Konsequenz wird eine Eingliederung in den Leib Christi vorgetragen:

> „The ultimate destiny […] is nothing less than our *theosis*: our deification and transformation by the Holy Spirit into members of the body of Christ, joined in the Son to the Father, whereby we become true partakers of the divine nature.“[91]

Hinzuzufügen ist noch, dass das Synodendokument betont, die Kirche wolle ihren sozialethischen Dienst in der Welt für alle Menschen in Not ausüben; als Referenz wird auf Mt 25,40 verwiesen.[92] Derselbe Gedanke und der gleiche Schriftbezug sind in der theologischen Einleitung des sozialethischen Dokuments geboten.[93]

Damit erweisen sich Querverbindungen zwischen beiden Texten als vorhanden. Sie sind jedoch nur von marginaler Bedeutung,[94] da sie vor allem durch Bezüge auf dieselben Bibelstellen hergestellt sind. Bemerkenswert ist, dass der Synodentext in der Einleitung des sozialethischen Dokuments nicht erwähnt wird, wobei sich z. B. hinsichtlich der menschlichen Person und ihrer Würde durchaus ein Zitat oder ein Rückverweis angeboten hätte. Die Argumentation des Synodentextes bzw. des sozialethischen Dokuments gleicht deshalb zwei Wegen, die denselben Ausgangspunkt haben (Gen 1,26), dann einen unterschiedlichen Verlauf nehmen und sich dabei ab und zu überkreuzen. Der Grund liegt in einem anders gewählten Schwerpunkt der theologischen Erwägungen in der Einleitung des sozialethischen Dokuments, das stark auf die Begriffe „communion“ (10-mal in der Einleitung verwendet) und „union“

---

90 Allerdings wird im Vorwort mit Referenz auf ein Werk von Metropolit Ioannis Zizioulas der Aspekt „Inkarnation“ angedeutet: „following the example of the incarnate Word by speaking to the contemporary world ‚from within‘“; vgl. Dokument, XVI.

91 Ebd., 3.

92 Synodos, 96.

93 Dokument, 4 f.

94 Überprüft wurden zusätzlich die Enzyklika und die Botschaft der Synode von Kreta; vgl. Synodos, 20–41 bzw. 42–49. Obwohl in beiden Texten sozialethische Themen als Problem oder als Aufgabe der Kirche benannt werden, findet sich keine theologische Begründung eines sozialethischen Engagements, die zum Vergleich mit der Einleitung des sozialethischen Dokuments herangezogen werden könnte.

(3-mal in der Einleitung verwendet) hin orientiert ist und die Begründung für ein sozialethisches Handeln in der Hineinnahme des Menschen in die Liebe Gottes und einem Handeln des Menschen als Antwort auf diese Liebe sieht. Darin mag sich ein Bezug zur Theologie von Ioannis Zizioulas andeuten, für den „communion" die liebende Beziehung zwischen Gott und Mensch sowie zwischen Menschen bezeichnet, in der sich Menschsein vervollständigt und „Kirche" entsteht.[95]

Die Enzyklika der Heiligen und Großen Synode von Kreta[96] identifiziert zwar eine Reihe von Problembereichen sozialethischer Natur, doch lässt der Charakter des Sendschreibens eine Entwicklung oder Darlegung theologischer Gründe für ein entsprechendes Engagement nicht erwarten. Tatsächlich ist der Fokus des Textes ganz auf die Sendung der Kirche im Allgemeinen gelegt. Hinsichtlich ihres Zeugnisses in der Welt heißt es lapidar:

> „Die Tatsache, dass wir ‚unser Bürgerrecht im Himmel' (Phil 3,20) haben, hebt in keiner Weise unser Zeugnis in der Welt auf, sondern stärkt es vielmehr."[97]

Immerhin lassen sich einige stichwortartige Querverbindungen zwischen der Enzyklika und der theologischen Einleitung des sozialethischen Dokuments erheben. Drei Beispiele dafür seien herausgehoben. So heißt es in Nr. 1 der Enzyklika:

> „Die Kirche als der Leib Christi ‚versammelt' (Mt 23,27) die Welt bei ihm, verklärt sie und tränkt sie […]."[98]

In der Einleitung des sozialethischen Dokuments wird – sogar kursiv gesetzt – derselbe starke Ausdruck einer Verklärung gebraucht:

> „[…] it is humanity's vocation not merely to accept – but rather to bless, elevate, and *transfigure* – this world […]."[99]

In Nr. 12 der Enzyklika heißt es:

> „Unsere Kirche kann und muss in der Welt ihr prophetisches Bewusstsein in Jesus Christus zum Ausdruck bringen […]."[100]

---

[95] Vgl. John Zizioulas, Being as Communion (wie FN 64), 15. Hinzuweisen ist auf die diesbezügliche Querverbindung zu Abschnitt VI des sozialethischen Dokuments, in dem der ekklesiologische Gehalt von „communion" große Bedeutung entfaltet. Darauf wird zurückzukommen sein.

[96] Synodos, 20–41.

[97] Ebd., 21.

[98] Ebd., 22.

[99] Dokument, 4.

[100] Synodos, 32.

In der Einleitung des sozialethischen Dokuments ist ganz ähnlich ausgesagt:

> „This means that Christians are permitted, and in fact obliged, to act as a prophetic presence in the world […].“[101]

Die Enzyklika betont in Nr. 19:

> „Die Orthodoxe Kirche hat immer jene, die verfolgt werden, in Gefahr oder Not sind, wahrgenommen […].“[102]

Das diesbezügliche konkrete Handeln der Kirche wird anhand eines ausführlichen Schriftzitats (Mt 25,35–36) erläutert. In Nr. 4 der Einleitung zum sozialethischen Dokument heißt es unter Bezug auf dieselbe Schriftstelle Mt 25,31–46:

> „[…] our works of love bear fruit in this life, and they are required of all who would enter the life of the age to come.“[103]

Diese Querverbindungen mögen zu schwach sein, um etwas Grundsätzliches zu einer theologischen Fundierung sozialethischen Handelns beizutragen. Immerhin illustrieren sie aber doch das in der Enzyklika greifbare wache Bewusstsein um die Dringlichkeit, sozialethische Verantwortung wahrzunehmen.

Die in der Botschaft der Synode[104] enthaltenen spärlichen Hinweise auf die Existenz sozialethischer Verantwortung der orthodoxen Kirche[105] erscheinen noch nachrangiger als diejenigen in der Enzyklika. Da sie keine theologische Begründung erkennen lassen, wird hier auf eine vergleichende Darstellung verzichtet.

---

101 Dokument, 8.

102 Synodos, 38.

103 Dokument, 4.

104 Synodos, 42–49.

105 Vgl. etwa ebd., 47 unter Nr. 7, wo angesichts bioethischer Probleme Lösungen auf der Basis christlicher Ethik urgiert werden. Ebd., 49 unter Nr. 12 wird die kirchliche Verantwortung in Raum und Zeit betont, allerdings immer unter der Perspektive der Ewigkeit.

1.3 Theologische Ansätze einer Sozialethik in den Dokumenten der Russischen Orthodoxen Kirche

Das Sozialkonzept der Russischen Orthodoxen Kirche aus dem Jahr 2000 enthält in seinem ersten Abschnitt eine Darstellung der theologischen Grundpositionen.[106] Die darin entwickelte Argumentation ist durchgängig ekklesiologisch ausgerichtet und wird in vier Absätzen entfaltet. Der erste Gedankengang bestimmt „Kirche" als Gemeinschaft der an Christus Glaubenden, in der alles vereinigt werden soll. Die kirchliche Gemeinschaft vermittele das eschatologische Ziel, nämlich die Vergöttlichung der ganzen Schöpfung durch das Wirken des Heiligen Geistes, in der der ursprüngliche Ratschluss Gottes verwirklicht werde. Ausgehend von der Erlösungstat Christi wird in einem neuen Gedankengang die mit ihr verbundene Erneuerung des Menschengeschlechts hervorgehoben; dadurch könne die Kirche als Einheit der neuen Menschheit in Christus näher bestimmt werden. Unter Rückgriff auf ein Diktum des hl. Maximus Confessor wird dargelegt, dass darin eine alle umfassende Gemeinschaft gestiftet sei, die von allem, was Menschen trennt, unberührt bleibe. Der zweite Abschnitt des Textes setzt bei der Inkarnationstheologie an und überträgt diese auf die Kirche: Als Leib Christi vereinige sie in sich die göttliche und menschliche Natur. Das ermögliche die Umwandlung und Reinigung der Welt, die sich in einer Synergie von Gliedern und Haupt des Leibes vollziehe. Der inkarnatorische Aspekt wird in zweifacher Hinsicht weiter entfaltet:

- Die Kirche sei – wie Christus – nicht von dieser Welt, aber in der Welt.
- Ziel der Kirche sei nicht nur das Heil der Menschen in der Welt, sondern zugleich das Heil der Welt selbst.

Die Kirche sei deshalb berufen, nach dem Vorbild Christi in der Welt zu wirken. Christus sei gekommen, um zu dienen. Wenn sich die Gläubigen wie er der Hungrigen, Obdachlosen, Kranken und Gefangenen annähmen, dann begegneten sie ihm selbst. Die dazu als Referenz herangezogene Schriftstelle ist Mt 25,31–46. Der dritte gedankliche Ansatz verknüpft das Leben der Kirche mit einem Dienst der Gemeinschaft der Glaubenden an Gott und den Menschen. Ausgerüstet dazu sei die kirchliche Gemeinschaft durch die Gaben des Heiligen Geistes, die es einzusetzen gelte. In einer für die Russische Orthodoxe Kirche spezifischen

[106] Grundlagen, 12–15.

Weise wird angeschlossen, dass die Teilnahme der Gläubigen an der Welt immer vom Bewusstsein getragen sein müsse, dass die Welt, die Gesellschaft und der Staat Gegenstände der göttlichen Liebe seien und für eine Umwandlung bzw. Reinigung entsprechend dem Liebesgebot bestimmt seien. Der vierte gedankliche Ansatz rundet die Argumentation mit der schlichten Feststellung ab, dass die Kirche ihren Heilsauftrag nicht nur durch Verkündigung, sondern auch durch gute Werke erfülle, die auf Verbesserungen des spirituell-moralischen sowie des materiellen Zustands der Welt abzielten. Zur Verwirklichung dieser Sendung suche die Kirche Zusammenarbeit.

Vergleicht man in einem nächsten Schritt die theologischen Grundpositionen des Dokuments „Grundlagen der Sozialkonzeption“ der ROK mit der Einleitung des sozialethischen Dokuments „For the Life of the World“, ergibt sich, dass es sich um zwei völlig verschiedene Argumentationsstränge handelt, die sich lediglich in einigen wenigen Stichworten berühren. Der Hauptunterschied besteht in einer durchgängig ekklesiologischen Ausrichtung des ROK-Dokuments, während in der Einleitung des sozialethischen Dokuments „Kirche“ zwar mehrfach angesprochen wird,[107] ohne dass jedoch die eigentliche Argumentation ekklesiologisch angelegt wäre. Zu den wenigen Berührungspunkten zwischen beiden Texten zählen:

- In beiden Texten wird das eschatologische Ziel der Schöpfung, die Vergöttlichung, angesprochen.[108]
- Beide Texte bedienen sich des dem Johannesevangelium entnommenen Grundgedankens „nicht von der Welt“, aber „in der Welt“.[109]
- Beide Texte nehmen Christi Beispiel einer Zuwendung zu den Marginalisierten in den Blick.[110]
- Gemeinsam ist schließlich der Bezug auf Mt 25,31–46.[111]

[107] Das Wort „Kirche“ („church“) taucht im Abschnitt I „Introduction“ lediglich acht Mal auf: zweimal in der Verbindung „Orthodox Church“ (in § 1 und § 6); zweimal in der Verbindung „Apostolic Church“ (§ 6); „The Church knows …“ (§ 4); „the visible communion of the Church“ (§ 5); „though the Church enjoys a special knowledge of the love of God as revealed in the person of Christ“ (§ 7); „enriched and deepened in the new covenant of liberty imparted by Christ to his Church“ (§ 7). Vgl. Dokument, 1–8.

[108] Grundlagen, 12; Dokument, 3.

[109] Grundlagen, 13; Dokument, 3.

[110] Grundlagen, 12; Dokument, 5.

[111] Grundlagen, 12; Dokument, 4.

Diese Parallelen sind so marginal, dass sie die grundsätzlich unterschiedliche Konzeption beider Texte bestätigen, nicht widerlegen. Ergänzend sei darauf hingewiesen, dass sich das Dokument „Grundlagen der Sozialkonzeption“ und das Dokument „Der Auftrag der Orthodoxen Kirche in der heutigen Welt“ der Synode von Kreta in ihrer jeweiligen ekklesiologischen Ausrichtung näher stehen als der Einleitung zu „For the Life of the World“. Das hat seinen Grund in der langjährigen panorthodoxen Vorbereitung der Textvorlage,[112] deren Endfassung dann die Synode von Kreta beschlossen hat.

Weiterhin gilt es, wenigstens kurz auch das zweite sozialethisch ausgerichtete Dokument der Russischen Orthodoxen Kirche in den Blick zu nehmen, nämlich deren „Grundlagen der Lehre über Würde, Freiheit und Rechte des Menschen“ von 2008.[113] Der Text bietet in Abschnitt 1 eine recht ausführliche Darlegung zur Theologie der menschlichen Person und ihrer Würde. Sie wird – wie in § 1 der Einleitung zu „For the Life of the World“ – auf Gen 1,26 gestützt und in einer Auslegung dieser Bibelstelle entfaltet. Eine sachliche Parallele besteht darüber hinaus in der Darlegung eines inkarnatorischen Aspekts:

> „Die Annahme der Fülle der menschlichen Natur außer der Sünde durch den Herrn Jesus Christus (Hebr 4,15) zeigt, dass die Würde durch die Entstellungen, die in dieser Natur infolge des Sündenfalls entstanden sind, nicht in Mitleidenschaft gezogen ist.“[114]

Auch die damit verbundene Berufung zum eschatologischen Ziel des Menschen, der Vergöttlichung,[115] sowie die Hervorhebung der Bedeutung von „Gewissen“[116] können als punktuelle Gemeinsamkeiten gelten. Die übrigen Darlegungen des ROK-Textes sind dagegen einer spezifischen Auslegung hinsichtlich einer moralischen Verantwortung und deren Ausgestaltung gewidmet.

---

112 Vgl. Anastasios Kallis, Auf dem Weg zum Konzil, Theophano Verlag Münster 2013, 540–549.

113 Barbara Hallensleben u. a., Freiheit und Verantwortung im Einklang (wie FN 45).

114 Ebd., 221; vgl. Dokument, 3.

115 Freiheit und Verantwortung, 222; vgl. Dokument, 3.

116 Freiheit und Verantwortung, 222; vgl. Dokument, 7.

1.4 Zwischenergebnis: Das theologische Fundament sozialethischen Handelns nach der theologischen Einleitung von „For the Life of the World“

Nimmt man die Gesamtheit der voranstehend miteinander verglichenen Texte in den Blick, wird eine ganze Reihe von Ansätzen zu einer theologischen Begründung des sozialethischen Handelns der orthodoxen Kirche greifbar: Zurückgegriffen wird auf die Inkarnationstheologie, die Trinitätstheologie, die Schöpfungstheologie und die eucharistische Theologie. Die Argumentation stützt sich zudem auf die Eschatologie, die Pneumatologie, die Ekklesiologie und sogar auf die frühe Kirchengeschichte.[117] Zentrale Bedeutung entfaltet der Hinweis auf eine notwendige Umsetzung der Weisungen Jesu. Dem dient der Verweis auf das Doppelgebot der Liebe bzw. auf Mt 25,31–46. Darauf zugespitzt erscheinen jeweils die hauptsächlichen Argumentationslinien in der Einleitung zum sozialethischen Dokument. Deutlich knapper gefasst erscheint dieser Bezug in den Texten der Synode von Kreta (durch Bezug auf Mt 25,40) sowie im Sozialkonzept der ROK (unter Bezug auf Mt 25,31–46).

Diese Fülle theologischer Ansätze und ihre noch recht variable Gewichtung in den verschiedenen Texten signalisieren, dass die Erarbeitung der orthodoxen theologischen Begründung eines sozialethischen Engagements noch im Fluss ist.[118] Hinzu kommt der unterschiedliche Grad an Ausarbeitung bzw. Geschlossenheit; in den hier untersuchten Texten wird man insoweit zwischen theologischen Konzeptionen und theologischen (Einzel-)Argumenten unterscheiden müssen. In einer solchen differenzierten Betrachtungsweise wird deutlich, dass die Einleitung zum sozialethischen Dokument eine solche Konzeption unter dem Leitmotiv „Liebende Gemeinschaft zwischen Gott und Mensch bzw.

---

[117] Vgl. die Argumentation mit der Kirche in apostolischer Zeit in § 6 der Einleitung des sozialethischen Dokuments.

[118] Ein ähnliches Bild zeigt z. B. die Darstellung von Stanley S. Harakas, Wholeness of Faith and Life: Orthodox Christian Ethics. Part Three: Orthodox Social Ethics, Holy Cross Orthodox Press Brookline/MA 1999, 3–16, wo der Verfasser die Trinitätstheologie, die Schöpfungstheologie, die Eschatologie, die Inkarnationstheologie, die Reich-Gottes-Theologie, das sakramentale Leben und (nochmals) die Eschatologie, die Erlösung der Welt und (spirituelles) Wachstum als Anknüpfungspunkte hervorhebt und ihnen jeweils einen kleinen Abschnitt widmet, um die Relevanz für eine Begründung der Sozialethik aufzuzeigen.

zwischen Menschen“ und dem daraus abgeleiteten Erfordernis praktisch gelebter Gottes- und Nächstenliebe konsequent entfaltet. Für das Sozialkonzept der ROK gilt Ähnliches, allerdings hinsichtlich einer Ausarbeitung und Anwendung des Leitgedankens „Wahrnehmung der Verantwortung von Kirche in der Welt“. Ein vergleichbares Bewusstsein um eine sozialethische Verantwortung der Kirche in der Welt findet sich – unbeschadet einer spezifisch ausgerichteten Deutung – auch im Dokument der Synode von Kreta. Diese Grundlinien halten die verschiedenen Konzeptionen grundsätzlich offen für eine Untermauerung der Argumentation mit weiteren theologischen Aspekten. Sie werden durch mehr oder weniger konsequenten Rückgriff auf die oben aufgezählten theologischen Ansätze gewonnen. Daraus erklären sich nicht zuletzt die häufiger beobachteten Querverbindungen zwischen den hier untersuchten Texten hinsichtlich spezifischer Stichworte oder Referenzen.

Diese aus dem Vergleich mehrerer offizieller kirchlicher Texte gewonnene „Standortbestimmung“ der Einführung des sozialethischen Dokuments ermöglicht nun auch, deren Beitrag für eine orthodoxe theologische Begründung von Sozialethik genauer zu bestimmen. Es handelt sich weder um die bloße Rezeption eines in früheren kirchlichen Texten bereits „vorgegebenen“ theologischen Ansatzes noch um ein Kompendium, in dem möglichst viele theologische Begründungsansätze zusammengeschaut würden. Vielmehr handelt es sich um einen eigenständigen Entwurf unter dem bereits benannten Leitmotiv „Liebende Gemeinschaft zwischen Gott und Mensch bzw. zwischen Menschen“. Dieses Konzept erreicht von verschiedenen Seiten immer wieder denselben Punkt: Sozialethisches Engagement ist praktisch gelebte Gottes- und Nächstenliebe und daher unverzichtbar. Die Eigenständigkeit der Argumentation wird durch eine primär auf die Heilige Schrift bezogene Argumentation unterstrichen; die – zusätzlich – gebotenen patristischen Referenzen dienen vor allem der Untermauerung einer vorgetragenen Bibelinterpretation. Diese starke Ausrichtung auf die Heilige Schrift – darin ähnlich dem Dokument der Synode von Kreta – mag eine überkonfessionelle Diskussion des sozialethischen Dokuments fördern, die in den Begleitmaterialien urgiert wurde. Die Eigenständigkeit des Entwurfs zeigt sich weiterhin in einer konsequenten Entgrenzung des Kreises derjenigen, die Nächstenliebe schenken (sollen), wie derjenigen, denen Nächstenliebe erwiesen wird. Insoweit bestätigt sich die in seiner Einführung ausgesprochene Einladung des Erzbischofs Elpidophoros, der für das Dokument nicht nur eine innerorthodoxe oder überkonfessionelle Wahrnehmung erhoffte, sondern in ihm die Chance zu einem Diskurs aller Menschen guten Willens erkannte. Ein formaler Gesichtspunkt rundet schließlich die Beobachtung einer Eigenständigkeit des vorgelegten Entwurfs ab: Mit dem Anknüpfungspunkt „natürliche Gotteserkenntnis“ in § 7 wurde wohl erstmalig in einem orthodoxen kirchlichen Dokument versucht, auch Nichtchristen eine Brücke zum Verständnis orthodoxen sozialethischen Engagements zu bauen.

2. Die Kirche im öffentlichen Bereich

2.1 Die Darlegungen im Abschnitt II des Dokuments

Nach der theologischen Einleitung widmeten die Verfasser des sozialethischen Dokuments das erste inhaltliche Kapitel dem Themenkreis „Kirche im öffentlichen Bereich“. Die weite Formulierung der Überschrift deutet bereits an, dass die in sieben Abschnitte (§§ 8–14) gegliederte Darlegung nicht nur das Verhältnis der Kirche zum Staat betrifft, sondern einen viel weiteren Blickwinkel verfolgt. Behandelt wird das Verhältnis der orthodoxen Kirche zu „Gesellschaft“ generell, d. h. in ihren vielfältigen Formen und unter Rücksicht auf die Vielfalt der in ihr wirkenden Akteure. Verschiedene Weisen des Umgangs der zivilen Autoritäten mit „Kirche“ haben ebenso Raum wie kulturelle Aspekte oder der Umgang mit verschiedenen politischen Eventualitäten seitens der Kirche. Die Formulierungen dazu sind so gewählt bzw. aneinandergereiht, dass es wohl keine Modalität gesellschaftlicher Gestaltung gibt, die vom Text nicht erfasst wird. Damit wird die globale Orientierung des gesamten sozialethischen Dokuments nochmals von einer anderen Seite her unterstrichen.

Der erste Abschnitt (§ 8) behandelt einen theologischen Aspekt, nämlich das Verhältnis zwischen „Reich Gottes“ als eschatologischer Größe, „Leib Christi“ als geschichtlicher Erscheinungsform von Kirche sowie den vielfältigen irdischen Formen sozialen Miteinanders. Bereits der Einleitungssatz stellt klar, dass die eindeutige Priorität der Christen dem Reich Gottes gelte und gelten müsse. Diesem Leitsatz folgend wird festgehalten, dass die Kirche ihr Vertrauen nicht auf Menschen setze, sondern auf den Sohn Gottes. Das Ziel „Reich Gottes“ im Blick, bewegen sich Christen innerhalb von Rahmenbedingungen, die mittels einer ausgiebigen Reihung von Aussagen in ihrer Variabilität skizziert werden:

> „Over the course of Christian history, Christians have lived under diverse forms of government – empires, totalitarian regimes, liberal democracies, nations with Christian establishments, nations with other established creeds, secular states – some of which have proved amicable to the institutional Church, some hostile, and some indifferent."[119]

In einer solchen Vielfalt von Lebensumständen bestehe das die Christen Verbindende in der Feier der Eucharistie. Durch dieses Sakrament werden sie in den „Leib Christi" eingegliedert, d. h. in die Kirche als eine geschichtliche Größe; dies bedeute zugleich eine Vorfreude auf das kommende Reich Gottes:

> „No matter what the political regime to which they have been subject, however, the principal home of Christians in this world is in the celebration (at times open, at times in secret) of the holy Eucharist, where they are enjoined to ‚set aside all earthly care' […] and to enter at once both into the unity of the body of Christ in history and into the joy of God's Kingdom beyond history."[120]

Die Eucharistie wirkt demzufolge nicht nur in das Leben der Gläubigen ein, sondern hat zugleich eine eschatologische Komponente. In ihr strahle nämlich ein Abbild der entscheidenden Größe „Reich Gottes" auf, wie es sich in einer erlösten, verwandelten und vollendeten Schöpfung verwirklichen werde. Aus der eucharistischen Theologie werden zudem Elemente einer Positionierung der Christen hinsichtlich gesellschaftlicher Realität abgeleitet:

- Die Eucharistie begründe christliche Politik („constitutes the true Christian polity").
- Sie sei ein prophetisches Zeichen und eine Kritik an all denjenigen politischen Regimes, die der göttlichen Liebe nicht gerecht würden.
- Sie sei eine Einladung an alle Völker – wie die Christen –, zuerst das Reich Gottes und seine Gerechtigkeit zu suchen.

Den Christen sei somit in der Eucharistie ein Zeichen anvertraut, das sie vor den Völkern aufrichten sollen, um diese zu einem Leben in Frieden

119 Dokument, 8 f.

120 Ebd., 9. Nicht in der Formulierung, wohl aber in der Argumentationslinie bestehen insoweit Parallelen zu Stanley S. Harakas, Wholeness of Faith and Life (wie FN 118), 13 f. Im Unterschied zu § 8, wo ein Zusammenhang zwischen der Eingliederung in den „Leib Christi" mit der Eucharistie betont und die Taufe nicht erwähnt wird, hebt Harakas ebd., 12 und 13 die Taufe und ihre Bedeutung eigens hervor.

und Nächstenliebe aufzurufen. Es darf vermutet werden, dass darin die entscheidenden Kennzeichen „wahrer Politik“ nachgetragen sind, ein Begriff, der zuvor ebenfalls in Verbindung mit dem Sakrament der Eucharistie gebraucht, jedoch nicht näher bestimmt wurde. Insgesamt verbindet der Textabschnitt eine (Selbst-)Vergewisserung über die zu setzenden Prioritäten zugunsten des Reiches Gottes mit Elementen einer christlichen Sendung hinsichtlich der Politik und der Völker. Dabei steht zunächst die Tatsache im Raum, dass die einheitsstiftende Wirkung der Eucharistie auf den Kreis derer begrenzt ist, die sie aufgrund bestehender kirchlicher *communio* auch gemeinsam feiern können. Diese faktische Eingrenzung erfährt jedoch durch die Hervorhebung der Zeichenhaftigkeit des Geschehens und durch den Gedanken einer mit der Eucharistiefeier verbundenen Einladung an alle Völker eine geschickt formulierte Öffnung.

Bei der oben bereits zitierten Verknüpfung des Sakraments der Eucharistie mit einer Eingliederung in den „Leib Christi“ überrascht vielleicht das Übergehen der Taufe. Der Grund für die Konzentration auf die Eucharistie an dieser Stelle dürfte in der engen Verbindung zwischen den drei Initiationssakramenten zu finden sein, wie sie in der orthodoxen Theologie wahrgenommen wird;[121] Ioannis Zizioulas spricht sogar von einer Einheit der drei Sakramente.[122] Auch hinsichtlich des eschatologischen Horizonts, in den die Eucharistie hineingestellt wird, besteht gedankliche Nähe zur Theologie von Ioannis Zizioulas:

> „What we experience in the divine Eucharist is the end times making itself present to us now. The Eucharist is not a repetition or continuation of the past […], but it is the penetration of the future into time.“[123]

Von Zizioulas' Theologie her erklärt sich auch die charakteristische Zusammenschau von „in der Geschichte“ bzw. „jenseits von Geschichte“,

---

[121] Nikolaos Kabasilas, Das Buch vom Leben in Christus, Johannes Verlag Einsiedeln ³1991, 25 f. beschrieb den Zusammenhang so: „Die heilige Taufe spendet das christusgemäße Sein und eigentliche Existieren. […] Die Salbung mit Myron macht den so Geborenen vollkommen, indem sie ihm eine Wirkkraft eingibt, wie sie diesem Leben entspricht. Die heilige Eucharistie schließlich bewahrt und erhält dieses Leben und seine Gesundheit. […] So leben wir also durch dieses Brot und bewegen uns kraft des Myron, nachdem wir aus dem Taufbad das Sein empfangen haben.“ Die unüberbietbare Bedeutung der Eucharistie fasst Kabasilas ebd., 111 prägnant zusammen als „höchste Erfüllung des Lebens“.

[122] John D. Zizioulas, The Eucharistic Communion (wie FN 67), 114–116.

[123] John D. Zizioulas, Lectures in Christian Dogmatics (wie FN 67), 155.

den der Text in einem Satz zum Ausdruck bringt und mit der Eucharistie verbindet:

> „However, the eschaton means the end of all separate, disconnected times, the reconnection and reconciliation of our separate histories and the arrival of their future and fulfilment. All the continuity of our histories come from outside them, from the end times […].“[124]

Der folgende § 9 des Textes wendet sich den irdischen Ordnungen zu. Der nahtlose Übergang von der stark eschatologisch bestimmten Darlegung zu „Reich Gottes“ hin zu irdischen Verhältnissen wird durch den Hinweis hergestellt, dass alle Formen menschlicher Regierung verglichen mit dem Reich Gottes Defizite aufweisen. Ebenso einleuchtend ist die damit verbundene Einsicht, dass es zwischen den Formen irdischer Ordnung graduelle Abstufungen gibt, je nachdem wie groß oder schwerwiegend solche Defizite sind. Die genauere Bestimmung der kirchlichen Position erfolgt durch eine ganze Reihe von Abgrenzungen, die einerseits an ethischen Werten (oder ihrem Gegenteil), andererseits an diverse Schriftstellen anknüpfen:

- Jede Art von institutionalisierter Korruption oder von Totalitarismus wird verurteilt mit der lapidaren Begründung, dass dadurch nur massenhaftes Leiden und Unterdrückung bewirkt werde.
- Christen seien keineswegs gehalten, sich als Staatsbürger in jeder Situation der staatlichen Macht zu beugen oder sich jeder sozialen bzw. politischen Ordnung zu unterwerfen.
- Dieser Grundsatz wird zu Aussagen der Heiligen Schrift in Beziehung gesetzt, etwa hinsichtlich der aus Mt 22,21 abzuleitenden Pflicht, Steuern zu zahlen. Die von Paulus in Röm 13,1–7 geforderte grundsätzliche Achtung staatlicher Autorität wird relativiert durch Hinweis auf Apg 5,29, dass nämlich im Konfliktfall zwischen „zivilem“ Gehorsam und christlicher Verantwortung letztere den Vorrang habe. Es mache auch einen Unterschied aus, ob die Kirche wie zur Zeit des Apostels unter einer heidnischen kaiserlichen Autorität stehe oder ob Christen gerufen seien, eine Gesellschaft zu ordnen und Frieden zu fördern, weil sie selbst Macht ausüben. Eine nochmals andere Frage sei, was Christen von Völkern und Regierungen verlangen könnten, wenn sie gerufen seien, ein prophetisches Zeugnis für Gottes Gerechtigkeit und Erbarmen abzugeben.

---

[124] Ebd.

– Dennoch sei die Kirche gehalten, in Frieden mit all denjenigen zu leben, die ein Land bewohnen, und diesen Frieden allen anzubieten; in den meisten Fällen bedeute das Gehorsam gegenüber den Landesgesetzen.

Die weitere Argumentation kehrt dann zurück zum Gedanken einer bestehenden Spannung zwischen dem irdischen „Jetzt“ und dem eschatologischen „Noch-nicht“. Es sei für Christen immer eine gewisse Distanz zu jeder menschlichen Ordnung zu wahren, die letztlich Gottes Urteil unterliege. Deshalb sei Teilnahme am politischen Leben in den Gesellschaften geboten, in denen Christen leben; diese müsse aber immer im Dienst der Gerechtigkeit und des Erbarmens erfolgen, die Kennzeichen des Reiches Gottes seien. Das könne im Extremfall erfordern, Ungehorsam und sogar offenen Widerstand zu leisten.[125] Der Abschnitt schließt mit einer perfekten Rückbindung an den Einleitungssatz und an den Duktus von § 8: Dem Reich Gottes gebühre die erste und letzte Loyalität der Christen.[126]

Beachtung verdient die Tatsache, dass nur im Einleitungssatz von § 9 von einer Positionierung der orthodoxen Kirche die Rede ist. Im weiteren Verlauf des Textes ist dann nur noch unspezifischer von „Kirche“ (4 Belege in § 9) und noch öfter summarisch von „Christen“ oder „christlich“ die Rede (10 Belege in § 9!). Damit wird die entsprechende sozialethische Standortbestimmung für einen ökumenischen Dialog geöffnet. Tatsächlich dürften die aufgezeigten Eckpunkte und insbesondere der grundsätzliche Vorrang der eschatologischen Perspektive vom „Reich Gottes“ auf recht breite Zustimmung in den verschiedenen christlichen Kirchen und Gemeinschaften stoßen. Der Grundgedanke, dass menschliche Ord-

---

125 Vgl. dazu Edward Siecienski, Holy Disobedience. Resistance to Secular and Ecclesiastical Authority in Orthodox Christian History, online publiziert auf der Homepage „Columbia University Libraries“ unter https://academiccommons.columbia.edu/doi/10.7916/D8M04FRC (abgerufen 13.8.2020). Darin behandelt Siecienski detailliert Aspekte eines Widerstandsrechts oder von zivilem Ungehorsam aus orthodoxer Sicht.

126 Pantelis Kalaitzidis, Orthodoxy & Political Theology, WCC Publications Geneva 2012, 89–112 widmet der eschatologischen Dimension und ihrer Priorität vor menschlichen Ordnungen ein ganzes Kapitel, dessen Argumentation derjenigen im sozialethischen Dokument nahesteht. Zu der im Dokument urgierten eschatologischen Ausrichtung auf das Reich Gottes vgl. auch Emmanuel Clapsis, Politics and Christian Faith, in: ders. (Hg.), Orthodoxy in Conversation. Orthodox Ecumenical Engagements, WCC Publications Geneva / Holy Cross Orthodox Press Brookline/MA 2000, 221–224 (222).

nungen einer letztgültigen Beurteilung Gottes unterliegen, mag sogar interreligiös in den drei monotheistischen Religionen zustimmungsfähig sein.[127] Dasselbe gilt für die Betonung des Wertes „Frieden“,[128] ebenso für die charakteristische Wendung „God’s justice and mercy“ bzw. „justice and mercy of God’s kingdom“,[129] die der Text in § 9 hervorhebt.

Der folgende Abschnitt (§ 10) beginnt mit einem sehr positiven und anerkennenden Blick auf die weltweiten Ausgangsvoraussetzungen:

> „In many countries in the world today, civil order, freedom, human rights, and democracy are realities in which citizens may trust; and, to a very real degree, these societies accord persons the fundamental dignity of the liberty to seek and pursue the good ends they desire for themselves, their families, and their communities. This is a very rare blessing indeed […].“[130]

Dieser Errungenschaft der Moderne gegenüber sei Dankbarkeit angezeigt. Im folgenden Text konzentriert sich die Blickrichtung vor allem auf orthodoxe Christen. Sie sollten die von Werten bestimmten Lebensbedingungen in den entsprechenden Ländern nicht für selbstverständlich ansehen, sondern demokratische Institutionen und Gebräuche aktiv unterstützen. Beeindruckend deutlich fällt die angeschlossene Warnung aus:

> „It is something of a dangerous temptation among Orthodox Christians to surrender to a debilitating and in many respects fantastical nostalgia for some long-vanished golden era, and to imagine that it constituted something like the sole ideal Orthodox polity. This can become an especially pernicious kind of false piety, one that mistakes the transient political forms of the Orthodox past, such as the Byzantine Empire, for the essence of the Church of the Apostles.“[131]

Die Deutung der im Text angesprochenen „Nostalgie“ ist durch die Verknüpfung mit dem Beispiel des Byzantinischen Reiches vorgegeben.[132]

---

[127] Vgl. Dietmar Schon, Die orthodoxen Kirchen im interreligiösen Dialog mit dem Islam (Judaism, Christianity, and Islam – Tension, Transmission, Transformation 7), de Gruyter Berlin u. a. 2017, 339 mit FN 232.

[128] Ebd., 343 mit FN 259 und 349–352.

[129] Ebd., 340.

[130] Dokument, 11.

[131] Ebd., 12.

[132] In Auseinandersetzung mit einem Beitrag von Alexander Schmemann äußerte sich Pantelis Kalaitzidis kritisch zu einer Fixierung auf die Vergangenheit und plädierte für eine positive Auseinandersetzung mit gesellschaftlichen Veränderungen im Zug der Globalisierung. Vgl. Pantelis Kalaitzidis, Ecclesiology and Globalization. In Search of an Ecclesiological Paradigm in the Era of Globalization, in: St. Vladimir’s Theological Quarterly 57 (2013), 479–501.

Dessen Verklärung als ideales Gemeinwesen orthodoxer Prägung zu Lasten einer eschatologischen Ausrichtung auf das „Reich Gottes“ wurde bereits früher von Seiten mehrerer Theologen widersprochen. So schreibt etwa Kalaitzidis:

> „When the church forgets this, when its eschatological vision – the vision of the kingdom of God – is usurped by the temptation to be vindicated within history and to identify with one form or one period of history (which is deemed ‚Christian‘), then the church reverts from a symbol of the eschaton, a foretaste of the Kingdom of love and freedom, to an institutionalized and authoritarian organization. Then the kingdom of God is conceived in terms of the political forms of the past and is identified with the vision of a ‚Christian ecumene‘ and Byzantine theocracy, which results in an authoritarian understanding of the Kingdom realized within history.“[133]

Auf die Benennung weiterer Beispiele wurde im Text verzichtet, obwohl es solche gibt. Erinnert sei etwa an die aus der Interpretation von Moskau als drittem Rom[134] hervorgegangene Rede vom „heiligen Russland“, ein emotional stark aufgeladener Begriff, der im 19. Jahrhundert von Vertretern der Slawophilenbewegung nochmals reaktiviert und überhöht wurde.[135] Die Konzentration auf den Topos „Byzanz“ in § 10 ist dennoch sachgerecht, da in den späteren Beispielen angeblich idealtypischer orthodoxer Staaten bewusst eine Analogie zu der mit dieser Stadt verbundenen Epoche eines orthodox geprägten Kaisertums hergestellt wurde.[136]

---

[133] Pantelis Kalaitzidis, Orthodoxy & Political Theology (wie FN 126), 131. Sehr kritisch gegenüber einem Vorbildcharakter des Byzantinischen Reichs auch Georges Florovsky, Antinomies of Christian History: Empire and Desert, in: ders., Christianity and Culture (Collected Works, Vol. II), Nordland Publishing Belmont 1974, 67–100 (77): „The story of Byzantium was an adventure in Christian politics. It was an unsuccessful and probably an unfortunate experiment.“

[134] Vgl. Peter Hauptmann / Gerd Stricker, Die Orthodoxe Kirche in Russland. Dokumente ihrer Geschichte, Vandenhoeck & Ruprecht Göttingen 1998, 252 f. (Sendschreiben des Filofej von Pskov).

[135] Andreas Kappeler, Russische Geschichte, C.H. Beck München ^{5}2008, 83–85.

[136] Im Fall des russischen Zarenreichs wurde diese Analogie nicht nur durch die Heirat Ivans III. mit einer Verwandten des letzten byzantinischen Kaisers begünstigt; vgl. Peter Hauptmann / Gerd Stricker, Die Orthodoxe Kirche in Russland (wie FN 134), 234 f. Sie kam auch symbolisch zum Ausdruck, etwa durch die Annahme des Zarentitels, die Übernahme des kaiserlichen Doppeladlers in das Wappen der Moskauer Großfürsten und durch eine Adaption des Krönungszeremoniells; vgl. Manfred Alexander / Günther Stökl, Russische Geschichte, Kröner Stuttgart ^{7}2009, 176 f. Zusätzliche Indizien bieten bewusst lancierte Legenden, etwa, dass Kaiser Konstantin IX. Monomachos dem Kiewer Großfürsten Vladimir II. Monomach Krone und

Die weiteren Darlegungen in § 10 sind den Folgen gewidmet, die aus einer rückwärtsgewandten Glorifizierung untergegangener politischer Gebilde in einer orthodox geprägten Geschichte resultieren. Zwar wird eingeräumt, dass es der Kirche unter einer christlichen Herrschaft möglich gewesen sei, ein spezifisch orthodoxes Ethos zu kultivieren. Damit einhergegangen seien aber gleichzeitig lähmende Einschränkungen („crippling limitations"), die wie folgt näher bestimmt werden:

> „Far too often, the Orthodox Church has allowed for the conflation of national, ethnic, and religious identity, to the point that the external forms and language of the faith – quite evacuated of their true content – have come to be used as instruments for advancing national and cultural interests under the guise of Christian adherence. And this has often inhibited the Church in its vocation to proclaim the Gospel to all peoples."[137]

Diese klare Zuspitzung auf das heute noch aktuelle Problem einer möglichen Instrumentalisierung von Kirche und Glauben für nationale und kulturelle Interessen versperrt den Weg in kirchenhistorisch interessante, theologisch aber unfruchtbare Diskussionen, welche Maßnahmen orthodoxer Herrscher in der Geschichte als „lähmende Einschränkungen" zu qualifizieren seien. Stattdessen wird die *Wirkung* der angesprochenen Instrumentalisierung fokussiert, nämlich die Behinderung einer Verkündigung des Evangeliums an alle Völker.

Der ganze folgende § 11 ist der näheren Bestimmung des Zusammenhangs einer Instrumentalisierung der Kirche für nationale bzw. kulturelle Interessen und einer Verkürzung der kirchlichen Sendung gewidmet. Dazu wird auf die Verurteilung des Phyletismus durch die Synode von Konstantinopel im Jahr 1872 verwiesen. Zwar sei die Liebe zur eigenen Kultur ehrenwert, solange sie mit der Bereitschaft einhergehe, die Würde anderer Kulturen anzuerkennen und einen Austausch bzw. fruchtbare Wechselwirkungen[138] („fruitful intermixtures of all cultures") zwi-

---

Reichsinsignien übersandt habe; vgl. ebd., 194 f. Der Mythos wurde auch später noch ausgebaut. Aussagekräftiges Beispiel ist die von Ivan IV. aufgegriffene Legende, die hochverehrte Ikone der Gottesmutter von Tichvin habe auf wunderbare Weise Konstantinopel vor der Eroberung durch die Osmanen verlassen, um in Russland Zuflucht zu suchen; vgl. Reinhard Frötschner, Heilige Rus – Neues Israel – Drittes Rom. Die Verehrung der Gottesmutterikone von Tichvin als Element der politischen Mythologie des Moskauer Reiches in der Zeit Großfürst Vasilijs III. und Zar Ivans IV., in: Jahrbücher für Geschichte Osteuropas 52 (2004), 188–234.

137 Dokument, 12.

138 Der im Dokument gebrauchte Begriff „intermixtures" ist hier mit „Wechselwirkung" wiedergegeben. Möglich wäre auch eine Übersetzung mit „Vermischung".

schen ihnen gutzuheißen. Ähnlich müsse hinsichtlich „Patriotismus" differenziert werden. Er sei positiv zu bewerten, solange er sich nicht als moralische Kategorie verselbständige, auch wenn die Verhältnisse im Land ungerecht oder zerstörerisch geworden seien. Diese Abgrenzungen führen zum Kernsatz des Abschnitts:

> „But it is absolutely forbidden for Christians to make an idol of cultural, ethnic, or national identity. There can be no such thing as a ‚Christian nationalism', or even any form of nationalism tolerable to Christian conscience."[139]

Die Sprache dieser Aussage ist erstaunlich autoritativ, was teilweise durch den Rückbezug auf den Synodenbeschluss von 1872 zu erklären sein mag. Begründet wird die starke Hervorhebung jedoch mit einer Dringlichkeit angesichts eines unerwarteten Wiederaufflammens von Identitätsideologien („ideologies of identity"),[140] Nationalismus und Rassenphilosophien. Letztere werden in ihrer zerstörerischen Wirkung am Beispiel Südafrikas und der Vereinigten Staaten näher dargelegt und ebenso verurteilt wie spezifische pseudowissenschaftliche Begründungsversuche. Die weitere Argumentation kehrt zu theologischen Aspekten zurück: Es könne keinen größeren Widerspruch zum Evangelium geben, denn es existiere nur eine menschliche Rasse, deren Angehörige sämtlich berufen seien, im Schöpfergott ein Volk zu werden. Es gebe keine Menschlichkeit, die von der umfassenden Menschlichkeit absehen könne, welche Gottes Sohn bei seiner Menschwerdung angenommen habe und die ohne jede Unterscheidung oder Diskriminierung alle umfasse. Diese inkarnationstheologische Argumentation bereitet eine neuerlich sehr autoritativ formulierte Verurteilung vor:

> „The Orthodox Church condemns their views (i. e. political and nationalist extremism, Anm. d. Verf.) without qualification, and calls them to a complete repentance and penitential reconciliation with the body of Christ. And it must be incumbent on every Orthodox community, when it discovers such persons in its midst and cannot move them to renounce the evils they promote, to expose, denounce, and expel them. Any ecclesial community that fails in this has betrayed Christ."[141]

Mit Blick auf die nachfolgende Argumentation gegen einen „christlichen Nationalismus" erscheint letztere Übersetzungsvariante aber als zu stark.

[139] Dokument, 13.

[140] Diese in ihrer Kürze etwas rätselhafte Formulierung dürfte sich auf den voranstehenden Satz zurückbeziehen, in dem differenzierter und klarer von „cultural, ethnic, or national identity" gesprochen worden war.

[141] Dokument, 14.

Der Text knüpft in § 12 nochmals an der Eucharistiefeier und an der mit ihr verbundenen eschatologischen Perspektive vom „Reich Gottes“ an. Die orthodoxen Christen seien gehalten, Zeugnis davon zu geben, dass alle Menschen Abbilder Gottes seien. Damit wird eine gedankliche Brücke zur näheren Bestimmung von Methodik und Qualität christlicher Verkündigung geschlagen. Sie müsse ohne Rückgriff auf politische Macht oder gesetzlichen Zwang erfolgen. Sehr selbstkritisch ist der Hinweis, dass speziell in orthodoxen Ländern in der Vergangenheit und in einigen Fällen sogar bis heute diese Regel nicht eingehalten worden sei. Die Neigung, Andersdenkende zu verleumden, zu beschimpfen oder sogar zu dämonisieren, gehöre zu den moralisch zersetzenden Aspekten moderner demokratischer Politik. Hier wirft die Verknüpfung des erwähnten unethischen Verhaltens mit „moderner demokratischer Politik“ Fragen auf. Kommt solches Fehlverhalten nur in deren Rahmen vor? Ist in autokratischen oder totalitären Regimen die Neigung, Andersdenkende zu verleumden, zu beschimpfen oder zu dämonisieren, nicht ebenso anzutreffen? Gilt dasselbe nicht auch für politische Ordnungen, die primär auf Religion oder einer Ideologie aufbauen? Man könnte sogar noch die sogenannten „social media“ einbeziehen, in denen das beobachtete unethische Verhalten gegenüber Andersdenkenden noch viel ungehemmter stattfindet als in den angesprochenen politischen Ordnungen. In der Begrenzung der Aussage auf „moderne demokratische Politik“ scheinen die globale Ausrichtung des Dokuments und der weite Ansatz der Überschrift „Public Sphere“ aus dem Blick geraten zu sein.

Hinreichend grundsätzlich ausgerichtet ist demgegenüber wieder der Hinweis, moderne Christen sollten derartigen Tendenzen der Zeit widerstehen und das Gebot der Nächstenliebe beherzigen. Empfohlen wird dazu eine an den Menschenrechten orientierte Sprache. Sie sei zwar nicht in voller Übereinstimmung mit dem, was Gott für die Geschöpfe wolle. Immerhin werde so aber die Einzigartigkeit einer jeden Person und der Vorrang menschlicher Werte vor nationalen Interessen zum Ausdruck gebracht. Es sei eine Sprache, die in politischen Strukturen, in denen Personen unterschiedlicher Überzeugung miteinander leben müssten, Spaltungen heilen könne.[142] Die anschließende Skizze trägt – ausgehend von der Menschenwürde – einige ethische Werte zentraler Bedeutung zusammen, die in den Menschenrechten zum Ausdruck kämen. Zielpunkt der Argumentation ist eine Ermutigung der

[142] Vgl. ebd., 15.

orthodoxen Christen, kulturellen und gesellschaftlichen[143] Pluralismus anzunehmen:

> „Neither, certainly, should Orthodox Christians fear the reality of cultural and social pluralism. Indeed, they should rejoice in the dynamic confluence of human cultures in the modern world […] and take it as a blessing that all human cultures, in all their variety and beauty, are coming more and more to occupy the same civic and political spaces. The Church must in fact support those government policies and laws that best promote such pluralism. More than that, it must thank God for the riches of all the world's many cultures, and for the gracious gift of their peaceful coexistence in modern societies.“[144]

Dieses Bekenntnis zum Pluralismus beeindruckt in seiner Eindeutigkeit. Die kulturelle Vielfalt und deren Reichtum wird als Gabe Gottes vorgestellt, für die es zu danken gelte. Dasselbe wird vom ethischen Wert „friedliches Zusammenleben“ in derselben Gesellschaft ausgesagt, dem damit ein herausragender Rang zugemessen wird.

§ 13 wendet sich einem neuen Thema zu, nämlich säkularen Gesellschaften bzw. Staaten und der Rolle von Religion in ihnen. Der Text beginnt mit der Feststellung, dass die Rede von einem „säkularen Zeitalter“ natürlich nicht einschließe, dass Religion aus den Gesellschaften verschwunden sei. Vielmehr bleibe Religion in vielen von ihnen eine so relevante gesellschaftliche Kraft, wie sie es immer gewesen sei. Sogar in den weitgehend laizisierten und säkularisierten westlichen Nationen[145] seien religiöser Glaube und Praxis viel lebendiger, als es zu erwar-

---

143 Die Formulierung des Textes verzichtet an dieser Stelle auf eine Einbeziehung des religiösen und christlich-konfessionellen Pluralismus, obwohl dieser ebenfalls Teil der beschriebenen Realität ist.

144 Dokument, 15 f.

145 Mangels Begründung suggeriert diese Formulierung, dass „Säkularisierung“ ein Phänomen sei, das den Osten nicht betreffe. Dagegen wurde insbesondere für Russland aufgezeigt, dass säkulare Tendenzen dort maßgebliche Bedeutung entfalten. Vgl. Thomas Bremer / Jennifer Wasmuth, Gott und die Welt. Kirche und Religion in Osteuropa, in: Osteuropa 59 (6/2009), 7–27 (12). Vgl. auch Sergej Filatow, Religion in Russland, in: Landeszentrale der politischen Bildung Baden-Württemberg (Hg.), Der Bürger im Staat, 51 (2–3/2001), 130–136 (132): „Die Säkularisierung schreitet siegreich durch die ganze Welt. Russland ist in dieser Hinsicht keine Ausnahme. Trotzdem gibt es auch spezifische russische Gründe dafür, dass das formell deklarierte und zunehmende Bekenntnis zur Orthodoxie kein Wachstum der realen Religiosität bewirkt. […] Die Kirche selbst fördert die Einstellung zur Orthodoxie nicht wie zum lebensspendenden Glauben, sondern wie zu einer Form der Kultur und Ideologie. Daher ist es kein Wunder, dass die Zahl der praktizierenden Gläubigen wie auch der Glaube an die wichtigsten Dogmen der Orthodoxie nicht zunehmen.“

ten wäre, wenn Religion eine lediglich marginale Größe menschlicher Kultur sei. An diesen positiven und zu einer differenzierten Betrachtungsweise einladenden Befund wird eine Problembeschreibung angeschlossen:

> „But the constitutions of most modern states, even those that formally recognize an established church, assume the civic priority of a public space devoid of religious associations, and of a political order free from ecclesiastical authority.“[146]

Hier werden summarisch sehr differenziert ausgestaltete Verfassungsregelungen hinsichtlich des Verhältnisses von Religionsgemeinschaften und Staat angesprochen. Die Formulierung „public space devoid of religious associations“ dürfte auf öffentliche Bereiche wie z. B. das Schulwesen, das Gerichtswesen oder die staatliche Verwaltung zu beziehen sein. Insofern gibt es tatsächlich in vielen Verfassungsordnungen des Westens wie des Ostens den angesprochenen Vorrang „ziviler“ Ausgestaltung mit der Folge von partiellen Einschränkungen der Tätigkeit religiöser Gemeinschaften. Ein westliches Beispiel dafür wäre das Verbot von Religionsunterricht an staatlichen Schulen und von theologischen Fakultäten an staatlichen Universitäten, wie es im größten Teil Frankreichs gilt. Relativiert wird diese Einschränkung allerdings durch die vom französischen Staat eröffnete Möglichkeit der Einrichtung von Privatschulen und sogar privater Hochschulen in religiöser Trägerschaft,[147] wie z. B. das „Institut de Théologie Orthodoxe Saint-Serge“[148] oder die „Instituts catholiques“[149]. Auch der Hinweis des zweiten Halbsatzes auf die politischen Ordnungen, die frei von kirchlicher Autorität ausgestaltet seien, reflektiert eine Tatsache, die für die angesprochenen Verfas-

---

146 Dokument, 16.

147 Vgl. Alain Taverne, Katholische Schulen in Frankreich, online publiziert unter https://www.schulstiftung-freiburg.de/eip/media/forum/pdf_180.pdf (abgerufen 13.6.2020).

148 Vgl. die Homepage des Instituts unter https://ito.saint-serge.net/ (abgerufen 13.6.2020).

149 Vgl. die Homepage von „College Contact“, dem offiziellen Repräsentanten von rund 140 Hochschulen im Ausland, unter https://www.college-contact.com/frankreich/hochschullandschaft: „Universitätsähnlich aufgebaut, aber nicht mit den Universitäten zu verwechseln, sind die *Instituts catholiques*. Sie befinden sich in Trägerschaft der katholischen Kirche, orientieren sich aber genauso wie die Universitäten am LMD-System. Entsprechend vergeben sie dieselben staatlich anerkannten Studienabschlüsse. Insgesamt gibt es in Frankreich fünf *Instituts catholiques*.“

sungen der meisten modernen Staaten zutreffen dürfte. Im Text ist leider offengelassen, warum bzw. inwieweit das ein Problem für die kirchliche Sendung darstellen sollte.

Der folgende Satz wechselt die Blickrichtung, indem statt Tatsachen eine Meinung fokussiert wird:

> „Many today, in fact, believe that democratic society is possible only to the degree that religion has been relegated to the private sphere entirely, and allowed no role in the articulation of policy. This is, of course, an unreasonable demand, and one that becomes despotic if enforced by coercive legal means.“[150]

Diese Textpassage bereitet Verständnis- und Interpretationsprobleme. Die darin angesprochene „Meinung vieler“ mag mit derjenigen zu identifizieren sein, auf die Emmanuel Clapsis hingewiesen hat:

> „Even weakened or secularized, religion, with its universal claims of truth, is still considered by liberal political theorists to threaten the right of privacy and the freedom of conscience that citizens of democratic states must possess. In their view, religion should be relegated to the private sphere of life […].“[151]

In Fortsetzung seiner Darlegungen kommt Clapsis allerdings zum Zwischenergebnis:

> „Through the process of differentiation religion can no longer claim to have *a priori* predominance in the public domain. Neither is it, on the other hand, possible to exclude religion's presence from that domain. Once religion accepts the fundamental rights […] granted to the citizens of democracies, it is possible for religion to assume a public form.“[152]

Demzufolge gehen von der skizzierten antireligiösen Meinung in demokratischen Gesellschaften keine Gefahren für Religion und ihre Ausübung aus. Die Religionsgemeinschaften können den Protagonisten einer Verdrängung des Religiösen aus der Öffentlichkeit jederzeit öffentlich widersprechen und entgegentreten. Eine diesem Hinweis von Clapsis entsprechende Relativierung lässt der Text des sozialethischen Dokuments jedoch vermissen. Damit stellt sich die Frage, warum und mit welchem Ziel im sozialethischen Dokument eine so extreme Meinung überhaupt referiert wird. Denn in demokratischen Ordnungen gibt es das vor Gericht einklagbare Recht auf Religions- und Meinungsfreiheit, das in aller Regel kirchliche Teilnahme am öffentlichen Diskurs

---

[150] Dokument, 16.

[151] Emmanuel Clapsis, The Orthodox Church in a Pluralistic World, in: ders., Orthodoxy in Conversation (wie FN 126), 127–150 (132).

[152] Ebd., 133 f.

und Äußerungen zu politischen Fragen von einem religiös geprägten Hintergrund aus schützt. Mit Rücksicht auf diese argumentative Spannung mag die skizzierte Meinung im nächsten Satz als „unreasonable demand“ relativiert sein. Verständnisprobleme bereitet dann allerdings wieder der Nachsatz „[…] an unreasonable demand, and one that becomes despotic if enforced by coercive legal means“[153].

Der sprachliche Bezug ist immer noch derjenige zu „democratic society“. Damit stellt sich die Frage: Wie und in welcher konkreten Demokratie sollte es denn möglich sein, die zuvor zu Recht als unvernünftige Forderung qualifizierte Meinung mit gesetzlichem Zwang durchzusetzen? Der Text bietet auf diese Frage keine Antwort.

Im Bemühen um eine Klärung sei zunächst der Blick auf den Westen gerichtet. Selbst in einer historischen Betrachtungsweise erweist sich die Zahl der Beispiele für demokratisch legitimierte gesetzliche Zwangsmaßnahmen zur Begrenzung der öffentlichen Rolle von Religion im Westen als überschaubar. Dazu gehören:

- die gegen die katholische Kirche seit 1881 gerichteten Zwangsmaßnahmen der Dritten Republik in Frankreich;[154]
- der Kulturkampf in Preußen und im Deutschen Reich,[155] wobei die Verhältnisse nur bedingt demokratisch waren;
- die gegen die katholische Kirche gerichteten Gesetze und Maßnahmen während der Zweiten Republik in Spanien (1931 bis 1936).[156]

Beim Kulturkampf sollte tatsächlich (auch) kirchliches Einwirken auf die Politik gesetzlich unterbunden werden. Im Übrigen war das Ziel eher, der Kirche das Monopol auf bestimmte Bereiche wie das Bildungswesen zu entziehen, als dass eine Restriktion auf den rein privaten Bereich („to the private sphere entirely“) angestrebt worden wäre. Vor allem aber war die Orthodoxie in keinem der Beispielsfälle von den genannten Zwangsmaßnahmen betroffen. Warum sollte sich ein orthodoxes Dokument mit ihnen beschäftigen? In der Zusammenschau handelt es sich um historische Ereignisketten, die in Kompromissen beider Parteien endeten. Es mag heute aktive „Erben“ der seinerzeitigen ideo-

---

153 Dokument, 16.

154 Hubert Jedin (Hg.), Handbuch der Kirchengeschichte, Bd. VI/2, Herder Freiburg u. a. 1973, 102–112.

155 Ebd., 29–48.

156 Vgl. Walther Bernecker, Geschichte Spaniens im 20. Jahrhundert, C.H. Beck München 2010, 126–128.

logisch motivierten Auseinandersetzungen geben, etwa die von Clapsis erwähnten „liberal political theorists". Sie wären – politisch gesehen – jedoch nur eine bedeutungslose Splittergruppe. Die in der oben zitierten Textpassage herausgestellte Bedrohungslage hinsichtlich öffentlicher Präsenz von Religionsgemeinschaften lässt sich für den Westen demnach nicht verifizieren.

Im Osten sind gesetzliche Einschränkungen seitens demokratisch legitimierter Regierungen gegen christliche Kirchen aus Gründen der historischen Entwicklungen während des 20. Jahrhunderts ebenfalls sehr selten. Das Ökumenische Patriarchat war in der Republik Türkei seit 1923 immer wieder repressiven Maßnahmen ausgesetzt, von denen einige durchaus auf eine Verdrängung aus der Öffentlichkeit abzielten, oft unter dem Vorwand, die Republik vor „griechischer" Einflussnahme auf innere Angelegenheiten zu schützen. Dennoch stellen diese Maßnahmen einen Sonderfall dar, da sie in enger Verbindung zur türkischen Außenpolitik und zum labilen Verhältnis zwischen Griechenland und der Türkei gestanden haben.[157] Ein aussagekräftigeres Beispiel betraf die orthodoxe Kirche Griechenlands. 1987 beschloss die von der Panhellenischen Sozialistischen Bewegung (PASOK) getragene, demokratisch legitimierte Regierung unter Ministerpräsident Papandreou Enteignungen von Kircheneigentum. Der seitens der Kirche dagegen erhobene scharfe Protest rief so schwere Unruhen hervor, dass die Regierung nachgeben musste und 1988 einen Kompromiss mit der Kirche vereinbarte.[158] Das Beispiel zeigt, dass es unter demokratischen Verhältnissen kaum gelingen kann, die Kirche aus dem öffentlichen Raum zu verdrängen.

Ungleich deutlicher lassen sich die im Text des sozialethischen Dokuments angesprochenen legislatorischen Zwangsmaßnahmen allerdings mit totalitären Regimen im Osten verknüpfen. Zu nennen wäre etwa die Sowjetunion der 20er und 30er Jahre des vorigen Jahrhunderts;[159]

---

157 Einen reich dokumentierten Überblick über den häufigen Wechsel zwischen Repressionen und Zugeständnissen seitens der türkischen Regierung gegenüber dem Ökumenischen Patriarchat bietet Samim Akgönül, Le Patriarcat grec orthodoxe. De l'isolement à l'internationalisation de 1923 à nos jours, Maisonneuve & Larose Paris 2005.

158 Vgl. Erich Bryner, Die Ostkirchen vom 18. bis zum 20. Jahrhundert, Evangelische Verlagsanstalt Leipzig 1996, 79 f.

159 Vgl. Daniela Kalkandjieva, The Russian Orthodox Church 1917–1948. From decline to resurrection, Routledge London u. a. 2015, 13–64.

dort waren gesetzlich angeordnete Repressionen Teil einer systematischen Kirchenverfolgung mit dem Ziel restloser Verdrängung aus dem öffentlichen Leben.[160] In Griechenland war die orthodoxe Kirche während des bis 1949 andauernden Bürgerkriegs im von der kommunistischen Nationalen Befreiungsbewegung beherrschten Nordteil des Landes schweren Übergriffen ausgesetzt, ebenso – in ganz Griechenland – während der Zeit der Militärdiktatur von 1967 bis 1974.[161] Nach der kommunistischen Machtergreifung in Bulgarien folgten rasch massive Einschränkungen des kirchlichen Lebens, die am sowjetischen Beispiel orientiert waren.[162] Als letztlich noch repressiver erwies sich das Albanien des Diktators Enver Hoxha[163] mit seinen immer strikteren antikirchlichen bzw. antireligiösen Gesetzen, die ebenfalls Teil einer systematischen Verfolgung der in Albanien präsenten Religionen und Kirchen darstellten.[164] Die Liste der Beispiele ließe sich noch verlängern. Die hier erwähnten genügen jedoch, um die im sozialethischen Dokument angesprochene Ausgrenzung von Kirche und Religion aus dem öffentlichen Leben als eine sehr reale und leidvolle Erfahrung aufzuzeigen. Auch die im Text getroffene Bewertung „despotic" erweist sich dabei als zutreffend. Da durchweg die orthodoxe Kirche (Mit-)Betroffene der Zwangsmaßnahmen war, erklärt sich auch ein Interesse, vor derartigen Eingriffen zu warnen. Damit reduzieren sich die mit dem oben zitierten Satz verbundenen Probleme auf nur ein im Text verwendetes Wort: „democratic". Ohne diesen Anknüpfungspunkt enthielte die Passage eine schlüssige Kritik an antireligiöser Gesetzgebung totalitärer Regime, die es während des 20. Jahrhunderts in der beschriebenen Weise im Osten[165] gegeben hat. Die erwähnten „Meinungen" wären dann als solche

---

160 Für die Sowjetunion vgl. Thomas Bremer, Kreuz und Kreml. Geschichte der orthodoxen Kirche in Russland, Herder Freiburg u. a. ^{2}2016, 51–57.

161 Vgl. Erich Bryner, Die Ostkirchen vom 18. bis zum 20. Jahrhundert (wie FN 158), 78 f.

162 Ebd., 102–104 mit Hinweisen auf die einzelnen Zwangsmaßnahmen.

163 Vgl. Shpresa Musaj, Albaniens Religiosität. Konstante im Wandel der Zeit, Tectum Verlag Marburg 2011, 189–199.

164 Für die Sowjetunion vgl. Thomas Bremer, Kreuz und Kreml (wie FN 160), 51–57; für Albanien vgl. Michael Prohązka, Die Orthodoxe Kirche von Albanien, in: Thomas Bremer / Hacik Gazer / Christian Lange (Hg.), Die orthodoxen Kirchen der byzantinischen Tradition, WBG Darmstadt 2013, 89–94 (90 f.).

165 Die Diktatur des Nationalsozialismus hat im Unterschied zu den totalitären Systemen im Osten nicht sofort auf völlige Verdrängung der christlichen Kirchen aus dem öffentlichen Raum, sondern auf „Gleichschaltung" aller Institutionen und Verbände

Lenin'scher und Stalin'scher Prägung zu identifizieren, die manche – unbelehrt von Geschichte – bis heute vertreten. Die im Text von § 13 zu „democratic society“ tatsächlich getroffenen Aussagen bergen jedoch die zuvor aufgeworfenen Fragen und Probleme. Letztlich wird der Leser des Dokuments durch eine begriffliche und argumentative Unschärfe an dieser Stelle in die Irre geführt.

Die Fortsetzung des Textes in § 13 verweist zutreffend darauf, dass ethische Überzeugungen nicht im luftleeren Raum wachsen und dass Religion eine wichtige Vermittlerrolle für die Wahrnehmung der Bedeutung von Gemeinwohl, moralischer Wertegemeinschaft und sozialer Verantwortung ausübt. Statt die Möglichkeit zu ergreifen, daraus eine Ermutigung zu *positiver Wahrnehmung und Ausgestaltung* dieser Vermittlerrolle abzuleiten, wird in der Fortsetzung des Gedankens erneut die Gefahr von deren repressiver Behinderung beschworen:

> „To silence the voice of faith in the public sphere is also to silence the voice of conscience for a great many citizens, and to exclude them from civic life altogether.“[166]

Auch hier bleibt im Dunkeln, wer der Akteur solcher Repression sein soll und in welcher Gesellschaft sie von den Autoren wahrgenommen wird. Das nimmt der Argumentation ihre (Überzeugungs-)Kraft.

Für die Interpretation von § 13 erscheint von Belang, dass sich das Sozialkonzept der ROK in ganz ähnlichen Formulierungen zu einer Verdrängung von Religion aus dem öffentlichen Leben äußert:

> „Das Prinzip der Weltlichkeit des Staates darf nicht im Sinne einer radikalen Verdrängung der Religion aus allen Bereichen des öffentlichen Lebens, insbesondere des Ausschlusses der religiösen Vereinigungen von der Mitwirkung bei der Bewältigung öffentlich relevanter Aufgaben oder des Entzugs ihres Rechts auf Bewertung der Tätigkeit der Staatsgewalt ausgelegt werden.“[167]

Hier ist der Zusammenhang eindeutig: Die ROK reflektiert in dieser Textpassage die Erfahrung von Verdrängung und Verfolgung, die von Lenin unter dem Vorwand einer Trennung von Kirche und Staat nach

---

mit der herrschenden Ideologie gesetzt; vgl. Joachim Mehlhausen, Art. „Nationalsozialismus und Kirchen“, in: TRE 24 (Sonderausgabe 2000), 43–78 (58). Das Mittel dazu war (auch) Repression gegen alle sich erhebenden Widerstände; vgl. ebd., 62. Das Auslöschen alles Religiösen war hingegen für die Zeit nach dem Zweiten Weltkrieg aufgeschoben; vgl. ebd., 64.

[166] Dokument, 16 f.

[167] Grundlagen, 24 unter III.3.

der russischen Revolution eingeführt worden war.[168] Auch die Verfassung der Russischen Föderation von 1993 betont in Art. 14 ihren säkularen Charakter und hält an der Trennung von Kirche und Staat fest.[169] Insoweit besteht ein vitales Interesse der ROK, den historischen Missbrauch einer derartigen Bestimmung als solchen zu brandmarken, um die Gefahr einer Wiederholung möglichst zu minimieren. Das sozialethische Dokument greift in § 13 diese Gefahr und die Warnung vor ihr auf. Der Text stellt damit eine Gemeinsamkeit zum zeitlich älteren Sozialdokument her. Dabei scheint von den Autoren allerdings übersehen worden zu sein, dass ein der Sowjetunion vergleichbarer Missbrauch der Verfassungsnorm betreffend Trennung von Kirche und Staat ein *totalitäres System* voraussetzt. Im Rahmen einer „democratic society" westlichen Musters, von der § 13 handelt, ist dagegen eine Verdrängung von Religion aus dem öffentlichen Raum wegen der in ihr effektiven und von einer unabhängigen Justiz kontrollierten Garantie der Religions- und Meinungsfreiheit gar nicht möglich.

Die zweite Hälfte des § 13 ist einem neuen Thema gewidmet, nämlich der heute (fast) überall vollzogenen Auflösung des Bundes zwischen Staat und Kirche oder zwischen Thron und Altar. Sie wird von den Autoren des Dokuments als großer Segen für eine christliche Kultur gewertet. Zur Begründung dient der Verweis auf die Befreiung der Kirche von einer sklavischen und unheiligen Unterwerfung unter weltliche Macht, aber auch auf eine Befreiung der Kirche aus einer Komplizenschaft mit der Boshaftigkeit weltlicher Macht. Dadurch werde sie in die Lage versetzt, ihre eigentliche Sendung wahrzunehmen:

> „It is, in fact, very much in the interest of the Church that the institutional association of Christianity with the interests of the state be as tenuous as possible, not because the Church seeks to withdraw from society at large, but because it is called to proclaim the Gospel to the world and to serve God in all things, uncompromized by alliance with worldly ambitions."[170]

Diese eindeutigen Aussagen erscheinen wegweisend und auch mutig, denn in nicht wenigen Staaten mit mehrheitlich orthodoxer Bevölkerung ist die Verzahnung von Staat und Kirche nach wie vor sehr eng,

---

168 Vgl. Peter Hauptmann / Gerd Stricker, Die Orthodoxe Kirche in Russland (wie FN 134), 648 f. (Dekret des Rats der Volkskommissare vom 23.1.1918).

169 Vgl. Art. 14 der Verfassung der Russischen Föderation von 1993, online zugänglich unter http://www.constitution.ru/de/part1.htm (abgerufen 25.6.2020).

170 Dokument, 17.

z. B. in Russland[171] oder Griechenland.[172] Damit einher geht ein entsprechend starkes Engagement in politischen Angelegenheiten vor allem seitens der kirchlichen Hierarchie, mit der fast unvermeidbaren Folge der angesprochenen „worldly ambitions“. Entsprechend eindringlich wird im Text des Dokuments der Vorteil größerer Entflechtung von Kirche und Staat hervorgehoben:

> „The Orthodox Church, then, should be thankful that God has providentially allowed for the reduction of the Church's political enfranchisement in most of the lands of ancient Christendom, so that it may more faithfully conduct and promote her mission to all nations and persons. Certainly, the Church can be at peace quite happily with a political order that does not impose theological conformity upon its people by coercive means, as such an order allows the Church to make a far purer and more immediate appeal to the reason and conscience of everyone.“[173]

In § 14 werden Schlussfolgerungen aus den bisher aufgezeigten Eckpunkten gezogen. Sie gipfeln in der Bekundung, die Kirche sei bereit, mit politischen bzw. zivilen Autoritäten und Staatsorganen zusammenzuarbeiten, um das Gemeinwohl[174] zu fördern und Werke der Wohltätig-

---

[171] Vgl. die Studie von Uwe Halbach, Kirche und Staat in Russland. Nationale und außenpolitische Akzente von Orthodoxie, SWP-Studie 8 vom April 2019, online zugänglich unter https://www.swp-berlin.org/fileadmin/contents/products/studien/2019S08_hlb.pdf. Vgl. weiter die Analyse von Regina Elsner, Staat und Kirche in Russland: Alter Wein in neuen Schläuchen? vom 29.5.2017, online zugänglich auf der Homepage der Bundeszentrale für politische Bildung unter https://www.bpb.de/internationales/europa/russland/analysen/249066/analyse-staat-und-kirche-in-russland-alter-wein-in-neuen-schlaeuchen (beide Websites abgerufen 13.6.2020).

[172] Vgl. Anargyros Anapliotis, Die Orthodoxe Kirche im griechischen Staatskirchensystem, in: Orthodoxie aktuell 17 (10/2013), 8–15; Vasilios Makrides, Scandals, Secret Agents and Corruption: The Orthodox Church of Greece during the 2005 Crisis. Its Relation to the State and Modernization, in: Victor Roudometof / Vasilios Makrides, Orthodox Christianity in 21st Century Greece, Ashgate Farnham 2010, 61–87; Gustav Auernheimer, Orthodoxie und Nation. Zum Verhältnis von Religion und Politik in Griechenland, in: Hartmuth Behr (Hg.), Politik und Religion in der Europäischen Union. Zwischen nationalen Traditionen und Europäisierung, VS Verlag für Sozialwissenschaften Wiesbaden 2006, 255–278.

[173] Dokument, 17.

[174] Dieser zentrale Begriff hat Wurzeln in der antiken Literatur, wurde von Thomas von Aquin neu bestimmt bzw. abgegrenzt und erfuhr immer neue Interpretationen in der westlichen Geistesgeschichte. Schließlich wurde er zu einem Hauptanknüpfungspunkt in der katholischen und evangelischen Soziallehre. Vgl. dazu Heinz-Horst Schrey, Art. „Gemeinnutz/Gemeinwohl“, in: TRE 12 (Sonderausgabe 1993), 339–346. Der Gebrauch des Begriffs „Gemeinwohl“ in § 14 des sozialethischen Dokuments hat ökumenische Relevanz.

keit voranzubringen. Die Umschreibung der Kooperationspartner mit „political and civil authorities and organs of the state"[175] berücksichtigt die Tatsache, dass in allen modernen Gesellschaften eine (Mit-)Verantwortung für das Gemeinwohl längst nicht mehr nur auf Seiten von Staat und Kirche besteht; sie verteilt sich auf eine viel größere Zahl von Akteuren.[176] Der Gedanke wird jedoch nicht fortgeführt, sondern geht in eine Betrachtung historischer Entwicklungen über. Dabei werden die frühe Kirche und ihre Beiträge zur Linderung von Not in den Blick genommen; in der Antike sei die Kirche damit zur ersten organisierten Einrichtung sozialer Wohltätigkeit in der westlichen Gesellschaft[177] geworden. Mit Durchsetzung des Christentums im Römischen Reich seien die veränderten Rahmenbedingungen zu einer enormen Ausdehnung der Ressourcen und ihrer Verwendung in sozialer Verantwortung genutzt worden. Die weitere Argumentation kehrt dann zum Gedanken des Verhältnisses von Staat und Kirche zurück: Das im christlich gewordenen Kaiserreich zwischen beiden Größen entstandene Verhältnis wird als Allianz („alliance")[178] umschrieben, die Gutes und Schlechtes in sich getragen habe und sich einer generellen Bewertung entziehe. Die Einpflanzung des christlichen Gewissens in die „soziale Grammatik" („social grammar") der spätantiken Welt habe unzweifelhaft grundlegende

---

175 Dokument, 17.

176 Eine an soziologische Erkenntnisse rückgebundene Analyse von Problemen, aber auch Chancen des gesellschaftlichen Pluralismus für die orthodoxe Kirche bietet Emmanuel Clapsis, The Orthodox Church in a Pluralistic World, in: ders., Orthodoxy in Conversation (wie FN 126), 127–150 (131–136).

177 Dokument, 18: „the first organized institution of social welfare in Western society". Die Formulierung überrascht mit ihrem einschränkenden Bezug auf den Westen. Die antike Welt und die im Text zuvor ebenfalls angesprochene „imperial culture" kannte eine solche Begrenzung nicht. Außerdem stellt die Formulierung eine Inkohärenz zu § 69 des sozialethischen Dokuments dar, wo auf eine ganz frühe, vom hl. Basilius in Cäsarea gegründete Wohlfahrtseinrichtung für Kranke und Arme verwiesen wird; vgl. Dokument, 93.

178 Könnte die Verwendung des Begriffs „alliance" in § 14 in gedanklichem Bezug zu „Synallilie" („Miteinander") stehen? Mit diesem Wort hatte die orthodoxe Kirche von Griechenland 1975 das neu gestaltete Verhältnis zwischen Kirche und Staat umschrieben; der Begriff reflektiert dabei eine jüngst erlangte größere Selbständigkeit der Kirche; vgl. dazu Erich Bryner, Die Ostkirchen vom 18. bis zum 20. Jahrhundert (wie FN 158), 77. Die Frage kann letztlich dahinstehen. Mit Blick auf das spätrömische/byzantinische Kaiserreich von „alliance" zu sprechen, erscheint mit Blick auf die faktische Überordnung des Kaisers über kirchliche Autoritäten euphemistisch.

Fortschritte in der westlichen Konzeption von Gemeinwohl eingeleitet. Damit wird auf eine ideengeschichtliche Entwicklungslinie angespielt, die auf das von Aristoteles in seinen *Politiká* angesprochene Gemeinwohl zurückreicht. Durch Thomas von Aquin im 13. Jahrhundert rezipiert und entfaltet, entwickelte sich seither die Vorstellung vom *bonum commune* zu einem tragenden Begriff in der westlichen Konzeption von Sozialethik bis hinein die moderne katholische und evangelische Soziallehre.[179] Dieser seit dem Hochmittelalter eigenständigen westlichen Entwicklung wird im Text ein spezifisch orthodoxes Proprium gegenübergestellt:

> „In time, this cooperation for the sake of the common good was enshrined within Orthodox tradition under the term ‚*symphonia*‘ in the Emperor Justinian's Novellas.“[180]

Tatsächlich hat der in der 6. Novelle des Kaisers Justinian[181] angesprochene Grundgedanke einer „Symphonia“ zwischen Staat und Kirche in der orthodoxen Tradition eine entscheidende Bedeutung erlangt,[182] die bis in die Gegenwart fortwirkt. Daran erinnert der Text, indem das „Symphonia“-Prinzip in seiner Bedeutung für die Gestaltung der selbständig gewordenen Nationalstaaten in nachosmanischer Zeit hervorgehoben wird. Auch heute könne es weiterhin die Kirche in ihrem Bemü-

---

179 Arno Anzenbacher, Art. „Gemeinwohl“, in: RGG⁴ 3 (Sonderausgabe 2008), 653 f. Vgl. dazu Heinz-Horst Schrey, Art. „Gemeinnutz/Gemeinwohl“ (wie FN 174).

180 Dokument, 18.

181 Vgl. den Text der 6. Novelle unter http://www.uwyo.edu/lawlib/blume-justinian/ajc-edition-2/novels/1-40/novel%206_replacement.pdf (abgerufen 16.6.2020).

182 Unbeschadet der großen Wertschätzung von Justinians „Symphonia“-Konzept in der Orthodoxie gibt es diesbezüglich größere Gemeinsamkeiten zwischen Ost und West, als es das sozialethische Dokument vermuten lässt. Vgl. Georges Florovsky, Antinomies of Christian History (wie FN 133), 76, 80, 82 f. Arnold Angenendt, Das Frühmittelter. Die abendländische Christenheit von 400 bis 900, Kohlhammer Stuttgart u. a. ³1995, 304 zeigt – in sachlicher Übereinstimmung mit Florovsky – auf, dass auch im Verständnis Karls des Großen Herrscher und Staat, Bischof und Kirchenvolk als geschlossenes „corpus christianum“ verstanden wurden und nur innerhalb dessen zwischen kaiserlichen und bischöflichen Aufgaben zu unterscheiden war; ebd., 317 f. wird auf kaiserliche Regelungen zur Kirchenreform hingewiesen, die dem „Symphonia“-Gedanken Justinians entsprechen, auch wenn der Begriff dabei nicht gebraucht wurde. Hagen Keller, Die Ottonen, C.H. Beck München ⁵2017, 116 verweist für die Zeit Kaiser Ottos I. (10. Jh.) auf das Vorbild von Byzanz hinsichtlich des Zusammenspiels von Kaiser und Bischöfen in ihrem jeweiligen Dienst; vgl. dazu auch Gerd Althoff, Die Ottonen. Königsherrschaft ohne Staat, Kohlhammer Stuttgart ³2013, 237–239.

hen um Zusammenarbeit mit Regierungen leiten, um das Gemeinwohl zu fördern und gegen Ungerechtigkeit anzugehen. Dabei sollen jedoch gewichtige Grenzen beachtet werden:

> „It cannot, however, be invoked as a justification for the imposition of religious orthodoxy on society at large, or for promotion of the Church as a political power. Rather, it should serve to remind Christians that this commitment to the common good – as opposed to the mere formal protection of individual liberties, partisan interests, and the power of corporations – is the true essence of a democratic political order. Without the language of the common good at the center of social life, democratic pluralism all too easily degenerates into pure individualism, free market absolutism, and a spiritually corrosive consumerism."[183]

Mit diesen Aussagen leistet der Text von § 14 wichtige Beiträge. Einerseits wird das „Symphonia"-Prinzip als Brücke zwischen dem Heute und einer langen, vielen Orthodoxen kostbaren Tradition aufrechterhalten. Andererseits werden deutliche Schritte getan, um Engführungen aufzubrechen und neue Horizonte zu eröffnen. Diese betreffen vor allem zwei Tatsachenkomplexe, die seit langem diskutiert werden:

(1) So ansprechend die Vorstellung einer harmonischen Beziehung zwischen Staat und Kirche sein mag, wie sie in der Einleitung zur 6. Novelle Justinians ins Wort gebracht ist, so ernüchternd erscheint ihre Umsetzung in der Praxis:

> „Das Prinzip gleichberechtigter Zusammenarbeit von Kirche und Staat, Patriarch und Kaiser, ist freilich oft einseitig ausgelegt worden. Aber Grenzen oder Durchsetzbarkeit des kaiserlichen Willens in der Kirche war weniger eine Frage der Theorie als der praktischen Machtverhältnisse. […] Die Haltung der Kirche gegenüber dem kaiserlichen Kirchenregiment schwankte durch Jahrhunderte zwischen Unterwerfung, Anpassung und Konflikt."[184]
>
> „Das Postulat der ‚Harmonie' zwischen den beiden Gewalten, der ‚geistlichen' und der ‚weltlichen' […], die aber doch in dem ‚rechtgläubigen Kaiser' ihre eine, unteilbare Spitze hat, muss – so ideal es gedacht ist – in der praktischen, den menschlichen Unzulänglichkeiten ausgesetzten Durchführung zu einer Beherrschung des geistlichen durch den weltlichen Bereich, der Kirche durch den Kaiser führen […]."[185]

---

[183] Dokument, 18 f.

[184] Franz Georg Maier, Byzanz, Fischer Frankfurt [11]2001, 35 f.

[185] Endre von Ivanka, Die Sakralität des Kaisertums und die Konkretisierung der Idee des Gottesvolkes, in: Wilhelm Nyssen / Hans-Joachim Schulz / Paul Wiertz (Hg.), Handbuch der Ostkirchenkunde, Bd. 1, Patmos Düsseldorf 1984, 82–87 (85). Ähnlich die Wertung von Georg Ostrogorsky, Geschichte des byzantinischen Staates, C.H. Beck München (Sonderausgabe) 1980, 5.

Die oben zitierte Textpassage des Dokuments erinnert zwar an den Kern des „Symphonia“-Prinzips, leistet aber gleichzeitig eine „Entmythologisierung“, ein Zurückholen in die historisch fassbare Realität. Dabei gelten die beiden größten geschichtlichen Fehlentwicklungen nun gleichsam als Grenzmarkierung: „Symphonia“ sei keine Rechtfertigung, den orthodoxen Glauben der Gesellschaft als ganzer aufzuzwingen. Ebenso wenig könne mit „Symphonia“ eine Umgestaltung der Kirche als politische Macht gerechtfertigt werden.

(2) Der zweite Gesichtspunkt hat ebenfalls historische Wurzeln. Das Leitbild Justinians und seiner Zeit war das eines in sich geschlossenen Gemeinwesens, das von Kaiser und Kirche gleichermaßen getragen und gestaltet wurde. Hans-Georg Beck hat die Grundidee in ihrer idealen Form so zusammengefasst:

> „Kirche und Staat bilden nicht zwei nebeneinander stehende selbständige ‚Gewalten‘, stehen freilich auch nicht in einem Verhältnis der Über- und Unterordnung zueinander, sondern bilden eine mystische Einheit, zwei Aspekte desselben Lebens erlöster Christen. Reichsgeschichte ist zugleich Kirchengeschichte, und entscheidende Impulse der Politik sind religiöser, ja theologischer Natur.“[186]

Diese für spätantike Menschen selbstverständliche Realität von „Einheit“ hat im „Symphonia“-Prinzip Justinians ihren zeitgeschichtlichen Ausdruck gefunden. Eine Fixierung auf dieses Prinzip verursacht jedoch erhebliche Erklärungsnöte, denn spätestens mit dem Untergang des Byzantinischen Reiches[187] ist es zu einer lediglich historischen Größe geworden. Das Dokument reflektiert die Entwicklung nicht quer durch die Geschichte, sondern fokussiert die Verhältnisse des 19. Jahrhunderts. Entsprechend nehmen Hinweise auf die Wiederbelebung des „Symphonia“-Prinzips im Verhältnis zwischen den aus der Erbmasse des Osmanischen Reichs entstandenen Nationalstaaten einerseits und

---

[186] Hans-Georg Beck, Kirche und theologische Literatur im Byzantinischen Reich, C.H. Beck München 1959, 1.

[187] Der „Schrumpfungsprozess“ der „Symphonia“ hat historisch bereits viel früher eingesetzt: Mit Beginn des Eigenwegs der orientalisch-orthodoxen Kirchen ist bereits zu Lebzeiten Kaiser Justinians ein beträchtlicher Teil der Gläubigen aus der „Symphonia“ ausgezogen, auch wenn sie teilweise und vorübergehend noch vom Kaiser beherrscht wurden. Mit dem Vordringen des Islam auf das Reichsgebiet wurden seit dem 7. Jahrhundert immer mehr Christen der eroberten Regionen zu Untertanen muslimischer Herrscher, dann im Lauf der Zeit zu einer Minderheit in islamisch geprägtem Umfeld. Alle orthodoxen Christen der betreffenden Regionen wurden durch die muslimische Vorherrschaft aus der „Symphonia“ gleichsam herausgerissen.

den sich in ihrem Schoß entwickelnden autokephalen orthodoxen Kirchen andererseits im Dokument breiten Raum ein (vgl. insb. § 10;[188] § 11;[189]; § 12;[190] § 13[191]). Die dabei zum Ausdruck kommende Sicht ist kritisch. Der Grund dafür ist letztlich in der Tatsache zu suchen, dass es in allen Fällen eine viel größere Zahl gesellschaftlich wirkender Akteure und eine viel größere gesellschaftliche Vielfalt gab als in Byzanz. Nicht zuletzt der historisch gewachsene konfessionelle und religiöse Pluralismus hatte die Rahmenbedingungen bleibend verändert. Das wiederum hatte zur Folge, dass die zur Zeit von Justinian bestehende gesellschaftliche Einheit mit zwei Akteuren „Kaiser" und „Kirche" in den Nationalstaaten des 19. Jahrhunderts nicht wiederbelebt werden *konnte*. Damit wuchs zugleich die im Dokument anklingende Gefahr einer Ausgrenzung anderer gesellschaftlicher Gruppen und einer Instrumentalisierung der Kirche.[192] Im Verlauf des 20. Jahrhunderts und im Zug der mit dieser Epoche verbundenen vielfältigen Umbrüche ist die gesellschaftliche Aufgliederung noch deutlich weiter fortgeschritten, sichtbar z. B. im wirtschaftlichen oder medialen Segment mit ihrer stetig wachsenden Bedeutung.

---

[188] Dokument, 12: „temptation among Orthodox Christians to surrender to a debilitating and in many respects fantastical nostalgia for some long-vanished golden era". Vgl. auch ebd: „Far too often, the Orthodox Church has allowed for the conflation of national, ethnic, and religious identity, to the point that the external forms and language of the faith […] have come to be used as instruments for advancing national and cultural interests under the guise of Christian adherence."

[189] Ebd., 13: „subordination of the Orthodox faith to ethnic identities and national interests".

[190] Ebd., 14 f.: „No one should seek to advance the Christian faith through the use of political power or legal coercion. The temptation to do so has often been – and in some cases still is – especially acute in Orthodox countries."

[191] Ebd., 17: „It is, in fact, very much in the interest of the Church that the institutional association of Christianity with the interests of the state be as tenuous as possible […]." Vgl. auch ebd.: „The Orthodox Church, then, should be thankful that God has providentially allowed for the reduction of the Church's political enfranchisement in most of the lands of ancient Christendom, so that it may more faithfully conduct and promote her mission to all nations and persons."

[192] Sehr kritisch zur Entwicklung im 19. Jahrhundert äußert sich Pantelis Kalaitzidis, Orthodoxy & Political Theology (wie FN 126), 68: „The national fragmentation and divorce of the Orthodox peoples of the Balkans was completed with the final dominance of the doctrine of nationalism and the creation of nation states, with […] their announcements of autocephalous national churches, which became appendices of the state and tools for disseminating national ideology."

Diese Tatsache erkennt die in § 14 etwas versteckte Formulierung „democratic pluralism" als existent und wirksam an. Damit werden die in §§ 9–12 des Dokuments zuvor bereits herausgearbeiteten Hinweise auf die Vielfalt gesellschaftlicher Verhältnisse, in denen Orthodoxe heute leben, gleichsam eingesammelt und letztlich auf den mit ihnen verbundenen gesellschaftlichen Pluralismus zugespitzt; dazu gehört vor allem:

- die Inanspruchnahme einer quasirichterlichen Funktion der Kirche hinsichtlich des in einer Gesellschaft bzw. politischen Ordnung erreichten Maßes an Wertorientierung;[193]
- die Aufforderung an die Gläubigen zu wertorientiertem Handeln, um die nötige Breitenwirkung innerhalb des gesellschaftlichen Pluralismus zu erreichen.[194]

Das eröffnet neue Horizonte. Entsprechend deutlich betont das Dokument in § 14 a. E. zusammenfassend, dass der Kirche durch die Realität eines gesellschaftlichen Pluralismus eine neue Aufgabe zugewachsen sei: Sie könne und solle sich als ein gesellschaftlicher Akteur großen Gewichts mit ihrem ethischen Wertekonzept zu Wort melden; sie könne und solle sich als Anwalt des Gemeinwohls etablieren, das im Dokument als „true essence of a democratic political order" herausgestellt wird. Näherhin bestehe die Rolle der Christen darin, sich für dieses Gemeinwohl einzusetzen, indem Partikularinteressen verschiedener Art widersprochen wird. Das Gemeinwohl müsse ins Zentrum des sozialen Lebens gerückt werden, um gegen Individualismus, die Verabsolutierung des freien Marktes und Konsumdenken Schranken aufzurichten.[195]

Um diese Aussagen einzuordnen, sei beispielhaft ein Beitrag von Elizabeth Prodromou herangezogen, in dem sie als Beobachtung festhält:

---

193 Dokument, 9: „The Orthodox Church cannot judge all forms of human government as equivalent with one another […]."

194 Ebd., 12: „Orthodox Christians who enjoy the great advantages of living in such countries should not take such values for granted, but should instead actively support them, and work for the preservation and extension of democratic institutions and customs within the legal, cultural, and economic frameworks of their respective societies."

195 Vgl. ebd., 19: „Without the language of the common good at the center of social life, democratic pluralism all too easily degenerates into pure individualism, free market absolutism, and a spiritually corrosive consumerism."

> „In short, the competitive, pluralizing impulses at the core of democratization and globalization have been met my Orthodox actors in ways that suggest a discursive and practical move beyond the long-standing view of pluralism as a threat to Orthodoxy, toward a conception of pluralism as an opportunity for Orthodoxy to renegotiate its position in the contemporary world. Embedded in and consequent to this reconceptualization of pluralism are the signs of incremental change in the institutional dynamics of Orthodox churches."[196]

Im Abschnitt „The Church in the Public Sphere" des sozialethischen Dokuments wird das von Prodromou angesprochene „Neuverhandeln der orthodoxen Position in der heutigen Welt" sehr gut greifbar. Pluralismus oder Demokratie erscheinen im Text keineswegs als eine Bedrohung für die Orthodoxie. Eine positive, ermutigende Sicht bereitet den Boden, die sich in diesen Rahmenbedingungen bietenden Gestaltungs- und Mitwirkungsmöglichkeiten als eine Chance für die Orthodoxie herauszuarbeiten. Aus einem klaren theologischen Fundament erwächst eine Positionierung in der staatlich-gesellschaftlichen Wirklichkeit, die mit einer fortentwickelten Wahrnehmung der kirchlichen Sendung einhergeht. Von ihrem festen Wertekonzept ausgehend kann die Kirche Schwächen und Mängel in der pluralen gesellschaftlichen Wirklichkeit identifizieren und beurteilen. Als Anwältin des Gemeinwohls kann sie ihre Stimme erheben und die Gläubigen zu einem Engagement hin zum Besseren motivieren. Seitenblicke auf geschichtliche Erfahrungen und manche Traditionen mögen zwar weniger der Argumentation als vielmehr dem Bemühen geschuldet sein, möglichst viele Gläubige und Meinungen auf den Weg mitzunehmen. Bei einzelnen Aspekten mag auch die Sorge, eine Meinung oder Strömung innerhalb der Orthodoxie vor den Kopf zu stoßen, zu verschlungenen Formulierungen geführt haben. Dennoch stellt der Textabschnitt einen mutigen und m. E. bedeutsamen Beitrag zu der von Prodromou angesprochenen „reconceptualization of pluralism" in der Orthodoxie dar.

---

196 Elizabeth H. Prodromou, Orthodox Christianity and Pluralism: Moving beyond Ambivalence?, in: Emmanuel Clapsis (Hg.), The Orthodox Churches in a Pluralistic World, WCC Publications Geneva / Holy Cross Orthodox Press Brookline/MA 2004, 22–46 (36).

2.2 Vergleich mit Aussagen der Heiligen und Großen Synode von Kreta

Die Synode von Kreta hat keine dem Abschnitt „The Church in the Public Sphere" vergleichbare Stellungnahme zu ihrer Position in Gesellschaft und staatlicher Ordnung entwickelt. Der Grund dafür ist in der Fokussierung auf die Sendung der orthodoxen Kirche in der heutigen Zeit zu suchen. Ihre diesbezüglichen Aussagen sind vor allem auf konkrete Problemfelder bezogen. Dennoch gibt es Berührungspunkte, die allerdings kaum über einzelne Stichworte hinausgehen. Der Synodenbeschluss „Der Auftrag der Orthodoxen Kirche in der heutigen Welt" entwickelt – ähnlich dem sozialethischen Dokument – die kirchliche Sendung aus einem eschatologischen Aspekt, hier allerdings bezogen auf den biblischen Topos „neue Schöpfung". Die Sammlung der „versprengten Kinder Gottes" (vgl. Joh 11,52) wird auch im Synodendokument mit der Feier der heiligen Eucharistie verknüpft. Der Antrieb zu einem kirchlichen Engagement angesichts existentieller Probleme des Menschen wird aus der eschatologischen Spannung des „Noch-nicht" und „Jetzt" begründet:

> „Ständig getragen von dieser Erwartung und dem Vorgeschmack des Reiches Gottes ist die Kirche nicht indifferent gegenüber den Problemen der Menschen zu jeder Zeit, sondern nimmt im Gegenteil an seinen [sic!] Nöten und seinen [sic!] existentiellen Problemen Anteil."[197]

Ohne auf Details der gesellschaftlichen bzw. staatlichen Ordnung einzugehen, sieht es die Synode als Teil der kirchlichen Verkündigung an, eine engere Zusammenarbeit der Völker und Staaten zur friedlichen Beilegung von Streitigkeiten zu unterstützen.[198] Das Dokument „Botschaft der Synode" nimmt an zwei Stellen die gesellschaftlichen Verhältnisse in den Blick:

– Zum einen wird die Aufgabe gesehen, das Volk Gottes in den modernen, säkularisierten Gesellschaften neu zu evangelisieren.[199]
– In Nr. 10 der Botschaft wird die Nichteinmischung der Kirche in die Politik betont; ihre Stimme trete vernehmbar und zugleich prophetisch notwendigerweise für das Wohl der Menschen ein.[200]

197 Synodos, 87.
198 Ebd., 98, Nr. 6.
199 Ebd., 44, Nr. 2.
200 Ebd., 48, Nr. 10.

Die Enzyklika der Synode verknüpft den Vorgeschmack und eine Erfahrung des Eschaton in der heiligen Eucharistie mit dem Auftrag der Kirche, ihre prophetische Stimme in dieser Welt zu erheben und Zeugnis vom Reich Gottes zu geben.[201] Insoweit bestehen stichwortartige Parallelen zu § 9 des sozialethischen Dokuments. Die vielleicht deutlichste Querverbindung zum sozialethischen Dokument ist in Nr. 16 der Enzyklika zu finden:

> „Die Kirche mischt sich nicht in die Politik im engeren Sinn des Wortes ein. Ihr Zeugnis ist jedoch wesentlich politisch, insofern es die Sorge um den Menschen und seine spirituelle Freiheit ausdrückt. […] Die lokalen Orthodoxen Kirchen sind heute aufgerufen, ein neues konstruktives Zusammenwirken mit dem säkularen Rechtsstaat […] zu entwickeln […].“[202]

Hier besteht hinsichtlich möglicher Zusammenarbeit eine gedankliche Querverbindung zum Einleitungssatz von § 14 des sozialethischen Dokuments:

> „In no sense does this preclude the Church from direct and robust cooperation with political and civil authorities and organs of state in advancing the common good and pursuing works of charity.“[203]

Die Beispiele zeigen, wie gering die Schnittmengen zwischen den synodalen Texten und dem sozialethischen Dokument insoweit sind. Letzteres scheint vom Bemühen geprägt, vorhandene Lücken zu schließen.

2.3 Vergleich mit dem Sozialkonzept der Russischen Orthodoxen Kirche

Im Folgenden soll der Abschnitt „The Church in the Public Sphere“ mit spezifischen Aussagen des Sozialkonzepts der ROK verglichen werden. Dazu werden stichprobenartig einige zentrale Themenbereiche ausgewählt und die dazu vertretenen Positionen einander gegenübergestellt.

Als erster Bezugspunkt soll der Themenkomplex „Kirche und Nation“ herangezogen werden. In dieser Hinsicht hat sich das sozialethische Dokument als kritisch und warnend erwiesen, etwa in § 10 a. E., wo eine Instrumentalisierung der Kirche für die Förderung nationaler und kultu-

[201] Ebd., 22, Nr. 1.
[202] Ebd., 35, Nr. 16.
[203] Dokument, 17.

reller Interessen als Hindernis für die Verkündigung des Evangeliums an alle Völker eingeschätzt wurde. In § 11 gilt die Synode von 1872 als Ausgangspunkt zur eindeutigen Aussage:

> „There can be no such thing as a ‚Christian nationalism‘, or even any form of nationalism tolerable to Christian conscience.“[204]

Das Sozialkonzept der ROK widmet dem Thema einen ganzen Abschnitt. Ausgehend von einer Interpretation des Begriffs „Volk Gottes“ heißt es dort:

> „Die Einheit dieses neuen Volkes gründete nicht in der nationalen, kulturellen oder sprachlichen Gemeinschaft, vielmehr im Glauben an Christus und die Taufe. [...] Das Evangelium wird nicht einem einzigen auserwählten Volk verkündet, auf dass es den wahren Glauben bewahre, sondern allen [...].“[205]

Hinsichtlich einer Ablehnung, kirchliche Gemeinschaft mit „Nation“ zu identifizieren, erscheinen diese beiden Aussagen als übereinstimmend. Einen unterschiedlichen Akzent erhält die Stellungnahme des sozialethischen Dokuments allerdings durch Einbeziehung negativer historischer Erfahrungen; diese hat im Sozialkonzept keine Entsprechung. Der Text des Sozialkonzepts führt den Gedanken folgendermaßen weiter:

> „Der universale Charakter der Kirche bedeutet allerdings nicht, dass die Christen kein Recht auf nationale Eigenart und nationale Selbstverwirklichung hätten. Im Gegenteil, die Kirche verbindet in sich das universale mit dem nationalen Prinzip.“[206]

Näher begründet wird dies durch Hinweis auf die Autokephalieordnung der orthodoxen Kirche. Weitere Ausführungen zu kulturellen Leistungen und deren Zusammenhang mit kirchlichem Wirken gipfeln in der Aussage: „All dies erschafft nationale christliche Kultur.“[207] An anderer Stelle wird hinzugefügt:

> „Wenn die Nation – bürgerlich oder ethnisch – vollständig oder überwiegend eine monokonfessionelle orthodoxe Gemeinschaft ist, kann sie in gewissem Sinne als einheitliche Glaubensgemeinschaft betrachtet werden – als orthodoxes Volk.“[208]

Im sozialethischen Dokument wird demgegenüber ein anderer Weg eingeschlagen:

---

[204] Ebd., 15.
[205] Grundlagen, 17.
[206] Ebd., 18.
[207] Ebd.
[208] Ebd., 19.

> „[...] the Council of Constantinople in 1872 condemned ‚phyletism', which is to say the subordination of the Orthodox faith to ethnic identities and national interests. A love for one's own culture is an honorable sentiment, so long as it is a generous sentiment as well, allied to a willingness to recognize the beauty and nobility of other cultures, and to welcome exchanges between and fruitful intermixtures of all cultures."[209]

Die hier angesprochene großzügige Offenheit für andere Kulturen ist kein Thema im Sozialkonzept der ROK. Letztere führt stattdessen mit „einheitliche Glaubensgemeinschaft" ein Merkmal ein, das eben doch die Identität von Kirche und Nation begründet. Dabei bleibt offen, wer darüber entscheidet, ob eine „einheitliche Glaubensgemeinschaft" tatsächlich vorliegt oder ob sie einem Wunschdenken hinsichtlich eines viele Jahrhunderte zurückliegenden „idealen" Zustands entspringt. Demgegenüber ist das sozialethische Dokument konsequent vom Bewusstsein eines übernationalen Charakters der Kirche durchdrungen. Trotz Übereinstimmung im Ausgangspunkt der Argumentation erscheinen deren Ergebnisse als diametral entgegengesetzt.

Dasselbe ist bei einem zweiten Thema zu beobachten, nämlich „Patriotismus". Beide Dokumente erkennen übereinstimmend Patriotismus als lobenswerte innere Haltung an. Die Schlüsse, die daraus gezogen werden, unterscheiden sich jedoch beträchtlich:

> „Der christliche Patriotismus bezieht sich in gleicher Weise auf die Nation als ethnische Gemeinschaft als auf die Gemeinschaft der Staatsbürger. Der orthodoxe Christ ist aufgerufen, sein Vaterland, im Sinne eines bestimmten Territoriums, zu lieben, desgleichen seine über die Welt verstreuten Blutsbüder."[210]

Der Verweis auf die zu liebenden, über die Welt verstreuten „Blutsbrüder" überhöht ein ethnisches Kriterium mit einer moralischen Forderung. Das sozialethische Dokument formuliert demgegenüber:

> „And patriotism can be a benign and wholesome feeling, so long as it is not mistaken for a virtue in itself, or for a moral good even when one's country has become profoundly unjust or destructive. But it is absolutely forbidden for Christians to make an idol of cultural, ethnic, or national identity."[211]

Auch wenn es keinen direkten Textbezug zwischen beiden Dokumenten gibt, so erweckt doch die Abgrenzung des sozialethischen Doku-

---

209 Dokument, 13.

210 Grundlagen, 19 unter II.3.

211 Dokument, 13.

ments gegenüber Patriotismus als „Tugend“ („virtue“) oder als „moralischer Wert an sich“ („moral good“) den Eindruck eines darin bewusst anders gesetzten Akzents.

Hinsichtlich des Themenkreises „Kirche und Staat“ stimmen beide Dokumente in der Beobachtung überein, dass der Staat heute gewöhnlich einen säkularen Charakter trägt.[212] Übereinstimmung besteht auch hinsichtlich der Unterscheidung zwischen „Reich Gottes“ und seiner eschatologischen Ausrichtung einerseits sowie der Kirche als „Leib Christi“ als einer von Christus gestifteten und von Gott durchwirkten irdischen Realität andererseits.[213] Im Übrigen unterscheiden sich beide Dokumente bereits vom Ansatz her. Das sozialethische Dokument hat – entsprechend seiner konsequent globalen Ausrichtung – keinen einzelnen Staat und keine bestimmte Verfassungsordnung im Blick. Der Text versucht vielmehr, so grundsätzliche Aussagen zu treffen, dass sich Gläubige beliebiger Staatsangehörigkeit daran orientieren können. Das Sozialkonzept der ROK spricht in der Regel nur vom „Staat“ im Singular und bezieht sich dabei – ohne ausdrückliche Benennung – auf das Staatsgebilde „Russische Föderation“, da (potentielle) Unterschiede zwischen verschiedenen Verfassungsordnungen oder in der Gestaltung des Verhältnisses von Kirche und Staat in ihm nicht thematisiert werden.

Hinsichtlich des Verhältnisses von Kirche und Staat finden sich im Sozialkonzept der ROK einzelne Elemente, die es näher bestimmen, verstreut an verschiedenen Stellen:

- Die Beziehungen von Kirche und Staat müssten ihre wesensmäßige Verschiedenheit widerspiegeln. Die Kirche sei durch Gott gegründet; die Staatsgewalt sei im Lauf eines historischen Prozesses mittelbar durch Gott errichtet worden. Ihre Ziele seien deshalb ebenfalls unterschiedlich, nämlich das ewige Heil der Menschen auf Seiten der Kirche, das Wohlergehen der Menschen auf Seiten des Staates.[214]
- Es gebe eine gewisse Abgrenzung der Zuständigkeitsbereiche, geprägt von einer Nichteinmischung in innere Angelegenheiten.[215]

---

[212] Vgl. Grundlagen, 24 unter III.3; vgl. Dokument, 16.

[213] Vgl. Grundlagen, 24 unter III.3; vgl. Dokument, 9: „to enter at once both into the unity of the body of Christ in history and into the joy of God's Kingdom beyond history“.

[214] Vgl. Grundlagen, 24 unter III.3.

[215] Ebd.

– In Abschnitt III.4 wird – gemäß orthodoxer Tradition – von einer idealen Form der Beziehung von Kirche und Staat gesprochen, in welcher der Staat die orthodoxe Kirche als das höchste Heiligtum des Volkes anerkenne; dies sei ein orthodoxer Staat. Die weiteren Darlegungen führen das „Symphonia"-Prinzip der 6. Novelle Justinians und dessen weitere Entfaltungen in der Epanagoge näher aus. Daran schließt sich eine Skizze von Fehlentwicklungen im byzantinischen Kaiserreich an. Demgegenüber sei das russische Zarenreich von größerer Harmonie gekennzeichnet gewesen, auch wenn es ebenfalls Verstöße gegeben habe. Das Landeskonzil von 1917/18 habe Vorschläge zu Verbesserungen gemacht. Es folgen umfängliche Hinweise auf unterschiedliche Formen der Ausgestaltung des Verhältnisses von Kirche und Staat im Westen sowie im Allgemeinen zu Zielen von Kirche und Staat sowie zu den Methoden, diese jeweils zu verfolgen.[216]

Die Schlussfolgerung daraus bietet Abschnitt III.8. Dort heißt es:

> „Der Staat, einschließlich des säkularen, ist sich in der Regel seiner Berufung bewusst, das Leben des Volkes auf den Grundsätzen des Guten und der Gerechtigkeit zu ordnen und für die materielle Wohlfahrt der Gesellschaft Sorge zu tragen. Aus diesem Grund kann die Kirche in Fragen, die das Wohl der Kirche selbst, ebenso wie das der Person und der Gesellschaft betreffen, mit dem Staat kooperieren. Aus Sicht der Kirche sollte eine solche Zusammenarbeit in ihrem Heilsauftrag enthalten sein, umfasst doch dieser die allseitige Sorge für den Menschen. Die Kirche ist gefordert, sich an den Ordnungen des menschlichen Lebens in allen Bereichen zu beteiligen, in denen es möglich ist, und ihre entsprechenden Bemühungen mit denen der Vertreter der Staatsgewalt in Einklang zu bringen."[217]

Diese „Kooperation" und mehr noch dieses „In-Einklang-Bringen" erscheint wie eine neuzeitliche Ausdeutung des „Symphonia"-Gedankens in der 6. Novelle Justinians und der Epanagoge. Im offensichtlichen Bemühen, historischen Fehlentwicklungen entgegenzuwirken, werden im Sozialkonzept auf vier weiteren Seiten des Textes Bereiche und Methodik des Zusammenwirkens detailliert umschrieben; sogar im Hinblick auf die drei Gewalten Legislative, Exekutive und Judikative sind sie leitsatzartig zusammengefasst,[218] mit der Folge, dass kein Bereich des

---

[216] Ebd., 25–33.

[217] Ebd., 33 f. unter III.8.

[218] Ebd., 34–36. Angeschlossen sind ebd., 36 f. Hinweise, wer auf den verschiedenen Ebenen für die Herstellung des Einklangs zwischen Staat und Kirche verantwortlich ist. Unter Verweis auf den 81. pseudo-apostolischen Kanon ist Geistlichen lediglich die Mitwirkung in der Staatsverwaltung untersagt.

öffentlichen Lebens übrig bleibt, in dem die Kirche nicht in irgendeiner Form ihre Beteiligung einfordert.

Das sozialethische Dokument verweist in § 14 ebenfalls auf die orthodoxe Tradition des „Symphonia“-Prinzips der 6. Novelle Justinians und bei der Ausgestaltung der nachottomanischen Nationalstaaten. Für die heutige Zeit heißt es lapidar:

> „And today, as well, the principle of *symphonia* can continue to guide the Church in her attempts to work with governments toward the common good and to struggle against injustice. It cannot, however, be invoked as a justification for the imposition of religious orthodoxy on society at large, or for promotion of the Church as a political power.“[219]

Auch wenn demnach die Tradition einer „Symphonia“ zwischen Staat und Kirche nicht schlechthin verworfen wird, so unterliegt sie in der Sicht des sozialethischen Dokuments doch erheblichen Einschränkungen. Insoweit entsteht der Eindruck, dass dem Sozialkonzept widersprochen werden soll. Dieser Eindruck verstärkt sich noch erheblich durch eine Passage in § 13:

> „At the same time, however, the dissolution of the ancient compact between state and church – or throne and altar – has also been a great blessing for Christian culture. It has freed the Church from what was all too frequently a slavish and unholy submission to earthly power and a complicity in its evils. It is, in fact, very much in the interest of the Church that the institutional association of Christianity with the interests of the state be as tenuous as possible, not because the Church seeks to withdraw from society at large, but because it is called to proclaim the Gospel to the world and to serve God in all things, uncompromised by alliance with worldly ambitions. The Orthodox Church, then, should be thankful that God has providentially allowed for the reduction of the Church's political enfranchisement in most of the lands of ancient Christendom, so that it may more faithfully conduct and promote her mission to all nations and persons.“[220]

In einem Detail zeigt sich die unterschiedliche Sichtweise noch zugespitzter. Im Sozialkonzept heißt es:

> „Jedoch ist sich der Staat in der Regel bewusst, dass das irdische Wohlergehen undenkbar ist ohne die Beachtung gewisser moralischer Normen – solcher Normen, die auch für das ewige Heil des Menschen unerlässlich sind. Deshalb können Aufgaben und Tätigkeit von Kirche und Staat nicht nur in der Erlangung von rein irdischem Nutzen, sondern auch in der Verwirklichung des Heilsauftrags der Kirche übereinstimmen.“[221]

---

[219] Dokument, 18.

[220] Ebd., 17.

[221] Grundlagen, 24.

Moralische Normen, die für das ewige Heil des Menschen unerlässlich sind, werden – unter Rückgriff auf Heilige Schrift und Tradition – von der Kirche bestimmt. Dem Staat wird in dieser Textpassage zugedacht, eine Mitverantwortung bei der Umsetzung kirchlicher Moralvorstellungen in der Gesellschaft zu übernehmen. Damit wird er als „orthodoxer Staat“[222] entsprechend dem „Symphonia“-Gedanken in kirchliche Pflicht genommen. Das sozialethische Dokument formuliert dagegen in § 14 lapidar das Gegenteil:

> „It (= The principle of symphonia, Anm. d. Verf.) cannot, however, be invoked as a justification for the imposition of religious orthodoxy on society at large, or for promotion of the Church as a political power.“[223]

Beide Dokumente enthalten weiterhin Aussagen hinsichtlich einer Gehorsamspflicht, die als nächste Stichprobe in den Vergleich einbezogen werden. Das Sozialkonzept der ROK bezieht die Gehorsamspflicht auf den *Staat*:

> „Die Kirche gebietet ihren Kindern nicht nur, der staatlichen Gewalt [...] Gehorsam zu leisten, sondern betet auch für sie [...]. Gleichzeitig dürfen die Christen die Staatsgewalt jedoch nicht verabsolutieren und die Grenzen ihres rein irdischen, zeitlichen und vergänglichen Sinns ignorieren [...]. Nach der Lehre der Kirche hat auch die Staatsgewalt nicht das Recht, sich durch Ausweitung ihrer Grenzen [...] zu verabsolutieren [...].“[224]

In § 9 des sozialethischen Dokuments wird der Grundsatz aufgestellt:

> „Neither does the Church insist that Christian citizens of established states are required in every conceivable situation to submit to the powers that be or to consent to the social and political orders in which they find themselves.“[225]

In Interpretation der Heiligen Schrift wird für den Normalfall eine Gehorsamspflicht des Einzelnen festgestellt, allerdings gegenüber dem staatlichen *Gesetz*. Weiter heißt es:

> „Christians may and often must participate in the political life of the societies in which they live, but must do so always in service to the justice and mercy of God's Kingdom. [...] At times, this may entail participation not by way of perfect obedience, but by way of the higher citizenship of civil disobedience, even rebellion. The Kingdom of God alone is the Christian's first and last loyalty, and all other allegiances are at most provisional, transient, partial, and incidental.“[226]

---

[222] So die Formulierung im Zusammenhang mit dem Idealfall einer Beziehung von Kirche und Staat in Abschnitt III.4 des Sozialkonzepts; vgl. Grundlagen, 25.

[223] Dokument, 18.

[224] Grundlagen, 23.

[225] Dokument, 10.

[226] Ebd., 11.

Damit wird die Priorität eines Dienstes an Gottes Reich und dessen Gerechtigkeit oder Erbarmen zur Quelle eines Widerstandsrechts erklärt.

Als weiterer Vergleichspunkt zwischen dem Sozialkonzept der ROK und dem sozialethischen Dokument kann die Beurteilung demokratischer Strukturen des Gemeinwesens herangezogen werden. Dazu stellt der Text der Sozialkonzeption lediglich fest:

> „Die gegenwärtigen Demokratien, unter ihnen auch die mit monarchischen Formen, bedürfen nicht der göttlichen Sanktionierung der Macht. Sie sind eine Erscheinungsform der Macht in der säkularen Gesellschaft, die das Recht jedes mündigen Bürgers auf Willensäußerung auf dem Weg von Wahlen voraussetzt."[227]

Daran angeschlossen sind sehr eigentümliche Erwägungen hinsichtlich einer Änderung der Herrschaftsform:

> „Eine Änderung der Herrschaftsform zugunsten einer tieferen religiösen Verwurzelung würde ohne die Vergeistigung der Gesellschaft unweigerlich in Betrug und Heuchelei ausarten [...]. Dennoch sollte die Möglichkeit einer solchen geistigen Wiedergeburt der Gesellschaft, infolge derer die religiös höhere Form des Staatsaufbaus als natürlich erachtet wird, nicht grundsätzlich ausgeschlossen werden."[228]

Darin liegt eine massive Relativierung der „gegenwärtigen Demokratien". Was eine Herrschaftsform mit tieferer religiöser Verwurzelung sein soll, wird nicht ausdrücklich gesagt. Da jedoch zuvor von der Monarchie als „gottgegebener Staatsgewalt" gesprochen und Demokratie als bloß säkulare Erscheinungsform von Macht qualifiziert wurde, liegt als Deutung nahe, dass eine Monarchie das im Text hervorgehobene Kriterium tieferer religiöser Verwurzelung erfüllt. In den Aussagen des Dokuments über die Herrschaftsform mischen sich somit theokratische mit monarchistischen Elementen. Am erstaunlichsten erscheint in diesem Zusammenhang die Formulierung:

> „Vor diesem Hintergrund erachtet die Kirche sich nicht zuständig, Änderungen an der Herrschaftsform vorzunehmen [...]."[229]

Die magere Feststellung fehlender „Zuständigkeit" der Kirche hinsichtlich der Herrschaftsform stellt eine sehr schwache Form der Negation dar. Allein die mittelbar kommunizierte Vorstellung, dass es der Kirche je zugekommen wäre oder zukommen könnte, die Herrschaftsform eines Staates zu bestimmen oder diesbezügliche (potentielle) Änderungen

[227] Grundlagen, 33.

[228] Ebd.

[229] Ebd.

vorzunehmen, grenzt an eine unterschwellige theokratische Phantasie. Das sozialethische Dokument würdigt demgegenüber in § 10 ausdrücklich die zivile Ordnung, Freiheit, Menschenrechte und Demokratie und bezeichnet diese Errungenschaften moderner Gesellschaften als einen Segen. Dem angefügt heißt es:

> „[...] it would be irrational and uncharitable of Christians not to feel a genuine gratitude for the special democratic genius of the modern age. Orthodox Christians who enjoy the great advantages of living in such countries should not take such values for granted, but should instead actively support them, and work for the preservation and extension of democratic institutions and customs within the legal, cultural, and economic frameworks of their respective societies.“[230]

Hier wird seitens der Kirche von den Gläubigen nicht nur Dankbarkeit für die Existenz demokratischer Verhältnisse erwartet; sie werden vielmehr aufgefordert, zu deren aktivem Auf- und Ausbau beizutragen.

Die voranstehenden Stichproben anhand von fünf gewichtigen Themenbereichen im Abschnitt II des sozialethischen Dokuments bzw. des Sozialkonzepts der ROK haben einige gemeinsame Anknüpfungspunkte aufgezeigt. Der beherrschende Eindruck ist jedoch derjenige einer fast entgegengesetzten Blick- und Ausrichtung beider Texte. Da das im Jahr 2000 publizierte Sozialkonzept der ältere Text ist, könnten die festgestellten erheblichen Unterschiede für eine Interpretation als planvolle „Korrekturen“ im jüngeren Text herangezogen werden. In einer ersten Analyse hat Regina Elsner sogar vom sozialethischen Dokument als einem „Gegenwurf“ zum Sozialkonzept gesprochen.[231] Bei der Interpretation möglicher Motivationen ist jedoch Vorsicht geboten. Tatsache ist, dass es zur Zeit der Abfassung des Sozialkonzepts bereits eine ganze Reihe von theologischen Ansätzen einer Auseinandersetzung der Orthodoxie mit ethischen Fragen gegeben hat. Vier Autoren seien beispielhaft hervorgehoben. So hat sich Georg Mantzaridis in seiner „Soziologie des Christentums“ bereits 1981 u. a. mit der eschatologischen Ausrichtung des Christen, der Säkularisierung, den anthropologischen Voraussetzungen einer Soziallehre, der Aufgabenverteilung von Kirche und Staat und der christlichen Verantwortung angesichts sozialer Probleme auseinandergesetzt.[232] Vigen Guroian behandelte die Thematik „Pluralismus“ fokussiert auf die Verhältnisse in den USA und bemühte sich – ohne

[230] Dokument, 12.

[231] Vgl. Regina Elsner, Neue Impulse für eine orthodoxe Sozialethik (wie FN 6).

[232] Georg Mantzaridis, Soziologie des Christentums, Duncker & Humblot Berlin 1981.

klares Ergebnis – um eine kirchliche Positionierung gegenüber bloß soziokulturell orientierten Sichtweisen seiner Zeit. Er warb darum, christliche Überzeugungen engagiert in die Gesellschaft einzubringen, empfahl dazu aber vor allem den Gebrauch einer spezifisch christlichen Sprache statt einer „kulturellen“ Sprache säkularer Ethik.[233] Stanley S. Harakas nahm biblische und historische Aspekte der Beziehungen von Kirche und Staat in den Blick, blieb in seiner Darstellung allerdings weitgehend deskriptiv.[234] Als Meilenstein gerade in der theologischen Bearbeitung der Beziehung von Kirche und Staat kann das bereits zitierte Buch „Orthodoxy & Political Theology“ von Pantelis Kalaitzidis[235] aus dem Jahr 2012 mit seinen klaren Positionierungen gelten. Es zeigt in Bezug auf die drei zuvor genannten Autoren eine ganze Reihe gedanklicher Querverbindungen, repräsentiert aber vor allem die dynamische Entwicklung der spezifischen orthodox-theologischen Arbeit der jüngsten Zeit. Die daraus entstandenen Bezüge zum sozialethischen Dokument sind unübersehbar. Statt über das Sozialkonzept der ROK als „Entwurf“ und das sozialethische Dokument als „Gegenentwurf“ zu spekulieren, dürfte es aussagekräftiger sein zu fragen, welcher der beiden Texte deutlicher in der Entwicklungslinie orthodoxer theologischer Beiträge zu sozialethischen Aspekten insbesondere im Verhältnis von Kirche und Staat steht. Insoweit fehlt es nicht an Indizien, dass das sozialethische Dokument die jahrzehntelange Entwicklung vor allem in der griechisch bzw. von einer Diasporaerfahrung geprägten orthodoxen Theologie aufgegriffen und kraftvoll fortgeschrieben hat.

3. Das menschliche Leben und seine Schutzbedürftigkeit

3.1 Die Darlegungen im Abschnitt III des Dokuments

Der dritte Abschnitt des sozialethischen Dokuments thematisiert in 17 teils sehr ausführlichen Paragraphen (§§ 15–31) das menschliche Leben und seine Schutzbedürfigkeit. Dabei orientiert sich die Darstellung an

233 Vigen Guroian, Ethics after Christendom. Toward an Ecclesial Christian Ethic, Wipf & Stock Publishers Eugene/OR 1994, 83–101.

234 Stanley S. Harakas, Wholeness of Faith and Life (wie FN 118), 106–140.

235 Pantelis Kalaitzidis, Orthodoxy & Political Theology (wie FN 126).

den einzelnen Lebensphasen von der Empfängnis bis zum Tod. So wird es möglich, mit diesen jeweils verbundene spezifische Problemstellungen in den Blick zu nehmen und eine kirchliche Positionierung vorzunehmen. Die dabei verwendete Sprache ist größtenteils argumentativ, nicht autoritativ ausgerichtet. Anders als z. B. im moraltheologisch-ethischen Teil eines Katechismus westlichen Musters üblich, werden im sozialethischen Dokument nur in Ausnahmefällen fertige Lösungen präsentiert. Vielmehr sind – wiederum bis auf wenige Ausnahmen – Maßstäbe angeboten, die einer wertorientierten Entscheidungsfindung der Gläubigen und Seelsorger dienen sollen. Damit erweist sich das verfolgte Anliegen als weitestgehend pastoraler Natur. Den Gläubigen wird dabei ein weiter Spielraum zugemessen, damit einhergehend natürlich zugleich ein hohes Maß an Eigenverantwortung. Dasselbe gilt für die pastorale Verantwortung der Seelsorger, die begleiten, beraten und praktisch unterstützen, nicht aber anstelle der Gläubigen autoritativ entscheiden sollen. Darin spiegelt sich die bei der Untersuchung der Begleitmaterialien herausgearbeitete Charakterisierung des ganzen Dokuments als „Leitlinie" oder mit Gründen versehene „Diskussionsgrundlage".

Der einleitende § 15 ist wesentlich spirituell ausgerichtet. Festgehalten wird darin, dass das menschliche Leben mit der Empfängnis im Mutterleib beginnt. Der körperliche Tod wird als eine Phase präsentiert, in der das menschliche Leben gipfelt („culminates"). Diese prägnante, integrative Wortwahl beugt falschen Sichtweisen vor, die dazu führen könnten, den Tod auszublenden oder vom Leben abzuspalten. Menschliches Leben wird – bezogen auf die Person und ihren Weg – in seiner Einzigartigkeit akzentuiert. Das Verbindende besteht in der Entscheidungssituation zwischen „Heiligkeit" oder „geistlicher Sklaverei", die sich in jedem menschlichen Leben gleichermaßen stelle; dasselbe gelte für die Möglichkeit, auf Gottes Liebe zu antworten:

> „And in each life the opportunities for ascetic self-denial in service of God's love, and for the work of transfiguring creation, are unique."[236]

[236] Dokument, 19. Die hier verwendete charakteristische Formulierung „transfiguring creation" greift auf § 4 der theologischen Einleitung zurück; vgl. ebd., 4 („transfigure this world"). In dortigem Zusammenhang (vgl. FN 72) wurde bereits festgehalten, dass im Hintergrund die theologische Interpretation von Ioannis Zizioulas stehen könnte, der zufolge der Mensch als „Priester der Schöpfung" wirke. Dieser Aspekt wird nunmehr auch für den Bereich „Ethik des menschlichen Lebens"

Es ist demnach die Ausrichtung der Menschen auf Gott, die je einzigartige Menschen mit individuellen Lebenswegen und -bedingungen untereinander verbindet. Der Gedanke wird in eine ebenfalls gemeinsame Zielbestimmung jedes menschlichen Lebens ausgedehnt. Dieses Ziel wird unter Bezug auf 1 Kor 13,12 doppelt umschrieben „als Schauen Gottes von Angesicht zu Angesicht, als theosis“; die beiden Ansatzpunkte – die eher im Westen betonte *visio beatifica* und der der östlichen Tradition besonders kostbare Begriff „theosis“ aus der Vätertradition – werden mittels Rückgriff auf 1 Joh 3,2 geschickt miteinander verbunden.[237] Diese Redeweise bildet eine Verständnisbrücke für die Diskussion des sozialethischen Dokuments durch Angehörige unterschiedlicher Traditionen des Ostens und des Westens. An die für alle Menschen in ihrer jeweiligen Individualität gleiche Zielbestimmung wird eine weitere Gemeinsamkeit angeschlossen: Alle seien den gleichen Versuchungen ausgesetzt, eher den eigenen Vorteil zu suchen, als Gottes- und Nächstenliebe zu üben. Die damit verbundene Aufgabenstellung für die Kirche wird so umschrieben:

> „The Church seeks to accompany the Christian soul all along its way in this world, providing not only counsel but also the means of achieving holiness. And, at every stage, the Church proposes diverse models of life in Christ, diverse vocations for Christian living embraced within the one supreme vocation to seek the Kingdom of God and its justice.“[238]

Der mit den Verben „begleiten“, „anbieten/sorgen“, „vorschlagen“ näher bestimmte kirchliche Dienst unterstreicht die pastorale Ausrichtung des Textes und weist – wie eingangs bereits hervorgehoben – den einzelnen Gläubigen die entscheidende Verantwortung zu.

Wie sorgfältig der Text formuliert ist, wird an der Wendung „the Kingdom of God and its justice“[239] am Ende von § 15 deutlich. Mit ihr

---

fruchtbar gemacht. Beachtung verdient, dass John and Lyn Breck, Stages of Life's Way. Orthodox Thinking on Bioethics, St. Vladimir's Seminary Press Crestwood/NY 2005, 45–48 ebenfalls zu einem solchen priesterlichen Wirken zugunsten des menschlichen Lebens einladen.

237 Ebd.: „The proper end of every life well-lived is that of ‚seeing God face to face‘ (1 Corinthians 13:12), of *theosis*: ‚Beloved, we are God's children now; it does not yet appear what we shall be, but we know that when he appears we shall be like him, for we shall see him as he is‘ (1 John 3:2).“

238 Ebd., 20.

239 Ebd.

wird der Text stichwortartig an die theologische Einleitung,[240] zugleich aber auch an §§ 8, 9 und 12 des Abschnitts „The Church in the Public Sphere" rückgebunden; „God's Kingdom", „Kingdom" bzw. „Kingdom of heaven" sind zudem Belege desselben Begriffs am Anfang, ungefähr in der Mitte und am Ende des folgenden Textabschnitts § 16, der so mehrfach und stichwortartig mit § 15 verklammert wird. Dasselbe Motiv taucht weiterhin auf in § 20 („God's Kingdom"), § 27 („Kingdom of God" und „God's Kingdom"), § 32 („God's Kingdom" und „inherit the Kingdom"), § 41 („God's Kingdom"), § 52 („Kingdom of God"), § 65 („heirs of the Kingdom"), § 68 („in service of the Kingdom"), § 69 („God's Kingdom"), § 79 („divine Kingdom"), § 80 (vier weitere Belege), § 81 (God's Kingdom") und § 82 („God's Kingdom" und „the work of the Kingdom"). Zusammengenommen ist die Häufung der Belege so auffällig, dass damit nicht nur eine literarische Verklammerung einzelner Abschnitte, sondern sogar eine eschatologische Grundausrichtung des gesamten Dokuments zutage tritt, die in ihrer Bedeutung immer wieder aktualisiert und ins Bewusstsein der Leser zurückgerufen wird.

Der Text wendet sich in § 16 der Lebensphase „Kindheit" zu, und zwar zunächst in einem theologischen Blickwinkel. Die Kirche bekräftigt zunächst die traditionelle, in der orthodoxen Sakramententheologie wurzelnde liturgische Praxis, als Ausdruck der Gottesebenbildlichkeit bereits Kleinkindern nicht nur die Taufe, sondern zugleich auch die Eucharistie zu spenden. Die ihnen ebenfalls zwischen Taufe und Eucharistie in derselben Feier gespendete Myronsalbung (Firmung) findet keine eigene Erwähnung, obwohl sie in einer geringfügigen Erweiterung des Satzes ihren angemessenen Platz hätte finden können. Anhand mehrerer Verweise auf die Heilige Schrift[241] wird „Kindheit" einerseits mit Christus und seiner Menschwerdung verknüpft. Zugleich wird an die Belehrung der Jünger erinnert, dass die Unschuld und das Urvertrauen kleiner Kinder ein „Modell" des Lebens in Gottes Reich sei. Zusammen zeige das die außerordentliche Heiligkeit, die der kindlichen Unschuld zuzumessen ist. Ihr gelte eine unaufhörliche Sorge und Mühe der Kirche. Wirksamer Schutz der Kinder und Sorge für ihr Wohlergehen seien

[240] Vgl. ebd., 2 (§ 2: „Kingdom of the Father and of the Son and of the Holy Spirit"); ebd., 3 (§ 4: „to serve a Kingdom not of this world"); ebd., 4 (§ 4: „Kingdom of God"); ebd., 5 (§ 5: „that wedding-feast of the Kingdom").

[241] Hinsichtlich der in § 16 verwendeten Schriftstellen gibt es Querverbindungen zur Enzyklika der Synode von Kreta in Nr. III.8; vgl. Synodos, 27 f.

eindeutige Gradmesser, inwieweit jede Gesellschaft dem Guten Raum gebe. In eindringlichen Worten wird auf das Problem des Kindesmissbrauchs eingegangen:

> „No offense against God is worse than is the sexual abuse of children, and none more intolerable to the conscience of the Church.“[242]

Entsprechend der ethischen Höchstrangigkeit eines Schutzes der Kinder werden sehr konkrete Maßnahmen präsentiert, die – im Gegensatz zur sonstigen Ausrichtung des Textes – hier als autoritative Weisungen formuliert sind:

> „All members of Christ's body are charged with the protection of the young against such violation, and there is no situation in which a member of the Church, on learning of any case of the sexual abuse of a child, may fail immediately to report it to the civil authorities and to the local bishop. Moreover, every faithful Christian is no less bound to expose those who would conceal such crimes from public knowledge or shield them from legal punishment. Neither should any priest ever grant absolution to the perpetrator of such a crime until the latter has surrendered himself or herself to criminal prosecution.“[243]

Demzufolge besteht die ausnahmslose Pflicht, ein an Kindern begangenes Verbrechen an die jeweilige zivile und kirchliche Autorität zu melden und damit aufzudecken. Bemerkenswert ist, dass darüber hinaus eine bedingungslose Anzeigepflicht von Versuchen konstatiert wird, derartige Verbrechen zu verschleiern und so der gesetzlichen Bestrafung zu entziehen. Eine nachhaltige Verschärfung der beichtseelsorglichen Praxis gegenüber bestehenden kirchenrechtlichen Regeln dürfte schließlich die angesprochene ethische Pflicht zur Verweigerung der sakramentalen Absolution für ein solches Verbrechen nach sich ziehen, solange sich der Täter nicht selbst der Strafverfolgung gestellt hat.

Etwas unvermittelt werden dann andere Verletzungen bzw. Gefahren für die Unversehrtheit von Kindern angesprochen, die von der Kirche in einer globalen Dimension zu bekämpfen seien. Aufgelistet werden Kriegssituationen, Versklavung, Armut, Kinderarbeit und Verheiratung von Kindern. Solange die damit angesprochenen Lebensbedingungen irgendwo auf der Welt vorkämen, könne die Kirche nicht in ihrem Bemühen nachlassen, diese zu beenden. Als geeignete Mittel werden Appelle an Regierungen, wohltätige Hilfsmaßnahmen, Unterstützung von

[242] Dokument, 21.
[243] Ebd.

Adoptionen und Interessenvertretung betroffener Kinder vorgetragen. Die Verantwortung der Kirche sei es aber auch,

> „to work everywhere for the general improvement of childhood conditions in places where there is insufficient access to clean water, good medical care, vaccinations, and other basic necessities“[244].

Damit wird ein sozialer Dienst der Kirche für unabdingbar erklärt, wohl wissend, dass die Größe der angesprochenen globalen Aufgabe die kirchlichen Strukturen zwangsläufig überfordert. Mittelbar drängen die diesbezüglich getroffenen Aussagen auf einen gezielten Ausbau der entsprechenden Ressourcen. Lina Molokotos-Liederman stellte diesbezüglich einen Nachholbedarf fest:

> „Orthodox diakonia is distinctly different since Orthodox Churches have not always responded adequately, consistently and systematically to social problems and humanitarian concerns. This in turn has not favoured the development of an organised pan-Orthodox approach in the provision of humanitarian assistance worldwide. Comparatively, Christian Orthodox organisations seem to have a weaker international presence and public profile in the arena of humanitarian work, where many secular and other Christian NGOs have contributed to the field of international social policy, development and humanitarian assistance and have been visibly active particularly after the Second World War in response to urgent humanitarian needs.“[245]

Vor diesem Hintergrund wurden bereits bedeutsame Schritte zur Entfaltung einer orthodoxen Diakonie getan. Molotokos-Liederman verweist zum einen auf viele Initiativen einer orthodoxen „micro-diakonia“, die auf lokaler Ebene soziale Probleme angehen. Auf der Ebene einer „macro-diakonia“ hebt sie die Tätigkeit der „International Orthodox Christian Charities“ hervor:

> „More recently, the foundation of International Orthodox Christian Charities (IOCC) in 1992, as the official international humanitarian organisation of the Standing Conference of Canonical Orthodox Bishops in the Americas (SCOBA), was an important stepping-stone in developing an integrated Orthodox humanitarian

---

244 Ebd.

245 Lina Molokotos-Liederman, Orthodox Social Service and the Role of the Orthodox Church in the Greek Economic Crisis, online publiziert unter https://www.faithineurope.org.uk/lina.pdf (abgerufen 27.7.2020). Vgl. dies., Religion as a solution to social problems: a Christian Orthodox approach, in: Titus Hjelm (Hg.), Religion and Social Problems, Routledge London u. a. 2011, 82–97; dies., Orthodox Diakonia Worldwide. An initial Assessment, online publiziert unter https://www.academia.edu/10350014/_ORTHODOX_DIAKONIA_WORLDWIDE._AN_INITIAL_ASSESSMENT_ (abgerufen 27.7.2020).

agency using a global perspective and responding to social and humanitarian concerns in a way that superseded territorially centred Orthodox diakonia initiatives, rooted to a specific nation-state.“[246]

Die Homepage dieser Organisation bietet interessanten Einblick in deren Organisationsstruktur, ihre Tätigkeitsfelder und in die globalen Aktivitäten,[247] welche u. a. die in § 16 des sozialethischen Dokuments hervorgehobenen Aufgaben einschließen.

Immer noch unter dem Gesichtspunkt der besonderen Schutzwürdigkeit von Kindern wird in § 17 eine Gefahrenquelle anderer Art thematisiert: die unkontrollierte bzw. übermäßige Nutzung elektronischer Geräte und der Massenmedien. Das damit verbundene Problem wird – unter Bezug auf die Weihnachtsbotschaft des Ökumenischen Patriarchen von 2016[248] – in der frühen Aneignung eines Konsumverhaltens und in einer Einübung in Materialismus identifiziert.[249] Die Erziehung zu einem ver-

---

[246] Lina Molokotos-Liederman, Orthodox Social Service (wie FN 245).

[247] Vgl. https://iocc.org/ (abgerufen 27.7.2020).

[248] Die Weihnachtsbotschaft ist auf der Homepage des Patriarchats in deutscher Übersetzung online zugänglich unter https://www.patriarchate.org/fi/patriarchal-proclamations/-/asset_publisher/QnqPBbQ42NED/content/patriarchike-apodeixis-epi-tois-christougennois-2016-/exclusive?_101_INSTANCE_QnqPBbQ42NED_languageId=de_DE (abgerufen 11.7.2020). Die auf das Kindeswohl bezogene Passage lautet: „Das Fest […] ist eine Erinnerung und ein Appell, für die Kinder Sorge zu tragen, diese schutzlosen Opfer zu beschützen und die Heiligkeit der Kindheit zu respektieren. Kinder und ihre verletzlichen Seelen sind gewiss auch in den Ländern der wirtschaftlich entwickelten und politisch stabileren Welt von vielfältigen Beeinträchtigungen sowie von der Ausübung körperlicher und seelischer Gewalt bedroht. Die kindliche Seele wird durch den zerstörerischen Einfluss elektronischer Medien, insbesondere des Fernsehens und des Internets, auf ihr Leben und durch die grundlegende Veränderung ihres gesellschaftlichen Umfelds in Mitleidenschaft gezogen. Der ausufernde Konsum macht sie früh zu Konsumenten, und das Wohlstandsdenken lässt die kindliche Unschuld in kürzester Zeit verschwinden. […] Brüder und Kinder im Herrn, wir ermahnen Euch alle, das Wesen und die Heiligkeit der Kindheit zu respektieren. Angesichts der weltweiten Flüchtlingskrise, die vor allem die Rechte der Kinder verletzt, angesichts der nicht hinzunehmenden Kindersterblichkeit, des Hungers, der Kinderarbeit, der körperlichen Misshandlungen und der seelischen Gewalt, aber auch wegen der Gefährdung der kindlichen Seele durch den Einfluss elektronischer Kommunikationsmedien und den Konsumterror rufen wir das Jahr 2017 zum Jahr des Schutzes der Heiligkeit der Kindheit aus […].“ Der zweite Teil des Zitats zeigt Querbezüge zu einigen der auch in § 16 angesprochenen Gefährdungen von Kindern.

[249] Konsumorientierung und Materialismus wird auch von der Synode von Kreta mehrfach als Fehlentwicklung angeprangert; vgl. z. B. Synodos, 32 in V.13. Im Doku-

antwortungsbewussten Umgang mit Wünschen sowie die Charakterbildung fänden in der Kindheit statt; deshalb gelte:

> „It is a gross dereliction to allow children to become so absorbed in a world of fleeting materialist fascinations and trivial material appetites as to leave their deeper capacities for love, selflessness, reverence, generosity, joy in simple things, and indifference to personal possessions undeveloped.“[250]

Es dürfe nicht zugelassen werden, dass Kinder in Automaten schierer Begehrlichkeit verwandelt würden. Der entsprechende Schutz der Kinder liege in der Verantwortung der Erwachsenen. Die sich insbesondere den Eltern stellende Aufgabe wird durch ein Zitat aus einer Schrift des hl. Johannes Chrysostomos illustriert. Zweifellos gehen von unkontrolliertem und übermäßigem Gebrauch von Smartphone und Internet Gefahren für Kinder und deren Entwicklung aus, denen in elterlicher Sorge entgegengetreten werden sollte. Dennoch stellt sich die Frage, ob der im Text gewählte „Bildausschnitt“ nicht zu klein geraten ist: Gefahren ergeben sich nicht nur in Gestalt von „Konsumverhalten“, sondern auch hinsichtlich einer altersentsprechenden Entwicklung von Kindern, des Ineinanderfließens von digitaler und realer Welt, bei der Bewältigung von Negativerfahrungen, in Form von Abhängigkeiten usw. Nicht alle diese Gefahren sind durch elterliche Kontrolle zu bannen, sondern präsentieren sich eher als Teil einer bewusst auf den Umgang mit Medien gerichteten Erziehung. Zudem erscheint die Konzentration auf bloß eine „Konsumentengruppe“, nämlich die Kinder, nicht sachgerecht, da auch Jugendliche und sogar manche Erwachsene mangels erlernten sachgerechten Umgangs mit der digitalen Welt zu deren Opfer werden.

In § 18 wird der Gang durch die Lebensphasen fortgesetzt und das Jugendalter in den Blick genommen. Im Hintergrund des Abschnitts stehen einige allgemeine Grundsätze, welche die Synode von Kreta formuliert hat.[251] Demgegenüber erweist sich der Text des sozialethischen

---

ment „Der Auftrag der Orthodoxen Kirche in der heutigen Welt“ heißt es unter Nr. 7: „Die Orthodoxe Kirche ist beunruhigt von dem zunehmenden Zwang zu einer konsumorientierten Lebensweise, die über keine christlichen moralischen Werte verfügt“; vgl. ebd., 98. Im selben Dokument wird unter Nr. 10 das Streben nach ständigem Wachstum des Wohlstands und der ungezügelte Konsum mit der Gefährdung der natürlichen Ressourcen in Verbindung gebracht; vgl. ebd., 99.

[250] Dokument, 22.

[251] Die Enzyklika der Synode von Kreta spricht junge Menschen in Abschnitt III.8 in einigen sehr allgemein gehaltenen Formulierungen an; vgl. Synodos, 28. Dazu ge-

Dokuments als Weiterentwicklung. Relativ ausgiebig kommen dabei soziologische Veränderungen zur Sprache, die heute darauf drängen, die Jugendzeit als eigenständige Entwicklungsphase einzustufen. In deren Verlauf gelte es, richtungweisende Lebensentscheidungen schrittweise vorzubereiten und insbesondere den Umgang mit der eigenen Sexualität zu klären. Die sich in diesem Zusammenhang stellenden Probleme werden mit dem „Zeitgeist" in Verbindung gebracht:

> „[...] but ours is an age in which sexuality has become yet another area of life colonized by the logic of consumerism and the dynamics of the market. Sexuality has today, in fact, become as much a consumer strategy or consumer product – tantalizing in its fluidity and pervasiveness – as an innate dimension of human personality."[252]

Es ist nicht zu bestreiten, dass es in diesem Zusammenhang tatsächlich Probleme gibt, denen ethische Aufmerksamkeit zuzuwenden ist. Aber die Exklusivität, mit der hier „Konsumverhalten" als Gefahrenquelle bei der Entwicklung hin zu einer sexuellen Reifung akzentuiert wird, vermag nicht zu überzeugen. Tatsächlich wird die Aufgabe der Kirche und der Gläubigen im Anschluss auch deutlich weiter gefasst, nämlich den Jugendlichen und jungen Erwachsenen eine ganzheitliche Sichtweise zu vermitteln:

> „The Church and the community of the faithful must offer young adults a vision of sexual relations as life-giving and transfiguring: an intimate union of body, mind, and spirit, sanctified by holy matrimony."[253]

Trotz dieser Erweiterung hin zu einem grundsätzlich gefassten Ansatz bleibt § 18 des sozialethischen Dokuments hinter den Einsichten zurück, wie sie von der Orthodoxen Bischofskonferenz in Deutschland in ihrem Brief an die Jugend über Liebe, Sexualität und Ehe vom 12. Dezember 2017[254] festgehalten sind. Dort wird nämlich in Nr. 1 der ethische Wert „Freiheit" behandelt und sehr positiv mit der Gottesebenbild-

hört auch der Aufruf an junge Menschen in IV.9, sich bewusst und aktiv am Leben der Kirche zu beteiligen; vgl. ebd., 29. In ähnlicher Weise äußert sich die Synode in ihrer Botschaft unter Nr. 11; vgl. ebd., 48 f. Im Dokument „Der Auftrag der Orthodoxen Kirche in der heutigen Welt" finden Jugendliche in Abschnitt VI.14 Erwähnung; ihnen gilt die besondere pastorale Fürsorge der Kirche; vgl. ebd., 101.

252 Dokument, 24.

253 Ebd.

254 Vgl. Orthodoxe Bischofskonferenz in Deutschland, Ein Brief an die Jugend über Liebe, Sexualität, Ehe, online publiziert unter http://www.obkd.de/Texte/Brief%20OBKD%20an%20die%20Jugend.pdf (abgerufen 12.7.2020).

lichkeit des Menschen verknüpft. Die Freiheit und ihr guter Gebrauch wird dann in Nr. 2 des Briefs mit „Verantwortung“ in Beziehung gesetzt. In einem eigenen Abschnitt folgen grundsätzliche Einsichten zu „Liebe“. Im Spannungsfeld zwischen diesen konkret angesprochenen ethischen Werten konnten dann auch Bereiche je besonderen Klärungsbedarfs deutlich identifiziert und eingeordnet werden:

> „In der heutigen Zeit haben viele junge Männer und Frauen sexuelle Beziehungen vor der Ehe. Aufgabe unserer Kirche ist es, ihre Gläubigen mit geistlichem Rat zu begleiten und nicht Vorschriften mechanisch zu formulieren. Das ist kein Freibrief für sexuelle Freizügigkeit. Wir betonen: Es ist sehr wichtig in Verantwortung zu handeln; in Verantwortung in Bezug auf die eigene Sexualität, auf die Sexualität des Partners bzw. der Partnerin sowie auf die Folgen des sexuellen Lebens; in Verantwortung vor sich selbst, vor der Gesellschaft und vor Gott. In diesem Sinn schreibt der heilige Apostel Paulus an die Korinther: ‚Wisst ihr nicht, dass euer Leib ein Tempel des Heiligen Geistes ist, der in euch wohnt und den ihr von Gott habt? Ihr gehört nicht euch selbst‘ (1 Kor 6,19).“[255]

Auch wenn das sozialethische Dokument nicht den gleichen Grad an Konkretheit bezüglich der ethisch zu bewältigenden Fragestellungen wie der erwähnte „Brief an die Jugend“ erreicht, so ist ihnen doch der Verzicht auf starre moralische Verhaltensregeln und auf ein autoritatives Einfordern gemeinsam. In beiden Texten stehen vertrauensvolles Gespräch, Beratung und Ermutigung als zu leistende Aufgabe der Kirche im Vordergrund.

Auch § 19 des sozialethischen Dokuments, dessen Text ebenfalls vom Bereich der Sexualität handelt, erweckt eher den Eindruck eines vorsichtigen Tastens als eines Klärens. Der Grund dafür könnte in den vorherrschenden Bezügen auf aktuelle politische und soziale Debatten „in der modernen Welt“ liegen. Der Auseinandersetzung damit wurde der Vorrang vor Bezügen auf anzuwendende ethische Werte eingeräumt. So bleibt die Hauptaussage in einer Positionierung zu Einzelelementen solcher Debatten stecken:

> „It is true, as a simple physiological and psychological fact, that the nature of individual sexual longing is not simply a consequence of private choice regarding such matters; many of the inclinations and longings of the flesh and the heart to a great extent come into the world with us, and are nourished or thwarted – accepted or obstructed – in us at an early age.“[256]

---

[255] Ebd., Nr. 4.

[256] Dokument, 24 f.

Erst die unmittelbar angeschlossene Absage an Verfolgung oder Benachteiligung aufgrund sexueller Orientierung gewinnt an Eindeutigkeit:

> „It must be accounted, moreover, a basic right of any person – which no state or civil authority may presume to violate – to remain free from persecution or legal disadvantage as a result of his or her sexual orientation.“[257]

Unter ausdrücklichem Bezug auf den oben bereits zum Vergleich herangezogenen Brief der Orthodoxen Bischofskonferenz in Deutschland an die Jugend wird in § 19 weiter festgehalten, dass menschliche „Identität“ nicht auf den Bereich der Sexualität reduziert werden könne, sondern dass „Identität“ mit der Gottesebenbildlichkeit zusammenhänge. Der Hinweis ist zwar zutreffend, er bleibt jedoch bei diesem monolithischen Begriff stehen, ohne ihn in positivem Sinn auszudeuten und anzuwenden. Damit wurde – verglichen mit der traditionellen orthodoxen Sicht in dieser Thematik – lediglich eine sehr behutsame Öffnung ins Wort gebracht:

> „All Christians are called always to seek the image and likeness of God in each other, and to resist all forms of discrimination against their neighbors, regardless of sexual orientation. Christians are called to lives of sexual continence, both inside and outside of marriage, precisely on account of the sanctity of sexual life in the created order. But Christians are never called to hatred or disdain for anyone.“[258]

Diese Aussage dürfte auch für eher traditionell ausgerichtete Gläubige zustimmungsfähig sein. Insgesamt erscheint der kurze Abschnitt von großer Rücksichtnahme in einem tatsächlich nicht nur für die Orthodoxie sensiblen Bereich geprägt zu sein.[259] Solche Rücksichtnahme dürfte im Licht von 1 Kor 8,1–13 immer eine gute Lösung darstellen. Dennoch hätte eine künftig zu leistende Aufgabe identifiziert werden können. Dabei geht es um die Frage, wie in einem traditionell vor allem von Verboten beherrschten Bereich wie Sexualität *positive* Aussagen formuliert

---

[257] Ebd., 25.

[258] Ebd.

[259] Hier sei an die oben unter A.4 (1) mit FN 43 bereits zitierte Stellungnahme von Regina Elsner erinnert, die Aussagen des sozialethischen Dokuments im Bereich der Sexualität als potentiellen Konfliktstoff eingeschätzt hat. Das kann zwar nicht ausgeschlossen werden; andererseits tritt die im Text geübte Rücksichtnahme auf traditionelle Sichtweisen doch so deutlich hervor, dass man die Gefahr von Konflikten auch nicht überbewerten sollte.

werden können, die an ethischen Werten und tieferen theologischen Einsichten der heutigen Zeit orientiert sind.[260]

Einen deutlichen Kompromisscharakter tragen auch die Darlegungen in § 20 zu den Lebensformen. Im Einleitungssatz wird den beiden traditionellen Formen „Leben in der Ehe“ und „monastisches Leben“ mit Rücksicht auf kulturelle und soziale Veränderungen eine dritte Form „single life“ an die Seite gestellt.[261] Völlig ausgeblendet bleibt ein gegenüber „single life“ soziologisch viel häufigerer Fall, nämlich das Zusammenleben in einer Beziehung, ohne dass diese in die anerkannte Form „Leben in der Ehe“ überführt würde. Insofern mag sich die eindeutige Verurteilung solcher Lebenspartnerschaften durch die Synode von Kreta[262] ausgewirkt haben. Teil der Lebenswirklichkeit bleibt dieses Phänomen dennoch. Weiterhin kommt ein alltäglich zu beobachtender Wechsel von einer Lebensform in eine andere in den Blick. Dieser Wechsel wird jedoch nur mit einem sehr traditionellen Beispiel illustriert:

> „Some persons may tread more than one of these paths in the course of his or her life; for instance, a widowed man or woman might elect to take monastic vows.“[263]

Weitere Aussagen dazu fehlen. Stattdessen enthält der überdurchschnittlich lange Abschnitt umfängliche Erwägungen zum Verhältnis der beiden Formen „Leben in der Ehe“ und „monastisches Leben“.[264] Ziel dessen scheint zu sein, zu beiden Formen jeweils so viele Schriftbezüge und Argumente zusammenzustellen, dass sie im Ergebnis gleiches Gewicht aufweisen. Eine Gleichrangigkeit beider Lebensformen vor Gott wird hingegen an dieser Stelle nicht klar ausgesprochen. Diese Lücke wird allerdings später, in den Ausführungen des § 27 zu „monastischem Leben“, geschlossen.

---

[260] Ansätze zu einer solchen theologischen Neubewertung bietet Anastasios Kallis, Über den Tod hinaus. Ehe und Ehescheidung in der orthodoxen Kirche, Theophano Verlag Münster 2011, 18–24.

[261] Der einleitende Satz von § 20 dient gleichsam als Überschrift, da sich der Text des Dokuments erst in § 27 dem „monastischen Leben“ zuwendet, der dritten Form „single life“ in § 28.

[262] Vgl. Synodos, Dokument „Das Mysterion der Ehe und seine Hindernisse“, 80–85 (83, Nr. 10).

[263] Dokument, 25 f.

[264] Vgl. dazu Anastasios Kallis, Über den Tod hinaus (wie FN 260), 32–38.

Hinsichtlich des Themenkreises „Leben in der Ehe“ bedarf § 20 einer Rückbindung an die Synode von Kreta, die sich mehrfach dazu geäußert hat. So heißt es in der Botschaft der Synode:

> „Im Gegensatz zum zeitgenössischen Eheverständnis betrachtet die Orthodoxe Kirche die unauflösliche Liebesverbindung von Mann und Frau als ‚ein großes Geheimnis (Mysterium) Christi und der Kirche‘. In gleicher Weise bezeichnet sie die Familie, die aus ihr entsteht und die einzige Garantie für die Erziehung von Kindern darstellt, als ‚Kirche im Kleinen‘.“[265]

Von besonderer Bedeutung ist in diesem Zusammenhang natürlich das Synodendokument „Das Mysterion der Ehe und seine Hindernisse“.[266] Insgesamt ist hinsichtlich des Themenbereichs „Ehe und Familie“ zu beobachten, dass der Text des sozialethischen Dokuments bis auf ganz seltene Ausnahmen weder Aussagen der Synode wiederholt noch diese zu erläutern versucht. Die nachfolgend im Dokument ausgeführten Themenbereiche füllen eher Lücken aus, die die Synodentexte gelassen haben.

§ 21 wendet sich einer speziellen ehelichen Konstellation zu, nämlich der Ehe zwischen einem orthodoxen und einem nichtorthodoxen Ehepartner.[267] Hier sei die besondere pastorale Aufmerksamkeit der Kirche gefordert. Deren Ausrichtung wird – ausnahmsweise – mit einem wörtlichen Zitat aus dem Dokument der Synode von Kreta „Das Mysterion

---

265 Synodos, 46 unter Nr. 6. Ganz ähnlich die Enzyklika der Synode unter III.7; vgl. ebd., 26 f. Im Dokument „Der Auftrag der Orthodoxen Kirche in der heutigen Welt“ wird festgehalten, dass die Familie von jeher und unbedingt auf dem heiligen Sakrament der christlichen Ehe als Einheit von Mann und Frau basiert, welche die Einheit von Christus und seiner Kirche (Eph 5,32) abbildet. Abweichende rechtliche Regelungen werden ebenso zurückgewiesen wie abweichende theologische Grundlegungen „in einigen christlichen Gemeinschaften“; vgl. ebd., 101 f.

266 Vgl. ebd., 80–85.

267 Zu dieser Thematik vgl. John Meyendorff, Marriage. An Orthodox Perspective, St. Vladimir’s Seminary Press Crestwood/NY ^{3}1984, 50–54; Anastasios Kallis, Über den Tod hinaus (wie FN 260), 31 f.; Ehen zwischen orthodoxen und katholischen Christen. Eine Handreichung der Gemeinsamen Kommission der Griechisch-Orthodoxen Metropolie von Deutschland und der römisch-katholischen Kirche in Deutschland (1993), in: Orthodoxes Forum 8 (1994), 109–115. Vgl. auch Evangelisch-Lutherische Landeskirche Hannover, Ehen zwischen evangelischen und orthodoxen bzw. orientalisch-orthodoxen Christen und Christinnen, online zugänglich unter https://www.hkd-material.de/media/pdf/33/5d/6f/2267_ehen_zwischen_A5_endfassung_web-1.pdf (abgerufen 18.7.2020).

der Ehe und seine Hindernisse“[268] betreffend die Anwendung der *oikonomia* näher bestimmt. Die genaue Ausgestaltung ist dem Synodalbeschluss zufolge den einzelnen autokephalen Kirchen überlassen, „entsprechend den Prinzipien der hl. Kanones und im Geist pastoraler Sorge zum Ziel des Heils des Menschen“[269]. Hinter diesen Bezugspunkten versteckt der Synodentext allerdings die Tatsache, dass die Anwendung (oder Nichtanwendung) der *oikonomia* im Blick auf den Einzelfall stattfindet.[270] In den verschiedenen autokephalen Kirchen (und sogar innerhalb derselben autokephalen Kirche!) kann dies zu unterschiedlichen Ergebnissen in gleich gelagerten Fällen führen:

> „Wie oben erwähnt wurde, sind die Bischöfe als ‚Ökonomen‘ des Wortes und der Sakramente völlig frei, Oikonomia anzuwenden. Die einzige Grenze der Oikonomia-Anwendung ist die Verletzung der Dogmen.“[271]
> „Weltliche Rechtswissenschaftler in den orthodoxen Ländern üben hingegen heftige Kritik an der kirchlichen Oikonomia-Rechtsanwendung. Die Oikonomia verstoße gegen den Gleichheitsgrundsatz, gäbe den kirchlichen Gerichten und den geistlichen Vätern sehr viel Macht und öffne die Tür der Willkür. [...] Die Kritik ist nach meiner Einschätzung ungerechtfertigt. Der pastorale Charakter des Kanonischen Rechts erfordert genau, dass objektiv gesehen gleiche Fälle ungleich behandelt werden, wenn das Seelenheil das erfordert.“[272]

Bei der nicht gerade geringen Zahl von Ehewilligen unterschiedlicher Konfession ist demnach mit divergierenden Entscheidungen zu rechnen, dass nämlich manchen die *oikonomia* gewährt, anderen verweigert wird. Für letztere Paare ist die Folge eine Sackgasse in ihrer Lebensplanung, es sei denn, der nichtorthodoxe Partner würde die Konfession wechseln; aber wie „freiwillig“ wäre dann ein solcher Entschluss? Das sozialethische Dokument unternimmt noch nicht einmal ansatzweise einen Versuch, diese Kluft zwischen Kirchenrecht und seiner faktischen Umsetzung einerseits und der Lebenswirklichkeit andererseits durch wertebezogene Erwägungen oder Vorschläge zu verkleinern. Der Grund dafür dürfte zum einen in der Hochrangigkeit der zugrunde liegenden

---

268 Vgl. Synodos, 80–85.

269 Ebd., 85 (unter II.5b).

270 Panagiotis Boumis, Das Kirchenrecht der Orthodoxen Kirche, in: Wilhelm Nyssen / Hans-Joachim Schulz / Paul Wiertz (Hg.), Handbuch der Ostkirchenkunde, Bd. 3, Patmos Düsseldorf 1997, 145–179 (155).

271 Anagyros Anapliotis, Oikonomia und ihre Grenzen im Orthodoxen Kirchenrecht, publiziert auf der Online-Plattform Ancilla Iuris 2019 unter https://www.anci.ch/articles/Ancilla2019_73_Anapliotis.pdf, 74–84 (77) (abgerufen 19.7.2020).

272 Ebd., 83 f.

Kanones und in der Schwierigkeit von deren Anpassung im Weg der *oikonomia* liegen; zum anderen erscheint ein Zugeständnis an traditionell orientierte Kreise möglich.

Darüber hinaus unterscheidet § 21 hinsichtlich des nichtorthodoxen Partners bei einer Eheschließung nicht zwischen Christen und Nichtchristen. Der Grund hierfür dürfte im durch die Synode von Kreta bekräftigten kategorischen Verbot einer Eheschließung mit einem nichtchristlichen Partner zu finden sein.[273] Insoweit ist – von den religionsverschiedenen Ehewilligen her betrachtet – ein Scheitern der intendierten Lebensgestaltung vorprogrammiert. Der bereits mehrfach erwähnte Brief der Orthodoxen Bischofskonferenz in Deutschland an die Jugend unterscheidet im Unterschied zur Synode von Kreta sorgfältig zwischen „interkonfessionell" und „interreligiös".[274] In Übereinstimmung mit dem erwähnten, von der Synode bekräftigten Verbot wird jedoch auch in diesem Dokument die generelle Unmöglichkeit einer „interreligiösen" Eheschließung betont. Immerhin wird aber mit dem Stichwort „Zivilehe" behutsam ein für betroffene Paare gangbarer Weg angedeutet[275] und eine besondere Begleitung auf ihrem Lebensweg angeboten. In § 21 des sozialethischen Dokuments wird das Problem hingegen ignoriert. Lediglich der angehängte Hinweis auf 1 Kor 7,14 kann als vorsichtige Andeutung interpretiert werden, wie eine (potentielle) Weiterentwicklung zu begründen wäre.

§ 22 beginnt mit der Feststellung, dass alle Ehen durch die Folgen von Sünde belastet seien. Deshalb gelte:

> „Precisely because it is a place of such immense responsibility, emotional commitment, and intimate relations, the family is also a place where the most shattering kinds of mental, physical, sexual, and emotional abuse can occur."[276]

Trotz dieser eindeutigen Aussage wird der daraus erwachsenden Verantwortung der Eheleute füreinander und für eventuelle gemeinsame Kinder keine ethische Aufmerksamkeit zugewandt. Stattdessen wird das Scheitern der Ehe fokussiert:

---

273 Vgl. Synodos, II.5c.

274 In Nr. 6 bzw. Nr. 7 des Briefs; vgl. http://www.obkd.de/Texte/Brief%20OBKD%20an%20die%20Jugend.pdf (abgerufen 12.7.2020).

275 Ebd., Nr. 7. Der dort mit dem Stichwort „Zivilehe" angedeutete Lösungsvorschlag stellt interessanterweise eine Parallele zum Dokument „Sozialkonzept" der ROK dar; vgl. Grundlagen, 79.

276 Dokument, 28.

„The Orthodox Church recognizes that the principal moral responsibility of the adults in a dysfunctional household is the protection of the family's most vulnerable members, and acknowledges that in many cases only the end of a marriage can assure the physical safety and spiritual health of everyone involved. One of the lamentable realities of life in our broken world is that marital life is sometimes ruptured beyond repair."[277]

Deshalb sei eine Scheidung[278] bisweilen die einzige verbleibende Lösung. Dennoch gebe es Möglichkeiten einer Heilung für die Betroffenen, die vom Weg der Vergöttlichung („deification") nicht abgeschnitten seien. Im Anschluss daran wird die orthodoxe Lehre von der Möglichkeit einer zweiten Ehe dargelegt,[279] wenn diese auch keineswegs als Ideal, sondern als Anpassung an die entstandenen Verhältnisse zu werten sei. Erinnert wird weiter an verschiedene kirchenrechtliche Regelungen[280] hinsichtlich einer Bußzeit vor der Wiederzulassung zur Eucharistie sowie an die Bemühungen des Ökumenischen Patriarchats um zusätzliche Ausnahmen zugunsten einer zweiten Ehe von geschiedenen Klerikern.[281] Erst der letzte Satz des § 22 nimmt wieder eine ethische Aufgabe der Kirche in den Blick:

277 Ebd., 29.

278 Die Synode von Kreta beklagte im Dokument „Das Mysterion der Ehe und seine Hindernisse" lediglich eine „gefährlich ansteigende Zahl von Scheidungen" und wertet dies als eine der weitreichenden Folgen der allgemeinen Krise von Ehe und Familie; vgl. Synodos, 83, Nr. 11.

279 Vgl. dazu John Meyendorff, Marriage (wie FN 267), 54–58; Anastasios Kallis, Über den Tod hinaus (wie FN 260), 67–71.

280 Die im Dokument mitgeteilten kirchenrechtlichen Referenzen sind nur teilweise verifizierbar. Der erste Hinweis betrifft „The Sixth Ecumenical Council advised a period of penance for the divorced and remarried of as many as seven years before readmission to the Eucharist (Canon 37)"; vgl. Dokument, 29. Das sechste Ökumenische Konzil (680/81) hat jedoch keine Kanones erlassen, sondern erst die Synode „in trullo" von 691/92, die deshalb auch „Quinisextum" genannt wird; dessen can. 37 behandelt allerdings keine Ehefragen, sondern Klerikerrecht; vgl. Heinz Ohme, Das Konzil Quinisextum (Fontes Christiani 82), Brepols Publishers Turnhout 2006, 229. Als hauptsächliche Grundlage des orthodoxen Kirchenrechts zu Scheidung, Wiederverheiratung und Bußauflagen gelten Kanones des hl. Basilius aus dessen Briefen an Amphilochius; sie wurden durch can. 2 des „Quinisextum" als Rechtsquelle rezipiert; vgl. Heinz Ohme, ebd., 179–185 (183). Von der im Dokument § 22 hervorgehobenen siebenjährigen Bußzeit handelt can. 77 des hl. Basilius; vgl. http://www.unifr.ch/bkv/kapitel2565.htm. Zutreffend ist hingegen der zweite Hinweis in § 22 des Dokuments auf can. 87 des „Quinisextum"; vgl. Heinz Ohme, ebd., 275 f.

281 Die angesprochenen Bemühungen des Ökumenischen Patriarchats haben im Dokument über die Ehe der Synode von Kreta noch keinen Niederschlag gefunden;

> „Given the uniqueness of each person and distinctiveness of every marriage, the Church must offer compassionate counsel to the divorced, appropriate to the special circumstances of each."[282]

Angesichts der oft äußerst schwierigen Lebensumstände, die sich aus dem – keineswegs seltenen – Scheitern einer Ehe ergeben, erscheint dieser Satz als eine nur anfanghafte Wahrnehmung ethischer Verantwortung.

Der nächste Abschnitt (§ 23) behandelt die Elternschaft in der Ehe und nimmt dabei in feierlicher Sprache mit ihr verbundenen Segen und Freude in den Blick, sei es, dass es sich beim Kind um die Frucht sexueller Vereinigung der Ehepartner oder um eine Annahme durch Adoption handelt. Eine behutsame Öffnung gegenüber der traditionellen Sichtweise, dass Ehe (ausschließlich) auf Empfängnis hingeordnet sei,[283] wird durch folgende Formulierung angeschlossen:

> „Moreover, while true love is always fruitful, this fruitfulness is not only expressed through children; it can also be manifested through the diverse gifts of the Spirit: through hospitality, through service, and through common creative efforts of countless kinds."[284]

Dieser Gedanke wird jedoch nicht fortgeführt. Stattdessen kommen die mit Elternschaft verbundenen Aufgaben und Belastungen in den Blick, auch die sorgenvollen Fragen, die sich Eltern im Zusammenhang mit der Aufgabe der Kindererziehung stellen.

---

in II.4 wurde vielmehr die strikte Verbotsregelung des can. 3 der Synode „in trullo" bestätigt; vgl. Synodos, 80–85 (84).

282 Dokument, 29.

283 Für eine solche Öffnung, welche die Einheit der Ehepartner in den Mittelpunkt stellt, plädiert Anastasios Kallis, Über den Tod hinaus (wie FN 260), 42–48; ebd. verbindet er theologische Kritik an dieser traditionellen Sichtweise mit dem Hinweis auf Möglichkeiten zu einer Neuinterpretation. Vgl. John and Lyn Breck, Stages of Life's Way (wie FN 236), 61–63; Theodore Stylianopoulos, Toward a Theology of Marriage in the Orthodox Church, in: Greek Orthodox Theological Review 22 (1977), 249–283; Grigorios Larentzakis, Ehe – Mysterium der Liebe. Einige Aspekte zur Eheauffassung und Familienplanung aus orthodoxer Sicht, in: Otto König / Alois Wolkinger, Horizonte sittlichen Handelns, Richard Bruch Octogenario (Grazer Theologische Studien 14), Eigenverlag des Instituts für Ökumenische Theologie Graz 1991, 321–351 (329 ff.); Paul Evdokimov, The Sacrament of Love, St. Vladimir's Seminary Press New York 1985, 119.

284 Dokument, 30.

Auffällig ist, dass an dieser Stelle lediglich der Begriff „(Kinder-)Erziehung“ auftaucht, diesem Themenkomplex jedoch keine weiteren Ausführungen gewidmet sind. Das gilt sogar für das sozialethische Dokument insgesamt, obwohl die Synode von Kreta der Erziehungsthematik erhebliche Bedeutung zugemessen hat. Insoweit ist besonders die Enzyklika der Synode hervorzuheben, die unter Nr. IV der „Erziehung gemäß Christus“ einen eigenen kleinen Abschnitt gewidmet hat. Die dabei zutage tretende Sichtweise ist sehr kritisch:

> „In unserer Zeit lassen sich neue Tendenzen auf dem Gebiet der Bildung und Erziehung beobachten, sowohl was den Inhalt und die Ziele der Erziehung als auch was die Weise, wie Kindheit, die Rolle von Lehrern und Schülern und der heutigen Schule überhaupt gesehen werden, betrifft. […] Das vorherrschende säkularisierte individualistische Erziehungssystem, unter dem junge Menschen heute leiden, stellt auch für die Orthodoxe Kirche eine Herausforderung dar.“[285]

Die Kirche stellt diesem Befund eine Alternative gegenüber:

> „Im Mittelpunkt der pastoralen Sorge der Kirche steht eine Erziehung, die nicht alleine auf die intellektuelle Entwicklung schaut, sondern ebenso auf den Aufbau und die Entwicklung des ganzen Menschen als eines psychosomatischen und spirituellen Wesens in Übereinstimmung mit dem Dreiklang: Gott, Mensch und Welt.“[286]

Hier ist insbesondere an das oben unter A.2 (1) behandelte Schreiben des Ökumenischen Patriarchen vom 18. Januar 2020 zu erinnern, in dem es zur Aufgabe der Kommission zur Erarbeitung des sozialethischen Dokuments heißt:

> „[…] specifically charged with this task, in the spirit and context of the decisions of the Holy and Great Council convened in Crete, with a view to developing, cultivating and disseminating its teaching […].“[287]

Trotz dieses Auftrags darf sicher nicht erwartet werden, dass die Kommission die von der Synode in krassem Schwarz-Weiß-Gegensatz gehaltenen Aussagen überprüft oder relativiert. Dennoch wäre Raum gewesen, *positive* Aussagen zur Bedeutung einer auf die Aneignung ethischer Werte orientierten (Kindes-)Erziehung zu formulieren und diese der Sorge der Eltern sowie den schulischen Verantwortlichen anzuvertrauen. Diese Chance wurde nicht ergriffen.

Stattdessen wendet sich der weitere Text von § 23 einer besonderen familiären Krise zu, nämlich der Trauer der Eltern angesichts des Todes

---

285 Synodos, 28, Nr. 9.

286 Ebd., 29.

287 Dokument, VI.

eines Kindes. Sie wird unter Hinweis auf Lk 2,32 mit der Gottesmutter in Beziehung gesetzt. Weitere Ausführungen fehlen, was angesichts der extremen Leiderfahrung unzureichend erscheint.[288] Ein besonderer Handlungsbedarf wird jedoch mit Blick auf die spezifische Situation eines alleinerziehenden Elternteils hervorgehoben:

> „[…] but sometimes, as a result of death, divorce, or other misfortunes, the task falls to one parent alone. In these circumstances, the Church has a special responsibility, as the family of Christ's body, to lend its solace and support – material, emotional, and spiritual."[289]

Der abschließende – sehr isoliert stehende – Satz wirbt dafür, allen Kindern das Taufsakrament zu ermöglichen, „irrespective of the manner in which they were conceived or adopted"[290].

Die Formulierung lässt kirchenrechtliche Einschränkungen vermuten, die allerdings nicht benannt werden. Tatsächlich gibt es eine spezifische Entscheidung, die der Heilige Synod der Russischen Orthodoxen Kirche bei seiner Sitzung am 25./26. Dezember 2013 beschlossen hat.[291] Darin heißt es:

> „The use of reproductive technologies with the goal of ‚guaranteeing children' to infertile couples and single men or women is gradually turning into a profitable business that provides a way to earn money for donor gametes and ‚surrogate mothers'. As a result, the sacrament of the birth of a human person becomes the subject of trade and monetary relations. […]
> In the case of the possibility of baptizing infants born to a ‚surrogate mother', the following factors must be taken into consideration.

[288] Einen möglichen Grund für die beobachtete Lücke trägt Vigen Guroian, Ethics after Christendom (wie FN 233), 176 unter Bezug auf eine Untersuchung von A. Schmemann vor: „It was not by accident that Schmemann chose to discuss death and dying in the context of a reflection on liturgy, for within the Orthodox liturgies – especially the rites of holy unction, the prayers for the sick, and the rites of burial – a rich and profound theology of sickness and dying is set forth." Daran besteht kein Zweifel. Allerdings ist durchaus ein über liturgische Vollzüge hinausgehender Bedarf an flankierendem pastoralem Einsatz in Form von Begleitung Sterbender in Ängsten und inneren Nöten vorstellbar. Offen bleibt zudem die Frage nach pastoraler Sorge für trauernde Hinterbliebene, deren Leid nicht gleichsam automatisch durch die Beerdigungsriten gelindert wird. In § 27 des Dokuments werden ergänzende pastorale Bemühungen in einer speziellen Fallkonstellation für notwendig erachtet, nicht aber an dieser Stelle.

[289] Dokument, 31.

[290] Ebd.

[291] Ich danke Frau Prof. Dr. Eva Synek (Wien) für den Hinweis auf diesen Beschluss.

On the one hand, any infant who has been born can be Baptized – in accordance with the faith of those who intend to Baptize it. The child cannot be responsible for the actions of its parents and is not to blame if his birth is connected with reproductive technology condemned by the Church.
On the other hand, the responsibility for the Christian upbringing of a child is borne by the parents and sponsors. If the parents do not bear explicit repentance for their deed, and the sponsors in fact concur with the sinful act that has been performed, then there can be no talk of a Christian upbringing. Refusal to Baptize an infant in such cases will correspond to the Orthodox tradition, which assumes the agreement of the Baptized – and, in the case of infant Baptism, of its parents and sponsors – with the teachings of the Church. Such refusal will also have pastoral significance, inasmuch as society will thereby receive a clear signal from the Church that the practice of ‚surrogate motherhood' is unacceptable from the Christian point of view.
A child born with the assistance of ‚surrogate motherhood' can be Baptized according to the wishes of the party that will be raising it, if such are either its ‚biological parents' or its ‚surrogate mother', only after they have recognized that, from the Christian point of view, such reproductive technology is morally reprehensible and have borne ecclesial repentance – regardless of whither they ignored the Church's position consciously or unconsciously. Only in this case can the Church expect that the Baptized child will be brought up in the Orthodox faith and that Christian moral concepts will be instilled in it. If such recognition does not occur, then the question of Baptism is deferred until the child can make a conscious personal choice of its own. In the latter case, the fact of ‚surrogate birth' in and of itself is not an obstacle for one's Baptism, since one is not responsible for the behavior of one's parents.
In the case when an infant is brought to Church who has been born of a ‚surrogate mother', the question of its Baptism can be decided in accordance with the instructions of the diocesan bishop, who is bound to be guided in concrete cases by the norms contained in the present document. The performance by a priest of the sacrament of Baptism in such cases without the blessing of his bishop serves as the basis for applying canonical sanctions to this priest.
In cases of mortal danger, it is blessed to Baptize infants regardless of the circumstances of their birth.
The position stated is based on the teachings of the Church regarding the inadmissibility of the Baptism of infants in families whose members explicitly and deliberately neglect ecclesial tradition and do not share the Christian teaching about marriage and family, which practically eliminates the possibility of the child's Christian upbringing. This concerns not only the question of ‚surrogate motherhood', but also any consciously expressed unwillingness to live in a Christian manner."[292]

In dieser Entscheidung liegt ein möglicher Bezugspunkt für die im sozialethischen Dokument favorisierte Öffnung hin zu einem einschränkungslosen Zugang zum Taufsakrament.

[292] Bericht über die Beschlussfassung des Heiligen Synod der ROK vom 25./26. Dezember 2013, online zugänglich unter http://www.pravmir.com/on-the-baptism-of-children-born-to-surrogate-mothers/ (abgerufen 25.7.2020).

§ 24 greift auf die in § 23 begonnene Auseinandersetzung mit dem Zusammenhang zwischen sakramentaler Ehe und Nachkommenschaft zurück. Unter Bezug auf die orthodoxe Tradition, illustriert durch ein Zitat aus Johannes Chrysostomos, wird dargelegt, dass eine Ehe auch dann sakramental „vollständig" sei, wenn sie nicht zu Nachkommenschaft führe.[293] Zwar werde am kirchlichen Grundsatz festgehalten, dass in der Ehe Bereitschaft zur Empfängnis bestehen solle. Dennoch gebe es Verständnis dafür, dass es aus spirituellen, physischen, psychologischen oder finanziellen Gründen Hindernisse geben könne, die einen Aufschub oder einen Verzicht auf Kinder angeraten sein lassen.[294] Daran schließt sich eine Feststellung zum Gebrauch von Verhütungsmitteln an:

> „The Orthodox Church has no dogmatic objection to the use of safe and non-abortifacient contraceptives within the context of married life, not as an ideal or as a permanent arrangement, but as a provisional concession to necessity."[295]

Zur Begründung wird darauf verwiesen, dass die sexuelle Vereinigung die gegenseitige Liebe der Ehepartner vertiefe und ihr gemeinsames Leben bereichere. Es folgt eine erste Positionierung hinsichtlich des Einsatzes biomedizinischer Technik mit dem Ziel, eine Empfängnis zu ermöglichen:

> „By the same token, the Church has no objection to the use of certain modern and still-evolving reproductive technologies for couples who earnestly desire children, but who are unable to conceive without aid."[296]

Lediglich solche Methoden seien ausgeschlossen, die mit der Vernichtung von „überzähligen" befruchteten Eizellen einhergehen. Der Maßstab jeglicher „Reproduktionstechnologie" müsse die unverzichtbare Würde und der unvergleichliche Wert jedes menschlichen Lebens sein. Diese Werte, zusammen mit dem Respekt vor der ehelichen Beziehung als solcher, seien auch die Maßstäbe zur Beurteilung künftiger, neuer Methoden in diesem Bereich.

---

293 Ebenso Metropolit Michael Staikos, Auferstehung. Von erlebter orthodoxer Spiritualität, Ibera Verlag Wien 2000, 155 f. unter Verwendung eines Zitats von Johannes Chrysostomos. Vgl. Grigorios Larentzakis, Ehe – Mysterium der Liebe (wie FN 283), 343–351; Paul Evdokimov, The Sacrament of Love (wie FN 283), 120 f.

294 Vgl. dazu Grigorios Larentzakis, Die Orthodoxe Kirche. Ihr Leben und ihr Glaube, Styria Graz u. a. 2000, 80; ders., Ehe – Mysterium der Liebe (wie FN 283), 343–351.

295 Dokument, 31 f.

296 Ebd., 32.

In § 25 wird das ungeborene Leben und sein Schutz thematisiert. Unter Verweis auf den Inhalt der Feste „Empfängnis des Herrn“ und „Mariä Heimsuchung“[297] erfährt der Grundsatz eine Bekräftigung:

> „Already in the womb each of us is a spiritual creature, a person formed in God's image and created to rejoice in God's presence.“[298]

Die Kirche habe seit ihren Anfängen Abtreibung als Kindesmord verurteilt, weil das Leben im Moment der Empfängnis beginne, dieses Leben vom ersten Moment an zu schützen sei und es Christen verboten sei, in jeder Stufe der Entwicklung unschuldiges Blut zu vergießen. Im Anschluss an diese ethischen Grundsätze gilt die Aufmerksamkeit spezifischen Lebenssituationen, in denen Schwangerschaft mit für die Frau unerträglichen Belastungen einhergehen und zu einem Wertekonflikt führen kann:

> „The Church recognizes, of course, that pregnancies are often terminated as a result of poverty, despair, coercion, or abuse, and it seeks to provide a way of reconciliation for those who have succumbed to these terrible pressures. Inasmuch, however, as the act of abortion is always objectively a tragedy, one that takes an innocent human life, reconciliation must involve the acknowledgment of this truth before complete repentance, reconciliation, and healing are possible.“[299]

Um den Grundsatz vom Wert jeglichen Lebens zu bekräftigen, müsse die Kirche bereit sein,

> „to come to the aid of women in situations of unintended pregnancy, whether as the result of rape or of consensual sexual union, and to come also to the aid of expectant mothers suffering from penury, abuse, or other adverse conditions, by providing them material and emotional support, spiritual succor, and every assurance of God's love, both during and after pregnancy“[300].

Diese Grundsätze beeindrucken durch ihre Klarheit und ihre Nähe zur Lebenswirklichkeit. Damit einher geht eine differenzierte Wahrnehmung spezifischer Lebenssituationen der schwangeren Frauen, die in für sie allein unlösbare Konfliktsituationen hineinführen können. Die Kirche sieht sich in der Verantwortung, aktiv zu deren Bewältigung beizutragen. Die dabei aufgezählten Maßnahmenbündel unterstreichen die

---

[297] Dieser charakteristische liturgische Anknüpfungspunkt wurde bereits von John Meyendorff, Marriage (wie FN 267), 63 f. für die Argumentation hinsichtlich des Verbots der Abtreibung vorgetragen.

[298] Dokument, 32.

[299] Ebd., 33.

[300] Ebd.

Ernsthaftigkeit des Bemühens, die Not von schwangeren Frauen zu lindern und ihnen beizustehen. Gerade dadurch bekräftigt die Kirche die eingangs betonten Werte im Zusammenhang mit Lebensschutz.

Einer anderen, mit großen Sorgen und Nöten einhergehenden familiären Konstellation ist § 26 gewidmet, nämlich Krankheit oder Behinderung ungeborener wie geborener Kinder. Insoweit gelte:

> „All children are known and loved by God, all are bearers of his image and likeness, and all are due the same respect, reverence, and care. In the eyes of the Church, each of us is born as we are, ‚so that the works of God might be made manifest in [us]‘ (John 9:3).“[301]

Ein Schwangerschaftsabbruch aus eugenischen Gesichtspunkten wird eindeutig verworfen, jeder medizinische Fortschritt, der betroffenen Kindern nützen kann, jedoch begrüßt und befürwortet. Es gebe jedoch auch medizinisch zugespitzte Fälle, in denen das Leben des ungeborenen Kindes nicht bewahrt oder verlängert werden könne, ohne dass das Leben der Mutter in Gefahr gerate. Im Extremfall könne das einzige verbleibende medizinische Mittel zum Tod des ungeborenen Lebens führen bzw. ihn beschleunigen. Insofern wird eine sehr ausgewogene Haltung eingenommen:

> „In such situations, the Church cannot pretend to be competent to know the best way of proceeding in every instance, and must commend the matter to the prayerful deliberations of parents and their physicians. It can, however, offer counsel, as well as prayers for the healing and salvation of all the lives involved.“[302]

Besondere pastorale Sorge sei ebenfalls notwendig, wenn werdendes Leben durch Fehl- oder Totgeburt verloren gehe. Hier gelte es, die Familie in ihrer Trauer zu stärken und zu begleiten.

§ 27 greift auf die in § 20 vorgestellten drei Lebensformen zurück und thematisiert die bislang nur benannte Form „monastisches Leben“. In traditioneller Sicht, die in einer Vielzahl von Bezügen vor allem zur asketisch-spirituellen Literatur zum Ausdruck kommt, gilt monastisches Leben als prophetisches Zeichen dafür, dass das Gottesreich nicht von dieser Welt ist. Erinnert wird zudem an die Bedeutung spiritueller Begleitung, die von den Klöstern ausgehe. Monastisches Leben sei nicht

---

301 Ebd., 34. Vgl. John and Lyn Breck, Stages of Life’s Way (wie FN 236), 135–143 mit ausführlichen Erläuterungen zur für alle Kinder gleichen Gottesebenbildlichkeit, seien sie gesund, krank oder behindert.

302 Dokument, 34.

mehr oder weniger wahrhaftig als das Leben in der Familie, es sei eine andere Weise und entspreche einer spezifischen und heiligen Form gemeinschaftlicher Selbstverleugnung.[303]

Die dritte in § 20 vorgestellte Lebensform, „single life", wird in § 28 entfaltet. Es handele sich um die Lebensform von Personen, die weder zum monastischen Leben berufen noch in der Lage oder geneigt seien, einen Ehepartner zu finden („nor able or inclined to find a spouse"). Ihnen wird zugesichert, dass sie gleichwohl Teil der ganzen Familie des Leibes Christi seien, die in spezifischer Weise zur Heiligung der Welt beitragen könnten. Diese Lebensweise sei allerdings besonderen Herausforderungen ausgesetzt. Zu deren Bewältigung biete die orthodoxe Tradition bislang nur eher spärliche pastorale Hilfsmittel. Hier stelle sich der Kirche die Aufgabe, dieser wachsenden Gruppe von Menschen durch Weiterentwicklung ihrer pastoralen Praxis beizustehen.

Obwohl die Adressaten, an die § 28 gerichtet ist, durchaus nachvollziehbar bestimmt sind, knüpfen dennoch an dem insoweit erfassten Personenkreis Fragen an. Subsumiert man nämlich nur die im Text angesprochene Gruppe derjenigen darunter, die sich aus freien Stücken zu einer (nichtmonastischen) zölibatären Lebensweise entschließen, bliebe deren Zahl äußerst begrenzt. Selbst wenn man Personen hinzurechnet, die einen Partner etwa durch Tod oder Scheidung verloren haben und die sich – aus welchen Gründen auch immer – weder zu einer (neuen) Ehe noch für die monastische Lebensform entscheiden, wird der Kreis der durch § 28 Angesprochenen nicht so wesentlich größer, dass die Stilisierung als eigene Lebensform überzeugt. Könnten auch andere Personen mitgemeint sein, die kanonisch als „Singles" gelten, auch wenn sie faktisch keine sind? Zu denken wäre etwa an diejenigen, die wegen Religionsverschiedenheit aus kanonischen Gründen keine sakramentale Ehe eingehen können, auch wenn sie es wollten; oder wären insoweit die bereits erwähnten, strikt verbotenen Lebenspartnerschaften einzubeziehen, wenn die Beteiligten zwar nach den Kanones eine Ehe eingehen könnten, dies aber nicht *wollen*? Die in § 28 gewählte negative Umschreibung „A third path of life, that of the adult who neither marries nor becomes a monastic …" erfasst auch diese ungleich größeren

303 Diese Feststellung ist gleichsam eine Ergänzung von § 20, wo die Gleichwertigkeit der ehelichen bzw. monastischen Lebensweise vor Gott argumentativ vorbereitet, jedoch nicht ausgesprochen wurde.

Personengruppen. Entscheidend gegen ein erweitertes Verständnis von „single life" in § 28 steht allerdings folgende Textpassage:

> „The single lay person often has no one as such on whom to rely in anything like a comparable measure. Holy friendship is a source of spiritual comfort and strength in many single lives; but it does not necessarily suffice to alleviate the loneliness of those who tread this particular path."[304]

Die hier vorgetragenen Aspekte begrenzen eindeutig auf den Kreis von (dauerhaft) Alleinstehenden. Damit bleibt im Ergebnis rätselhaft, warum eine verschwindend geringe Anzahl von Menschen eine eigenständige dritte Lebens*form* bilden sollen und warum es für sie einer neuen pastoralen Praxis bedarf, während z. B. der ungleich größeren Gruppe derer, die entgegen der kanonischen Regel unverheiratet zusammenleben, jegliche pastorale Aufmerksamkeit versagt bleibt.

§ 29 handelt von der Gleichberechtigung von Mann und Frau, die in der Gottesebenbildlichkeit aller Menschen gründe. Deshalb seien Äußerungen zurückzuweisen, die nahelegen, dass ein Geschlecht das andere an spiritueller Würde übertreffe. Die in fast allen Lebensbereichen anzutreffende Ungleichbehandlung von Männern und Frauen gehöre zur tragischen Realität der gefallenen Welt. Die Kirche gestehe ein, dass sie Gleichberechtigung viel zu lange nur in Dogma und Theologie verkündet habe, diesem idealen Prinzip aber nicht immer treu geblieben sei.[305] Ein Beispiel dafür seien die in Gebetstexten und Regeln für die Zulassung zur Eucharistie enthaltenen abergläubischen Vorurteile („superstitious prejudices") hinsichtlich von Reinheit oder Unreinheit des Körpers von Frauen, die sogar zum Gedanken einer rituellen Unreinheit verbunden mit einer Geburt geführt hätten.[306] Dem wird der klare Grundsatz entgegengestellt:

---

304 Dokument, 37.

305 Ingeborg G. Gabriel, A Catholic Comment on *For the Life of the World*, in: Ecumenical Trends 49 (2020), 9–13 (10) würdigt die Textpassage wie folgt: „Of particular importance is also the argument for gender equality with its (welcome) Patristic references, as well as an Orthodox *mea culpa* for not promoting this equality sufficiently over the course of history."

306 Eingehend zu dieser Thematik Eva Synek, „Wer aber nicht völlig rein ist an Seele und Leib …". Reinheitstabus im Orthodoxen Kirchenrecht (Kanon, Jahrbuch der Gesellschaft für das Recht der Ostkirchen, Sonderheft 1), Verlag Roman Kovar Egling 2006.

> „Yet no Christian woman who has prepared herself for communion through prayer and fasting should be discouraged from approaching the chalice."[307]

Im Anschluss an eine Aufzählung wichtiger Funktionen und Ämter, die Frauen in wachsender Zahl zum Wohl der Kirche ausüben, wird gefordert:

> „[…] and the Church must continue to consider how women can best participate in building up the body of Christ, including a renewal of the order of the female diaconate for today."[308]

Im Dokument ist hinsichtlich der Wiedereinführung des Diakonats für Frauen in der orthodoxen Kirche[309] vorsichtig von „erwägen" („consider") die Rede. Für Aufsehen hat eine Agenturmeldung vom Februar 2017 gesorgt, der zufolge Patriarch Theodoros II. von Alexandrien und Ganz Afrika eine Reihe von Frauen zu Diakoninnen für die Missionsarbeit geweiht und damit Tatsachen geschaffen habe.[310] Ladouceur stellte jedoch klar, dass dabei nicht der altkirchliche Ritus für die Weihe von Diakoninnen benutzt worden sei. Das Ritual sei vielmehr demjenigen

---

307 Dokument, 38.

308 Ebd.

309 Zu dieser Fragestellung und zum Diskussionsstand vgl. Evangelos Theodorou, Weibliche Kleriker aus orthodoxer Sicht unter besonderer Berücksichtigung der Empfehlungen der panorthodoxen Theologenkonferenz von 1988, in: Carl Fürst / Richard Potz (Hg.), Kanon XVI – Mutter, Nonne, Diakonin (Jahrbuch der Gesellschaft für das Recht der Ostkirchen), Verlag Roman Kovar Egling 2000, 190–212. Vgl. die konzise Darstellung des Diskussionsstandes um die Weihe von Frauen bei Paul Ladouceur, Modern Orthodox Theology, t&t clark London u. a. 2019, 378–404; zur Weihe von Diakoninnen ebd., 399–402. Vgl. Valerie A. Karras, Orthodox Theologies of Women and Ordained Ministry, in: Aristotle Papanikolaou / Elisabeth H. Prodromou (Hg.), Thinking through Faith. New Perspectives from Orthodox Christian Scholars, St. Vladimir's Seminary Press Crestwood/NY 2008, 113–158.

310 Vgl. die unter https://www.pro-oriente.at/?site=ne20170227105554 online publizierte Meldung der Stiftung „Pro Oriente" vom 26.2.2017 (abgerufen 14.7.2020). Ebd. wird weiter mitgeteilt, dass der emeritierte Athener Theologe Evangelos Theodorou diesen Schritt begrüßt habe; unter der Leitung des Bischofs könnten Diakoninnen einen wichtigen Beitrag für die stark wachsende orthodoxe Kirche in Afrika leisten, vor allem in den Bereichen Seelsorge, Mission, Erziehung und Caritas. Ihr Dienst und Zeugnis sei besonders wichtig im Hinblick auf die Kranken, die an den Rand Gedrängten und die Kirchenfernen. Zugleich könne die Diakonin gerade in der zunehmend säkularisierten Gesellschaft Zeugnis für die Werte des Evangeliums ablegen. Vgl. den Schlussbericht der orthodoxen Konsultation zum Thema „Die Stellung der Frau in der Orthodoxen Kirche und die Frage der Frauenordination", in: Orthodoxes Forum 3 (1989), 93–102.

für die Weihe von Subdiakonen ähnlich gewesen. Auch die Aufgabenstellung der neugeweihten Frauen entspreche nicht dem altkirchlichen Vorbild.[311] Damit bleibt Raum für die in § 29 urgierten Erwägungen hinsichtlich einer Weiterentwicklung.

Der Text des sozialethischen Dokuments kehrt in § 30 zu seinem Gliederungsprinzip „Lebensalter“ zurück und behandelt mit dem Alter verbundene Fragen. Alte Menschen werden eindringlich der Fürsorge und der Anerkennung durch die Gläubigen empfohlen.[312] Daran schließt sich die Mahnung an:

> „The Church must require of any just society that it provide adequately for the elderly, and make sure that they are not subjected to neglect, mistreatment, or destitution. And it charges the community of the faithful to make every effort to care for and learn from its oldest members.“[313]

Das kirchliche Anliegen eines Schutzes hilfsbedürftiger Senioren kommt darin klar zum Ausdruck.

Kritisch ist jedoch anzumerken, dass der weitere Text von § 30 einige Stereotype bedient. So wird als Problem vermerkt, dass in der modernen Gesellschaft immer weniger Zeit für ältere Menschen aufgewendet würde.[314] Woher beziehen die Autoren dieses Wissen? Zu Pflegeeinrichtungen und denjenigen, die ihren Angehörigen in ihnen die bestmögliche sachkundige Pflege angedeihen lassen wollen, heißt es: „[…] to consign them to care facilities out of sight and out of mind.“[315] Warum wird die Unterbringung in einer Pflegeeinrichtung hier pauschal mit niedrigen Motiven verbunden? Es ist ethisch keineswegs verwerflich, wenn Angehörige von pflegebedürftigen Personen die Grenzen des für sie Leistbaren erkennen und die für einen Angehörigen bessere Lösung in Einrichtungen wahrnehmen, die genau auf die Bedürfnisse der Patienten und damit auf deren größtmögliches Wohl hin konzipiert sind. Ein den Einleitungssatz positiv entfaltender Hinweis, dass in diesen Fällen ein Kontakthalten, der Erweis von Nähe und Zuwendung, an Bedeutung nochmals zunimmt, hätte den Senioren wie ihren Angehörigen wohl besser gedient als die oben zitierte Formulierung. Weiterhin dürfte es zwar zutreffen, dass ältere Menschen verstärkt Krankheit und Be-

---

311 Paul Ladouceur, Modern Orthodox Theology (wie FN 309), 401 f.

312 Dokument, 38 f.

313 Ebd., 39.

314 Ebd.

315 Ebd.

hinderung ausgesetzt sind. Dennoch erstaunt der Hinweis, dies sei „an opportunity for deepened humility and growth in faith, both for those who are aging and for their caregivers“[316]. Wird diese fromme Worthülse der tatsächlichen Situation vieler alter Menschen gerecht? Der gesellschaftliche Wandel und die erweiterten Möglichkeiten der Medizin haben gerade auch für Senioren deutliche Veränderungen ihrer Lebensverhältnisse erbracht. Sie gehören *trotz* Einschränkungen oder Krankheit zu den treuesten Kirchgängern und engagiertesten Betern, sie tun viel für den Zusammenhalt der Familien, sie sind häufig und in vielfältiger Weise bereit, mit ihren verbliebenen Kräften für die Jüngeren „einzuspringen“, wenn diese z. B. beruflich gebunden sind. Insoweit vermisst man ein Wort der Anerkennung und Ermutigung, gerichtet *an* die Senioren. Angesichts der erklärten Absicht, ein pastoral ausgerichtetes Dokument vorlegen zu wollen, wäre weiterhin eine Entfaltung pastoraler Sorge für Senioren, für betreuende bzw. pflegende Angehörige und für Fachkräfte in Pflegeeinrichtungen nicht nur möglich, sondern auch konsequent gewesen. Die zu § 30 aufgeworfenen Fragen deuten an, dass die kirchliche Sorge für alte und kranke Menschen, für ihre Angehörigen sowie für die sachkundigen Helfer differenzierter und auch theologisch tiefer hätte behandelt werden können.

§ 31 behandelt schließlich die letzte Phase des Lebens der Menschen, ihr Sterben und den Tod. Die ersten Sätze ermutigen Sterbende dazu, auch in ihrer letzten Lebensphase das Vertrauen in Gott nicht zu verlieren. Diese Sichtweise ist fromm. Aber wird die Konzentration auf einen einzigen, nämlich spirituellen Gesichtspunkt der sehr komplexen Befindlichkeit der Betroffenen gerecht? Noch mehr überrascht, dass pastorales Handeln bei der Begleitung Sterbender nicht thematisiert wird. Diesbezügliche liturgische Vollzüge scheinen als so ausreichend angesehen zu werden, dass selbst sie noch nicht einmal erwähnt werden.[317]

---

316 Ebd.

317 Vigen Guroian, Ethics after Christendom (wie FN 233), 175–199 widmet dem Thema „Death and Dying in the Orthodox Liturgical Tradition: Toward a Pastoral Ethic of Dying well“ einen ganzen Abschnitt. Darin bekräftigt er die zentrale Rolle liturgischer Vollzüge und deren Konzentration auf die Gesichtspunkte „Buße“ und „Vergebung“. Kritische Anfragen, ob das genüge oder in jeder Situation passend sei, gelten Guroian lediglich als Zeichen, dass mittels Katechese und Predigt bereits die Gesunden zu dieser Thematik hingeführt werden müssten. Die Frage, wie mit Zweifelnden, der Kirche Entfremdeten oder Nichtglaubenden umzugehen sei, lässt ihn ebd., 199 betonen: „Christian faith has the power to comfort and heal individuals

Auch den Angehörigen der Sterbenden, ihrer seelischen Not und ihrer Trauer über den mit dem Tod verbundenen menschlichen Verlust wird in § 31 keine Aufmerksamkeit zugewandt. Der thematische Komplex „Umgang mit Tod und Trauer“ ist zwar in der kirchlichen Tradition und Liturgie fest verankert und breit ausgestaltet. Dennoch ist auch er gesellschaftlichen Wandlungen unterworfen. Dies hätte Anlass bieten können, pastorales Handeln für Todkranke und Sterbende neu zu justieren. Überzeugende Ansätze dazu sind in der orthodoxen theologischen Literatur vorhanden.[318] Auch im Blick auf Hinterbliebene hätte Trauerbewältigung als mitmenschliche und christliche Aufgabe entdeckt werden können. Auch insoweit liegen wegweisende theologische Entwürfe vor.[319]

Stattdessen ist mehr als die Hälfte des Textes von § 31 einem Sonderfall gewidmet, nämlich dem Selbstmord. Er gilt als Tragödie und als

---

outside the church.“ Was das bedeutet, bleibt leider offen. Auch die Frage nach nichtliturgischen pastoralen Perspektiven wird bei Guroian ebenso wenig gestellt wie im sozialethischen Dokument. Vgl. John and Lyn Breck, Stages of Life’s Way (wie FN 236), 209–230; ebd., 230 wird eine Begleitung Sterbender zwar urgiert, dann aber lediglich festgestellt: „Care for the dying is a profoundly spiritual matter. It is one of the most important yet most neglected aspects of the Church’s ministry.“

318 Ein beeindruckendes Beispiel dazu bietet ein online publizierter Vortrag des Metropoliten Anthony von Sourozh, der sich der Thematik auch aus seinem spezifischen biographischen Hintergrund als Arzt nähert; vgl. http://www.pravmir.com/pastoral-care-sick-and-dying/ (abgerufen 4.8.2020). Wegweisend an dem kurzen Text erscheint, dass die unterschiedlichen Befindlichkeiten der Sterbenden und eine Gesprächsseelsorge den Anknüpfungspunkt bieten. So heißt es ebd. zu einer speziellen Begleitungssituation: „Gradually we worked together to resolve each of these problems of the present and the past. He made his peace with God, he made his peace with all the people who were accessible to him; and then he made his peace with all his past, with people he could no longer attain. And one could see that step by step his soul that had been heavy and repressed began to come to life like grass when rain is pouring on it. Yet in the meantime his body was dying out. […] Preparing someone for death is always a mistake. One must prepare people for life. It is only when someone has been brought to understand the abundance of life – the fact that life is rooted in God, and not in one’s body – that he can face death.“

319 Ein positives Beispiel dazu bietet ein Beitrag „Ministry at the End of Life“ von George Morelli, Priester der Antiochenischen Orthodoxen Erzdiözese von Nordamerika und deren Koordinator für Gesprächsseelsorge, online publiziert unter http://ww1.antiochian.org/content/ministry-end-life (abgerufen 4.8.2020). Der Beitrag zeichnet sich nicht nur durch ein Plädoyer für eine vielfältig differenzierte pastorale Sorge für Sterbende aus, sondern auch durch die Aufmerksamkeit für die seelsorglichen Bedürfnisse von Angehörigen und Bekannten.

Angriff auf die Würde der menschlichen Person. Dieser Einschätzung wird unter Rückgriff auf einen pastoralen Brief der „Standing Conference of the Canonical Orthodox Bishops in the Americas“ von 2007 hinzugefügt, dass Selbstmord in Zusammenhang mit extremen Ausnahmesituationen stehe, die Rationalität und Freiheit einschränkten. Ziel der Darlegung ist, zu einem Überdenken der traditionellen Sanktionierung von Selbstmord anzuregen:

> „This being so, Christian love dictates that Church burial and full services for a person who has taken his or her own life should not be presumptively refused, nor should the faithful regard the person who dies by suicide as someone who has willingly and consciously rejected God. This is a case of divine economy and compassion informing sacramental and pastoral economy. Here the antique prejudices of the tradition should be corrected by the superior diagnostic and therapeutic discoveries of the modern age.“[320]

Ausgehend von der Feststellung, dass die Gottesebenbildlichkeit des Menschen auch in seinen letzten Tagen unverletzlich sei, bemühen sich die anschließenden Aussagen um eine differenzierte Sicht gegenüber traditionellen Bewertungsschemata zu „Euthanasie“:

> „Euthanasia is alien to the Christian vision of life. That said, it is perfectly permissible for those who are dying to refuse extraordinary medical treatments and technologies that artificially prolong bodily life long past the point when the body would have naturally yielded up the spirit. It is not incumbent on a Christian to protract the sufferings of the flesh out of terror of the inevitable, or to cling to this world beyond reason.“[321]

Insoweit wird um Anerkennung des Wunsches nach natürlichem Sterben als letztem Ausdruck der Menschenwürde geworben. Damit wird in diesem hochsensiblen Themenbereich zwar kein Konzept angeboten, wohl aber ein Zeichen hin zu einer Öffnung gesetzt.

3.2 Vergleich mit dem Sozialkonzept der Russischen Orthodoxen Kirche

Das Dokument „Grundlagen der Sozialkonzeption der Russischen Orthodoxen Kirche“ behandelt die meisten Fragen zum menschlichen Leben und seiner Schutzbedürftigkeit im Abschnitt X „Fragen der per-

[320] Dokument, 40.

[321] Ebd., 40 f. Vgl. John and Lyn Breck, Stages of Life’s Way (wie FN 236), 218–223 mit einer ähnlichen Differenzierung.

sönlichen, familiären und gesellschaftlichen Sittlichkeit“.[322] Der Sprachduktus orientiert sich an dem eines klassischen Lehrschreibens und ist im Vergleich zum sozialethischen Dokument wesentlich autoritativ, nicht argumentativ bestimmt, auch wenn zahlreiche Hinweise zur Begründung der einzelnen Lehren geboten werden. Die ROK legt in ihrem Text Entscheidungen in vielen kasuistischen Eventualitäten und Details vor, deren genaue Beachtung erwartet wird; der Spielraum für wertorientierte Entscheidungen der Gläubigen ist entsprechend gering. Auch den Seelsorgern wird, sofern sie angesprochen werden, weitgehend vorgegeben, wie sie bestimmte Fallkonstellationen zu behandeln haben.

Das sozialethische Dokument fokussiert demgegenüber – unter weitgehendem Verzicht auf Kasuistik – vor allem ethisch relevante Lebenssituationen, weniger bestimmte Handlungen der Gläubigen. Bei der Beurteilung ethischer Problemfälle wird in aller Regel der Blick auf die Motivationen und Befindlichkeiten der Beteiligten geweitet und bezieht zudem die äußeren Umstände in die jeweilige Positionierung ein. Dieser je spezifische Grundduktus stellt einen wichtigen Unterschied zwischen beiden Texten dar. Diese Beobachtung zeigt zugleich die Schwierigkeit auf, die beiden unabhängig voneinander und in verschiedenen Zeit- und Kulturhorizonten entstandenen Texte zu vergleichen, ohne den Rahmen dieser Untersuchung zu sprengen. Im Folgenden sollen deshalb mehrere Fallgruppen unterschieden werden.

Zunächst ist eine Reihe von Gemeinsamkeiten beider Texte festzustellen, die vor allem im dogmatischen oder quasidogmatischen Bereich angesiedelt sind. Selbstverständlich wird in beiden Dokumenten der sakramentale Charakter der Ehe hervorgehoben,[323] ebenso die grundsätzliche Ausrichtung der Ehe als ein Bund zwischen Mann und Frau auf Lebenszeit[324] und die Möglichkeit der Rekonziliation unter Bußauflagen, sofern eine Ehe entgegen dem Idealbild doch scheitert.[325] Auch Prinzipien wie die Unverfügbarkeit des durch seine Gottesebenbildlichkeit geheiligten Lebens und das Gebot, Leben vom frühestmöglichen Zeitpunkt,

---

322 Grundlagen, 75–87.

323 Vgl. Dokument, 26 f.; Grundlagen, 77.

324 Dokument, 27: „an indissoluble bond between persons that mystically signifies the love of Christ for his Church“; Grundlagen, 80: „Die Kirche besteht auf der lebenslangen Treue der Ehegatten sowie der Unauflösbarkeit der orthodoxen Ehe […].“

325 Dokument, 29; Grundlagen, 80 f.

der Empfängnis, bis zum natürlichen Tod zu schützen,[326] gehören ohne Frage zum gemeinsamen ethischen Grundbestand. Selbst in Details lassen sich – jenseits einer bestimmten Begrifflichkeit – solche Gemeinsamkeiten beobachten, etwa in der Wertschätzung der Familie.[327] Eine weitere Übereinstimmung ist z. B. bei der Thematik „Empfängnisverhütung" zu beobachten. Das Sozialkonzept legt dazu eine stark aufgegliederte Kasuistik vor.[328] Das sozialethische Dokument sagt in weitgehender sachlicher Übereinstimmung dasselbe in einem Satz:

> „The Orthodox Church has no dogmatic objection to the use of safe and non-abortifacient contraceptives within the context of married life, not as an ideal or as a permanent arrangement, but as a provisional concession to necessity."[329]

Eine zweite Fallgruppe setzt sich aus einer beträchtlichen Zahl von in beiden Dokumenten berücksichtigten Fällen zusammen, in denen – ausgehend von einer gemeinsamen oder vergleichbaren Position – die Thematik in unterschiedliche Richtung weiterentwickelt wird. Dabei zeigt sich insbesondere eine andere Verteilung der Verantwortlichkeiten oder eine unterschiedliche Fokussierung. Folgende Beispiele dazu seien hervorgehoben:

(1) Ein erstes aussagekräftiges Beispiel stellt der Schutz von Kindern vor den Folgen übermäßigen und „wahllosen" Gebrauchs von Medien und Internet dar. Das Anliegen ist aus beiden Texten herauszulesen. Das sozialethische Dokument weist den Eltern eine diesbezügliche besondere Verantwortung zu. Das Dokument „Sozialkonzeption" sieht dagegen Journalisten und Leiter von Massenmedien in der Pflicht. Sie dazu anzuhalten, wird zu den Aufgaben einer Zusammenarbeit von Kirche und Staat gezählt, eine Perspektive, auf die das sozialethische Dokument im Bereich „Human Life" verzichtet, um Raum für Eigenverantwortung zu schaffen.[330]

(2) Ein weiteres Beispiel ist die in beiden Texten deutlich hervorgehobene Wertschätzung der monastischen Lebensform.[331] Das Sozialkonzept stellt dieser Einschätzung – unterfüttert mit zahlreichen Väter- und Kanonesreferenzen – zur Seite, dass es unstatthaft sei, die Ehe

[326] Dokument, 19 und 32; Grundlagen, 95.

[327] Grundlagen, 83: „die Familie als Hauskirche"; vgl. Dokument, 30: „the vocation of the family as […] a microcosm emblematic of a redeemed creation".

[328] Grundlagen, 97 f.

[329] Dokument, 31 f.

[330] Ebd., 22; Grundlagen, 120 unter XV.1 bzw. XV.2.

[331] Dokument, 34–36 (§ 17); Grundlagen, 75 unter X.1.

verächtlich zu machen.[332] Mittelbar wird dadurch die traditionelle Sicht bestätigt, dass die monastische Lebensform die „höherwertige“ sei. Das sozialethische Dokument verweist ebenfalls auf die bereits früh erfolgte Verurteilung einer Herabwürdigung der Ehe und auf historische Spannungen in der Beurteilung beider Lebensformen hinsichtlich „höherer Verdienste“. Die darauf gegründeten Aussagen sind hinsichtlich der Ehe wie der monastischen Lebensform gleichermaßen positiv ausgelegt. Eine prinzipielle Gleichrangigkeit der Lebensformen wird zunächst durch gleich gewichtete Referenzen aus Bibel und Vätertradition nahegelegt;[333] ausgesprochen wird sie erst an anderer Stelle.[334]

(3) Der erste Abschnitt des ROK-Dokuments legt die Schöpfungsgeschichte aus und erkennt darin die Quelle der Gleichwertigkeit von Mann und Frau, gegründet auf die Gottesebenbildlichkeit und die menschliche Würde. Dies entspricht weitgehend den Darlegungen im ersten Teil von § 29 des sozialethischen Dokuments. Die dort angeschlossenen Feststellungen zu Widersprüchen in Gestalt einer faktischen Ungleichbehandlung von Männern und Frauen sowie Vorschläge, diese zu beheben oder wenigstens zu mildern, finden hingegen keine Parallele im ROK-Dokument.[335]

(4) Beide Texte halten fest, dass ein Schwangerschaftsabbruch unethisch und verboten ist.[336] Das sozialethische Dokument fügt an, dass Schwangerschaftsabbrüche in Zusammenhang mit extremen Belastungen der Mutter wie Armut, Verzweiflung, Zwang oder Vergewaltigung stehen können. Angesichts solcher menschlichen Tragödien suche die Kirche nach Wegen zu einer Rekonziliation.[337] Das Sozialkonzept verzichtet auf eine Berücksichtigung des sozialen Umfelds. Stattdessen wird in modernen Gesellschaften ein moralischer Verfall diagnostiziert; Tendenzen einer Rechtfertigung der Abtreibung in diesen Gesellschaften werden als Bedrohung qualifiziert. Etwas milder ist das Urteil gegenüber den betroffenen Frauen; sie werden nicht verurteilt, sondern –

[332] Grundlagen, 75.

[333] Dokument, 26 f.

[334] Ebd., 36: „In this way, the monastic life foreshadows God's Kingdom, perhaps no more truly than the life of a Christian family, but in a distinctive mode […].“

[335] Ebd., 38; Grundlagen, 75.

[336] Dokument, 32 f. Das „Sozialkonzept“ der ROK behandelt das Verbot des Schwangerschaftsabbruchs in sehr scharfen Worten auf mehr als zwei Seiten Text und spezifiziert das verwerfliche Verhalten zudem mit Blick auf die Mutter, den einwilligenden Vater und den Arzt; vgl. Grundlagen, 95–97.

[337] Dokument, 33.

darin vergleichbar dem sozialethischen Dokument – zur Reue und Buße aufgerufen.[338]

(5) In § 26 des sozialethischen Dokuments wird das Verbot von Schwangerschaftsabbrüchen im Zusammenhang mit einer „eugenischen Indikation" bekräftigt; zugleich werden medizinische Fortschritte begrüßt, die das Leben kranker oder behinderter Menschen bewahrt oder stärkt. Das Sozialkonzept der ROK würdigt die Fortschritte der Medizin in diesem Bereich ebenfalls. Hinzugefügt wird allerdings die Behauptung eines Zusammenhangs zwischen genetischen Störungen und einer Vernachlässigung moralischer Grundsätze, die als lasterhafte Lebensweise gebrandmarkt wird.[339]

(6) Nach dem sozialethischen Dokument sind zugespitzte Fälle, in denen das Leben der Mutter in Gefahr ist, der Beurteilung durch die Eltern und die Ärzte zu überlassen, auch dann, wenn die folgende medizinische Behandlung den Tod des ungeborenen Kindes verursachen oder beschleunigen kann.[340] Das Sozialkonzept wertet anders, indem der Text die Kirche als maßgeblichen Akteur hervorhebt. Wenn das Leben der Mutter in Gefahr gerät, „im besonderen dann, wenn sie bereits Kinder zur Welt gebracht hat, wird in der pastoralen Praxis zu Nachsicht geraten". Die betroffene Frau werde nicht aus der eucharistischen Gemeinschaft ausgeschlossen, wenn sie einer vom Beichtvater bestimmten Bußauflage folgt.[341]

(7) Das Sozialkonzept der ROK verurteilt Selbstmord als eine in menschlicher Verletzung oder in Kleinmut wurzelnde verwerfliche Tat gegen das Leben. Bekräftigt wird die kirchenrechtliche Regel Kanon 14 des hl. Timotheos von Alexandrien,[342] demzufolge eine christliche Beisetzung oder eine Seelenmesse ausgeschlossen ist. Fälle eines Selbstmords aufgrund seelischer Krankheit werden dem Bischof zur Beurteilung zugewiesen. Es sei zu berücksichtigen, „dass die Schuld des

---

338 Grundlagen, 96.

339 Dokument, 34; Grundlagen, 100.

340 Dokument, 34.

341 Grundlagen, 96 f.

342 Kanon 2 der Synode „in trullo" zählt Timotheos von Alexandrien zu den Vätern, deren Kanones anerkannt wurden; vgl. Heinz Ohme, Das Konzil Quinisextum (wie FN 280), 183. Zu diesen Kanones vgl. Périclès-Pierre Joannou, Discipline générale antique, CCO Fonti, fasc. IX, t. 2: Les canons des pères grecs, Rom 1933, 238 f. Text der 18 Kanones des Timotheos vgl. Georgios A. Rhalles / Michael Potles, Syntagma IV, Verlag Chartophylakos Athen 1854, 331–341.

Selbstmörders nicht selten auch seine Angehörigen trifft, die nicht imstande waren, tätiges Mitleid und Barmherzigkeit zu zeigen“[343]. Damit wird der Kreis der schuldig Gewordenen beträchtlich ausgeweitet. Das sozialethische Dokument bewertet Selbstmord als Angriff auf die Würde der menschlichen Person, aber auch als menschliche Tragödie. Hier habe man allerdings mit der Zeit gelernt, dass ein Zusammenhang mit spirituellen und psychologischen Faktoren bestehe, die rationale Entscheidungsfähigkeit und Freiheit des Menschen einschränken könnten. Daraus wird ein Reformbedarf bzw. ein Bedarf an Bewusstseinsveränderung erschlossen:

> „This being so, Christian love dictates that Church burial and full services for a person who has taken his or her own life should not be presumptively refused, nor should the faithful regard the person who dies by suicide as someone who has willingly and consciously rejected God. This is a case of divine economy and compassion informing sacramental and pastoral economy. Here the antique prejudices of the tradition should be corrected by the superior diagnostic and therapeutic discoveries of the modern age.“[344]

(8) § 21 des sozialethischen Dokuments thematisiert die Ehe zwischen einem orthodoxen und einem nichtorthodoxen Partner. Es wurde oben unter 3.1 bereits festgehalten, dass die Textpassage keine Unterscheidung zwischen einem Partner anderer christlicher Konfession bzw. anderer Religion enthält. Sie beschränkt sich im Wesentlichen auf einen Hinweis auf die – stark an der Tradition orientierten – Beschlüsse der Heiligen und Großen Synode von Kreta, immerhin aber versehen mit einem nicht näher spezifizierten Hinweis auf die Anwendung von *oikonomia* und auf besondere pastorale Verantwortung. Der an den Schluss gestellte Hinweis auf 1 Kor 7,14 kann als Andeutung interpretiert werden, wie eine (potentielle) Weiterentwicklung begründet werden könnte.[345] Das Sozialkonzept der ROK unterscheidet demgegenüber zwischen einem Angehörigen einer anderen Konfession bzw. Religion. Für letztere wird die Spendung des orthodoxen Ehesakraments ausgeschlossen. Eine gesetzliche, d. h. zivilrechtliche Trauung findet hingegen Anerkennung; die Verbindung gilt dann nicht als Unzucht. Hinsichtlich der Ehe zwischen orthodoxen Christen und Katholiken, Angehörigen der orientalisch-orthodoxen Kirchen und Protestanten wird die Anwendung der *oikonomia* unter Hinweis auf deren Glauben an die Dreieinigkeit Got-

---

343 Grundlagen, 106.

344 Dokument, 40.

345 Ebd., 28.

tes als Regelfall in Aussicht gestellt, wenn einer Kindererziehung im orthodoxen Glauben zugestimmt wird. Angefügt ist eine Liste mit Präzedenzfällen des 18. und 19. Jahrhunderts.[346]

(9) Das Sozialkonzept verurteilt in Abschnitt XII.9 unter Hinweis auf die Heilige Schrift und die kirchliche Lehre homosexuelle Beziehungen auf das Schärfste. Homosexuelle Neigungen seien zu überwinden; dazu werden spirituell orientierte Vorschläge aufgelistet. Zwar werde niemand das Recht auf Leben, die Achtung vor der persönlichen Würde oder die Teilnahme an gesellschaftlichen Angelegenheiten abgesprochen. Entgegen diesem Grundsatz ziehen die geforderten, sehr konkret ausgestalteten Maßnahmen allerdings faktisch eine Ausgrenzung der Personengruppe aus der kirchlichen wie gesellschaftlichen Gemeinschaft nach sich. Ähnlich negative Beurteilung findet die Thematik „Transsexualität", die als „Auflehnung gegen den Schöpfer" qualifiziert wird.[347] Das sozialethische Dokument setzt dagegen an Debatten in der modernen Welt an:

> „We live in an age in which sexuality has come more and more to be understood as a personal fate, and even a private matter. A great many political and social debates in the modern world turn upon the distinct demands and needs of heterosexual, homosexual, bisexual, and other sexual ‚identities'. It is true, as a simple physiological and psychological fact, that the nature of individual sexual longing is not simply a consequence of private choice regarding such matters; many of the inclinations and longings of the flesh and the heart to a great extent come into the world with us, and are nourished or thwarted – accepted or obstructed – in us at an early age."[348]

Damit werden einige Anknüpfungspunkte benannt, die zu einer (künftigen) stärkeren Differenzierung in der Behandlung dieser Thematik dienen könnten. Zurückgewiesen wird der Begriff „sexuelle Identität", da menschliche „Identität" nicht auf eine einzelne „private Qualität" („private quality"), nämlich den Sexualbereich, reduziert werden könne; in orthodoxer Interpretation beruhe „Identität" vielmehr auf der Gottesebenbildlichkeit des Menschen. Diese Argumentation weitet den Blickwinkel. Eindeutige Stellung bezieht der Text zudem durch Verzicht auf jegliche Verurteilung und in einer entschiedenen Absage an Diskriminierung oder Verfolgung wegen „sexueller Orientierung".[349]

---

[346] Grundlagen, 79 f.
[347] Ebd., 107 f.
[348] Dokument, 24 f.
[349] Ebd., 25.

Die dritte Gruppe umfasst Propria beider Dokumente. Nur im sozialethischen Dokument finden sich Aussagen, in denen eine Öffnung traditioneller Sichtweisen oder sogar Reformbedarf angemahnt wird. Zudem werden darin Bereiche ethischer Verantwortung und pastoraler Sorge zur Sprache gebracht, denen das Sozialkonzept der ROK keine Aufmerksamkeit zuwendet. Ein erstes Beispiel dazu wurde bereits voranstehend unter (3) erwähnt, nämlich die als notwendig herausgestellte aktive Sorge zur Veränderung in Fällen der Ungleichbehandlung von Männern und Frauen. Noch deutlichere Worte fallen im Zusammenhang mit einer Würdigung der Rolle von Frauen im kirchlichen, speziell gemeindlichen Leben. Die entsprechende Wahrnehmung führt zur Forderung, die Prüfung eines Diakonats der Frau fortzusetzen,[350] eine Forderung, die im Schlussabschnitt unter § 82 sogar nochmals urgiert wird.[351] Mit Rücksicht auf die besondere Situation von alleinstehenden Laien wird die Ausarbeitung einer spezifischen Pastoral angemahnt, die den Bedürfnissen dieses wachsenden Personenkreises entspricht.[352] Hinsichtlich der Taufe wird auf ein Überdenken von kanonistischen Restriktionen gedrängt:

> „Moreover, the Church should extend the sacramental gift of baptism to all children, irrespective of the manner in which they were conceived or adopted.“[353]

Der hier angemeldete Änderungsbedarf kann als eine mittelbare Kritik an einem gegenläufigen Beschluss des Heiligen Synod der ROK aus dem Jahr 2013 interpretiert werden.[354] Als nicht mehr angemessen gelten im sozialethischen Dokument liturgische Bräuche hinsichtlich „Reinheit“ oder „Unreinheit“ von Frauen, speziell auch im Zusammenhang mit der Geburt.[355] Auch die Aussagen zu „single life“[356] können als Impuls zu einer Öffnung der traditionellen Sicht interpretiert werden, die lediglich „Ehe“ und „monastisches Leben“ als Lebensformen anerkennt und in dieser Absolutheit der heutigen Differenzierung in den Lebensverhältnissen nicht mehr gerecht wird. Ähnliches gilt für die Würdigung des Jugendalters als einer besonderen menschlichen Entwicklungsstufe, mit der spezifische Fragen ethischer Valenz verknüpft

350 Ebd., 38.
351 Ebd., 111.
352 Ebd., 37.
353 Ebd., 31.
354 Vgl. die Ausführungen zu § 23 des sozialethischen Dokuments mit FN 292.
355 Dokument, 38.
356 Ebd., 25 und 36 f.

sind.[357] Nicht zuletzt gehen starke, innovative Impulse von der Behandlung aktueller Themen wie z. B. einem wirksamen Schutz von Kindern vor Missbrauch und anderen gravierenden Eingriffen wie etwa Versklavung oder Kinderehen aus.[358] Als innovativ kann zudem die Einbeziehung von Themen wie „Umgang mit Medien und Internet",[359] Sorge für Kinder in gescheiterten Ehen und für alleinerziehende Elternteile,[360] Beistand in Fällen der Geburt eines kranken oder behinderten Kindes[361] oder die Ermahnung zu besonderer Sorge für Betagte[362] gelten.

Abgesehen von solchen Einzelfällen weist Abschnitt III des sozialethischen Dokuments im Vergleich zum Sozialkonzept der ROK sogar einen durchgängig innovativen Grundzug als Proprium auf. Er wird greifbar in der vorurteilsfreien Behandlung von Situationen des alltäglichen Lebens in pluralen Gesellschaften sowie in einer sich dem Leser spontan mitteilenden Empathie, die den Betroffenen hinsichtlich Leiderfahrungen, Problemstellungen und Sorgen entgegengebracht wird. Damit wurden die Verfasser ihrem selbstgesteckten Ziel gerecht:

> „In adhering to those guidelines, moreover, the commission tried to avoid nebulous abstractions and sweeping generalizations, preferring to offer specific principles for consideration and adoption by the faithful and their communities. In regard to every topic addressed, the commission sought to remain faithful to the historical teachings of the Church, even in attempting to bring those teachings into direct engagement with modern concerns. It endeavored to steer well clear of simplistic, pietistic, or legalistic pronouncements, but it sought no less sedulously to avoid presenting the personal opinions of its members as authoritative statements of Orthodox teaching. [...] Finally, conscious of the constant struggle of all Christians to live faithful lives in a frequently unsettled and uncharitable world, the commission sought to abstain altogether from the language and intonations of judgment or condemnation."[363]

Mehrfach war zu beobachten, dass im sozialethischen Dokument hinsichtlich eines erkannten Änderungs- oder Entwicklungsbedarfs die entsprechende Lebenssituation zwar identifiziert und umschrieben wurde, ohne jedoch konkrete Veränderungen zu urgieren oder gar vorwegzunehmen. Sogar einzelne Lücken in der Argumentation wurden dafür in Kauf genommen. Diese Zurückhaltung dürfte durchgängig dem Bemü-

---

[357] Ebd., 23.
[358] Ebd., 21.
[359] Ebd., 22.
[360] Ebd., 29.
[361] Ebd., 34.
[362] Ebd., 38 f.
[363] Ebd., XVIII f.

hen entspringen, traditionell orientierte Kreise auf einen Weg positiver Auseinandersetzung mit heutigen Gegebenheiten „mitzunehmen“, statt sie in Opposition oder Verweigerung zu drängen. Dieses Bemühen als Defizit des Textes zu werten, erscheint als verfehlt.

4. Soziale Gerechtigkeit in der Spannung zwischen Armut und Wohlstand

4.1 Die Darlegungen im Abschnitt IV des Dokuments

Im vierten Abschnitt behandelt das sozialethische Dokument Fragen sozialer Gerechtigkeit[364] und weitet damit den Blick hin zu größeren gesellschaftlichen Zusammenhängen. Das ist nicht selbstverständlich, hat doch die Auseinandersetzung der Orthodoxie mit dieser Thematik (noch) nicht dieselbe Intensität wie in westlichen Kirchen erreicht. Der Hauptgrund dafür liegt nicht etwa in Desinteresse, denn die Impulse aus der Heiligen Schrift und der Vätertradition zur kirchlichen Mitgestaltung einer gerechteren Welt sind – wie nachstehend gezeigt wird – sehr intensiv und haben allein schon deshalb immer im Blick der orthodoxen Kirche gestanden. Es waren vielmehr historische Entwicklungen, die ein spezifisches Engagement und auch die theologische Fortschreibung des Bereichs „soziale Gerechtigkeit“ verzögert haben dürften. Erinnert sei an die Beschränkungen ihrer Wirksamkeit, denen weite Teile der Orthodoxie etwa im Osmanischen Reich oder auch im Zarenreich unterworfen waren. Noch offensichtlicher sind die Folgen der Marginalisierung und der teils blutigen Verfolgung, der die Orthodoxie im Machtbereich der Sowjetunion und ihrer Satellitenstaaten bis vor wenigen Jahrzehnten ausgesetzt war. Dennoch begann die Auseinandersetzung mit gesellschaftlichen (Fehl-)Entwicklungen bereits vor dem Zusammenbruch der atheistisch-kommunistischen Regimes in Osteuropa, nämlich im Rahmen der panorthodoxen Vorbereitung einer Heiligen und Großen Synode der orthodoxen Kirche seit 1961.[365] Nach Wiedererlangung ihrer Bewegungsfreiheit verspürte die inzwischen weltweit

[364] Ebd., 41–57.

[365] Vgl. den Punkt VIII „Soziale Probleme“ im Themenkatalog der 1. Panorthodoxen Konferenz von Rhodos für die künftige Prosynode (29.9.1961) in: Anastasios Kallis, Auf dem Weg zum Konzil (wie FN 112), 256–260 (260).

präsente Orthodoxie die Bedeutung des Sozialbereichs im Gesamtzusammenhang der einsetzenden Globalisierung noch intensiver. Georgios Mantzaridis z. B. bemühte sich vorsichtig darum, zunächst das Verhältnis von Sozialethik im Gesamt der orthodoxen Theologie näher zu bestimmen. Sein primäres Ziel war die Vermeidung einer von anderen Aspekten losgelösten Sozialethik:

> „Der Fehler, der gewöhnlich in der christlichen Welt gemacht wird, ist, dass der Versuch unterlassen wird, Zeugnis von Jesus Christus mittels der Kirche und ihrer eschatologischen Erwartung zu geben und politische, soziale oder andere Mittel dafür genommen werden. In die gleiche Richtung geht auch der Versuch zur Formulierung einer selbständigen Sozialethik mit christlicher Färbung. [...] Mit dieser Taktik wird die Sozialethik vom moralischen und geistlichen Leben entfremdet und in eine verweltlichte Sozialwissenschaft verwandelt.“[366]

Dem stellte er eine orthodoxe Perspektive gegenüber:

> „Der Tradition der Orthodoxen Kirche gemäß, besteht Sozialethik als eine unabtrennbare Dimension der Ethik und des geistlichen Lebens. Unter diesem Gesichtspunkt kann Sozialethik methodisch nur unter Hervorhebung des Faktors Gerechtigkeit anerkannt werden. Die Gerechtigkeit setzt die Liebe nicht außer Kraft, sondern schützt die Voraussetzungen für deren weitere Entfaltung und Eröffnung auf der Ebene des sozialen Lebens.“[367]

Vielleicht liegt hier einer der Gründe für die Betonung von „Gerechtigkeit“ bereits in der Kapitelüberschrift des IV. Abschnitts.

In der orthodoxen Theologie scheint die mit dem weit verstandenen wirtschaftlichen Bereich einhergehende ethische Verantwortung bislang weniger Interesse gefunden zu haben als diejenige zu anderen Themenfeldern.[368] Allerdings hat sich in jüngster Zeit immer wieder der Ökume-

---

[366] Georgios Mantzaridis, Grundlinien christlicher Ethik, Eos Verlag St. Ottilien 1998, 53.

[367] Ebd., 54.

[368] Zu ethischen Fragen im wirtschaftlichen Bereich vgl. z. B. Stanley S. Harakas, An Eastern Orthodox Perspective on Economic Life, Property, Work, and Business Ethics, in: Stewart W. Herman / Arthur Gross Schaefer (Hg.), Spiritual Goods. Faith Traditions and the Practice of Business, Philosophy Documentation Center Charlottesville/VA 2001, 143–163; Daniel P. Payne, Eastern Orthodoxy’s Theology of Economics, in: Paul Oslington (Hg.), The Oxford Handbook of Christianity and Economics, Oxford University Press 2014, 197–205; der Beitrag ist online zugänglich unter https://www.academia.edu/2424851/Eastern_Orthodoxy_and_Economics (abgerufen 16.10.2020); Vasilios Makrides, Orthodox Christianity and Economic Development. A Critical Overview, in: Archives de sciences sociales des religions 185 (1/2019), 23–43.

nische Patriarch Bartholomaios zu Wort gemeldet, um die Relevanz einer in größere theologische Zusammenhänge eingebetteten Auseinandersetzung mit sozialen Problemen für die Sendung der Kirche in der heutigen Zeit aufzuzeigen. In einer Reihe von Botschaften und Ansprachen tritt dabei das Anliegen des Ökumenischen Patriarchen hervor, Zusammenhänge zwischen dem wirtschaftlichen Bereich, dem Problem der Armut und der Bewahrung der Schöpfung aufzuzeigen und diese Aspekte in den Kontext einer globalen Verantwortung zu stellen.[369] Wie Mantzaridis am Aspekt „Gerechtigkeit" anknüpfend, umschreibt der Patriarch die zu bewältigenden Aufgaben und die Chancen eines kirchlichen Engagements im Sozialbereich so:

> „Die Welt des Glaubens kann eine mächtige Verbündete sein, wenn es darum geht, Fragen der sozialen Gerechtigkeit zu behandeln. Sie bietet eine einmalige Perspektive – jenseits der bloß sozialen, politischen oder wirtschaftlichen – für die Notwendigkeit, die Armut auszurotten, ein Gleichgewicht in einer Welt der Globalisierung herzustellen, den Fundamentalismus und Rassismus zu bekämpfen und religiöse Toleranz in einer konfliktgeladenen Welt zu entwickeln. Es ist gerade die Aufgabe der Religion, auf die Bedürfnisse der Armen in der Welt zu reagieren und auf verletzte und ausgegrenzte Menschen zuzugehen."[370]

Diese Einsicht kann als Hintergrund der Entscheidung interpretiert werden, der Problematik sozialer Gerechtigkeit einen spezifischen Abschnitt zu widmen und sie relativ ausführlich zu behandeln. Einmal mehr erweist sich darin das sozialethische Dokument als innovativ und als Impulsgeber für die Zukunft.

Zunächst wird im Text ein breites theologisches Fundament gelegt. Die Darlegung in § 32[371] nimmt dazu das Wirken Jesu Christi in den Blick. Anknüpfungspunkt ist die Inkarnation des Sohnes Gottes, die nach der Aussage des Philipperhymnus (Phil 2,6–7) mit einer Entäußerung und mit der Annahme des Menschseins in all seiner Begrenztheit einherging. Als geschichtlich wahrnehmbaren Ausdruck dessen habe sich Christus mit den Marginalisierten, politisch Machtlosen und sozial Benachteiligten seiner Zeit identifiziert. Geboren in einem Volk ohne Rechte gegenüber der römischen Besatzungsmacht, aufgewachsen in einem Handwerkerhaushalt, habe er seine Sendung im abgelegenen

---

369 Vgl. z. B. John Chryssavgis (Hg.), In the World, Yet Not of the World. Social and Global Initiatives of Ecumenical Patriarch Bartholomew, Fordham University Press New York 2010, 64–72 und 125–129.

370 Bartholomaios I., Begegnung mit dem Mysterium (wie FN 19), 117.

371 Dokument, 41–43.

Galiläa begonnen und sich dabei denjenigen Angehörigen seines Volkes zugewandt, die am stärksten unter Benachteiligung und Hoffnungslosigkeit litten. Er habe an der Sendung der Propheten Israels angeknüpft, indem er sich nach dem Zeugnis von Lk 4,18–19 die Worte Jesajas über die Zuwendung Gottes zu den Armen und Benachteiligten zu eigen machte. Anhand einer ganzen Reihe weiterer Bibelstellen wird aufgezeigt, dass Jesu Botschaft auch inhaltlich eine unüberhörbare Kritik an denjenigen einschloss, die von der Ausbeutung anderer profitierten. Umgekehrt habe er seine Anhänger in vielen Ansätzen ermahnt, nicht auf irdische Schätze, sondern vielmehr auf das Reich Gottes zu vertrauen.[372] Jesu persönliche Besitz- und Heimatlosigkeit habe seine Botschaft auch in der eigenen Lebensgestaltung abgebildet. Er habe Zurückweisung erlitten, sei als Rechtloser von der römischen Besatzungsmacht verurteilt worden und habe den nach den Maßstäben der Zeit entwürdigendsten und qualvollsten Tod erlitten.

In § 33 wird aufgezeigt, dass Wort und Beispiel Christi hinsichtlich seiner Zuwendung zu den Armen auch für die Jünger maßgeblich blieb und für ihren Weg der Christusnachfolge sogar Heilsbedeutung erlangte:

> „The pursuit of social justice and civil equity – provision for the poor and shelter for the homeless, protection for the weak, welcome for the displaced, and assistance for the disabled – is not merely an ethos the Church recommends for the sake of a comfortable conscience, but is a necessary means of salvation, the indispensable path to union with God in Christ; and to fail in these responsibilities is to invite condemnation before the judgment seat of God (Matthew 25:41–45)."[373]

Zwar sei es der jungen Kirche unmöglich gewesen, die gesellschaftlichen Verhältnisse im Römerreich umzugestalten oder eine Art politischer Ideologie zu entwickeln, um die Ungerechtigkeiten der Zeit zu verbessern oder zu korrigieren. Sie habe aber das ihr Mögliche getan, indem sie sich um die Armen in ihrer Reichweite gekümmert und da-

---

372 Hier erweist sich die Rede vom Reich Gottes („God's kingdom") wiederum als eine stichwortartige Verklammerung verschiedener Textteile: Die Wendung „God's kingdom" ist in § 32 und dann wieder in § 41 zu finden und markiert damit Anfang und Ende des Abschnitts IV. Darüber hinaus wurde dieser eschatologisch ausgerichtete Begriff u. a. bereits in § 31, d. h. in der letzten Passage des Abschnitts III, gebraucht.

373 Dokument, 43. Mit einer Auslegung derselben Schriftstelle Mt 25,31–46 beginnt auch der Ökumenische Patriarch seine auf den sozialethischen Bereich gerichtete Darlegung; vgl. Bartholomaios I., Begegnung mit dem Mysterium (wie FN 19), 119 f.

durch eine „Politik der Liebe“ („polity of love“) begründet habe. Zumindest mit einiger Wirksamkeit habe die Kirche den Weg radikaler Solidarität als Teil ihres Lebens in Christus fortgesetzt, als der Verfolgungsdruck nachließ. Nach der Bekehrung Kaiser Konstantins sei der kaiserliche Politikwechsel nirgends so spürbar geworden wie in der Umsetzung der sozialen Anforderungen des Evangeliums. Im Zuge dessen sei die Sorge der Kirche für die Armen mit materieller Unterstützung des Staates massiv ausgebaut worden.

Der Text nimmt im folgenden § 34 Bezug auf die einschlägige Lehre der Kirchenväter, die

> „bore eloquent witness to the deep Christian intuition that life in Christ must entail a militant hostility to the conditions that create poverty, as well as a heroic commitment to philanthropy and charity“[374].

Mit Referenz auf eine Vielfalt von Vätertexten wird die Umsetzung dieses Grundsatzes im Detail aufgezeigt. Die orthodoxe Kirche in der heutigen Welt wisse sich dem Zeugnis der Heiligen Schrift und der Kirchenväter verpflichtet. Es gelte, die darin enthaltenen Hinweise zum Gemeinwohl mit Unterscheidungsvermögen und Geduld in die Gegenwart zu übertragen, immer getreu dem Beispiel Christi, der Apostel und der Heiligen.

> „This means that the Church is called to condemn current social conditions where condemnation is warranted, to offer praise where those conditions are praiseworthy, and to encourage change for the better wherever encouragement may bear fruit. Above all, the Church can be no less concerned for the plight of the poor and the defenseless than was Christ himself, and no less ready to speak for them when their voices cannot be heard.“[375]

Auf der Grundlage dieses in drei Abschnitten entfalteten theologischen Entwurfs wird in § 35 ein erstes ethisches bzw. sozialpolitisches Problem fokussiert, nämlich die ungerechte Verteilung von Vermögen, die einerseits durch eine regressive Steuerpolitik, andererseits durch ungenügende Regelungen zu einem fairen Arbeitslohn hervorgerufen oder begünstigt werde. Damit würden die Interessen derer bevorzugt, die reich genug seien, um die Gesetzgebung zu beeinflussen und ihren Reichtum gegen die Erfordernisse des Allgemeinwohls abzusichern. Zwar treffe es zu, dass eine unüberlegte Besteuerung privater Institu-

---

[374] Dokument, 44.

[375] Ebd., 46.

tionen, die Arbeitsplätze schaffen, unter Umständen die Beschäftigung verringern und so zu größeren Belastungen für die Armen führen könne; doch werde diese Gefahr in den Industrieländern nur selten erkannt. Eine viel häufigere Realität sei, dass

> „the wealthiest members of the investment class are protected against bearing a tax burden proportionate to the benefits they enjoy from their place in society, while corporate entities are allowed to indulge in practices that create markets for cheap labor at the expense of the welfare of workers“[376].

Dies habe eine übermäßige Belastung der Mittelschicht und unzureichende öffentliche Sozialfürsorge zur Folge. Dagegen sehe sich die orthodoxe Kirche gerufen, auf Gleichheit und Mitgefühl als fundamentalen Prinzipien der Steuerpolitik bzw. als Richtlinie für faire Lohnzahlung zu bestehen. Zugleich seien die Reichen an ihre moralische Verantwortung zu erinnern, bestmöglich zum Wohlergehen der gesamten Gesellschaft beizutragen. Damit einher gehe eine Verantwortung der Regierungen, von den Wohlhabenden zu verlangen, dies ohne unfaire rechtliche Schutzvorkehrungen oder Umgehungsmöglichkeiten zu tun. Die Kirchenväter hätten betont, dass die Schöpfung das gleiche Geburtsrecht aller sei, die als Ebenbilder Gottes geschaffen seien. Deshalb seien die Reichsten gehalten, mit den Armen zu teilen. Das sei womöglich gegenläufig zum üblichen Verständnis von Privateigentum in der modernen Welt. Dennoch gehöre dies zur christlichen Sicht der Welt als Gabe Gottes und begründe eine Verantwortung, die in den Augen der Kirche jeder gerechten Gesellschaft obliege.

Der Text wendet sich in § 36 dem Thema „Arbeit und Arbeitsbedingungen“ zu. Kritisiert wird zunächst eine häufig zu beobachtende Entwertung von Arbeit zur Ware. In der Folge lebten Arbeiter unter Verhältnissen, die man kaum anders als mit „Lohnsklaverei“ bezeichnen könne. Als Ursache wird auch insofern die Gesetzgebung in manchen Industrienationen wahrgenommen:

> „This is especially true in industrialized nations whose laws make it excessively easy for large employers to increase their profit margins at the expense of their employees, by withholding benefits, by failing to provide a living wage, by managing workers' hours in ways that deny them the true privileges of full employment, and above all by making cheap labor into a kind of natural resource to be exploited, particularly in labor markets where basic workers' protections do not exist.“[377]

---

[376] Ebd., 47.

[377] Ebd., 48.

Aber auch globale Zusammenhänge kommen in den Blick: Solche Praktiken würden zuweilen im Rahmen von Freihandelsabkommen gebilligt. Global agierende Unternehmen könnten dadurch Kosten senken und Gewinne steigern, indem sie ihre Produktion dorthin verlagerten, wo die Lohnkosten nur wegen der Verzweiflung der Arbeiter niedrig seien und wo zudem die Regierungen mehr an ausländischen Investitionen als an einem Schutz der Grundbedürfnisse der Arbeiter interessiert seien. Dies führe zu einem Lohnverfall in den Industrienationen und verfestige Armut in den Entwicklungsländern.[378] Darüber hinaus gebe es am Rand aller Arbeitsmärkte Personenkreise, die vom Schutz des Gesetzes ausgeschlossen und deshalb einer Ausbeutung überlassen seien. Beispielhaft hervorgehoben werden Arbeiter ohne Arbeitserlaubnis („undocumented workers") und buchstäblich versklavte Frauen aus Entwicklungsländern. Solche Zustände würden nicht selten durch starre Einwanderungsgesetze oder geschlossene Grenzen zementiert. Gefordert wird:

> „An international free flow of labor, and with it the capacity of labor to organize on a global scale and thereby demand basic standards of employment in all labor markets, would make such exploitation very nearly impossible."[379]

Kritisiert wird schließlich das „unheilige Zusammenwirken" („unholy collusion") zwischen international ausgerichteten Unternehmen und vielen Staaten, um einen grenzüberschreitenden Arbeitskräftefluss zu unterbinden.

Dieser kritischen Bestandsaufnahme wird in § 37 eine ganze Reihe von Maßnahmen gegenübergestellt, zu der sich die orthodoxe Kirche angesichts der hohen Würde menschlicher Arbeit und der unverletzlichen Heiligkeit jeder Person ethisch verpflichtet sieht. Dazu gehöre das Eintreten für eine gerechte Entlohnung und für faire Arbeitsbedingungen sowie für einen Schutz der Arbeiter vor Demütigung und Ausbeutung. Von den Regierungen müssten Gesetze eingefordert werden, die moralischen Standards hinsichtlich Arbeit und der Lage der Arbeiter genügen. Entsprechend seien Unternehmen in Ländern mit vertrauenswürdigem Rechtssystem und funktionierendem Finanzsystem verpflichtet, auf menschenwürdige Bedingungen und existenzsichernde Löhne zu achten sowie auf Mittäterschaft an korrupten Systemen mit struktureller

---

[378] Ganz ähnlich äußerte sich zu diesen Zusammenhängen auch der Ökumenische Patriarch Bartholomaios; vgl. ders., Begegnung mit dem Mysterium (wie FN 19), 126.

[379] Dokument, 49.

Armut zu verzichten. Dazu bedürfe es einer Gesetzgebung, die sicherstelle,

> „that, even in establishing facilities in the developing world, such businesses must be held to the same standards of conduct toward labor that obtain in the developed world; and the ability of businesses to manufacture, market, and trade goods, or otherwise to participate in the global market, must be made contingent upon just labor practices“[380].

Die Kirche müsse für Gesetze eintreten, die Arbeitsmigranten vor Bestrafung schützen, wenn sie sich gegen Missbräuche ihrer Arbeitgeber zur Wehr setzen. Zugleich sei die Kirche aufgerufen, Unternehmen zu ermutigen, nur in humaner Weise in Entwicklungsländern zu investieren. Dabei seien Standards einzuhalten, die die Menschenwürde achten und darauf abzielten, die Lage der Armen zu verbessern.

Das Dokument greift in § 38 mit dem Stichwort „soziale Sicherungssysteme“ („social safety net“) einen neuen Themenbereich auf. Unter Hinweis auf Lk 14,13 wird dargelegt, dass die Gesellschaft Verantwortung dafür trage, die Armen und Benachteiligten vor Not, Erniedrigung, Obdachlosigkeit, Elend und Verzweiflung zu schützen. Dies sei nicht nur ein Aufruf zu privater Wohltätigkeit, sondern ein Gebot öffentlicher Gerechtigkeit. Die sich der Kirche dabei stellenden Aufgaben werden im Folgenden in einer nicht nur engagierten, sondern in einer ungewöhnlich zugespitzten Sprachform vorgestellt. Die Kirche dürfe nicht schweigen, wenn sich gesetzlich erlaubte Vorsorge als ungenügend erweise oder hinsichtlich sozialer und bürgerlicher Gleichheit der Anspruchsberechtigten versage. Insbesondere seien Beispiele sozialen Versagens von Nationen zu kritisieren, die öffentliche Gelder statt in den Sozialbereich in nutzlose Waffenprogramme investierten, deren wirklicher Zweck die Stärkung einer Rüstungsindustrie sei und nur diejenigen bereichere,

> „whose business is the ceaseless production of ever more sophisticated and devastating means of killing, waging war, and terrorizing civilian populations. A nation that consistently fails to provide even the most rudimentary level of general health care to its citizens living in poverty and that tolerates the homelessness of its most indigent, but that simultaneously spends a disproportionate portion of its public revenues each year on military expansion, is a society engaged in practices against which a properly informed Christian conscience must rebel.“[381]

---

[380] Ebd., 50.

[381] Ebd., 51 f.

Der hier vorgetragene Zusammenhang von exorbitanten Militärausgaben und Lücken im sozialen Sicherungssystem klingt plausibel, steht mangels verifizierbarer Angaben[382] letztlich aber doch nur als Behauptung im Raum.[383] Zudem mag es (auch) andere Ursachen für unzureichende finanzielle Ausstattung der Sozialsysteme geben. Eine dergestalt wohl zu knapp gehaltene Begründung vermag die Argumentation in diesem wichtigen Anliegen zu schwächen.

In § 39 steht das Problem der Verschuldung bzw. Überschuldung im Mittelpunkt. Unter Bezug auf zahlreiche, insbesondere alttestamentliche Vorschriften wird dargelegt, welch grundsätzliches Anliegen der Schutz der Armen vor Wucher und Ausbeutung darstelle. So sei es auch kein Zufall, dass Christus in Gleichnissen und Mahnungen so oft auf die erdrückende Last der Verschuldung hingewiesen habe, unter der die ärmeren Schichten seiner Zeit gelitten haben. Daraus ergebe sich:

> „[…] and modern Christians should not allow an overly spiritualized reading of his language to hide the social issues he was addressing from view.“[384]

Entsprechend sei z. B. Lk 12,58–59 als Hinweis auf einen gesetzlichen Missbrauch zu lesen, der es Gläubigern ermöglicht habe, ihre Schuldner jeglicher Habe zu entblößen. Eine weitere Mahnung wird aus einer spezifischen Auslegung des Vaterunsers gewonnen:

---

382 Im Land mit den – absolut gesehen – höchsten Militärausgaben der Welt, den USA, betrug im Jahr 2018 deren Anteil am Bruttoinlandsprodukt (BIP) 3,3 %; vgl. https://de.statista.com/statistik/daten/studie/350494/umfrage/anteil-der-militaerausgaben-am-bip-in-den-usa/ unter Berufung auf das renommierte „Stockholm International Peace Research Institute“ (SIPRI). Die öffentlichen Sozialausgaben („Public social spending“) betrugen im Jahr 2018 für die USA 18,7 % des BIP; vgl. die Angaben auf der Homepage der „Organisation für wirtschaftliche Zusammenarbeit“ (OECD) unter https://www.oecd.org/berlin/presse/aktuelle-zahlen-zu-oeffentlichen-sozialausgaben-23012019.htm (beide Websites abgerufen 30.7.2020). Diese Daten anerkannt seriöser Institutionen wecken Zweifel an der in § 38 vorgetragenen Behauptung.

383 In § 38 sind Gesichtspunkte vorgetragen, die nur im Rahmen gesellschaftswissenschaftlicher Forschung erhoben bzw. verifiziert werden können. Deren Untersuchungsergebnisse einzubeziehen, scheint jedoch Bedenken zu unterliegen. Einer konsequent kirchlichen Ausrichtung des Textes würde dadurch jedoch wohl kaum Abbruch getan, da solche Forschungsergebnisse geradezu nach einer kirchlich-theologischen Interpretation und Bewertung rufen. Sie mögen sogar Verbesserungsvorschläge bergen, die es wert sind, von der Kirche aufgegriffen, gedeutet und unterstützt zu werden.

384 Dokument, 53.

„[…] and it is almost certainly just such debts from which the Lord's Prayer – in its original context – petitions for relief, just such trials into which it asks God not to lead us, and just such a creditor (‚the evil man') from whom it begs rescue (Matthew 6:9–13)."[385]

Die Armen seien in den meisten Gesellschaften Opfer skrupelloser Kreditinstitute und hätten kaum Chancen auf Schutz vor Gläubigern, die bereits vorhandene Not dazu ausnutzen würden, sie in eine immerwährende Verschuldung zu treiben. Entsprechend engagiert wird die ethische Aufgabe der Kirche umschrieben:

„If the Church truly desires to encourage social practices that reflect the love, mercy, and justice of God as revealed in Christ, it must certainly be willing to protest laws that do not protect the vulnerable against unscrupulous and rapacious creditors, and that do not provide compassionate public alternatives to unregulated or inadequately regulated private creditors for those who need to alleviate their privations and supply their needs."[386]

Der Schluss des Abschnitts ist dem Schuldenproblem auf größerer, internationaler Bühne gewidmet. Die Kirche müsse insoweit daran erinnern, dass Verschuldung ganze Nationen verarmen lassen, weil Gläubigerstaaten eine oft grausame Unflexibilität gegenüber Schuldnerstaaten an den Tag legten, wodurch großes menschliches Leid verursacht und jede Hoffnung auf wirtschaftliche Entwicklung und sozialen Fortschritt bei den benachteiligten Völkern zunichtegemacht werde. Die Kirche müsse sich unermüdlich für einen Schuldenerlass durch die reicheren Nationen einsetzen.

Der folgende Abschnitt (§ 40) thematisiert die Dringlichkeit, den Armen überall auf der Welt Zugang zu einer medizinischen Versorgung zu gewährleisten. Auch insoweit wird für die Darlegung der entsprechenden ethischen Notwendigkeit am Beispiel Christi und seiner Zuwendung zu den Kranken und Leidenden angeknüpft. Die Kirche bestehe nach diesem Vorbild darauf, dass jede Regierung das ihr Mögliche tue, um eine umfassende Gesundheitsfürsorge für alle Bürger, und zwar in bestmöglicher Qualität zu gewährleisten. Denjenigen, die sich nicht selbst vorsorgen könnten, müsse im Rahmen der Gesundheitspolitik und auf öffentliche Kosten entsprechender Zugang vermittelt werden. Eine solche Gesundheitsvorsorge

---

385 Ebd.

386 Ebd., 53 f.

> „should not leave the needy at the mercy of insurance agencies that exact huge premiums while supplying meager benefits, and that the poor should not be further impoverished in exchange for the privilege of living and thriving among their fellow citizens, is the absolute *minimum* that the Church should expect of countries with developed economies"[387].

Ähnliche Maßstäbe werden anschließend für die internationale Ebene aufgestellt, da eine solche ethische Verpflichtung nicht an nationalen Grenzen ende. Entsprechend seien reichere Nationen moralisch verpflichtet, nach Möglichkeit auf eine medizinische Versorgung für alle hinzuwirken. Dazu gehöre die Lieferung von Medikamenten in solche Länder, deren Bürger die Kosten für medizinische Behandlung nicht tragen könnten. Ebenso hilfreich sei der Einsatz von Ärzten und anderem medizinischen Fachpersonal. Die orthodoxe Kirche sei verpflichtet, dazu aufzurufen und sich unermüdlich daran zu beteiligen, dass Heilung zu allen Völkern gebracht werde, im Namen Christi, des Heilands von Seele und Körper.

§ 41 setzt mit der Feststellung ein, dass die Armen fast immer die Ersten seien, die unter ungünstigen Verhältnissen zu leiden hätten, seien diese natürlicher, sozialer, wirtschaftlicher oder politischer Natur. So sei Armut vielfach das Ergebnis von Rassen- oder Klassendiskriminierung. Mit dieser Feststellung bricht die Auseinandersetzung mit dem Thema „Diskriminierung" allerdings unvermittelt ab. Stattdessen wird eine neue Thematik eingeführt: die aktuelle Umweltkrise. Unter diesem Begriff werden eine Reihe ökologischer Probleme zusammengefasst, wie menschengemachte Klimaveränderung, Vergiftung von Wasser und Boden, Schädigung des Ökosystems durch Mikroplastik, Abholzung und Verringerung der Artenvielfalt. Die größte Last trügen die wirtschaftlich wenig entwickelten Länder, deren Regierungen wenig gegen die Auswirkungen von Industriemüll und allgemeiner ökologischer Verwüstung tun könnten oder wollten. So seien es vor allem wieder die Armen, die von der Umweltzerstörung vertrieben und noch ärmer gemacht würden.[388] Auch in den wirtschaftlich entwickelten Ländern seien es insbesondere die Armen, die den Umweltzerstörungen am stärksten ausge-

---

[387] Ebd., 55.

[388] Zum Zusammenhang zwischen ökologischen Fragen und dem Bereich sozialer und ökonomischer Gerechtigkeit vgl. John Chryssavgis, In the World, Yet Not of the World (wie FN 369), 68 f. und 71.

setzt seien und denen die Ressourcen fehlten, ihre Situation zu verbessern. Insgesamt gelte:

> „So long as immense discrepancies in wealth exist between nations and between individuals, social and political power will be the possession primarily of the rich, as will whatever degree of relative immunity from the consequences of human folly and corruption or natural calamity can be achieved by material means. So too will the best avenues of education or professional advancement, the best healthcare, the best legal protections, the best financial opportunities, the best access to institutions of political power, and so on.“[389]

Die generelle Ursache für die beschriebenen Missstände sei große wirtschaftliche Ungleichheit. Kritisiert werden ökonomische Lehren, denen zufolge das unvermeidbar sei. Demgegenüber müsse die Kirche den Zusicherungen Christi für diejenigen vertrauen, die Gottes Reich und seine Gerechtigkeit suchen. Die Kirche

> „must always, as heir to the missions of the prophets and to the Gospel of the incarnate God, be a voice first for the poor, and a voice raised whenever necessary against the rich and powerful, and against governments that neglect or abuse the weak in order to serve the interests of the strong. And the Church must in every generation, remembering the example of the Church of the Apostolic age, ask of every society whether there are not effective means – and perhaps new economic models – by which it would be possible to achieve a more just distribution of wealth, and thereby a more radical commitment to the common good, of society and of the planet we all must share.“[390]

Anhand eines längeren Zitats aus den Schriften der hl. Maria Skobstova wird abschließend nochmals zusammengefasst, dass jeder Christ soziales Engagement an den Tag legen solle. Alle seien gerufen, ein besseres Leben für die Arbeiter zu organisieren, für alte Menschen vorzusorgen, Krankenhäuser zu bauen, für das Wohl von Kindern zu sorgen sowie gegen Ausbeutung, Ungerechtigkeit und Gesetzlosigkeit anzugehen.

---

389 Dokument, 56.

390 Ebd., 57.

4.2 Vergleich mit den Aussagen der Heiligen und Großen Synode von Kreta

Die Synode von Kreta hat ihre zentralen Aussagen zu einer Ethik im Wirtschaftsbereich in einem kleinen Block von sechs Abschnitten zusammengestellt und in den Punkt VI des Dokuments „Der Auftrag der Orthodoxen Kirche in der heutigen Welt“ eingestellt.[391] Der Natur des Textes als synodalem Beschluss entsprechend werden Probleme benannt und in ihrer ethischen Relevanz aufgezeigt. Anders als im sozialethischen Dokument werden jedoch keine Lösungsvorschläge zu Einzelproblemen unterbreitet oder konkrete Forderungen erhoben.

Bereits die Rückbindung an Wort und Beispiel Christi zeigt das Verhältnis beider Texte recht anschaulich auf. Die Synode formuliert:

> „Die Anstrengungen, welche die orthodoxe Kirche zur Bekämpfung der Armut und sozialer Ungerechtigkeit unternimmt, sind Ausdruck ihres Glaubens an den Herrn und des Dienstes, den sie ihm erweist, Ihm, der sich selbst mit jedem Menschen gleichgesetzt hat, besonders aber mit denjenigen, die in Not sind […].“[392]

Das sozialethische Dokument entfaltet diese auf Christus bezogene Grundaussage ausführlich in § 32 und in der ersten Hälfte von § 33. Dort endet die Argumentation mit dem Hinweis auf Mt 25,41–45. Ganz ähnlich schließt der diesbezügliche Text der Synode mit einer Referenz auf Mt 25,40, bezeichnenderweise also mit dem Obersatz zur längeren Bildrede Jesu: „Was ihr für einen meiner geringsten Brüder getan habt, das habt ihr mir getan.“ Im gleichen Abschnitt illustriert die Synode den Adressatenkreis ihrer Bemühungen mit einer Aufzählung:

> „[…] für alle Menschen, die Hilfe benötigen, die Hungernden, die Mittellosen, die Kranken, die Behinderten, die Alten, die Verfolgten, die Verschleppten, die Gefangenen, die Obdachlosen, die Waisen, die Opfer von Katastrophen und kriegerischen Auseinandersetzungen, des Menschenhandels und der heutigen Formen der Sklaverei.“[393]

In § 32 des sozialethischen Dokuments werden die Armen und die Bedürftigen als Beispiele für diejenigen hervorgehoben, denen Jesu Engagement gegolten hat. In § 33 sind es nochmals die Armen, die mehrfach herausgehoben werden, weiterhin die Benachteiligten („the disadvantaged“), die Heimatlosen, die Schwachen, die Vertriebenen („the dis-

---

[391] Synodos, 96–98, Nr. 1–6.

[392] Ebd., 96, Nr. 1.

[393] Ebd.

placed“), die Behinderten („the disabled“). Im Fortgang des Textes von § 33 werden noch Witwen und Waisen als die hilfsbedürftigsten Personengruppen zur Zeit Jesu akzentuiert, in § 34 – gestützt auf ein Diktum des hl. Basilius – die Hungrigen. In § 36 sind „wage-slavery“ und „enslaved women [...] who are forced into sex-trafficking“[394] als Beispiele moderner Formen von Sklaverei an passender Stelle erwähnt. Im Ergebnis bietet der hohe Prozentsatz an Übereinstimmungen in beiden Texten hinsichtlich des Adressatenkreises für ein sozialethisches kirchliches Handeln ein weiteres Indiz dafür, dass das sozialethische Dokument insoweit locker am Synodentext anknüpft und ihn in Einzelaussagen weiter entfaltet. Dasselbe kann für die nähere Bestimmung der kirchlichen Aufgabe gelten:

- Die Synode betont die Notwendigkeit von „Anstrengungen [...] zur Bekämpfung der Armut und der sozialen Ungerechtigkeit“[395]. Das sozialethische Dokument akzentuiert in § 33: „Nevertheless, Christians were able to care for the poor within their reach [...] and to create among themselves a polity of love that left no one to his or her fate“; weiterhin erforderlich sei eine „radical solidarity“ und „the Church’s provision for the poor“.[396]
- Die Synode bekräftigt, dass die Kirche gegenüber den ökonomischen Zuständen, welche die gesamte Menschheit negativ beeinflussen, nicht indifferent bleiben könne.[397] Das sozialethische Dokument spricht im Zusammenhang mit dem Zeugnis der Kirchenväter von „a militant hostility to the conditions that create poverty, as well as a heroic commitment to philanthropy and charity“[398].
- Die Synode prangert die Kluft zwischen Reichen und Armen an, die sich sogar noch vergrößere.[399] Das sozialethische Dokument spricht unter Bezug auf den hl. Basilius von „inequalities of wealth in the society of his day“[400]. Ganz ähnlich heißt es in § 35 mit Bezug auf die Gegenwart: „the gross inequalities of wealth“[401].

---

394 Dokument, 48 bzw. 49.
395 Synodos, 96, Nr. 1.
396 Dokument, 44.
397 Vgl. Synodos, 96, Nr. 3.
398 Dokument, 44.
399 Vgl. Synodos, 97, Nr. 4.
400 Dokument, 44.
401 Ebd., 47.

- Die Synode stellte fest: „Eine lebensfähige Wirtschaft ist jene, welche die Effektivität mit Gerechtigkeit und sozialer Solidarität verbindet.“[402] Das sozialethische Dokument hält zusammenfassend fest: „[…] a Christian vision of this world as a gracious gift from God, and express a responsibility that in the eyes of the Church is incumbent upon any just society.“[403]

Die Liste von Beispielen sachlicher, teils sogar begrifflicher Übereinstimmung zwischen Synodentext und sozialethischem Dokument ließe sich noch verlängern. Die voranstehenden Beispiele genügend jedoch, um aufzuzeigen, dass es sich um Querverbindungen, nicht aber um eine literarische Abhängigkeit handelt. Darüber hinaus zeigt Abschnitt IV des sozialethischen Dokuments, dass die Möglichkeit zu einer Rückbindung des Textes an die Synodenbeschlüsse in Form von Verweisen oder kurzen Zitaten nicht genutzt wurde.

Damit ist das Verhältnis beider Dokumente zueinander allerdings noch nicht ausreichend bestimmt. Es lassen sich nämlich auch gewichtige Unterschiede bzw. unterschiedliche Akzentsetzungen beobachten:

- Der Synodentext widmet dem Kampf gegen den Hunger in der Welt einen ganzen Abschnitt.[404] Im sozialethischen Dokument erscheint „hungry“ in § 32 im Zusammenhang mit dem Zitat Mt 25,34–36, in § 34 wird – wie oben bereits erwähnt – der Begriff „the hungry“ im Rahmen einer Referenz auf den hl. Basilius verwendet; schließlich ist am Anfang von § 40 auf „unrelieved hunger“ verwiesen.
- Umgekehrt verwendet die Synode nur einmal die Formulierung „Anhäufung von Reichtum in den Händen weniger“[405]; dieses Motiv hat dagegen für das sozialethische Dokument zentrale Bedeutung und durchzieht fast die gesamte Darlegung des IV. Abschnitts.
- Die Synode hatte im Blick, dass der vielfältige soziale Dienst der Kirche ihre Zusammenarbeit mit diversen sozialen Trägern nahelegt.[406] Dieser Gedanke wird in Abschnitt IV des sozialethischen Dokuments – wo es sich angeboten hätte – nicht aufgegriffen oder gar entfaltet. Der Text ist vielmehr ganz auf sozialethisches Handeln der orthodoxen Kirche fokussiert. Allerdings wird in Abschnitt VI „Ecumenical Relations and Relations with other Faiths“ unter § 52 dieser

[402] Synodos, 97, Nr. 4.
[403] Dokument, 48.
[404] Vgl. Synodos, 97, Nr. 5.
[405] Ebd., Nr. 4.
[406] Ebd., 96, Nr. 1.

Aspekt gleichsam nachgetragen. Darauf wird zurückzukommen sein.

- Ein zentrales Anliegen im sozialethischen Dokument ist die Forderung an die Adresse des Staates, eine ethischen Maßstäben entsprechende Gesetzgebung in den Bereichen Steuern, Arbeitslohn und -bedingungen, Verschuldung und Gesundheitsvorsorge vorzunehmen. Insoweit fehlt es an einem Vorbild im Synodenbeschluss.
- Die Formulierungen des Synodentextes sind grundsätzlich gefasst und konsequent international ausgerichtet. Das trifft ohne Einschränkung auch auf Abschnitt IV des sozialethischen Dokuments zu. Allerdings spiegeln manche der in diesem Text fokussierten Missstände spezifische Situationen oder Themen, die in jüngster Zeit vor allem in den USA kontrovers diskutiert worden sind, etwa Rechtlosigkeit und Ausbeutung von Arbeitern ohne Arbeitserlaubnis, soziale Absicherung in Gestalt einer gesetzlichen Krankenversicherung, Auswirkung von Grenzschließungen und Ähnliches.
- Im Synodentext wurden Konflikte und Feindseligkeiten in der Welt als Quelle von Ungerechtigkeit und Ungleichheit bei der Teilhabe an den Gaben der Schöpfung ausgelotet. Sie könnten u. a. zu massenhaften Migrationsbewegungen und zu nationalen, religiösen und sozialen Zusammenstößen führen, die den Zusammenhalt der Gesellschaft bedrohen.[407] Im sozialethischen Dokument werden dagegen derartige Konflikte und ihre Folgen für gesellschaftliche Solidarität nicht problematisiert. Das ist umso überraschender, als zwar die Forderung nach umfassender internationaler Freizügigkeit zur Arbeitssuche erhoben wird,[408] die dann noch erheblich weiter steigende (Arbeits-)Migration aber nicht auf mögliches Konfliktpotential untersucht wird.
- Die Synode von Kreta bemühte sich um eine Balance zwischen Wirtschaft und Ethik, etwa in der Formulierung: „Eine lebensfähige Wirtschaft ist jene, welche Effektivität mit Gerechtigkeit und sozialer Solidarität verbindet."[409] Die Darlegungen im sozialethischen Dokument stellen demgegenüber eine höchst engagierte Parteinahme zugunsten der durch unverantwortliche Profitgier betroffenen Armen und Benachteiligten dar. Den ökonomischen Prozessen und den

---

407 Ebd., Nr. 2.

408 Dokument, 49: „An international free flow of labor, and with it the capacity of labor to organize on a global scale and thereby demand basic standards of employment in all labor markets, would make such exploitation very nearly impossible."

409 Synodos, 97, Nr. 4.

Auswirkungen der im Text erhobenen Forderungen auf diese wird dagegen kaum Beachtung geschenkt.

Neben dem Dokument „Der Auftrag der Orthodoxen Kirche in der heutigen Welt“ bietet auch die Enzyklika der Heiligen und Großen Synode von Kreta[410] einige wertvolle Einsichten zum Thema. So wird in Nr. 13 das Faktum einer globalen Gesellschaft angesprochen, die allzu einseitig auf das „Haben“ und den Individualismus ausgerichtet sei. Demgegenüber erinnerte die Synode daran:

> „Die Gnade Gottes heiligt im Heiligen Geist das Werk der Hände des Menschen, der mit Gott zusammenarbeitet, und bejaht darin das Leben und das Miteinander der Menschen.“[411]

Diese Aussage kann gleichsam als Leitmotiv für den die Wirtschaft betreffenden Abschnitt des sozialethischen Dokuments gelten, das die Themen „Arbeit“ und „Arbeiter“ unter verschiedenen Aspekten intensiv behandelt hat. Ein anderer Schwerpunkt der Enzyklika liegt auf dem Zusammenhang zwischen Globalisierung und Ökonomie, dem ein ganzer Abschnitt gewidmet ist:

> „Die gegenwärtige Ideologie der Globalisierung [...] hat weltweit bereits mächtige Erschütterungen für die Ökonomie und die Gesellschaft hervorgerufen. Die aufgezwungene Globalisierung hat neue Formen systematischer Ausbeutung und sozialer Ungerechtigkeit hervorgerufen. Sie hat den schrittweisen Abbau von Hindernissen, die aus entgegengesetzten nationalen, religiösen, ideologischen und anderen Traditionen erwachsen, zum Ziel und hat bereits zu einer Schwächung oder sogar vollständigen Aufhebung sozialer Errungenschaften geführt; dies geschah unter dem Vorwand einer angeblichen Angleichung an die globale Ökonomie, wodurch der Graben zwischen Reich und Arm vertieft wurde, der soziale Zusammenhalt von Völkern zersetzt wurde und globale Spannungen neu entflammt wurden.“[412]

„Globalisierung“ kommt dagegen im wirtschaftsethischen Abschnitt des Dokuments als Phänomen überhaupt nicht und als Begriff nur nachrangig in den Blick: In § 36 werden global agierende Unternehmen erwähnt, fokussiert auf deren Aktivitäten in Ländern mit niedrigem Lohnniveau. Ähnlich wird in § 37 gefordert, dass Teilnahme am „globalen Markt“ auf gerechten Arbeitsbedingungen gründen müsse.[413]

---

410 Ebd., 20–41.

411 Ebd., 33.

412 Ebd., 34, Nr. 15.

413 Das Thema „Globalisierung“ ist demgegenüber unter verschiedenen Gesichtspunkten differenziert behandelt bei: Bartholomaios I., Begegnung mit dem Mysterium (wie FN 19), 123–131.

4.3 Vergleich mit dem Sozialkonzept sowie mit dem Dokument zu Würde, Freiheit und Rechte des Menschen der Russischen Orthodoxen Kirche

Das Sozialkonzept der Russischen Orthodoxen Kirche widmet sich in Abschnitt VI dem Thema „Die Arbeit und ihre Früchte“.[414] Darin wird zunächst in einer Interpretation von Gen 2 die Arbeit als Mittel dargestellt, sich den Lebensunterhalt zu erwerben.[415] Ein ganzer Absatz wird der Würdigung des Sonntagsgebots gewidmet, das dazu diene, dass sich der Mensch nicht vom Schöpfer abwende.[416] Der Fortschritt durch verbesserte Arbeitsgeräte und -methoden, insbesondere die Einführung der Arbeitsteilung und deren Verfeinerung gelten als Beitrag zur Verbesserung der menschlichen Lebensbedingungen, die allerdings auch die Gefahr in sich bergen, dass der Mensch sich vom Schöpfer entfernt. Dieses Thema wird in ausführlicher Auslegung der biblischen Geschichte vom Turmbau zu Babel abgehandelt. Dies bereitet den Grundsatz vor:

> „Aus christlicher Sicht stellt die Arbeit an sich keinen unbedingten Wert dar. Sie wird gesegnet, wenn sie als Mitarbeit für den Herrn gelten kann und zur Verwirklichung von Dessen Ratschluss über die Welt und den Menschen beiträgt.“[417]

Arbeit sei hingegen nicht gottgefällig, wenn sie egoistischen Interessen von Personen oder menschlichen Gesellschaften folge oder auf sündige Bedürfnisse abziele. Als moralische Beweggründe der Arbeit gelten einerseits der Erwerb des Lebensunterhalts, andererseits die Möglichkeit, Bedürftige zu unterstützen. Im Zusammenhang einer Auseinandersetzung mit Vätertexten wird ein Diktum des hl. Klemens von Alexandrien zur Arbeit als Schule sozialer Gerechtigkeit herangezogen, womit erstmals ein ethischer Wert im Zusammenhang mit der Arbeitswelt angedeutet wird. Abschnitt VI.5 verweist anerkennend auf die im Evangelium genannten Berufe wie Sämann oder Fischer. Die Gegenwart wird demgegenüber nur mit der Entstehung von Industrien in Verbindung gebracht, die Propaganda des Lasters und der Sünde zum Ziel hätten. Das völlige Ausblenden des „Normalfalls“ gegenwärtiger Arbeit und Arbeitsverhältnisse wirkt anachronistisch, ein Grundzug, den das sozialethische Dokument konsequent vermeidet.

---

414 Grundlagen, 55–58.

415 Ebd., 55 unter VI.1.

416 Ebd. unter VI.2.

417 Ebd., 56 unter VI.4.

Im Hinweis auf das Recht des Arbeiters auf seinen Lohn kommt ein Gesichtspunkt ins Spiel, der – wie oben dargestellt – im sozialethischen Dokument breiten Raum einnimmt. Das Sozialkonzept begnügt sich insoweit allerdings mit einem Kompendium an Schriftstellen, die eine Verweigerung des Arbeitslohns kritisieren. Sozialethische Verpflichtungen sind in einem einzigen Satz dieses Abschnitts im Sozialkonzept konzentriert:

> „Des weiteren gebietet der Befehl Gottes den Werktätigen, für diejenigen Menschen – Schwache, Kranke, Fremde (Flüchtlinge), Waisen und Witwen – Sorge zu tragen, die aus verschiedenen Gründen ihren Lebensunterhalt nicht selbst verdienen können, desgleichen auch mit ihnen die Früchte der Arbeit zu teilen […].“[418]

Damit bleibt das Dokument der ROK bei einer ethischen Pflicht zur Wohltätigkeit stehen. Eine gesellschaftliche Relevanz von „Arbeit“ und „Arbeitsbedingungen“ oder eine ethische Verpflichtung zur Verbesserung der Lebensbedingungen für die beispielhaft genannten Bedürftigen kommt nicht in den Blick. Das sozialethische Dokument ist demgegenüber ganz auf diese Aspekte ausgerichtet. Lediglich ein Anknüpfungspunkt gesellschaftlicher Relevanz wird im Schlusssatz von Abschnitt VI des Sozialkonzepts gleichsam nachgetragen:

> „Indem sie auf der Erde den Dienst Christi fortsetzt, der Sich namentlich mit den Elenden identifizierte, setzt sich die Kirche beständig für die Rechte der Stimmlosen und Ohnmächtigen ein. Deshalb fordert sie die Gesellschaft zur gerechten Verteilung der Früchte auf […].“[419]

Die Fortsetzung des Satzes spielt jedoch den Ball gleich wieder von der angesprochenen Gesellschaft zurück zu wohltätigen Individuen:

> „[…] wobei der Reiche den Armen, der Gesunde den Kranken und der Arbeitsfähige den Hochbetagten unterstützt.“[420]

Als ebenso charakteristisch erscheint folgende Formulierung:

> „Das geistige Wohl und die Selbsterhaltung der Gesellschaft sind nur unter der Voraussetzung möglich, dass die Sicherung des Lebens, der Gesundheit sowie des minimalen Wohlstands aller Bürger unbedingte Priorität bei der Verteilung der materiellen Ressourcen hat.“[421]

---

[418] Ebd., 58 unter VI.6.

[419] Ebd., 58.

[420] Ebd.

[421] Ebd.

Diese Aussage lässt nur den Schluss zu, dass die genannten Minimalbedingungen in der Sicht des Sozialkonzepts vor allem der Sicherung der Gesellschaft dienen, nicht aber einer ethischen Pflicht gegenüber den Bürgern entspringen. Jeglicher Hinweis auf eventuelle Pflichten des Staates, von Konzernen und sonstigen ökonomischen Akteuren, auf soziale Sicherungssysteme, auf gesetzliche Mindeststandards im Arbeitsleben oder im Sozialbereich usw. fehlt ebenso wie die Perspektive einer internationalen Dimension von Wirtschaft. Auch insoweit erweist sich das Sozialkonzept als vormodern. Die Ausrichtung des sozialethischen Dokuments erscheint in seiner konsequenten Orientierung an aktuellen Gegebenheiten und Problemen als diametral entgegengesetzt.

In einem eigenen kleinen Abschnitt behandelt das Sozialkonzept das Thema „Eigentum".[422] In diesem Zusammenhang erfolgt der Hinweis, dass „jeder Mensch ausreichende Mittel für eine würdige Existenz haben muss"[423]. Im weiteren Verlauf des Textes wird hinzugefügt: „Das Verhältnis des orthodoxen Christen zum Eigentum soll sich auf dem biblischen Gebot der Nächstenliebe gründen [...]."[424] Damit wird „Eigentum" mit einer moralischen Pflicht zum Teilen zugunsten bedürftiger Nächster verknüpft. Diese Sicht beschränkt sich demnach wieder auf den Bereich der Wohltätigkeit. Die Frage, wie der Mensch die Mittel für eine würdige Existenz erwirbt und ob es in diesem Zusammenhang ethische Verpflichtungen der Gesellschaft oder ökonomischer Akteure gibt, die zu beachten wären, bleibt ausgeklammert.

Weiter ist zu prüfen, ob Abschnitt XI des Sozialkonzepts, überschrieben „Die Gesundheit der Person und des Volkes",[425] Aussagen bietet, die zum Vergleich mit dem sozialethischen Dokument herangezogen werden könnten. Vorrangiges Interesse der Kirche besteht an einer Zusammenarbeit zwischen Kirche und Staat zur Erarbeitung eines Konzepts der Gesundheitspflege der Nation. In diesem Kontext kommt lediglich der allgemeine Grundsatz in den Blick, dass es jedem Menschen ermöglicht werden solle, sein Recht auf geistige, physische und psychische Gesundheit sowie auf soziales Wohlergehen bei längstmöglicher Lebensdauer in Anspruch zu nehmen.[426] Was dieses Recht konkret einschließt, wird jedoch nicht erläutert. Ebenso fehlt eine Auseinandersetzung mit

---

[422] Ebd., 59–62.
[423] Ebd., 59 unter VII.1.
[424] Ebd.
[425] Ebd., 88–94.
[426] Ebd., 90 unter XI.3.

der Frage, ob – und gegebenenfalls welche – ethische Verpflichtungen des Staates oder gesellschaftlicher Institutionen bzw. Akteure bestehen, um das Recht auf Gesundheit und soziales Wohlergehen jedes Menschen effektiv zu gewährleisten. Insoweit scheint die Vorstellung zu herrschen, dass solche Fragen im Rahmen der primär eingeforderten Zusammenarbeit von Kirche und Staat frei aushandelbar wären und dass mit einem daraus entstandenen „Konzept der Gesundheitspflege“ alle ethischen Belange eo ipso erfasst seien.

Im Abschnitt XVI „Internationale Beziehungen. Probleme der Globalisierung und des Säkularismus“[427] wird festgehalten:

> „Die Globalisierung hat nicht nur eine politische und rechtliche, sondern auch eine ökonomische sowie eine Kultur- und Informationsdimension. Auf wirtschaftlichem Gebiet führt sie zur Entstehung transnationaler Korporationen, die materielle und finanzielle Ressourcen von beträchtlichem Ausmaß angesammelt haben und eine übergroße Anzahl von Bürgern verschiedener Staaten beschäftigen.“[428]

Die Kirche anerkenne die Unumgänglichkeit und Natürlichkeit des Globalisierungsprozesses. Erhoben wird lediglich die ganz allgemeine Forderung nach einer allseitigen Kontrolle der transnationalen Korporationen sowie der im Finanzsektor der Wirtschaft ablaufenden Prozesse. Als Ziel einer solchen Kontrolle wird ausgegeben, dass jegliche Unternehmens- und Finanzaktivitäten den Interessen des Menschen und des Volkes zu unterwerfen seien. Nach welchen Maßstäben eine solche Kontrolle durchzuführen wäre, wird jedoch nicht reflektiert. In der Folge bleibt auch in diesem Zusammenhang die Frage nach der Existenz ethischer Werte oder Verpflichtungen und deren konkreter Umsetzung zum Wohl der Menschen unbeantwortet.

Mit dem Dokument „Grundlagen der Lehre der Russischen Orthodoxen Kirche über Würde, Freiheit und Rechte des Menschen“[429] gibt es einen weiteren, hier einzubeziehenden Anknüpfungspunkt, da der Text einen kleinen Abschnitt über „sozio-ökonomische Rechte“ des Menschen einschließt.[430] Darin heißt es:

> „Das irdische Leben ist ohne die Befriedigung der materiellen Bedürfnisse des Menschen unmöglich. […] Daher ist es notwendig, den Rechten und Freiheiten wie dem Eigentumsrecht, dem Recht auf Arbeit, auf Schutz vor Willkür des Arbeitge-

[427] Ebd., 123–131.
[428] Ebd., 127 unter XVI.3.
[429] Freiheit und Verantwortung, 220–239.
[430] Ebd., 235 f. unter IV.8.

> bers, der Freiheit des Unternehmertums, dem Recht auf einen angemessenen Lebensstandard eine klare sittliche Dimension zu verleihen. […] Die Bestimmung der ökonomischen und sozialen Rechte liegt nicht zuletzt darin, eine konfliktträchtige Zersplitterung der Gesellschaft abzuwenden.“[431]

Weiter wird ausgeführt:

> „Eine wichtige Verantwortung der Gesellschaft ist die Fürsorge für Menschen, die nicht imstande sind, ihre materiellen Bedürfnisse sicherzustellen. Der Zugang zu Bildung und lebensnotwendiger medizinischer Hilfe darf nicht von der sozialen und wirtschaftlichen Lage eines Menschen abhängen.“[432]

Mit der Präsentation dieses Grundsatzes bricht die Auseinandersetzung mit der Thematik allerdings bereits wieder ab. Kristina Stoeckl stellt in ihrer Kommentierung der Textpassage fest: „Section IV.8. on socio-economic rights is uncontroversial, with a call to solidarity and social justice.“[433] Neben dieser Feststellung bietet sie eine Gegenüberstellung der oben zitierten Rechte mit entsprechenden Aussagen in der „Allgemeinen Erklärung der Menschenrechte“ und der „European Charter“. Aber was sagt für sich genommen die Benennung einiger Rechte und die Existenz von Parallelen in den genannten Menschenrechtserklärungen aus? Insoweit wäre m. E. Stoeckls Beurteilung hinzuzufügen, dass die kleine Auflistung sozio-ökonomischer Rechte im Dokument der ROK wohl nur deshalb „uncontroversial“ erscheint, weil noch nicht einmal im Ansatz der Versuch gemacht wird,

- diese Rechte mit konkreten Verhaltensweisen und Situationen zu füllen,
- ethische Notwendigkeiten bzw. Desiderata zu formulieren,
- die beteiligten Akteure in die ethische Pflicht zu nehmen oder
- konkrete Aufgaben und Ziele der Kirche bei deren Umsetzung in die Praxis zu formulieren.[434]

Nimmt man hinzu, wie umfang- und detailreich im Dokument eine spezifische Interpretation der Menschenrechte etwa in Abschnitt III „Die

---

431 Ebd.

432 Ebd.

433 Kristina Stoeckl, The Russian Orthodox Church and Human Rights, Routledge London/New York 2014, 83.

434 Diese Lücke wird auch nicht durch eine ebenso unverbindliche Formulierung in Abschnitt V.2 geschlossen. In Freiheit und Verantwortung, 237 f. heißt es dazu: „In unserem Einsatz für die Menschenrechte sind folgende Bereiche besonders hervorzuheben: […] die Sorge um eine gerechte wirtschaftliche und soziale Ordnung der Gesellschaft […].“

Menschenrechte im christlichen Weltbild und im gesellschaftlichen Leben“ vorgenommen wird, fällt die in Abschnitt IV.8 gelassene Lücke umso mehr auf.

Der Vergleich zwischen den sozialethischen Dokumenten der ROK und demjenigen des Ökumenischen Patriarchats zeigt somit im weit gefassten Bereich der Wirtschaftsethik lediglich einige Berührungspunkte im Grundsätzlichen. Im Übrigen stellt „For the Life of the World“ eine ganz eigenständige Konzeption zur Bewältigung der gesellschaftlichen Kluft zwischen Arm und Reich durch Entfaltung des ethischen Grundsatzes „Gerechtigkeit“ dar. Ihr Fundament bildet eine ausführliche theologische Erarbeitung der Thematik. Der Text setzt sich mit spezifischen Notsituationen, mit deren Ursachen sowie mit den ethischen Verantwortlichkeiten der gesellschaftlichen Akteure auseinander. Daraus werden sehr konkrete Aufgaben und Möglichkeiten kirchlichen Engagements abgeleitet. Die Dokumente der ROK tun genau diesen – notwendigen – Schritt nicht. Deshalb präsentiert das sozialethische Dokument des Ökumenischen Patriarchats erstmals die entsprechenden Einsichten in solcher Tiefe und Breite in einem offiziellen Dokument der orthodoxen Kirche. Abschnitt IV „Poverty, Wealth, and Civil Justice“ darf deshalb zusammenfassend als wegweisend und innovativ gewertet werden.

Allerdings sei daran erinnert, dass die Synode von Kreta für die Umsetzung der avisierten Ziele sozialer Gerechtigkeit eine Zusammenarbeit empfohlen hat, ein Gesichtspunkt, der in Abschnitt IV nicht aufgegriffen wurde. Weiterhin überrascht ein wenig, dass der Faktor „Bildung“ nicht eingeschlossen wurde, obwohl gerade er oft den Unterschied zwischen „arm“ und „menschenwürdigem Auskommen“ für breite Bevölkerungskreise ausmacht. Der im Zusammenhang mit „Bildung“ im Deutschen oft verwendete Begriff „Chancengleichheit“ deutet zudem an, dass es sich dabei um einen Aspekt von „Gerechtigkeit“ handelt, der unschwer seinen Platz in der bestehenden Konzeption des sozialethischen Dokuments hätte finden können.

5. Frieden durch Überwindung von Krieg und Gewalt

5.1 Die Darlegungen im Abschnitt V des Dokuments

Teil V des sozialethischen Dokuments ist mit „War, Peace, and Violence“ überschrieben und widmet sich einem weiteren existentiellen Problemkreis im Leben der Menschen, der angesichts eines weltweit zunehmenden Konfliktpotentials besonders aktuelle Bedeutung hat. Das Thema wird in acht unterschiedlich langen Abschnitten (§§ 42–49) entfaltet.

Wiederum ist die erste Passage in § 42 einer theologischen Einführung gewidmet. Sie setzt ein mit einem Blick auf die Schönheit und das Gutsein der Schöpfung, die sich in der Natur zeige. Das Gegenbild entsteht aus einem Blick auf die von Gott abgefallene Welt („a fallen world“), die durch den Tod versklavt und überall durch Gewalt, Grausamkeit, Ignoranz und Streitigkeiten entstellt sei. Das Motiv der „gefallenen Welt“ taucht – in derselben oder einer ganz ähnlichen Formulierung – auch an zahlreichen anderen Stellen des Textes auf.[435] Im Abschnitt II „The Church in the Public Sphere“ (§ 8) diente es sogar wie hier als zentrale Aussage in der theologischen Einleitung.[436] Die Belege sind zu zahlreich und zu sehr über den ganzen Text verteilt, als dass man das Phänomen als Zufall abtun könnte. Die Rede von der „gefallenen Welt“ scheint vielmehr dazu zu dienen, verschiedene negative Phänomene, die das Leben der Menschen belasten, in denselben schöpfungstheologischen Zusammenhang einzubringen. Die Methodik ist derjenigen hinsichtlich der – positiv ausgerichteten – Rede vom „Reich Gottes“ (God’s Kingdom“) vergleichbar. Wie oben unter 3.1 bereits dargelegt,

---

[435] Vgl. Dokument, 3: „The world we inhabit is a fallen order“; 4: „this world, so that its intrinsic goodness may be revealed even amidst its fallenness“; 24: „the work of transfiguring a fallen world“; 27: „a shared vocation to transfigure the fallen world“; 29: „divorce is more than a consequence of our brokeness as fallen creatures“; 30: „but in the fallen world every blessing is haunted by the curse of Adam and Eve“; 38: „the tragic realities of our fallen world“; 58: „but ours is a fallen world“; 61: „and that in a fallen and broken world“; 92: „in this world, therefore, in seeking to transfigure fallen nature“; 100: „so that its intrinsic goodness might be revealed even amidst its fallenness“; 101: „a ceaseless striving against the fallen aspects of humanity and of the world“.

[436] Vgl. Dokument, 8 und 58.

stellt „Reich Gottes“ ein ähnlich durchgängiges Motiv im Dokument dar. Schaut man beide für den gesamten Text zusammen, ergibt sich ein Blick auf die menschliche Realität, die unter allerlei Beschwernissen leidet, welche auf sozialethisches Engagement drängen; dem gegenüber steht ein immer wieder aktualisierter Ausblick auf die eschatologische Heilung der „gefallenen Welt“ im Reich Gottes. Diese Vorgehensweise trägt deutlich katechetischen Charakter und dient damit geschickt dem avisierten Leserkreis, nämlich der Orientierung von nicht spezifisch theologisch gebildeten Gläubigen.

In § 42 werden Naturgewalten als äußeres Zeichen für eine Schöpfungsordnung gewertet, die durch Abfall von Gott beschädigt ist. Analog dazu gilt Gewalt, bewusst ausgeübt durch rational handelnde menschliche Akteure, als die wohl schrecklichste Manifestation für die Herrschaft der Sünde und des Todes. Nichts könne Gottes Willen für seine ihm ebenbildlichen Geschöpfe mehr widersprechen als Gewaltanwendung einer gegen den anderen; nichts könne frevlerischer sein als organisierte Massentötung. Die dergestalt schöpfungstheologisch rückgebundene Verwerflichkeit von Gewaltanwendung[437] ermöglicht den Autoren eine ganz grundsätzliche Aussage, ohne sich in Fallkonstellationen verzweigen zu müssen: „All human violence is in some sense rebellion against God and the divinely created order.“[438]

Diese Einsicht wird im Text durch Verweis auf ein Diktum Siluans des Athoniten, eines 1938 verstorbenen russischen Mönchs auf dem Berg Athos, sowie durch mehrere Bezüge zur Heiligen Schrift untermauert. Die weitere Argumentation ist auf das Phänomen „Krieg“ zugespitzt: Krieg sei quer durch die Geschichte eine Tatsache menschlicher Erfahrung; im Zeitalter moderner Nationalstaaten und im Zuge der Entwicklung von Vernichtungswaffen unvorstellbarer Kraft habe sich das, was einmal tragische Bedingung menschlicher Gesellschaft gewesen sei, in eine akute Krise für die gesamte Menschheit verwandelt.

---

[437] Vgl. Metropolit Damaskinos Papandreou, Réflexions sur la Question de la Paix, in: Centre Orthodoxe du Patriarcat Œcuménique (Hg.), Un Regard Orthodoxe sur la Paix (Les Études Théologiques de Chambésy 7), Editions du Centre Orthodoxe du Patriarcat Œcuménique Chambésy/Genève 1986, 21–31; ebd., 21 erkennt er in der mit der Schöpfung verbundenen Gottesebenbildlichkeit des Menschen, in deren Verunstaltung durch die Sünde und in der daraus resultierenden Notwendigkeit einer Umkehr des Menschen eine theologische Basis, die gemeinsames, d. h. ökumenisches Eintreten aller christlichen Kirchen für den Frieden nahelegt.

[438] Dokument, 58.

Der folgende § 43 setzt noch einmal sehr grundsätzlich mit einer näheren Bestimmung von Gewalt ein:

> „Violence is the intentional use of physical, psychological, fiscal, or social force against others or against oneself, causing harm, misery, or death."[439]

Weiterhin werden recht unterschiedliche Formen physischer Gewaltanwendung gleichermaßen gebrandmarkt, insbesondere sexuelle oder häusliche Gewalt, Abtreibung, Hassverbrechen, Terrorismus oder Krieg, aber auch Selbstverletzungen oder Selbstmord. Sie hätten gemeinsam, dass alle Beteiligten Verletzungen davontrügen, seien sie physischer, psychischer oder spiritueller Art. Die Folgen von Gewaltanwendung erstreckten sich sogar weiter als nur auf den Kreis der unmittelbar Beteiligten. Letztlich seien die ganze Menschheit und die gesamte Schöpfung betroffen. Diese Feststellung wird unter ausdrücklicher Berufung auf Forschungsergebnisse („In fact, research confirms …") getroffen, ohne diese jedoch zu spezifizieren oder zu benennen. Hier wiederholt sich eine bereits oben unter 4.1 zu § 38 festgestellte Auffälligkeit, nämlich der Verzicht auf die Benennung nichttheologischer Referenzen bzw. Forschungsergebnisse, obwohl im Text mit nichttheologischen Gesichtspunkten argumentiert wird, die nicht ohne weiteres einsichtig sind. Diese Vorgehensweise erscheint argumentativ wenig hilfreich, denn beim Leser entsteht zwangsläufig der Eindruck der Verwendung unbewiesener Behauptungen. Emmanuel Clapsis hat aufgezeigt, dass und warum gerade soziologische Einsichten in theologischen Zusammenhängen nützlich sind; es sei lediglich darauf zu achten, dass solche Bezüge nicht zu selektivem Umgang mit der kirchlichen Tradition und dem Glauben führen.[440] In § 43 des sozialethischen Dokuments wird ungeachtet dessen der Bereich soziologisch fassbarer Vorgänge umgehend wieder verlassen und eine theologische Argumentation eingeleitet:

> „Like a contagion, violence's effects spread throughout the ‚total Adam' and the whole world, often rendering love difficult or even impossible by corrupting human imaginations and severing the fragile bonds of love and trust that bind persons together in community."[441]

---

439 Ebd., 59.

440 Emmanuel Clapsis, Orthodoxy in Conversation (wie FN 126), 219. Damit trat er entsprechenden Befürchtungen von Georgios Mantzaridis, Grundlinien christlicher Ethik (wie FN 367), 53 entgegen.

441 Dokument, 59.

Die folgenden Sätze vertiefen diesen Blick. Es wird dargelegt, dass jeder Gewaltakt gegen einen anderen Menschen sich gegen ein Mitglied der eigenen (Menschheits-)Familie richte, gegen den eigenen Bruder oder gegen die Schwester. Darin zeige sich eine gewisse Komplizenschaft zur Sünde Kains. Ziel dieser Argumentation ist, „Gewalt" als „Sünde par excellence" zu brandmarken.[442] Im Abschluss von § 43 wird überzeugend dargelegt, dass Gewalt ein Widerspruch zu unserer Geschöpflichkeit und zu unserer menschlichen Berufung sei, eine liebende Gemeinschaft mit Gott und dem Nächsten zu suchen.[443] Sie sei die Negation der göttlichen Ordnung von Frieden, Gemeinschaft und Nächstenliebe; sie sei die Verneinung und Unterdrückung der göttlichen Würde einer jeden Seele, ein Angriff auf das Ebenbild Gottes in jedem von uns.

Nach dieser grundsätzlichen und überzeugenden theologischen Klärung wendet sich der folgende § 44 dem kirchlichen Handeln angesichts der Realität von Gewalt zu. Die Kirche könne Gewaltanwendung nicht gutheißen. Sie bete unablässig für den Frieden in der ganzen Welt, und zwar im Bewusstsein, dass „Friede" mehr sei als ein Waffenstillstand für eine gewalttätige Welt. Sie bezeuge darin ein tieferes Verständnis von „Schöpfung", wie sie Gott gewollt habe. Wahrer Friede bestehe in Gottes Gegenwart unter uns. Zeugen dafür seien die Märtyrer, von denen einige – mehrheitlich aus dem russischen Raum – namentlich genannt und als Beispiel für den Verzicht auf Vergeltung oder Wiedergutmachung gewürdigt werden. Sie seien Zeugen für Gottes Liebe und für das Ideal menschlichen Verhaltens geworden, das Christus bei seiner

[442] Ganz ähnlich urteilt Georgios Mantzaridis, Orthodox Observations on Peace and War, in: Semegnish Asfaw / Alexios Chehadeh / Marian Simion (Hg.), Just Peace. Orthodox Perspectives, WCC Publications Geneva 2012, 117–127 (118): „In reality there is no greater sin than war […]."

[443] Auch Aristotle Papanikolaou urgierte den Aspekt der liebenden Gemeinschaft zwischen Gott und Mensch als den wesentlichen, aber oft übersehenen Maßstab zur Beurteilung von Krieg und Gewaltanwendung. Vgl. Aristotle Papanikolaou, The Ascetics of War. The Undoing and Redoing of Virtue, in: Perry T. Hamalis / Valerie A. Karras (Hg.), Orthodox Christian Perspectives on War, University of Notre Dame Press Notre Dame/IN 2018, 13–35. Ebd., 17 hebt er hervor: „Given this understanding of divine-human communion, one thing is certain: no matter what side one is on, to be complicit in violence of any kind is damaging to one' s struggle for communion with God." Im Hintergrund dieser Darlegung dürfte das von Ioannis Zizioulas, Being as Communion (wie FN 64) entwickelte theologische Konzept stehen, angewandt auf die ethische Problematik von Krieg und Gewalt.

irdischen Sendung aufgezeigt habe. Diese Ausführungen zum ethischen Wert „Frieden“ fügen sich konsequent in die Argumentationslinie ein. Festzuhalten ist aber, dass die positiven Aussagen zu „Frieden“ deutlich kürzer angelegt sind als die Erklärung des Phänomens „Gewalt“ aus der Gebrochenheit der Schöpfung infolge eines Abfallens von Gott. Dadurch konzentriert sich insbesondere die Auseinandersetzung mit Wort und Beispiel Christi zum Thema „Frieden“ auf die summarische Wendung „the ideal of human conduct established by Christ during his earthly ministry“[444].

In § 45 wird nochmals der Grundsatz bekräftigt, dass die Kirche Gewalt in jeder Form verurteile. Im Anschluss wird die tragische Notwendigkeit („tragic necessity“) anerkannt, dass Einzelne, Gemeinschaften oder Staaten Gewalt anwenden, um sich oder andere vor unmittelbar drohender Gewalt zu verteidigen. Der Text listet eine ganze Reihe von Fallkonstellationen auf, um das Recht auf Selbstverteidigung oder Nothilfe in verschiedenen Lebenssituationen zu illustrieren. Diese werden gleichsam in einer Regel zusammengefasst:

> „Self-defense without spite may be excusable; and defense of the oppressed against their oppressors is often a moral obligation; but at times, tragically, neither can be accomplished without the judicious use of force.“[445]

Gebet und Unterscheidungsvermögen seien nötig, ebenso wie das aufrichtige Bemühen um Versöhnung, Vergebung und Heilung. Daran etwas unvermittelt angeschlossen, werden ethische Pflichten der Regierungen fokussiert: Die Kirche erkenne die Verantwortlichkeit rechtmäßiger Regierungen an, die Schwachen zu schützen, Gewaltanwendung zu verhüten oder zu begrenzen und Frieden zwischen Personen und Völkern zu fördern. Dies geschehe am besten durch das Bemühen, Gewalt zu reduzieren und friedliche Koexistenz zu fördern, indem gerechte und einfühlsame Gesetze erlassen und gleicher Schutz und Freiheit aller Gemeinschaften gewährleistet werden; dies schließe die Sorge um ethni-

---

[444] Dokument, 60. Wie das sozialethische Dokument in § 44, so setzt auch Emmanuel Clapsis, Orthodoxy in Conversation (wie FN 126), 216 beim Phänomen „Gewalt“ und dem ihm innewohnenden Widerspruch zur Ordnung des Gottesreichs an. Die Sendung Jesu wird nur kurz gestreift: „Theologically speaking, one can agree that violence is an element of this world and that it has no relationship with the coming reign of God or the life of Jesus, who revealed the power of God in the kenotic love of the cross.“

[445] Dokument, 61.

sche oder religiöse Minderheiten ein. Immer aber müsse Gewaltanwendung das letzte Mittel sein und dürfe nie exzessiv werden.

§ 46 setzt mit einem neuen Problemkreis an, nämlich mit der Frage, ob eine pazifistische Grundhaltung geboten sei. Dazu wird festgestellt, dass die Kirche historisch gesehen darauf nicht bestanden habe.[446] Ebenso wenig habe sie den Gläubigen verboten, im Militär oder in der Polizei zu dienen. Davon gäben die Militärheiligen („military saints“), die oft Märtyrer gewesen seien, beredtes Zeugnis.[447] Dieser Hinweis erscheint überzeugend. Klärungsbedarf besteht allerdings hinsichtlich des folgenden Satzes:

> „[…] the Orthodox Church has also never developed any kind of ‚Just War Theory‘ that seeks in advance, and under a set of abstract principles, to justify and morally endorse a state's use of violence when a set of general criteria are met.“[448]

Ein vergleichbarer Bezug auf „gerechten Krieg“ findet sich überraschend häufig in der orthodoxen theologischen Literatur.[449] Tatsächlich hat der hl. Augustinus (354–430) erste, durchaus hohe Anforderungen aufgestellt, unter denen Krieg als gerechtfertigt anzusehen sei. Sie gingen im 12. Jahrhundert systematisiert in das katholische kirchliche Recht ein. Der hl. Thomas von Aquin behandelte im 13. Jahrhundert die

---

446 Dennoch gilt eine pazifistische Grundhaltung als eine der Optionen zum Umgang mit dem ethischen Problem „Krieg und Gewalt“, die sich aus der orthodoxen Tradition erheben lassen bzw. mit ihr in Einklang stehen. Vgl. Perry T. Hamalis, Just Peacemaking and Christian Realism. Possibilities for Moving beyond the Impasse in the Orthodox Christian War Ethics, in: ders. / Valerie A. Karras (Hg.), Orthodox Christian Perspectives on War (wie FN 443), 335–359 (340–345).

447 Detailliert dazu James C. Skedros, Lessons from Military Saints in the Byzantine Tradition, in: Perry T. Hamalis / Valerie A. Karras (Hg.), Orthodox Christian Perspectives on War (wie FN 443), 195–213.

448 Dokument, 62.

449 Als Beispiele seien herausgehoben: Georgios Mantzaridis, Orthodox Observations on Peace and War, in: Asfaw, Semegnish / Chehadeh, Alexios / Simion, Marian (Hg.), Just Peace (wie FN 442), 117–127 (118); Stanley S. Harakas, The Teaching on Peace in the Fathers, in: Centre Orthodoxe du Patriarcat Œcuménique (Hg.), Un Regard Orthodoxe sur la Paix (wie FN 437), 32–47 (45); ders., An Orthodox Comment on Violence and Religion, in: Emmanuel Clapsis (Hg.), The Orthodox Churches in a Pluralistic World (wie FN 196), 103–109 (106); Philipp LeMasters, Orthodox Perspectives on Peace, War and Violence, in: The Ecumenical Review 63 (2011), 54–61 (54 und 61); Christos Tsironis, Peace-War-Ecclesia in Modern Greece. Fragments and Continuities, in: Semegnish Asfaw / Alexios Chehadeh / Marian Simion (Hg.), Just Peace (wie FN 442), 128–151 (129).

Thematik unter dem Gesichtspunkt der Rechts- und Friedenswahrung und verschärfte die Regeln nochmals durch das Prinzip der Verhältnismäßigkeit. Intendiert war dabei immer eine Begrenzung von Krieg.[450] Dieses – unter Berücksichtigung der Zeitverhältnisse – durchaus achtbare Ziel findet im Text von § 46 keine Erwähnung, auch nicht die spätere Entwicklung. Mit Francisco de Vitoria (1483–1546) begann nämlich die katholische Kirche, sukzessiv von dieser Lehre abzurücken,[451] weil das mit ihr verbundene Ziel nicht zu erreichen war. Das Zweite Vatikanische Konzil reduzierte ihre Reste auf eine moralisch erlaubte Verteidigung,[452] von der sachlich übereinstimmend auch das sozialethische Dokument spricht. Die konziliaren Grundsätze wurden in der katholischen Soziallehre konsequent entfaltet und vertieft.[453] Diese Entwicklung darf sowohl bei den Verfassern des sozialethischen Dokuments wie bei den oben unter FN 449 beispielhaft erwähnten theologischen Autoren als bekannt vorausgesetzt werden. Damit stellt sich die Frage: Kann mit der zitierten Formulierung die Absicht verbunden sein, die orthodoxe Lehre hinsichtlich Krieg und Frieden von einer spätantiken/mittelalterlichen Konzeption der katholischen Kirche abzugrenzen, die von dieser seit rund 450 Jahren so nicht mehr aufrechterhalten und vom Zweiten Vatikanischen Konzil endgültig an die Seite gerückt wurde? Daran bestehen Zweifel. Die Klärung ergibt sich aus einem Blick in die Sozialkonzeption der Russischen Orthodoxen Kirche. In dieser wurde nämlich die westliche Lehre vom gerechten Krieg rezipiert und wiederbelebt.[454] Obwohl im Text von § 46 des sozialethischen Dokuments keine Querverbindung aufgezeigt ist, erscheint es viel wahrscheinlicher, in der spezifischen Aussage nicht etwa überflüssige Kritik an einem theologiegeschichtlichen Museumsstück der katholischen Kirche anzuneh-

---

450 Vgl. Hans-Richard Reuter, Art. „Krieg – VI. Christentum“, in: RGG[4] 4 (Studienausgabe 2008), 1770.

451 Ebd., 1771.

452 Die diesbezügliche Entscheidung enthält die Pastoralkonstitution „Gaudium et Spes“ in Nr. 79. Vgl. Karl Rahner / Herbert Vorgrimler, Kleines Konzilskompendium. Sämtliche Texte des Zweiten Vatikanum, Herder Freiburg [11]1976, 537: „Vom gleichen Geist bewegt, können wir denen unsere Anerkennung nicht versagen, die bei der Wahrung ihrer Rechte darauf verzichten, Gewalt anzuwenden, sich vielmehr auf Verteidigungsmittel beschränken […].“ Auch die weiteren Ausführungen des Konzils bieten einzelne Parallelen zu Abschnitt V des sozialethischen Dokuments.

453 Vgl. Päpstlicher Rat für Gerechtigkeit und Frieden, Kompendium der Soziallehre der Kirche, Libreria Editrice Vaticana / Herder Freiburg u. a. 2006, Nr. 500.

454 Grundlagen, 65.

men, sondern vielmehr das Bestreben, gegen die „Aktualisierung" der Lehre vom gerechten Krieg durch die Russische Orthodoxe Kirche in deren Sozialkonzeption aus dem Jahr 2000 anzugehen. Für diese Interpretation spricht nicht zuletzt das in der orthodoxen theologischen Literatur des neuen Jahrtausends beobachtete breite Interesse, sich gegenüber der Konzeption eines „gerechten Krieges" abzugrenzen.

Aber auch angesichts einer solchen Zuordnung erscheint die Argumentation in § 46 des sozialethischen Dokuments nicht zwingend. Dort hieß es nämlich zu „gerechtem Krieg":

> „[…] that seeks in advance, and under a set of abstract principles, to justify and morally endorse a state's use of violence when a set of general criteria are met."[455]

In § 45 hieß es:

> „While unequivocally condemning violence of any kind, it nevertheless recognizes the tragic necessity of individuals or communities or states using force to defend themselves and others from the immediate threat of violence […]. Self-defense without spite may be excusable; and defense of the oppressed against their oppressors is often a moral obligation; but at times, tragically, neither can be accomplished without the judicious use of force."[456]

Berücksichtigt man, dass zu dem „set of abstract principles" der Lehre vom gerechten Krieg auch die „causa iusta", d. h. ein zuvor zugefügtes Unrecht,[457] zählte, liegt der Unterschied zwischen beiden Ansätzen in der Konzentration auf „Verteidigung". Das entspricht dem Weg, den auch das Zweite Vatikanische Konzil in „Gaudium et Spes" Nr. 70 gegangen ist.[458] Allerdings bleibt damit das eigentliche Problem noch ungelöst, dass nämlich „Angriff" bzw. „Verteidigung" sehr dehnbare und zudem manipulierbare Begriffe in den Händen derer darstellen, die politisch-institutionell in der Lage sind, Militäraktionen anzuordnen. Das ist auch der Grund, warum bereits seit der frühen Neuzeit nach Mitteln gesucht wurde, den Einsatz von Gewalt auszuschalten und friedlichen Wegen der Streitbeilegung Raum zu geben. Dazu gehören präventive Maßnahmen wie Schiedsverfahren, aber auch die Entwicklung der modernen Völkerrechtslehre bis hin zum Gedanken eines Systems kol-

455 Dokument, 62.

456 Ebd., 61.

457 Vgl. Wolfgang Lienemann, Frieden (Bensheimer Hefte 92), Vandenhoeck & Ruprecht Göttingen 2000, 36.

458 Vgl. Karl Rahner / Herbert Vorgrimler, Kleines Konzilskompendium (wie FN 452), 537.

lektiver Sicherheit, Ansätze, die das Zweite Vatikanische Konzil entsprechend gewürdigt hat.[459] Zu allen diesen Aspekten finden sich im Dokument nur zwei kurze Hinweise. In § 45 wurde – mit Blick auf die Innenpolitik – festgehalten:

> „But government achieves this best when working to reduce violence and to encourage peaceful coexistence, precisely by seeking to institute just and compassionate laws and to grant equal protection and liberty to all the communities over which it may exercise power, including ethnic or religious minorities."[460]

In § 49 wurde umfassender, aber noch kürzer ergänzt:

> „For Orthodox Christians, the way of peace, of dialogue and diplomacy, of forgiveness and reconciliation is always preferable to the use of violence […]."[461]

Der Ökumenische Patriarch Bartholomaios hingegen hat solche Überlegungen in den Mittelpunkt seiner Darlegungen gestellt:

> „Wir müssen Wege aus Krieg und Gewalt hin zum Frieden aufzeigen. Menschliche Konflikte mögen in unserer Welt unvermeidlich sein. Aber Krieg und Gewalt sind es sicherlich nicht. […] Das Streben nach Dialog und Frieden erfordert eine radikale Abkehr von dem, was die gängigen Überlebensstrategien in unserer Welt sind."[462]
> „Unser Ziel ist es dann, eine friedliche Lösung für die Unstimmigkeiten hinsichtlich der Fragen zu finden, wie wir in dieser Welt leben […]. Wir sollten uns als religiöse Führer verpflichten, Lösungen durch einen offenen Austausch zu finden, ohne auf Unterdrückung oder Machtausübung zurückzugreifen. Während in dieser Hinsicht jeder eine Rolle zu spielen hat, haben diejenigen unter uns in den Glaubensgemeinschaften eine größere Verantwortung, Menschen in Machtpositionen zu beeinflussen und zu Veränderungen zu bewegen."[463]
> „Wenn schließlich Friedensstiftung unsere einzige Hoffnung ist, Gewalt zu überwinden und unsere Welt zu verändern, wenn wir als Glaubensgemeinschaften und religiöse Führer alternative Wege einschlagen und verkünden müssen, wenn wir Krieg und Gewalt nur abwehren können, indem wir Frieden als den einzigen Weg nach vorn erkennen, dann sind wir nicht nur berufen, unsere eigene Pflicht zu erfüllen, sondern auch zur Kooperation mit anderen."[464]

Auch ein Rückgriff z. B. auf die Aussagen zu Frieden und Friedensbemühungen in der Gemeinsamen Erklärung des Ökumenischen Patriar-

---

459 Das Zweite Vatikanische Konzil hat dazu in „Gaudium et Spes", Nr. 79–84 eine ganze Reihe von Gesichtspunkten zusammengestellt; vgl. Karl Rahner / Herbert Vorgrimler, Kleines Konzilskompendium (wie FN 452), 538–544.

460 Dokument, 61 f.

461 Ebd., 67 f.

462 Bartholomaios I., Begegnung mit dem Mysterium (wie FN 19), 167.

463 Ebd., 171.

464 Ebd., 172.

chen Bartholomaios und von Papst Franziskus vom 25. Mai 2014[465] hätte diesbezüglich gute Dienste leisten können:

> „[…] we already have the duty to offer common witness to the love of God for all people by working together in the service of humanity, especially in defending the dignity of the human person […] in promoting peace and the common good, and in responding to the suffering that continues to afflict our world. We acknowledge that hunger, poverty, illiteracy, the inequitable distribution of resources must constantly be addressed. It is our duty to seek to build together a just and humane society in which no-one feels excluded or emarginated. […] We encourage all parties regardless of their religious convictions to continue to work for reconciliation and for the just recognition of peoples' rights. We are persuaded that it is not arms, but dialogue, pardon and reconciliation that are the only possible means to achieve peace.“[466]

Hier kommt nämlich in den Blick, dass Gewaltanwendung am Ende einer Ursachenkette steht, zu deren Gliedern Ungerechtigkeit, Ausgrenzung, Marginalisierung und nicht zuletzt Armut zählen. Diese Aspekte hätten es – wie auch die Chancen von kirchenübergreifender Zusammenarbeit – verdient, im sozialethischen Dokument berücksichtigt zu werden.

Ähnliches lässt sich hinsichtlich der ebenfalls in § 46 vorgenommenen Abgrenzung zu einem „heiligen Krieg“ beobachten. Dieses Motiv schien lange Zeit – wie der „gerechte Krieg“ – zu einer historischen Reminiszenz geworden zu sein, bis es in jüngerer Zeit eine unheilvolle Wiederbelebung als politische Kampfparole erlebt hat. Angesichts dessen ist gut nachvollziehbar, dass im sozialethischen Dokument die Gelegenheit zu einer ablehnenden Positionierung wahrgenommen wurde. Allerdings sei daran erinnert, dass „heiliger Krieg“ ein sowohl historisch wie religionswissenschaftlich sehr differenziertes Phänomen darstellt.[467] Das gilt auch für die dazu in Byzanz vertretenen Auffassungen.[468] Um

---

465 Vgl. Gemeinsame Erklärung des Ökumenischen Patriarchen Bartholomaios und von Papst Franziskus vom 25. Mai 2014, in: Pontifical Council for Promoting Christian Unity, Information Service Nr. 143 (2014/1), 12 f.

466 Ebd., 13, Nr. 5 und 8.

467 Vgl. Manfred Weippert, Art. „Heiliger Krieg – I. Alter Orient und AT“, in: RGG[4] 3 (Sonderausgabe 2008), 1562 f.; Josef van Ess, Art. „Heiliger Krieg – II. Islam“, in: ebd., 1563 f.; Hans-Richard Reuter, Art. „Heiliger Krieg – III. Ethisch“, in: ebd., 1564 f.

468 Vgl. Ioannis Stouraitis, Jihad and Crusade. Byzantine Positions towards the Notions of „Holy War“, in: Βυζαντινά Σύμμεικτα 21 (2011), 11–63; der Beitrag ist online zugänglich unter https://www.academia.edu/1946896/Jih%C4%81d_and_Crusade_Byzantine_positions_towards_the_notions_of_holy_war_Byzantina_Symmeikta_21_2011_ (abgerufen 8.8.2020).

den Vorstellungen von „heiliger Krieg“ und deren Missbrauch für politisch-ideologische Zwecke entgegenzutreten, wäre deshalb – statt bloß stichwortartiger Abgrenzung in § 46 – wohl aussagekräftiger gewesen, eine Einordnung in den größeren Zusammenhang „religiös konnotierte Kriege“ vorzunehmen und diese als grundsätzlich unethisch zurückzuweisen. Dies hat nicht zuletzt der Ökumenische Patriarch in eindrucksvoller Deutlichkeit dargelegt:

> „Ich habe wiederholt behauptet, dass Krieg im Namen von Religion ein Krieg gegen die Religion ist. Krieg im Namen Gottes beleidigt Gott. Man muss religiösen Fanatismus und politischen Aktivismus von religiösem Glauben und politischem Realismus unterscheiden. Nicht die Religion, sondern die Verzerrung religiöser Überzeugungen in Fundamentalismus und Fanatismus führt zu destruktiven und blutigen Konfrontationen […].“[469]

Die Fortsetzung von § 46 fokussiert das Problem, dass sich die orthodoxe Kirche hinsichtlich erlaubter Gewaltanwendung zu Zugeständnissen bereitfinden müsse:

> „Instead, the Church has merely recognized the inescapably tragic reality that sin sometimes requires a heartbreaking choice between allowing violence to continue or employing force to bring that violence to an end […] and even though it knows that the use of coercive force is always a morally imperfect response to any situation.“[470]

Eine Begrenzung von Gewaltanwendung innerhalb des gesetzten Rahmens wird durch eine individualisierte Anforderung angestrebt, dass nämlich niemand – selbst als Militärangehöriger – moralisch verpflichtet sei, an Handlungen teilzunehmen, die gegen den Wert „Gerechtigkeit“ oder die Lehren des Evangeliums gerichtet seien. Das christliche Gewissen müsse immer über den Anforderungen nationaler Interessen stehen. Diese Regel verlangt in der Konsequenz den einzelnen Gläubigen ein sehr hohes Maß an Unterscheidung ab:

> „Above all, a Christian must remain ever mindful that things that would be considered acts of terrorism when perpetrated by individuals oder organized factions – the random murder of innocent civilians, for instance, for the sake of advancing a political cause – do not become morally acceptable when they are perpetrated instead by recognized states, or when they are achieved with the use of advanced military technology.“[471]

---

[469] Bartholomaios I., Begegnung mit dem Mysterium (wie FN 19), 182.
[470] Dokument, 62.
[471] Ebd., 62 f.

Die insoweit zu treffende Gewissensentscheidung ist – abgesehen von ihrem persönlichen wie politischen Konfliktpotential – sachgerecht nur möglich, wenn die Grundlagen dazu, d. h. hinreichende und verlässliche Informationen, zur Verfügung stehen. Bei aller Anerkennung des in § 46 zugrunde gelegten hohen ethischen Standards stellt sich damit die Frage einer möglichen Überforderung des Einzelnen.

Obwohl die zitierte moralische Regel ganz allgemein formuliert ist, erinnern die darin enthaltenen Modalitäten doch an Diskussionen um die moralische Rechtfertigung des Irakkriegs.[472] Ausweislich der Formulierung des Schlusssatzes von § 46 ist die Auseinandersetzung um ihre zentralen Aspekte auch aktuell noch nicht zum Abschluss gekommen: Es lasse sich darüber streiten, ob eines der bestimmenden Merkmale der modernen Kriegsführung die effektive Verschmelzung der Kampfstrategien und die absichtliche Terrorisierung der Zivilbevölkerung sei. Damit stellt sich das sozialethische Dokument in angemessener Weise neuen ethischen Fragen, die aus der Weiterentwicklung der Militärtechnik und -strategie resultieren. Diese zu beantworten, dürfte vordringliche Aufgabe einer fortzuschreibenden Friedensethik sein.

In § 47 werden diejenigen fokussiert, die keine andere Wahl haben, als sich oder ihren Nächsten unter Gewalteinsatz zu verteidigen. Ausgehend vom Grundsatz, dass Krieg und Gewalt immer spirituelle Gefahren bergen, wird für solche Verteidigungshandlungen eine spezifische Grundhaltung gefordert, nämlich ein Handeln aus Liebe. Unter Hinweis auf Joh 15,13 und das Kreuz wird dargelegt, dass Jesus aus Liebe zur Menschheit gehandelt hat. Er habe am Kreuz zwar Gewalt erlitten und auf Vergeltung verzichtet; deshalb könne das Kreuz nicht aus sich heraus den Einsatz von Gewalt zur Verteidigung rechtfertigen. Es erinnere aber daran, dass derjenige, der Unschuldige gegen Angreifer verteidige, dann erst recht aus einer liebenden Motivation heraus handeln müsse. Daraus ergebe sich:

> „The Church rejects all violence – including defensive acts – that are prompted by hate, racism, revenge, selfishness, economic exploitation, nationalism, or personal glory.“[473]

---

[472] Vgl. Philipp LeMasters, Orthodox Perspectives in the Americas and Western Europe on the Invasion of Iraq, in: Semegnish Asfaw / Alexios Chehadeh / Marian Simion (Hg.), Just Peace (wie FN 442), 98–116.

[473] Dokument, 63.

Auf diese Weise werden sehr vielfältige niedrige Motive entlarvt, die einer Rechtfertigung von Gewalt selbst im Fall einer Verteidigungshandlung entgegenstehen. Zur weiteren Begründung wird nochmals auf das Konzept des „gerechten Kriegs" zurückgegriffen:

> „Such motives, which are all too often the hidden springs behind the waging of so-called ‚just wars', are never blessed by God."[474]

Insoweit ist auf das oben zum „gerechten Krieg" bereits Gesagte zu verweisen. Hier kommt jedoch noch hinzu, dass der hl. Thomas von Aquin in seiner Auseinandersetzung mit diesem Thema den Krieg grundsätzlich zu Fehlformen zählte, die der christlichen Liebe widerstreiten. Krieg sei zwar nicht an sich Sünde, werde aber dazu, *wenn er aus niedrigen Motiven geführt werde*. Thomas forderte deshalb die eindeutige Absicht, das Gute zu mehren und das Böse zu meiden.[475] Damit stellt die mittelalterliche Lehre vom „gerechten Krieg" diesbezüglich dieselben Anforderungen wie § 47 auf. Zugleich *können* niedrige Motive nicht hinter einem Bezug auf „gerechten Krieg" versteckt werden, weil sie ihn zu einem „ungerechtfertigten Krieg" werden lassen. Zutreffen dürfte allerdings die Annahme, dass niedrige Motive im Zusammenhang mit Gewaltanwendung in aller Regel verborgen werden. Dies geschieht aber wohl kaum unter (unzutreffendem!) Rückgriff auf eine mittelalterliche theologische Konzeption, sondern mittels ganz moderner Möglichkeiten wie z. B. durch eine in den Medien verbreitete Verdrehung der Wahrheit, durch falsche Schuldzuweisungen oder durch das Befeuern von Vorurteilen und Ängsten. Der effektiven Wahrnehmung ethischer Verantwortung im Zusammenhang mit Verteidigungshandlun-

---

474 Ebd.

475 In der englischen Übersetzung von Thomas von Aquin, Summa Theologica, Vol. 3 (II/II, q. 40), Cosimo New York 2007, 1354 lautet die entscheidende Passage: „Thirdly, it is necessary that the belligerents should have a rightful intention, so that they intend the advancement of good, or the avoidance of evil." Vgl. französische Übersetzung der textkritischen Leonina-Ausgabe, online zugänglich unter http://docteurangelique.free.fr/bibliotheque/sommes/3sommetheologique2a2ae.htm#_Toc476936765 (abgerufen 9.8.2020): Conclusion 3⁰: „Une intention droite chez ceux qui font la guerre: on doit se proposer de promouvoir le bien ou d'éviter le mal." Vgl. dazu Gerhard Beestermöller, Thomas von Aquin und der gerechte Krieg. Friedensethik im theologischen Kontext der Summa Theologiae, Bachem Verlag Köln 1990; ebd., 86 hält er – ungeachtet seiner Argumentation zugunsten einer stärkeren Differenzierung – als herrschende Auslegung fest: „In der Sekundärliteratur wird die Forderung nach der rechten Intention auf die Willensausrichtung aller bezogen, die am gerechten Krieg teilnehmen."

gen hätte eine Warnung der Gläubigen vor solchen Manipulationen gute Dienste leisten können.

§ 47 schließt die Thematik „Gewaltanwendung zur Verteidigung" ab, indem auf die Notwendigkeit einer spirituellen und emotionalen Heilung aller dabei Beteiligten verwiesen wird. Gewaltanwendung, gleich aus welchem Grund, verletzte immer die ganze Person und beeinträchtige deren Beziehung zu Gott, zum Nächsten und zur Schöpfung. Sowohl die Opfer von Gewaltanwendung, aber auch Soldaten, Polizeibeamte oder andere, die Gewalt anwenden (müssten), erlebten diese Erfahrung als spirituell zerstörerisch. In der Folge sei ihre Fähigkeit zu Glaube, Hoffnung und Liebe beeinträchtigt. Die Kirche sei aufgerufen, allen Betroffenen unablässig ihren Dienst zur geistlichen Heilung solcher Verwundungen anzubieten.[476] Diese umfassende Sicht erscheint als sehr zielgerichtet und den Betroffenen dienlich.

Der nächste Abschnitt (§ 48) behandelt ausführlich das Thema „Todesstrafe". Sie wird unter Berufung auf das Evangelium und die Urkirche als Mittel einer Bestrafung entschieden abgelehnt. Vergebung und Versöhnung seien die hauptsächlichen Gebote christlicher Kultur und bezeugten die Möglichkeit einer Veränderung in Christus. Regierungen seien verpflichtet, Gewaltanwendung in jeder Hinsicht und auf allen Wegen zu begrenzen. Da die Todesstrafe Böses mit Bösem vergelte, könne sie nicht als moralisch einwandfrei oder auch nur als tolerabel qualifiziert werden. Auch wenn manche versuchen würden, die Todesstrafe als Ausdruck angemessener Gerechtigkeit hinzustellen, so könnten Christen dennoch nicht einer solchen Logik folgen. Christus habe ausweislich der Evangelien mehrfach das Prinzip der Verhältnismäßigkeit als unzureichend zurückgewiesen; im Zusammenhang mit dem Fall der ertappten Ehebrecherin habe er eine Vergebungsbereitschaft gefordert, die selbst das Gesetz an die Seite stelle, um der Gnade Raum zu gegeben. Ausführlich wird dargelegt, dass und warum Röm 13,1–7 nicht herangezogen werden könne, um die Todesstrafe zu rechtfertigen. Die frühe Kirche habe das Gebot, niemand zu verurteilen, wörtlich genommen und nicht nur auf eine innere Haltung des Einzelnen bezogen.

---

[476] Zur spezifischen Aufgabe einer physischen, psychischen und spirituellen Heilung bei Opfern wie Verursachern von Gewaltanwendung vgl. Aristotle Papanikolaou, The Ascetics of War. The Undoing and Redoing of Virtue, in: Perry T. Hamalis / Valerie A. Karras (Hg.), Orthodox Christian Perspectives on War (wie FN 443), 13–35 (17–30).

Deshalb habe sie es auch abgelehnt, sich an der Maschinerie von Gewaltanwendung im Rechtswesen zu beteiligen. Diese Grundsätze werden zusätzlich anhand einer ganzen Reihe früher Vätertexte untermauert. Nach der konstantinischen Wende habe sich die Kirche zwar mit Kapitalstrafen des etablierten Rechtssystems abfinden müssen. Aber auch in dieser Phase hätten die Kirchenväter der Anwendung solcher Strafen weiterhin widersprochen. Erst als die Kirche sich mit den Herrschenden eingerichtet habe, sei die prophetische Ablehnung von Kapitalstrafen in Vergessenheit geraten. Dennoch bestehe das neutestamentliche und frühkirchliche Ideal fort und müsse unter den heutigen Gegebenheiten wiederentdeckt werden. Während die Kirche durchaus anerkenne, dass der Staat verpflichtet sei, Rechtsbrecher zu bestrafen, so rufe sie doch entschieden zur Abschaffung der Todesstrafe in allen Ländern auf. Dabei sei auch ein sozialer Aspekt zu berücksichtigen,

> „that capital punishment is almost invariably a penalty reserved for those who lack the resources to afford the best legal defense or who belong to racial or religious minorities“[477].

Mit dieser eindeutigen und vielfältig begründeten Positionierung gegen die Todesstrafe setzt das sozialethische Dokument ein bedeutsames Zeichen für einen humanen Umgang mit Straftätern.

Im abschließenden § 49 wendet sich der Blick erneut dem ethischen Wert „Frieden“ zu. Für orthodoxe Christen sei der Weg des Friedens, des Dialogs und der Diplomatie, der Vergebung und Versöhnung immer jeglicher Gewaltanwendung vorzuziehen. Das Zeugnis derer sei hoch zu schätzen, die sich jeden Tag für Verständnis und Respekt zwischen Menschen einsetzen, um so Konflikten vorzubeugen, Spaltungen zu überwinden sowie ökonomische wie soziale Voraussetzungen zu schaffen, die Konfliktpotential minimieren. Deshalb habe Christus die Friedensstifter seliggepriesen. Solche Friedensstifter seien berufen, in Familien und Gemeinschaften an der Verhinderung von Gewalt und Krieg zu arbeiten und dazu beizutragen, die menschliche Gebrochenheit zu heilen. Ein Zitat aus den Werken des hl. Basilius unterstreicht, dass nichts so typisch christlich sei wie das Wirken als Friedensstifter.[478]

---

[477] Dokument, 67.

[478] Vgl. dazu Emmanuel Clapsis, Peacemaking as Vocation. Toward an Orthodox Understanding, online publiziert auf der Homepage der „Orthodox Peace Fellowship“ unter https://incommunion.org/2013/04/26/peacemaking-as-vocation-toward-an-orthodox-understanding-by-fr-emmanuel-clapsis/ (abgerufen 13.8.2020).

5.2 Vergleich mit den Aussagen der Heiligen und Großen Synode von Kreta

Die Synode von Kreta hat das Thema „Frieden und Gewalt“ vor allem im Dokument „Der Auftrag der Orthodoxen Kirche in der heutigen Welt“ behandelt.[479] Eine erste Erwähnung findet das „Gut des Friedens“ in I.2; dort wird dessen Schutz von den Synodenvätern eindringlich einer innerchristlichen Zusammenarbeit anvertraut, „damit die Friedensbemühungen aller Christen ohne Ausnahme größeres Gewicht und größere Kraft erhalten“[480]. Diese Perspektive einer kirchenübergreifenden Zusammenarbeit wurde im Abschnitt V des sozialethischen Dokuments nicht aufgegriffen.

In den Abschnitten III und IV sind ausführliche Aussagen zu „Frieden und Gerechtigkeit“ bzw. zu „Friede und Abwendung des Krieges“ zusammengestellt. Bereits aus den Überschriften wird erkennbar, dass Ausgangspunkt der synodalen Darlegungen das Thema „Frieden“ ist. Entsprechend enthalten die Abschnitte III.1 bis III.3 ausführliche Herleitungen zunächst aus der Heiligen Schrift, dann schwerpunktmäßig aus den Kirchenvätern und schließlich die spezifische Aufgabe des Menschen, Frieden und Gerechtigkeit als Gaben des Heiligen Geistes in Werken des Glaubens, der Liebe und der Hoffnung in Jesus Christus zur Entfaltung zu bringen. Erst in Abschnitt III.4 kommen Konflikte, Streitigkeiten, Verbrechen und Kriege als tragische Folgen der Sünde in den Blick. Abschnitt III.5 fasst dann die spezifische Aufgabe der Kirche zusammen, für den Frieden einzutreten und ihm im Großen wie im Kleinen einen Weg zu bereiten.[481] Demgegenüber wurde für das sozialethische Dokument ein anderer – schöpfungstheologischer – Anknüpfungspunkt gewählt, nämlich Gewalt als Folge eines Abfalls des Menschen von Gott. Entsprechend diesem Ansatz liegt der Schwerpunkt der Darlegungen im sozialethischen Dokument auf einer Auseinandersetzung mit (Erscheinungs-)Formen von Gewalt und deren ethischer Ver-

---

479 Synodos, 86–102.

480 Ebd., 89. Zur Bedeutung von Zusammenarbeit im Bereich von Friedensbemühungen vgl. Emmanuel Clapsis, Peace and Peacemaking as an Interfaith and Ecumenical Vocation. An Orthodox View, online publiziert auf der Homepage der „Orthodox Peace Fellowship“ unter https://incommunion.org/2012/09/28/peace-and-peace making-as-an-interfaith-and-ecumenical-vocation-an-orthodox-view/ (abgerufen 13.8.2020).

481 Synodos, 91–93.

urteilung. Die Friedensthematik klingt dagegen in § 44 unter Hinweis auf Texte der Liturgie nur an und gipfelt im Satz: „True peace is the very presence of God among us.“[482] Erst in § 49, der Schlusspassage von Abschnitt V des Dokuments, wird der Gesichtspunkt „Frieden“ nochmals aufgegriffen, dort aber mit einem begrenzten Blickwinkel auf Beiträge der von Jesus seliggepriesenen Friedensstifter. Damit ist dem Aspekt „Frieden“ im sozialethischen Dokument geringere Aufmerksamkeit zugewandt als im Synodenbeschluss. Diese Beobachtung sollte allerdings nicht überbewertet werden, da sich auch für die Behandlung des Themas in der theologischen Literatur beide Ansätze identifizieren lassen.[483]

Größer sind die Querverbindungen zwischen Abschnitt IV des Synodenbeschlusses und Abschnitt V des sozialethischen Dokuments. Im Synodentext gilt z. B. Gewalt als Folge des Bösen und der Sünde in der Welt;[484] das sozialethische Dokument spricht ähnlich von der gefallenen Welt, „corrupted by alienation from God“, und einer „manifestation of the reign of sin and death“.[485] In beiden Texten ist übereinstimmend von der mit Massenvernichtungswaffen verbundenen besonderen Gefahr die Rede.[486] Dasselbe gilt für die Betonung von Dialog und ähnlichen Mitteln als geeignete Wege zur Konfliktprävention oder -beendigung.[487]

Das Synodendokument richtet im Abschnitt VI den Blick auf eine ganze Reihe von Hilfsbedürftigen, darunter die Opfer von kriegerischen Auseinandersetzungen, und sieht sich auch insoweit zu einem sozialen Dienst verpflichtet, der offen ist für eine Zusammenarbeit mit sozialen

---

482 Dokument, 60.

483 Eine Priorität auf das Thema „Frieden“ legt z. B.: Bartholomaios I., Begegnung mit dem Mysterium (wie FN 19), 167–186; wie das sozialethische Dokument beendet auch der Ökumenische Patriarch seine Darlegungen ebd., 185 mit einer Interpretation zur Seligpreisung der Friedensstifter in Mt 5,9. Vgl. Georgios Mantzaridis, Orthodox Observations on Peace and War, in: Semegnish Asfaw / Alexios Chehadeh / Marian Simion (Hg.), Just Peace (wie FN 442), 117–127. Eine Priorität auf das Thema „Gewalt“ und deren Überwindung ist z. B. zu beobachten bei: Emmanuel Clapsis, Orthodoxy in Conversation (wie FN 126), 216–220. Vgl. Stanley S. Harakas, An Orthodox Comment on Violence and Religion, in: Emmanuel Clapsis (Hg.), The Orthodox Churches in a Pluralistic World (wie FN 196), 103–109.

484 Synodos, 93 und 94.

485 Dokument, 58.

486 Synodos, 93 bzw. Dokument, 58 f.

487 Synodos, 94 bzw. Dokument, 67.

Trägern.[488] Im sozialethischen Dokument findet sich dazu keine Entsprechung; zur Nächstenliebe finden sich nur sehr allgemeine Bezüge.[489] In VI.2 nehmen die Synodenväter in den Blick, dass Konflikte und Feindseligkeiten zu Ungerechtigkeit und Ungleichheit bei der Teilhabe an den Gaben der Schöpfung führen. Diese Folgen von Gewalt sind im sozialethischen Dokument nicht aufgegriffen worden. Umgekehrt erfasst das sozialethische Dokument eine Reihe von Problemstellungen, denen im Synodentext keine oder nur ganz nachrangige Aufmerksamkeit gewidmet ist. Dazu gehören:

- ein deutlich weiterer Blickwinkel auf unterschiedliche Formen von Gewalt[490] und deren Auswirkungen;[491]
- eine detaillierte Behandlung von Fällen der Gewaltanwendung zur Selbstverteidigung oder zur Verteidigung anderer;[492]
- die ausführlich begründete Ablehnung der Todesstrafe.[493]

Die Enzyklika der Synode behandelte in Nr. 17 das Problem der Gewaltanwendung im Namen Gottes und beleuchtete den Zusammenhang zum Fundamentalismus.[494] Das sozialethische Dokument fokussiert den Gesichtspunkt „holy war“, beschränkt sich dabei aber auf die Feststellung, dass sich die orthodoxe Kirche keinesfalls darauf beziehen könne.[495] Die sehr konkreten Feststellungen der Synode zu den Folgen von religiös konnotierten Konflikten im Nahen Osten sowie zu den notwendigen Maßnahmen zu deren Überwindung, die sich sowohl in der Enzyklika[496]

---

488 Synodos, 96.

489 Vgl. Dokument, 60 („charity“).

490 Vgl. ebd., 59: „Violence is the intentional use of physical, psychological, fiscal, or social force against others or against oneself, causing harm, misery, or death. Its forms and manifestations are too numerous to calculate. They include physical assault of every kind, sexual assault, domestic violence, abortion, hate-crimes, acts of terrorism, acts of war, and so forth, as well as acts of self-mutilation and suicide.“ Vgl. ebd., 60: „The Orthodox Church cannot, naturally, approve of violence […], whether this be in the form of physical violence, sexual abuse, or the abuse of authority.“

491 Vgl. ebd., 59: „All these result in damage to all parties involved: physical, mental, and spiritual damage to the victims of violence, but also to its perpetrators.“

492 Vgl. ebd., 60–64.

493 Vgl. ebd., 64–67.

494 Synodos, 37.

495 Vgl. Dokument, 62.

496 Synodos, 37 f.

wie auch in der Botschaft der Synode[497] finden, haben in Abschnitt V des sozialethischen Dokuments keine Berücksichtigung gefunden.

Im Ergebnis zeigt sich, dass auch Abschnitt V des sozialethischen Dokuments ein ganz eigenständig konzipierter Text ist. Die Querverbindungen zu den Synodentexten gehen kaum über Stichwortgemeinsamkeiten hinaus.

5.3 Vergleich mit dem Sozialkonzept der Russischen Orthodoxen Kirche

In der Sozialkonzeption der ROK ist dem Thema „Krieg und Frieden" der ganze Abschnitt VIII gewidmet.[498] Die Darlegungen beginnen mit einer Einordnung von Krieg als „physische Erscheinungsform der verborgenen geistigen Krankheit der Menschheit, des brudermordenden Hasses (Gen 4,3–12)"[499]. Festgehalten wird als Faktum, dass Kriege seit dem Sündenfall die Menschheit in ihrer gesamten Geschichte begleitet haben. Aus Mt 13,7 wird abgeleitet, dass dies auch in Zukunft so sein werde. Kernsatz des Einleitungsabschnitts ist die klare Positionierung:

> „Der Krieg ist Böses. Der Grund des Krieges, wie überhaupt des Bösen im Menschen, liegt im sündhaften Missbrauch der gottgegebenen Freiheit […]."[500]

Erinnert wird an das Verbot des Mordens in Ex 20,13; die alttestamentliche Stelle Num 35,33, der zufolge vergossenes Blut das Land entweihe und nur durch das Blut des Täters entsühnt werden könne, wird zur Warnung vor Gewaltanwendung herangezogen.

Damit liegt eine erste Übereinstimmung zwischen beiden Dokumenten im methodischen Ansatz, nämlich Gewaltanwendung und Krieg zum Ausgangspunkt der Darlegungen zu wählen.[501] Auch die Mehrzahl der in VIII.1 des Sozialkonzepts gebotenen einzelnen Motive findet Entsprechungen im Abschnitt V des sozialethischen Dokuments:

---

497 Ebd., 44 f.

498 Grundlagen, 63–69.

499 Ebd., 63.

500 Ebd.

501 In Dokument, 58 geschieht dies durch den Bezug auf „a fallen world […], enslaved to death, disfigured everywhere by violence, cruelty, ignorance, and strife".

- Sachlich übereinstimmend mit der Beurteilung von Krieg als böse bzw. als Ausdruck des Bösen im Menschen wird in § 42 Gewaltanwendung in Kriegen als „terrible manifestation of the reign of sin and death in all things“[502] gewertet.
- Der Bezug auf den Sündenfall ist im sozialethischen Dokument nicht nur vorhanden, sondern als durchgängiges Motiv stilisiert, gestaltet in einer Bandbreite von Formulierungen wie z. B. „a fallen world“, „created order corrupted by alienation from God“, „violence is in some sense rebellion against God and the divinely created order“,[503] „violence's effects spread throughout the ‚total Adam‘ and the whole world“.[504]
- Der Bezug auf den Brudermord Kains an Abel in Gen 4,3–12 findet eine Parallele in der Formulierung „… we are to some degree complicit in the sin of Cain“.[505]
- Der Hinweis auf Krieg als beständige Gefahr in der menschlichen Geschichte erfolgt in § 42 des sozialethischen Dokuments durch die Formulierung „… while the affliction of war has been a constant fact of human experience throughout history“.[506]

Alttestamentliche Schriftbezüge spielen im sozialethischen Dokument dagegen nur eine untergeordnete Rolle. Die Beobachtung von Parallelen beider Texte setzt sich hinsichtlich VIII.2 des Sozialkonzepts fort:

- die Spannung zwischen der christlichen Botschaft der Versöhnung und der menschlichen Realität unter der Macht des Bösen;[507]
- trotz Verurteilung kriegerischer Gewalt wird die Notwendigkeit von Gewaltanwendung zur Verteidigung übereinstimmend als unumgänglich anerkannt;[508] keine Entsprechung hat dagegen das an gleicher Stelle im Sozialkonzept neben „Verteidigung“ genannte zweite Ziel „Wiederherstellung verletzter Gerechtigkeit“;

---

502 Dokument, 58.

503 Ebd. (§ 42).

504 Ebd., 59 (§ 43).

505 Ebd.

506 Ebd., 58.

507 Vgl. Grundlagen, 63; vgl. Dokument, 58: „[…] that harmony, peace, communion, and abundance are the true ‚grammar‘ of creation as God has uttered it in his eternal Word. And yet all peoples live according to a law of aggression instead […].“

508 Vgl. Grundlagen, 63; vgl. Dokument, 61: „While unequivocally condemning violence of any kind, it nevertheless recognizes the tragic necessity of individuals or communities or states using force to defend themselves and others from the immediate threat of violence.“

- die Anerkennung von Militärdienst und der Hinweis auf heiliggesprochene Soldaten[509] sowie die Anwendung von Joh 15,13 auf diejenigen, die Gewalt anwenden, um andere zu verteidigen.[510]

Allein die bloße Zahl an Querbezügen zwischen den ersten beiden Passagen von Abschnitt VIII des Sozialkonzepts und Abschnitt V des sozialethischen Dokuments ist zu groß, um als zufällig gelten zu können. Besonderes Gewicht hat zudem der bereits erwähnte methodische Ansatz beider Texte, nämlich mit dem Anknüpfungspunkt „Krieg", nicht etwa mit „Frieden". Obwohl beide Texte völlig selbständig formuliert sind, können die aufgelisteten Beobachtungen zusammen als Indiz gelten, dass den Autoren des sozialethischen Dokuments eine gewisse Nähe der Darlegungen durchaus ein Anliegen war.

Bezeichnenderweise gehen die fokussierten Gesichtspunkte und die Argumentation hinsichtlich der folgenden Passagen des Sozialkonzepts teils sehr deutlich auseinander:

- Das Sozialkonzept widmet die zweite Hälfte von VIII.2 der ausgiebigen Schilderung eines Streitgesprächs zwischen Kyrill (Konstantin) von Thessaloniki mit dem Kalifen al-Mutawakkil in Samarra.[511] Zielpunkt der Darstellung scheint die Aufgabenbeschreibung kämpfender Soldaten zu sein: „Unsere christusliebenden Soldaten verteidigen mit der Waffe in der Hand die Heilige Kirche, verteidigen den Herrscher, in deren [sic!] geheiligter Person das Antlitz der Macht des Himmlischen Herrschers verehrt wird, verteidigen das Vaterland […]."[512]

---

509 Vgl. Grundlagen, 63; vgl. Dokument, 62: „[…] neither has the Church prohibited the faithful from serving in the military or police. Her military saints, often martyrs of the Church, are a case in point."

510 Vgl. Grundlagen, 63; vgl. Dokument, 63: „[…] who have no choice but to defend themselves and their neighbors by force. As Christ teaches us, ‚no one has greater love than this, to lay down one's life for one's friends' (John 15:13)."

511 Zu dieser Gesandtschaft im Auftrag Kaiser Michaels III. vgl. Thomas Bremer, Art. „Kyrillos und Methodios", in: LThK[3] 6 (Sonderausgabe 2009), 556 f. (556). Vgl. Josef Hahn, Art. „Kyrill der Philosoph", in: Mathias Bernath / Felix von Schroeder (Hg.), Biographisches Lexikon zur Geschichte Südosteuropas, Bd. 2, Oldenbourg München 1976, 539–541, online zugänglich unter https://www.biolex.ios-regensburg.de/BioLexViewview.php?ID=1224 (abgerufen 12.8.2020); zur Gesandtschaft heißt es ebd.: „Als Gelehrter hatte K. auch diplomatische Aufgaben zu erfüllen. So begleitete er (851) als eine Art wissenschaftlicher Attaché eine byzantinische Gesandtschaft zu dem Kalifen Mutawakkil in Samarâ bei Bagdad."

512 Vgl. Grundlagen, 64.

- Abschnitt VIII.3 mit dem Schwerpunkt einer Rezeption der mittelalterlichen westlichen Lehre vom „gerechten Krieg“. Einige der aufgelisteten Bedingungen sind dabei auf moderne Aspekte des Kriegsvölkerrechts angepasst worden, z. B. hinsichtlich einer formellen Kriegserklärung.[513] Hinzuzunehmen sind Aussagen des Abschnitts XVI zu internationalen Beziehungen. Darin wird einerseits der Grundsatz hervorgehoben, dass der Einsatz militärischer Gewalt nur als äußerstes Mittel bei der Abwehr bewaffneter Aggression seitens fremder Staaten in Betracht komme. Bedeutende Erweiterung erfährt dieser Grundsatz jedoch durch seine Ausdehnung auf Hilfestellungen für andere Staaten. Die nachfolgenden Erwägungen bieten zahlreiche sehr allgemeine Anknüpfungspunkte, die dem Staat die Darlegung eines „gerechten Krieges“ faktisch erleichtern, etwa der Verweis auf staatliche Souveränität, territoriale Unversehrtheit, Verträge, Bedingungen für die Auflösung multinationaler Staaten oder die Generalklausel „berechtigte Interessen des Volkes“.[514] Wie oben unter 5.1 bereits dargelegt, grenzen sich die Autoren des sozialethischen Dokuments in § 46 eindeutig und ganz grundsätzlich von einem Rückgriff auf das Konzept des „gerechten Krieges“ ab. Hinzuzunehmen ist der Hinweis in § 47, dass die Berufung auf das Konzept des gerechten Krieges allzu leicht unethische Motivationen verdecken könne. Im Zuge der Abgrenzung von „gerechtem Krieg“ wird allerdings weder die ROK noch das Sozialkonzept als konkreter Bezugspunkt erwähnt.[515]
- Im selben Abschnitt wird die Problematik behandelt, dass und warum es schwer sein mag, zwischen Angriffs- und Verteidigungskrieg zu unterscheiden. Deshalb nehme die Kirche in Anspruch, in jedem einzelnen Fall die Frage einer Unterstützung militärischer Handlungen zu entscheiden.[516]
- In Abschnitt VIII.4 wird die notwendige Motivation bei der Anwendung von Gewalt behandelt; dabei dürfe das Herz nicht unter die Macht von bösen Gefühlen gelangen; „einzig der Sieg über das Böse in seiner Seele befähigt den Menschen, Gewalt auf eine gerechte Weise zu üben“[517]. Das sozialethische Dokument behandelt in § 47

[513] Ebd., 64–66.
[514] Vgl. ebd., 125 f.
[515] Dokument, 62.
[516] Vgl. Grundlagen, 65 f.
[517] Ebd., 66.

ebenfalls die mit Verteidigungshandlungen verbundene Motivation, fasst sie aber konsequent positiv als ein Handeln in und aus Liebe.[518]

- Im sozialethischen Dokument wird es einer Gewissensentscheidung des einzelnen Soldaten anvertraut, sich nicht (weiter) an kriegerischen Handlungen zu beteiligen, wenn z. B. der Tod von Unschuldigen damit verbunden wäre.[519] Diese Einschränkung kennt das Sozialkonzept nicht.
- Das Sozialkonzept betont in der zweiten Hälfte von VIII.4 die geistliche Sorge für das Militär; dazu gehöre auch dessen Erziehung „im Geist der Treue zu hohen sittlichen Idealen" und die Aufgabe, das Militär „zurückzubringen zu den im Lauf von Jahrhunderten bewährten orthodoxen Traditionen des Dienstes am Vaterland".[520] Dagegen erkennt das sozialethische Dokument die Aufgabe der Kirche vor allem im Bemühen um Heilung bei allen von Gewalthandlungen Betroffenen, einschließlich derer, die Gewalt angewandt haben.[521]

Ein weiterer Anknüpfungspunkt, bei dem das Sozialkonzept der ROK und das sozialethische Dokument zu deutlich unterschiedlichen Wertungen gelangen, betrifft die Todesstrafe. In Abschnitt IX des Sozialkonzepts, überschrieben „Verbrechen, Sühne, Wiedergutmachung", heißt es dazu in Abschnitt IX.3,[522] dass die Todesstrafe im Alten Testament als gültig anerkannt worden sei. Weder das Neue Testament noch die Tradition noch das historische Erbe der orthodoxen Kirche legten die Notwendigkeit einer Abschaffung nahe. Eingeräumt wird aber, dass der mo-

---

518 Insoweit besteht eine begrenzte Parallele zu den in VIII.3 genannten „Hauptprinzipien". Vgl. Grundlagen, 64: „Liebe zum Nächsten, zum Volk und zum Vaterland". § 47 des sozialethischen Dokuments fordert insoweit: „[…] when one must defend the innocent against the rapacious, the only proper Christian motivation for doing so is love"; vgl. Dokument, 63.

519 Dokument, 63 f.

520 Grundlagen, 67. Sehr kritisch zur konkreten Gestaltung kirchlicher Tätigkeit im militärischen Bereich Alexei Bodrov, Relations between the Russian Orthodox Church and the Military, in: Semegnish Asfaw / Alexios Chehadeh / Marian Simion (Hg.), Just Peace (wie FN 442), 43–48 (46 f.): „The army definitely needs a new ideology, and Orthodoxy, including its popular mythology, looks very attractive for this role. […] The integration of the Church into military structures in Russia is also reflected in the widespread practice of consecration of weapons, including nuclear weapons and missiles."

521 Dokument, 64: „In all cases, the Orthodox Church must never cease to offer ministries of spiritual healing to those who have been the victims of violence and to those who have used violence […]."

522 Vgl. Grundlagen, 73 f.

ralische Einfluss des Christentums im Bewusstsein der Menschen eine negative Haltung in Bezug auf die Todesstrafe kultiviert habe. Eine Abschaffung würde neue Möglichkeiten für die seelsorgliche Arbeit mit Straffälligen und für deren Arbeit an ihrer Umkehr eröffnen. Dabei liege es auf der Hand, dass die Todesstrafe keine erzieherische Wirkung haben könne. Diese Gesichtspunkte führen die ROK zu einem Kompromiss: Eine Abschaffung der Todesstrafe durch die Staatsgewalten werde begrüßt; sie müsse jedoch Gegenstand einer freien Entscheidung des Volkes sein, wobei dem Aspekt der Sicherheit gesetzestreuer Mitglieder der Gesellschaft hohe Bedeutung zukomme. Das sozialethische Dokument widmet der Frage den ganzen § 48.[523] Darin wird in vielfältigen Ansätzen dargetan, dass und warum die orthodoxe Kirche Kapitalstrafen grundsätzlich ablehne. Allein die Ausführlichkeit und die Zahl der dazu präsentierten Gründe dürfen als Indiz dafür gelten, dass angesichts der zwiespältigen Positionierung der ROK für ein Umdenken zugunsten einer Abschaffung der Todesstrafe geworben werden soll. Dabei ist aber nicht zu übersehen, dass mit § 48 auch Überzeugungsarbeit bezogen auf die USA geleistet wird, denn das abschließende Argument setzt die dort geführten Diskussionen und die dortigen Verhältnisse voraus:

> „It appeals also to the consciences of persons everywhere, and asks them to recognize that capital punishment is almost invariably a penalty reserved for those who lack the resources to afford the best legal defense or who belong to racial or religious minorities.“[524]

In einer langen Passage des Sozialkonzepts wird unter VIII.5 das christliche Friedensverständnis dargelegt.[525] Sie besteht vor allem aus einer Kompilation von Schriftstellen. Ausgehend von Jes 32,17 wird der Zusammenhang zwischen Frieden und Gerechtigkeit herausgearbeitet. Aus verschiedenen neutestamentlichen Bezügen wird abgeleitet, dass für die Gabe des Friedens auch Bemühungen des Menschen erforderlich sind. Diese bestehen einerseits in einer inneren Umwandlung; andererseits werden Friedensstifter in ihren Beiträgen zu einer sozialen Ethik herausgehoben. Daraus wird gefolgert, dass die Kirche einen Dienst am Frieden im staatlichen wie im internationalen Rahmen leiste. Sehr deutlich ist zudem die Absage an Kriegs- und Gewaltpropaganda und an verschiedene Erscheinungsformen des Hasses, weil diese Konfliktpotential

---

523 Vgl. Dokument, 64–67.

524 Ebd., 67.

525 Vgl. Grundlagen, 67–69.

bergen. Damit kommen konfliktpräventive Maßnahmen zumindest ansatzweise in den Blick. Dieser Gesichtspunkt wird in Abschnitt XVI auch auf die internationale Ebene übertragen:[526]

- Der herrschende Grundsatz ist, dass die Beziehungen zwischen Völkern und Staaten auf Frieden, gegenseitige Hilfe und Zusammenarbeit gerichtet sein sollen.
- Konflikte sollen im Verhandlungsweg durch Kompromisse gelöst werden.
- Dasselbe gelte für Streitigkeiten und Konflikte, die aus Unabhängigkeitsbestrebungen erwachsen.

Das sozialethische Dokument greift in § 45 die Friedensthematik auf. Bezogen auf „innerer Friede" werden dabei die Regierungen kurz, aber viel deutlicher und facettenreicher als im Sozialkonzept in die Pflicht genommen:

> „But government achieves this best when working to reduce violence and to encourage peaceful coexistence, precisely by seeking to institute just and compassionate laws and to grant equal protection and liberty to all the communities over which it may exercise power, including ethnic or religious minorities."[527]

In § 49 wird die Friedensthematik unter einem weiteren Blickwinkel nochmals aufgegriffen und führt – gleichsam als positiv gewendetes Ergebnis des gesamten Abschnitts – zu einer sehr grundsätzlichen Aufgabenstellung:

> „For Orthodox Christians, the way of peace, of dialogue and diplomacy, of forgiveness and reconciliation is always preferable to the use of violence, capital punishment, or police or military force. The highest expression of Christian holiness in response to violence is perhaps found in those who strive every day to create understanding and respect among persons, to prevent conflict, to reunite those who are divided, to seek to create economic and social mechanisms for alleviating the problems that often lead to violence, and to welcome and care for those who are marginalized and suffering. It is found among those who dedicate themselves to extirpating the spiritual roots of violence in themselves and others."[528]

Hinzugefügt ist ein Bezug auf Mt 5,9 und ein Zitat aus einem der Werke des hl. Basilius. Die Passage bezieht so nicht nur das Bemühen um eine innere Grundhaltung ein, sondern stellt eine Konfliktprävention in den Mittelpunkt, die eine Bearbeitung konkret benannter Konfliktursachen fokussiert. In seinen Hinweisen zu „Frieden" und „Konflikt-

---

526 Ebd., 124–128.

527 Dokument, 61 f.

528 Ebd., 67 f.

prävention“ geht das sozialethische Dokument – verglichen mit dem Sozialkonzept – einen bedeutsamen Schritt nach vorne.

Um Abschnitt V des sozialethischen Dokuments vollständig einzuordnen, bedarf es noch eines Blicks auf die theologische und sozialwissenschaftliche Literatur, in der deutliche Kritik an zentralen Aussagen des Sozialkonzepts geübt worden ist. Ist es den Verfassern des sozialethischen Dokuments gelungen, diese positiv aufzugreifen? Interessanterweise scheint die Behandlung des Themas „Krieg und Frieden“ im Sozialkonzept geringere Beachtung gefunden zu haben als z. B. die Frage der Menschenrechte. So ragen vor allem zwei Argumentationslinien heraus:

(1) In der spezifischen orthodoxen theologischen Literatur nichtrussischen Ursprungs wird – wie bereits erwähnt – unisono die Übernahme der Prinzipien eines „gerechten Krieges“ abgelehnt,[529] wie sie im Sozialkonzept vorgenommen worden ist. Marian Gh. Simion hat in einem kenntnisreichen Beitrag das Konzept des „gerechten Krieges“ in seiner Auswirkung auf die orthodoxe Kirche untersucht.[530] Seine Ergebnisse lauten:

> „By remaining loyal to the teachings on non-retaliation, inherent into the Gospel (Matthew 5:38–42), the Orthodox Church made strong efforts to resist temptations for an unanimous justification of violence, and an adoption of the Just War theory.“[531]

Philipp LeMasters kritisierte die Rezeption des Konzepts vom gerechten Krieg durch die ROK mit Blick auf dessen Anfälligkeit für Missbrauch:

> „National self-interest and a desire for dominion have corrupted every known instance of warfare. Political and military leaders routinely take actions that they know will result in the deaths of noncombatants. These leaders usually also control the very information necessary to evaluate the morality of their own actions in war. True transparency and accountability in government are recent and rare developments, and many wartime leaders are in effect accountable only to themselves. Even

529 Vgl. die bereits oben in FN 449 beispielhaft genannten Autoren und Beiträge.

530 Marian Gh. Simion, Seven Factors of Ambivalence in Defining a Just War Theory in Eastern Christianity, in: ders. / Ilie Tălpăşanu (Hg.), Proceedings of the 32nd Annual Congress of the American Romanian Academy of Arts and Sciences, Polytechnic International Press Montreal 2008, 537–543; der Beitrag ist online zugänglich unter https://www.academia.edu/2135040/Seven_Factors_of_Ambivalence_in_Defining_a_Just_War_Theory_in_Eastern_Christianity (abgerufen 13.8.2020).

531 Ebd., 543.

a nation with a legal commitment to fight justly will probably lack the political will to submit to defeat when certain violations of just war standards would bring victory or save the lives of their own soldiers."[532]

Im Sommer 2017 veröffentlichte die Russische Orthodoxe Kirche den Entwurf eines Katechismus. Ein Teil des Textes wurde bereits approbiert. Dieser umfasst wörtlich aus dem Sozialkonzept übernommene Teile, darunter die oben behandelten Aussagen zum Thema „Krieg". Nicholas Sooy hat den Text untersucht[533] und sah Anlass zu einigen sehr kritischen Anmerkungen. Im Hinblick auf die wörtliche Übereinstimmung zwischen Katechismusentwurf und Abschnitt VIII des Sozialkonzepts betreffen seine Beobachtungen ebenso den Ursprungstext, also das Sozialkonzept. Sooy kritisierte u. a. den Hinweis auf Militärheilige. Es treffe zwar zu, dass viele kanonisiert seien; dennoch werde der falsche Eindruck erweckt, dass dies mit ihren militärischen Aufgaben zusammenhänge. Weitere Kritik setzt bei der im Sozialkonzept VIII.2 verwendeten längeren Passage aus der Schrift „Leben des Hl. Kyrill" an.[534] Hier stellt Sooy richtig, dass er nicht wie im Text angegeben „einen evangelischen Missionsauftrag" ausgeübt habe. Er sei vielmehr Mitglied einer diplomatischen Mission im Auftrag des Kaisers gewesen. Deshalb sei Kyrills Rolle die eines Friedensstifters und Diplomaten gewesen, nicht – wie im Text dargestellt – die eines Glaubensverteidigers gegenüber feindlich gesinnten Ungläubigen. Zudem sei eine späte, wenig zuverlässige Version des Textes benutzt worden, weil sie den Zwecken dienlicher gewesen sei. Die älteste und beste Quelle biete ein vielfach anderes Bild. Insbesondere habe Kyrill dieser Textfassung zufolge keineswegs eine Erklärung zur Kriegsethik abgegeben. Sehr kritisch beurteilt Sooy die Formulierung in VIII.3, in der Mt 26,52 als Rechtfertigung für einen „gerechten Krieg" herangezogen werde. Dies widerspreche dem Zusammenhang der Schriftstelle und der Tradition ihrer Auslegung. Falsch sei zudem die Behauptung, dass das Konzept vom gerechten Krieg bezweckt habe, „die Elemente militärischer Gewalt in

---

532 Philipp LeMasters, Orthodox Perspectives on Peace, War and Violence, in: The Ecumenical Review 63 (2011), 54–61 (56).

533 Nicholas Sooy, Just War and Orthodoxy. A Response to the Catechism of the Russian Orthodox Church, in: The Wheel 12 (2018), 51–56; der Text ist online zugänglich unter https://static1.squarespace.com/static/54d0df1ee4b036ef1e44b144/t/5a9cf48ce2c48369e06875c8/1520235671021/12_Sooy%2C+N.pdf (abgerufen 14.8.2020).

534 Vgl. Grundlagen, 64.

Schranken zu halten“[535]. Tatsächlich sei die Theorie ursprünglich entwickelt worden, um Frieden zu fördern, nicht um Krieg zu rechtfertigen. Ungeachtet dessen sei das Konzept im Osten insbesondere deshalb nicht rezipiert worden, weil es can. 13 des hl. Basilius widerspreche. Zudem verweist Sooy auf die Entwicklung in der katholischen Kirche, die vom Konzept des gerechten Kriegs aus guten Gründen abgerückt sei. Abschließend fordert Sooy eine Revision des Katechismusentwurfs – und damit mittelbar des in ihn aufgenommenen Teils des Sozialkonzepts –, um „to proclaim Christ's message of peace, rather than distorting his words to serve the ends of worldly power and war“[536].

Im Hinblick auf einen „gerechten Krieg“ ist im sozialethischen Dokument eine eindeutige Ablehnung enthalten: „Indeed, it (= the Orthodox Church, Anm. d. Verf.) could never refer to war as ‚holy‘ or ‚just‘.“[537] Zur Begründung wurde – in Übereinstimmung mit der Mehrzahl der erwähnten Autoren – in § 46 nur hervorgehoben, dass die Orthodoxie niemals ein solches Konzept entwickelt habe, das nach bestimmten Kriterien vorab Gewaltanwendung legitimiere. Auf die Erörterung weiterer Details wurde verzichtet.

(2) Ein zweiter Schwerpunkt von Kritik in der Literatur setzt an den Querverbindungen zwischen Kirche und Militär an. Zoe Knox wies auf die damit verbundene Problematik hin:

> „Orthodox clergy and hierarchs regularly bless Russian forces, weaponry and military machinery. The Moscow Patriarchate's support for the army's objectives is *de facto* support for Russia's foreign policy. Clearly, the Patriarch is willing to overlook issues which may embarrass the government or the military; there is never any comment made about the privations conscripts endure or human rights atrocities committed by Russian armed forces.“[538]

Boris Knorre und Aleksei Zygmont kritisierten, dass Abschnitt VIII des Sozialkonzepts Ausgangspunkt einer Entwicklung geworden sei, die sie als „Militarisierung der Orthodoxie“ bezeichnen:

> „Until now, we have approached the ‚militarization‘ of Orthodoxy from the perspective of its approval in state-aligned discourse and theology. This format implies a mechanical connection between Orthodoxy and the military sphere […]. However,

---

[535] Ebd., 65.

[536] Nicholas Sooy, Just War and Orthodoxy. A Response to the Catechism of the Russian Orthodox Church, in: The Wheel 12 (2018), 51–56 (56).

[537] Dokument, 62.

[538] Zoe Knox, Russian Society and the Orthodox Church. Religion in Russia after communism, Routledge London/New York 2005, 124.

> in 2000s–2010s some institutes, artifacts, and places emerged that suggest a real ‚interbreeding' of these two components and the introduction of hybrid phenomena: These include restoring of military clergy institute, the development of uniform for them that combines military and religious symbols, creating field temples, and building a magnificent cathedral of the Russian Armed Forces. In other words, the theological rethinking of military service in favor of its sacralization in Orthodoxy led to the emergence of hybrid forms of church-military interactions on structural, institutional, or aesthetic levels, as well as, as we will show, on the liturgical level. We can observe this process on publications in media, which were reflecting the public discussions on the subject and depicting the new inventions throughout this period."[539]

Anknüpfend speziell an Abschnitt VIII.3 des Sozialkonzepts bezüglich Militärseelsorge kritisierten Boris Knorre und Aleksei Zygmont weiterhin einen Widerspruch zwischen Theorie und Praxis:

> „Another exciting topic is remarkable inversion occurred in the Russian Orthodox Church's attitude toward nuclear weapons. […] Some Orthodox priests, theologians, and even members of the Church hierarchy began to justify it as a deterrent means able to facilitate justice on earth and uphold Orthodoxy by ensuring the protection of Holy Russia as a stronghold of faith. The consecration of Strategic Missile Forces complexes and sometimes even nuclear vehicles by priests underlines this approval of atomic arms. We have to note that this practice contradicted the Church's opinion expressed in the 1986 Epistle of the Holy Synod titled On War and Peace in the Nuclear Age, which stated that a nuclear war goes beyond what was hypothetically acceptable. It also recognizes that ‚the concept of justice cannot be applied' to a nuclear war; in other words, such a war exceeds the scope of legitimate ‚just wars'."[540]

Die „Orthodox Peace Fellowship"[541] sah sich veranlasst, am 3. Februar 2020 einen Brief an Patriarch Kyrill von Moskau und Ganz Russland zu senden, in dem Stellung zu einem in Diskussion stehenden Dokument

[539] Boris Knorre / Aleksei Zygmont, „Militant Piety" in 21st-Century Orthodox Christianity. Return to Classical Traditions or Formation of a new Theology of War?, online zugänglich auf der Baseler Publikationsplattform MDPI unter https://www.mdpi.com/2077-1444/11/1/2/htm (abgerufen 13.8.2020).

[540] Ebd. Ebenfalls sehr kritisch zu diesem Thema äußert sich Dmitry Adamsky, Russian Nuclear Orthodoxy. Religion, Politics, and Strategy, Stanford University Press Palo Alto/CA 2019.

[541] Zu dieser in den Niederlanden angesiedelten orthodoxen Friedensbewegung vgl. die Informationen auf deren Homepage unter https://incommunion.org/about-the-opf/. Zur Gründung, Entwicklung und Tätigkeit vgl. Jim Forest, Learning to be Peacemakers. A History of the Orthodox Peace Fellowship, online publiziert unter https://incommunion.org/2004/11/28/learning-to-be-peacemakers/ (beide Websites abgerufen 13.8.2020).

zur Segnung von Waffen und Soldaten bezogen wurde.[542] Der Vorgang zeigt, dass die Diskussion über das Verhältnis Kirche – Militär und dessen Implikationen auch jüngst noch im Gang war. Der unter (2) zusammengefassten Problematik ist das sozialethische Dokument in § 46 dadurch entgegengetreten, dass dort dem Gewissen der eindeutige Vorrang vor „the imperatives of national interest" zugemessen wurde. Zudem wurden in § 47 seelsorgliche Dienste nicht nur für Soldaten, sondern für einen ungleich größeren Kreis angeboten:

> „In all cases, the Orthodox Church must never cease to offer ministries of spiritual healing to those who have been the victims of violence and to those who have used violence, offering care to all who are receptive to God's mercy and grace."[543]

Zusammenfassend lässt sich das Verhältnis von Abschnitt V des sozialethischen Dokuments zum Sozialkonzept anhand folgender Aspekte umschreiben:

- Das sozialethische Dokument verwendet denselben methodischen Ansatz, indem die Problematik von Gewalt und Krieg zum Anknüpfungspunkt des Textes gewählt wurde. Die aufgezeigten Parallelen beider Texte sprechen für das Bemühen um eine gewisse Nähe, soweit sich diese ohne Abstriche an den inhaltlichen Akzenten durchtragen ließen.
- Völlig konträr behandelt das sozialethische Dokument das Konzept eines „gerechten Krieges", dessen Rezeption und Wiederbelebung im Sozialkonzept rundweg als der orthodoxen Tradition fremd zurückgewiesen wird. Damit greift das sozialethische Dokument eine fast einhellige Wertung der nichtrussischen theologischen Literatur auf. Die Begründung dafür ist allerdings denkbar kurz gehalten; zugleich werden die in der erwähnten Literatur vorgetragenen vielfältigen Argumente für eine Ablehnung ignoriert. Darin kann ein Indiz für die Absicht gesehen werden, sich zwar gegenteilig zu positionieren, dabei aber überflüssigen Konfliktstoff zu vermeiden. Der zweite Bereich konträrer Wertung gegenüber dem Sozialkonzept stellt die entschiedene Ablehnung der Todesstrafe dar. Diese ist auffällig ausführlich und intensiv begründet. Angesichts des Kompromisscharak-

[542] Vgl. Offener Brief der „Orthodox Peace Fellowship" an Patriarch Kyrill von Moskau und Ganz Russland vom 12.4.2020, online publiziert unter https://incommunion.org/2020/04/21/on-the-blessing-of-weapons-and-soldiers-letter-to-patriarch-kirill-in-moscow-and-all-russia/ (abgerufen 18.9.2020).

[543] Dokument, 64.

ters der entsprechenden Ausführungen im Sozialkonzept mag dies Indiz für die Hoffnung sein, die ROK in dieser Frage zum Umdenken bewegen zu können.

- Vor allem aber geht das sozialethische Dokument eigene Wege, sichtbar vor allem an einem viel weiter gefassten Begriff von Gewalt, einem viel genaueren Blick auf die Formen und Folgen von Gewalt sowie für die kirchliche Aufgabe, letztere sowohl bei Gewaltopfern wie Gewalt Anwendenden zu heilen. Die als Abweichung von der generellen Regel erlaubte Gewaltanwendung zur Verteidigung oder Nothilfe erscheint als so weit wie möglich reduziert, dazu an eine ethisch gute Motivation gebunden und durch ein Widerstandsrecht bzw. eine Gewissensentscheidung des Einzelnen vor allem in komplexen Kriegssituationen nochmals relativiert. Der Text enthält keinerlei Spuren eines nationalistischen Denkens oder von Zugeständnissen an eine Machtpolitik. Die Aussagen zum Thema „Frieden" sind zwar knapp gehalten, in ihrer biblischen Rückbindung sowie in ihrer differenzierten Ausrichtung auf Konfliktprävention und gewaltfreie Lösungen aber durchaus am internationalen Stand friedensethischer Bemühungen orientiert. Ein Dialog über diesen Text erscheint nicht nur gut möglich, sondern als Desiderat.

6. Ökumenische Beziehungen und Beziehungen zu anderen Religionen

In einer ersten Stellungnahme vom 20./22. April 2020 zu dem gerade erst in seiner Online-Ausgabe publizierten sozialethischen Dokument zeigte sich Dagmar Heller überrascht, „dass ein ganzes Kapitel (Kap. 6) dieses sozialethischen Fragen gewidmeten Papiers die Frage der ökumenischen Beziehungen und der Beziehungen zu anderen Religionen aufnimmt"[544]. Tatsächlich war dies nicht unbedingt zu erwarten. Hier zeigt sich, wie grundsätzlich die Kommission den im Bestätigungsschreiben des Ökumenischen Patriarchen festgehaltenen Auftrag angenommen hat, einen Text zu erarbeiten

[544] Dagmar Heller, Neuere sozialethische Entwicklungen in der Orthodoxie (wie FN 46) (abgerufen 15.8.2020).

> „in the spirit and context of the decisions of the Holy und Great Council convened in Crete, with a view to developing, cultivating and disseminating its teachings [...]"[545].

Die Synode hatte dem Thema der Beziehungen zwischen der Orthodoxie und der übrigen christlichen Welt ein ganzes Dokument gewidmet.[546] Auch der Bezug zu anderen Religionen und Hinweise auf die engagierten Bemühungen der orthodoxen Kirche im interreligiösen Dialog sind in die Synodendokumente aufgenommen worden. Von daher versteht es sich von selbst, dass einem Vergleich zwischen Abschnitt VI des sozialethischen Dokuments und den spezifischen Ausführungen der Synode von 2016 insoweit besondere Bedeutung zukommt.

Vorausgeschickt sei der Hinweis, dass im Abschnitt VI – wie in der Überschrift bereits angedeutet – zwei verschiedenartige Themenbereiche nacheinander behandelt werden:

- zunächst in §§ 50–54 die ökumenischen Bemühungen um die Einheit der Christen;
- dann in §§ 55–60 das Engagement der orthodoxen Kirche im interreligiösen Dialog.

Die Darstellung in dieser Studie untergliedert entsprechend den im vorgegebenen Text enthaltenen beiden Teilen. Im Abschnitt 6.1.1 werden bei der Untersuchung der den ökumenischen Dialog betreffenden Passagen die wichtigsten Querbezüge zu den Aussagen der Synode von Kreta bzw. neue Ansätze gegenüber den Synodentexten mitbehandelt und nicht in einen gesonderten Vergleich eingestellt. Der Vergleich des ersten Teils von Abschnitt VI des sozialethischen Dokuments mit dem Dokument „Grundprinzipien der Beziehung der Russischen Orthodoxen Kirche zu Andersglaubenden" wird in den Unterpunkt 6.1.2 ausgegliedert. Abschnitt 6.2 ist dann in mehreren Unterpunkten der Thematik „Interreligiöser Dialog" gewidmet.

---

545 Dokument, VI. Ähnlich im Vorwort des Erzbischofs Elpidophoros von Amerika ebd., X und im Vorwort der Herausgeber ebd., XIII.

546 Synodos, 57–66.

6.1 Der erste Teil von Abschnitt VI des Dokuments (§§ 50–54)

6.1.1 Die Darlegungen im Text des sozialethischen Dokuments und ihr Verhältnis zu den Aussagen der Synode von Kreta

Ein erster Teil des Abschnitts behandelt die Bemühungen der orthodoxen Kirche um die Einheit der Christen. Der einleitende § 50 bietet – ähnlich wie in früheren Teilen des Dokuments – eine theologische Einleitung. Im Unterschied zu diesen ist sie hier jedoch nicht durch Bezüge auf die Heilige Schrift oder die Kirchenväter bestimmt, sondern durch eine ekklesiologische Aussage aus der Enzyklika der Synode von Kreta. Allein die Wahl dieses Anknüpfungspunkts deutet bereits eine umsichtige Vorgehensweise der erarbeitenden Kommission an, denn der Text der Enzyklika konnte nach Einschätzung des Synodensekretärs Konstantinos Delikostantis ohne Probleme diskutiert und genehmigt werden,[547] während das eigentliche Ökumene-Dokument auf der Synode heftig umstritten war.[548] Vor diesem Hintergrund ist im sozialethischen Dokument weniger mit drastischen Änderungen als vielmehr mit eher unauffälligen Akzentverschiebungen zu rechnen, deren Erfassung – zumindest partiell – eine Untersuchung jedes Satzes erforderlich macht.

Der erste Satz von § 50 des sozialethischen Dokuments lautet:

> „The Orthodox Church understands itself to be the one, holy, catholic, and apostolic Church, of which the Nicene-Constantinopolitan symbol speaks."[549]

Diese Formulierung entspricht einerseits weitestgehend dem Textanfang des Ökumene-Dokuments der Synode von Kreta: „Die Orthodoxe Kirche als die Eine, Heilige, Katholische und Apostolische Kirche glaubt […]."[550] Ausweislich von FN 47 ist der Beginn von § 50 des sozialethischen Dokuments aber nicht daran, sondern vielmehr an § 2 der synodalen Enzyklika angelehnt.[551] Dort heißt es jedoch: „Die Ortho-

---

547 Konstantinos Delikostantis, Die Enzyklika der Heiligen und Großen Synode der Orthodoxen Kirche, in: Orthodoxes Forum 31 (2017), 75–80 (76).

548 Radu Constantin Miron, Das Heilige und Große Konzil der Orthodoxen Kirche – Kommentierte Tagebuchaufzeichnungen eines Teilnehmers, in: Una Sancta 73 (2018), 82–98 (93–97).

549 Dokument, 68.

550 Synodos, 57.

551 Dokument, 69, FN 47.

doxe Kirche [...] stellt die authentische Fortsetzung der einen, heiligen, katholischen und apostolischen Kirche dar, wie dies im Glaubensbekenntnis bekannt wird [...].“[552]

Im Vergleich fällt auf, dass die von der Synode gewählte Umschreibung „authentische Fortsetzung der ...“ in § 50 des Dokuments durch „to be“ ersetzt worden ist. Die dabei vorgenommene Akzentuierung ist alles andere als zufällig. Sie greift nicht nur auf den Anfang des Ökumene-Dokuments der Synode, sondern gleichzeitig auch auf eine Formulierung der 3. Vorkonziliaren Panorthodoxen Konferenz zurück, die sich mit der Synodenvorlage betreffend die Ökumene zu beschäftigen hatte und diesbezüglich einstimmige Beschlüsse fasste. Die seinerzeitige Formulierung lautete:

> „Die orthodoxe Kirche als die eine, heilige, katholische und apostolische Kirche ist sich ihrer Verantwortung für die Einheit der christlichen Welt voll bewusst.“[553]

Da diese Formulierung ganz eng an den Wortlaut des Nizäno-Konstantinopolitanischen Glaubensbekenntnisses angelehnt ist, konnte sie leicht mit dem in § 2 der Enzyklika diesbezüglich vorhandenen Hinweis verbunden werden. Ziel der veränderten Wortwahl in § 50 des sozialethischen Dokuments dürfte der Wunsch gewesen sein, eine Differenz zwischen § 2 der Enzyklika und § 1 des Ökumene-Dokuments zu überwinden sowie eine Kontinuität zur entsprechenden Formulierung der 3. Vorkonziliaren Konferenz bzw. zum Symbolum herzustellen. Zugleich wollte man offensichtlich nicht länger von „authentischer Fortsetzung“ sprechen. Was wurde mit dem Verzicht auf diese Formulierung bezweckt? Wenn sich die Orthodoxie als die authentische Fortsetzung der im Symbolum bekannten einen Kirche bezeichnet, wäre es denkmöglich, dass es auch nichtorthodoxe, aber gleichermaßen „authentische Fortsetzungen“ gibt.[554] Eine solche Interpretation von § 2 der Enzyklika unterstützt § 50 des sozialethischen Dokuments nicht mehr. Das dürfte den nicht

---

552 Synodos, 22.

553 Anastasios Kallis, Auf dem Weg zum Konzil (wie FN 112), 534.

554 Diese Vorstellung käme der sogenannten „branch theory“ sehr nahe, die in der anglikanischen Kirche des 19. Jahrhunderts entwickelt wurde. Nach dieser Konzeption seien die römisch-katholische, die anglikanische und die orthodoxe Kirche rechtmäßige Zweige der wesenhaft einen Kirche. Zu dieser in der katholischen wie in der orthodoxen Kirche als ekklesiologisch problematisch gewerteten Konzeption vgl. Harald Wagner, Art. „Branchtheorie“, in: LThK[3] 2 (Sonderausgabe 2009), 630. Vgl. auch Synodos, 63, wo in Nr. 18 des Ökumene-Dokuments die Idee einer Gleichwertigkeit der Konfessionen kategorisch ausgeschlossen wird.

zuletzt auch auf der Synode von Kreta sehr aktiven, traditionell bis antiökumenisch eingestellten Kreisen entgegenkommen. Dennoch steht die Tatsache im Raum, dass das Symbolum von Nizäa-Konstantinopel in der ungeteilten Kirche entstanden ist und heute verbindlicher Ausdruck des Glaubens in mehreren oder sogar vielen Kirchen ist. Weitergehende Deutungen mit Blick auf die Ökumene wären an dieser Stelle allerdings verfrüht.

Der zweite Satz von § 50 setzt die ekklesiologische Selbst-Bestimmung der Orthodoxie fort und lautet:

> „It is the Church of the Councils, continuous in charism and commission from the time of the Apostolic Council in Jerusalem up to the present day.“[555]

Entgegen der in FN 47 mitgeteilten Referenz, die sich nur auf § 2 der synodalen Enzyklika bezieht, findet sich die textliche Entsprechung erst in deren § 3 und lautet:

> „In ihrer Einheit und Katholizität ist die Orthodoxe Kirche die Kirche der Konzilien – vom Apostelkonzil in Jerusalem (Apg 15,5–29) bis zum heutigen Tage.“[556]

Hier besteht die Akzentverschiebung zunächst im Verzicht auf die Wiederholung der Merkmale „Einheit“ und „Katholizität“. Sie erscheint überflüssig, da diese Begriffe bereits im vorangegangenen Satz mit dessen Bezug auf das Symbolum eindeutig angesprochen waren. Dafür kommt mit „kontinuierlich in Charisma und Auftrag“ („continuous in charism and commission“) etwas Neues[557] in den Blick. Die Aussage „continuous“ in Verbindung mit der ausgespannten Zeitlinie vom Apostelkonzil bis heute verweist auf die ungebrochene apostolische Tradition und Sukzession. Diese Elemente treffen unzweifelhaft auf die orthodoxe Kirche zu, allerdings nicht exklusiv. Mit „charism“ kommt ein pneumatologischer Aspekt ins Spiel. Dabei sind die Gaben des Heiligen Geistes nicht ein irgendwann konkret zugeordneter „Besitz“, sondern sie werden vom Geist geschenkt, und zwar wann und wo er will. Die Gnadengaben des Heiligen Geistes sind zwar unzweifelhaft in der or-

---

555 Dokument, 68 f.

556 Synodos, 23.

557 Der Begriff „charism“ erscheint weder in der Enzyklika noch im Ökumene-Dokument der Synode. Der Begriff „commission“ wird in der Enzyklika ebenfalls nicht verwendet. Im Ökumene-Dokument taucht er lediglich in den Wortverbindungen „Joint (Theological) Commission“, „Inter-Orthodox Commission“, „Special Commission“ oder „Commission on Faith and Order“ und somit in anderer Bedeutung auf.

thodoxen Kirche präsent und wirksam, da diese wahre Sakramente zum Heil der Menschen spendet; allerdings gilt auch das nicht exklusiv. Beim Stichwort „commission“ kann man kaum anders, als an den Auftrag des auferstandenen Herrn an die Apostel zu denken (Mt 28,19; Mk 16,15–16; Lk 24,47; Joh 20,21–22), nämlich zu verkünden, zu taufen und Menschen als Jesu Jünger zu gewinnen. Dieser Sendung widmet sich die Orthodoxie zweifellos, aber ebenfalls nicht exklusiv. Damit sind durch die kurze Wendung in § 50 drei Kriterien benannt, die einerseits die orthodoxe Kirche auszeichnen, andererseits zugleich über ihre Grenzen hinausweisen und Verbindungen schaffen. Darin liegt eine Öffnung gegenüber den Engführungen während der synodalen Diskussion.

Der dritte Satz sammelt die bisherigen Einsichten mit Blick auf die Orthodoxie ein:

> „It (= The [Orthodox] Church, Anm. d. Verf.) lacks nothing essential to the full catholicity and full unity of the body of Christ, and possesses the fulness of all sacramental, magisterial, and pastoral grace.“[558]

Auch diese Formulierung hat keine Entsprechung in der Enzyklika oder dem Ökumene-Dokument der Synode, bietet also im Vergleich zu diesen Texten wiederum etwas Neues. Dabei handelt es sich um eine weitere Umschreibung des orthodoxen ekklesiologischen Selbstverständnisses. Sie ist mit dem Ansatz „lacks nothing“ so geschickt formuliert, dass sie nicht gleichsam automatisch etwas über andere Christen oder Kirchen (mit-)aussagt. Dennoch ist die Aussage grundsätzlich genug gefasst, dass sie innerorthodox auch für divergierende Strömungen konsensfähig sein dürfte.

Noch in § 50 folgt dann ein längeres Zitat aus einem Werk von Georges Florovsky.[559] Darin steht der Begriff „Identität“ im Mittelpunkt. In diesem Wort bündeln sich gewissermaßen die Sorgen ökumenekritischer Kreise, es könne durch Annäherung an andere Kirchen zu verschwimmenden Konturen oder gar zu Substanzverlusten hinsichtlich des eigenen Glaubens kommen. Entsprechende Ängste sind kein orthodoxes Spezifikum, sondern ein kirchenübergreifendes Phänomen der letzten Jahrzehnte, das (auch) mit der Bereitschaft oder Fähigkeit zu positivem Umgang mit der heutigen Welt in ihren Pluralitäten zusammenzuhängen

---

558 Dokument, 69.

559 Ebd.

scheint.[560] Dabei ist der Begriff „Identität“ viel komplexer, als es viele Äußerungen in diesem Zusammenhang vermuten lassen.[561] Metropolit Panteleimon Arathymos hat dazu geäußert:

> „Auch in christlichen Kirchen, in denen die Vergangenheit eine sehr entscheidende Rolle spielt, kann man ‚Kirche‘ nicht unbedacht mit Geschichte und Tradition identifizieren. Kriterium der Authentizität einer Tradition ist ja nicht die Gewohnheit, sondern die Treue zum Evangelium, die gleichzeitig Treue zur eschatologischen Hoffnung der Kirche ist. In der Orthodoxie gehen die Theologen gerne noch einen Schritt weiter. So argumentiert z. B. der Metropolit von Pergamon, Ioannis Zizioulas, dass die Kirche ihre Identität nicht aus der Vergangenheit, sondern aus der eschatologischen Zukunft erhält. Die Kirche ist demnach nicht das, was sie war und ist, sondern Kirche ist das, was sie sein wird.“[562]

In diesem Sinn ging bereits Florovsky im mitgeteilten Zitat (vgl. § 50 des Textes) davon aus, dass die orthodoxe Kirche im Kern („essentially“) identisch sei mit der Kirche aller Zeitalter. Es gehe nicht um eine bloß historische Kontinuität, sondern um eine spirituelle und ontologische Identität. Daraus konnte er – quer durch die Zeitalter – umschreibend ableiten „the same faith, the same spirit, the same ethos“[563], wohl wissend, dass sich auch die orthodoxe Kirche von ihren apostolischen Wurzeln her unter dem Antrieb des Heiligen Geistes stetig verändert und weiterentwickelt hat. Sie hat zu verschiedenen Zeiten in sehr unterschiedlichen Ausdrucksformen, kulturellen Zusammenhängen und äußeren Rahmenbedingungen Antworten auf die Fragen der jeweiligen Zeit gesucht und gefunden. „Kirchliche Identität“ liegt Florovsky zufolge tiefer als all dies. Zugleich erkennt er darin das einzig spezifische oder unterscheidende Merkmal für die Positionierung der Orthodoxie in einer gespaltenen Christenheit. Trotz seiner durchaus klaren Aussage bietet das Florovsky-Zitat in § 50 für sich genommen keine fertige Antwort; es deutet einen Weg an. Deshalb empfiehlt es sich m. E. auch

---

560 Vgl. dazu Dietmar Schon, Kirchliche Identität und ökumenische Zusammenarbeit – neue und alte Herausforderungen, in: ders. (Hg.), Identität und Authentizität (wie FN 42), 197–219.

561 Vgl. z. B. Andrew Louth, Orthodoxy and the problem of identity, in: International Journal for the Study of the Christian Church 12 (2/2012), 96–104.

562 Metropolit Panteleimon Arathymos, Identität und Authentizität von Kirchen im ‚globalen Dorf‘. Eine orthodoxe Perspektive, in: Dietmar Schon (Hg.), Identität und Authentizität (wie FN 42), 24–39 (30). Metropolit Panteleimon steht der orthodoxen Missionseparchie von Kongo und Gabun des Patriarchats von Alexandria und Ganz Afrika vor.

563 Dokument, 69.

nicht, diesen oder jenen Begriff wie „ontological identity“ oder „specific/distinctive feature“ aus dem Zitat herauszugreifen und isoliert zu interpretieren. Die im Zitat mitgeteilten Überlegungen Florovskys gehören vielmehr in den größeren Zusammenhang jahrzehntelanger, ökumenisch relevanter Forschungen eines orthodoxen Theologen, der sich selbst in der Ökumenischen Bewegung engagiert hat, um Beiträge zu einer Annäherung und zur Einheit einer gespaltenen Christenheit zu leisten.[564] Dimitrios Avdelas hat z. B. aufgezeigt, wie sich das ökumenische Denken Florovskys entwickelt und im Lauf der Zeit von Engführungen befreit hat.[565] Jerry Z. Skira hat darauf hingewiesen, dass und wie sich Florovskys Vorstellungen zu „kirchlicher Einheit“ vom größeren Zusammenhang seiner Ekklesiologie her bestimmen und dass darin – nicht zuletzt verbunden mit den Stichworten „Apostoliziät“, „Katholizität“ und „kirchliche Einheit“ – recht unterschiedliche Anknüpfungspunkte enthalten sind, die zu einer Lösung ökumenischer Fragestellungen beitragen könnten.[566] Damit wird erkennbar, dass mit der Neuakzentuierung in § 50 viel Forschungs- und Diskussionsbedarf verbunden sein wird. Im hier behandelten Zusammenhang bedarf es noch des Hinweises, dass auch die Synode von Kreta von „ontologischer Natur“ der Kir-

---

[564] Die ökumenische Bedeutung Florovskys wurde anlässlich einer internationalen Konferenz „The Theological Legacy of Protopresbyter Georges Florovsky“ in Istanbul (1.–3.9.2019) u. a. durch den Ökumenischen Patriarchen Bartholomaios und durch den Metropoliten von Pergamon, Ioannis Zizioulas, selbst ein Schüler Florovskys, gewürdigt. Vgl. den Bericht auf der Homepage der Delegation des Ökumenischen Patriarchats beim ÖRK unter https://www.ecupatria.org/2019/09/25/international-conference-on-the-theological-legacy-of-protopresbyter-georges-florovsky/ (abgerufen 17.8.2020).

[565] Dimitrios Avdelas, Fr. Georges Florovsky's Ecumenical Task. From Dostojewsky to Neopatristic Synthesis, in: International Journal of Orthodox Theology 7 (2016), 123–153.

[566] Jerry Z. Skira, Christ, The Spirit and the Church in Modern Orthodox Theology. A Comparison of Georges Florovsky, Vladimir Lossky, Nikos Nissiotis and John Zizioulas, online veröffentlichte Dissertation von 1998, zugänglich unter https://tspace.library.utoronto.ca/bitsam/1807/10514/1/NQ36600.pdf, 41–50. Vgl. dazu auch Christoph Künkel, „The True Church is Not Yet the Perfect Church“. Ökumenisches Denken und Handeln bei Georges Florovsky, in: Karl C. Felmy / Georg Kretschmar / Fairy von Lilienfeld / Claus-Jürgen Roepke (Hg.), Tausend Jahre Christentum in Russland. Zum Millennium der Taufe der Kiewer Rus', Vandenhoeck & Ruprecht Göttingen 1988, 583–590.

che gesprochen hat: „Ihrer ontologischen Natur nach kann die Einheit der Kirche niemals gestört werden.“[567]

Daraus wurde bekanntlich im folgenden Satz des Ökumene-Dokuments abgeleitet, dass den nichtorthodoxen Kirchen deshalb nur „die historische Benennung“ als Kirche zuerkannt werden könne.[568] Dieser Satz ist im Abschnitt VI des sozialethischen Dokuments nicht wiederholt. Damit wurde ein „fauler Kompromiss“, der die eigene orthodoxe Tradition nicht hinreichend ernst genommen hat,[569] aber während der Synode für notwendig erachtet worden war, diskret an die Seite gestellt. Aber bereits der oben zitierte, Nr. 6 einleitende Satz wurde von Radu Bordeianu als Kompromisslösung kritisiert, zu der sich die Synode von Kreta durch Interventionen extremer Ausrichtung gedrängt sah; er merkte hinsichtlich der darin angesprochenen „ontologischen Natur“ an:

> „Second, the document leaves the expression ‚ontological nature of the Church‘ unexplained but seems to oppose a theoretical and ontological reality of the Church that remains one with the historical and phenomenological reality of a disunited Church. The theological and pastoral consequences of this opposition are significant and the Council should have been more concerned with the effects of their statement than with reaching a compromise.“[570]

---

567 Synodos, 58.

568 Ebd.

569 Ausweislich von Kanon 1 und den Akten der Synode von 879/80 wurde das sogenannte „Photianische Schisma“ zwischen den *Kirchen* von Rom und Konstantinopel beendet, nicht zwischen Entitäten, die lediglich die historische Benennung „Kirche“ führen; vgl. deutsche Übersetzung der entscheidenden Passagen bei Anastasios Kallis, Das Jerusalemer Konzil von 2054, Theophano Verlag Münster 2012, 105 f. Die Enzyklika des Ökumenischen Patriarchen Anthimos VII. von 1895 spricht die römisch-katholische Kirche unter der Bezeichnung „Kirche des Westens“ an; vgl. Nikolai Thon, Quellenbuch zur Geschichte der Orthodoxen Kirche, Paulinus-Verlag Trier 1983, 477 f. (478). In der Patriarchal- und Synodalenzyklika des Ökumenischen Patriarchen Joachim III. von 1902 ist von der „Westkirche“ bzw. der „Kirche der Protestanten“ und später von „diese Kirchen“ die Rede; vgl. Thon, Quellenbuch, 478–481 (480). Die Schlusserklärung der III. Panorthodoxen Konferenz von Rhodos (1964) bekräftigte die Bereitschaft zum Dialog „mit allen christlichen Kirchen und Konfessionen“ und referierte den Beschluss der vorangegangenen Konferenz, der katholischen Kirche als gleichwertigem Partner einen Dialog vorzuschlagen; vgl. Thon, Quellenbuch, 501–503 (501 f.). Die Liste der Beispiele aus früherer oder neuerer Zeit ließe sich unschwer erweitern.

570 Radu Bordeianu, Getting from Conflict to Communion. Ecclesiology at the Center of Recent Lutheran-Orthodox Dialogues and the 2016 Orthodox Council of Crete, in: Worship 91 (2017), 518–539 (525). Der Text ist – mit gleicher Seitenzählung –

In der beigefügten FN 17 bezog sich Bordeianu auf Florovsky:

> „Georges Florovsky – though not solving the problem – was much more nuanced when he wrote about the tragedy of schisms in which the Church remains in a sense united but also suffers from schisms, the paradoxical character of division, and the abnormal state of a disunited Christianity, where no theology can properly explain how we are ‚separated brethren‘ – a paradox that deals with both our unity and our disunity.“[571]

In § 50 des sozialethischen Dokuments ist somit durch den unmittelbaren Bezug auf Florovskys ökumenische Theologie vor allem ein neuer Bezugspunkt für die künftige Diskussion präsentiert. Dieses „Neue“ dürfte das Wesentlichste und Zukunftsweisendste an dieser Textpassage darstellen. Denn die sich über Jahrzehnte erstreckenden Diskussionen und vielfachen Textänderungen – von der Genese des Vorlagentexts der 3. Präkonziliaren Panorthodoxen Konferenz bis hin zum Ökumene-Dokument der Synode von Kreta – haben letztlich all diesen schriftlichen Varianten einer orthodoxen Positionierung im ökumenischen Bereich sehr viel an innerer (Überzeugungs-)Kraft geraubt.

Der folgende § 51 des sozialethischen Dokuments[572] trägt unmittelbare Folgerungen aus den in § 50 getroffenen Feststellungen zusammen, sprachlich eng angeschlossen durch „That said …“. Zunächst wird erklärt, dass die orthodoxe Kirche aus Liebe die Einheit aller Christen suche, mit dem Wunsch, die spirituellen Schätze ihrer Tradition mit allen zu teilen, die das Angesicht Christi suchen. Besondere Beachtung verdient die anschließende Aussage, dass die kulturellen Ausdrucksformen von „Tradition“ weder mit der tatsächlichen apostolischen Autorität noch mit der sakramentalen Gnade verwechselt werden dürften, die der orthodoxen Kirche anvertraut seien. Diese Differenzierung öffnet Türen z. B. für eine noch tiefere Erfassung der Bedeutung von Taufe. Die angesprochene Abschichtung kultureller Ausdrucksformen der Tradition – angewendet auf den sakramentalen Kern der Taufe „in apostolischer Autorität“ – gibt nämlich Anlass, die diesbezüglichen Ergebnisse verschiedener offizieller theologischer Dialoge nochmals darauf zu prüfen,

auch online publiziert unter https://www.duq.edu/assets/Documents/theology/_pdf/faculty-publications/Bordeianu%20Worship%20November%202017.pdf (abgerufen 17.8.2020).

571 Ebd.

572 Dokument, 69 f.

ob die Konzentration auf das Wesentliche noch erhöht[573] und ob der noch nicht zu Ende gegangene Weg zur gegenseitigen Anerkennung der Taufe mit noch eindeutigeren Ergebnissen fortgesetzt werden kann. Der nächste Satz in § 51 ist inhaltlich noch gefüllter:

> „The Church seeks sustained dialogue with Christians of other communions in order to offer them a full understanding of the beauty of Orthodoxy, not in order to convert them to some cultural ‚Byzantinism'."[574]

Klärungsbedarf besteht zunächst hinsichtlich des Begriffs „Christians of other communions". Im Deutschen wäre „communion" und „community" gleichermaßen mit „Gemeinschaft" zu übersetzen und könnte von daher als „Aberkennung" von deren Kirchlichkeit interpretiert werden. Im Englischen scheint der Begriff „communion" jedoch viel mehr mit „Kirche" verbunden zu sein, als es zunächst den Anschein hat. So wird z. B. von der „Anglican communion" / „Anglikanischen (Kirchen-)Gemeinschaft" gesprochen;[575] gemeint sind damit die Kirche von England und andere nationale oder regionale Kirchen, die miteinander in voller Gemeinschaft stehen; selbstverständlich verstehen sich diese als „Kirche". Viel entscheidender dürfte aber ein anderer Bezug sein. „Communion" ist nämlich ein zentraler Begriff in der Ekklesiologie des Metropoliten Ioannis Zizioulas. Er beschreibt den Zusammenhang selbst so:

> „The Church is not simply an institution. She is a ‚mode of existence', a way of being. The mystery of the Church, even in its institutional dimension, is deeply bound to the being of man, to the being of the world and to the very being of God. [...] In the first place, ecclesial being is bound to the very being of God. From the fact that a human being is a member of the Church, he becomes an ‚image of God',

---

573 Erinnert sei z. B. an die im Dokument von Bari (1987) festgehaltene Meinungsverschiedenheit hinsichtlich der u. a. in der katholischen Kirche praktizierten Taufe durch Übergießen, obwohl diese Praxis auch in einzelnen autokephalen orthodoxen Kirchen üblich ist; vgl. Harding Meyer / Damaskinos Papandreou / Hans Jörg Urban / Lukas Vischer (Hg.), Dokumente wachsender Übereinstimmung, Bd. 2, Bonifatius Paderborn / Lembeck Frankfurt 1992, 542–553 (551). Erinnert sei auch an die vielfachen Grenzen der Magdeburger Erklärung zur wechselseitigen Taufanerkennung von 2007. Vgl. dazu den Beitrag von Jörg Bickelhaupt, Zehn Jahre Magdeburger Tauferklärung. Eine kritische Bilanz, in: Materialdienst 68 (03/2017), 37–41; der Text ist online publiziert auf der Homepage des Konfessionskundlichen Instituts Bensheim unter https://konfessionskundliches-institut.com/wp-content/uploads/sites/2/2017/07/MD_3-2017_Hauptaufsatz_web.pdf (abgerufen 18.8.2020).

574 Dokument, 69 f.

575 Vgl. dazu Stephen Neill, Art. „Anglikanische (Kirchen-)Gemeinschaft", in: TRE 2 (Sonderausgabe 1993), 713–723.

> he exists as God Himself exists, he takes on God's ‚way of being'. […] It is a way of relationship with the world, with other people and with God, an event of communion, and this is why it cannot be realized as the achievement of an individual, but only as an ecclesial fact."[576]

Zizioulas zufolge verdankt sich „Kirche" also einer spezifischen Beziehung zwischen Gott und Mensch sowie der Menschen untereinander. Sie ist „event of communion" und darin ein „ecclesial fact". Hinzuzufügen ist, dass Zizioulas seine Ekklesiologie mit Blick auf die orthodoxe Kirche entworfen hat, die er selbstverständlich ohne Einschränkung als Kirche sieht. In § 52 werden mit der Redeweise „Christians of other communions" seine ekklesiologischen Eckpunkte auf Nichtorthodoxe übertragen und stellen für diese ebenfalls ein „ecclesial fact" dar. Zugleich ersetzt das Stichwort „communion" die oben bereits kritisierte Rede von der bloß historischen Benennung der anderen nichtorthodoxen Kirchen und Konfessionen in Nr. 6 des Ökumene-Dokuments der Synode von Kreta. Stattdessen werden sie gleichsam aus der Geschichte zurückgeholt in den Bereich der Ekklesiologie, wobei der diesbezügliche Entwurf von Zizioulas – soweit ersichtlich – erstmals in einem offiziellen orthodoxen Text ökumenischer Ausrichtung mit dieser Deutlichkeit zugrunde gelegt ist. Damit stellt der Text von § 52 die Querverbindung zur alten wie jüngeren orthodoxen Tradition wieder her, in der z. B. die römisch-katholische Kirche selbst in unheilvollen Zeiten von Streitigkeiten immer als „Kirche" qualifiziert worden ist. Möglicherweise als Zugeständnis an traditionelle oder antiökumenisch eingestellte Kreise wird das Stichwort „Church" durchgängig nur für die orthodoxe Kirche gebraucht;[577] für die nichtorthodoxen Kirchen wird hingegen in der Regel die – mit der Bedeutung von „Kirche" angereicherte – Bezeichnung „communion" verwendet.[578] Wenn sprachlich möglich, wird im Folgenden dieser Begriff als „Kirchen-Gemeinschaft"

---

576 John Zizioulas, Being as Communion (wie FN 64), 15.

577 Eine Ausnahme besteht für eine Gruppe von in § 53 aufgezählten Kirchen, die dort als „ancient churches" bezeichnet werden; darüber hinaus sind ebd. die „Roman Catholic Church" und die „Anglican Communion" direkt angesprochen. Darauf wird noch zurückzukommen sein.

578 Der Begriff „communion" wird im VI. Abschnitt zehnmal verwendet, davon achtmal in einem spezifisch ekklesiologischen Zusammenhang, zweimal im Sinn von „vollendeter kirchlicher Einheit". Von der auffallend häufigen Verwendung des Begriffs „communion" in der theologischen Einleitung des sozialethischen Dokuments war bereits die Rede.

übersetzt und in Klammern „communion“ beigefügt, um an den Zusammenhang mit der Ekklesiologie von Zizioulas zu erinnern.

Die Weiterführung des oben zitierten Satzes von § 51 bietet die Klarstellung, dass ökumenischer Dialog zwar Gelegenheit biete, anderen Christen die Schönheit der Orthodoxie anzubieten, dass damit jedoch keineswegs die Absicht verbunden sei, die Gesprächspartner zu einem „kulturellen Byzantinismus“ zu bekehren. Damit wird angedeutet, dass „Einheit“ keine Einheitlichkeit voraussetzt. Dies ist bereits an der orthodoxen Kirche selbst ablesbar, die sich unterschiedlichen kulturellen Prägungen geöffnet hat. Erinnert sei an die „Übersetzung“ hinein in den slawischen Kulturraum, aber auch an die weniger bekannte, zielgerichtet verfolgte Prägung des Patriarchats Antiochia als „Kirche der Araber“.[579] Übertragen auf nichtorthodoxe Kirchen eröffnet die Unterscheidung von „Einheit“ und „Einheitlichkeit“ einen weiten Raum legitimer Vielfalt, die der erhofften Einheit nicht entgegensteht. Diesen Raum in seiner Breite, Tiefe und Höhe auszuleuchten, wird weiterer intensiver Arbeit bedürfen, stellt aber einen verheißungsvollen Ansatz dar.

Weiter heißt es in § 51, dass das ökumenische Engagement der Orthodoxie es ihr ermögliche, von den Erfahrungen anderer Christen zu lernen, die vielfältigen kulturellen Ausdrucksformen der Christenheit besser zu verstehen und die Einheit mit allen zu suchen, die sich auf den Namen Jesu berufen.[580] Diese Bekundung stellt in ihrer Eindeutigkeit ein Novum dar. Hier wird ein wechselseitiges Geben und Nehmen im Sinn von 1 Thess 5,21 ins Wort gebracht, das über viele Jahrhunderte und sogar über Brüche der *communio* hinweg einen lebendigen Austausch z. B. im Bereich der Theologie, Spiritualität und Kunst ermöglicht hat. Man kann darin sogar einen milde formulierten Appell erkennen, orthodoxerseits auf unnötige Abschottungen gegenüber „dem Westen“ zu verzichten. Die Textpassage mündet in eine ökumenische Agenda der orthodoxen Kirche: Sie könne nicht schweigen, sondern

---

[579] Vgl. dazu Dietmar Schon, Ignatios IV. Hazim – Patriarch von Antiochia, Wegbereiter, traditionsbewusster Reformer, in: Ostkirchliche Studien 62 (2013), 3–62 (31–33 und 61 f.).

[580] Das hier ausgesprochene Bemühen der orthodoxen Kirche, die Reichtümer ihres gelebten Glaubens anderen Christen bekannt zu machen, kombiniert mit einer Bereitschaft, auch selbst von Methoden und Konzeptionen anderer Kirchen zu lernen, klang bereits in einer der Ökumenischen Bewegung gewidmeten Enzyklika des Ökumenischen Patriarchen Athenagoras von 1952 an; vgl. Nikolai Thon, Quellenbuch (wie FN 569), 498–501 (499 f.).

müsse die Christen zur Fülle des Glaubens rufen. Diese kirchliche Sendung wird anhand eines Zitats aus dem Synodendokument weiter ausgeführt. Sie bestehe darin, die in der Heiligen Schrift und der Tradition enthaltene Wahrheit zu übermitteln und zu predigen, aus der die Kirche ihre Katholizität beziehe. Die Verantwortlichkeit der Orthodoxie für die Einheit und ihre ökumenische Sendung seien in den Ökumenischen Konzilien festgehalten. Dazu gehöre die unlösbare Beziehung zwischen dem wahren Glauben und der sakramentalen Kirchengemeinschaft.[581] An diesem Grundsatz der Eucharistiegemeinschaft, mit erfolgreicher Wiederherstellung voller kirchlicher Gemeinschaft verknüpft, hat die orthodoxe Kirche konsequent festgehalten. Seine Bekräftigung durch die Synode wie im sozialethischen Dokument bedeutet eine Absage an Bestrebungen, diesen Zusammenhang aufzulösen.

§ 52 dämpft in behutsamer Weise übertriebene Erwartungen, die Wiederherstellung der sakramentalen Einheit aller Christen könne in naher Zukunft bevorstehen. Zwar liege nichts jenseits der Möglichkeiten des Heiligen Geistes, und die Kirche werde in ihren Bemühungen um Einheit auch nicht nachlassen. Auf dem Weg bis zum Erreichen des erhofften Ziels gelte es, für die Anregungen von Gottes Wort und des Heiligen Geistes offen zu sein. Christen aller Kirchen-Gemeinschaften („communions“) könnten sich in Liebe treffen und zur Verwandlung der Welt zusammenarbeiten. Das gelte insbesondere für Werke der Nächstenliebe, in denen sie Gottes Liebe der Welt bezeugen, und in Bemühungen um soziale und zivile Gerechtigkeit, in denen die Christen allen Völkern Gottes Gerechtigkeit und Frieden bekunden. Die hier angesprochenen Möglichkeiten einer kirchenübergreifenden Zusammenarbeit tragen intensive Züge sozialethischen Engagements. Insofern besteht durchaus eine gedankliche Querverbindung zur Ansiedlung des Ökumene-Kapitels im sozialethischen Dokument. Neu ist der Gedanke einer Zusammenarbeit in diesem Bereich allerdings nicht. Einen ersten Anklang kann man im Sendschreiben des Ökumenischen Patriarchats „An die Kirchen Christi überall“ vom Januar 1920 entdecken. Bereits unter den dort aufgelisteten Vorschlägen eines offenen und lebendigen Austauschs zwischen christlichen Kirchen wurde „gegenseitige Unterstützung der Kirchen in der Arbeit des religiösen Aufbaus, der Liebestätigkeit und

[581] Das wörtliche Zitat in § 51 ist Nr. 2 und 3 des Synodendokuments entnommen; vgl. Synodos, 57.

dergleichen“ zu Feldern möglicher Zusammenarbeit gezählt.[582] Die Synode von Kreta legte das Schwergewicht fast ganz auf eine Auseinandersetzung mit den bereits begonnenen theologischen Dialogen. Möglichkeiten einer praktischen Zusammenarbeit sind nur sehr verhalten angedeutet:

> „In diesem Sinne hält die Orthodoxe Kirche für alle Christen den Versuch für wichtig, inspiriert durch gemeinsame grundlegende Prinzipien des Evangeliums, mit Engagement und Solidarität eine Antwort auf die tiefgreifenden Probleme der heutigen Welt zu suchen, die auf dem Vorbild des Neuen Menschen in Christus beruht.“[583]

Der Text von § 52 des sozialethischen Dokuments knüpft daran locker an; die Ausführungen erscheinen im Vergleich aber deutlich konkreter und auch einladender formuliert. Der letzte Teil dieses Textabschnitts fügt hinzu, dass alle Christen durch ihre Taufe auf den dreieinigen Gott gerufen seien, gemeinsam zu beten, vergangene Missverständnisse und Verletzungen gegen ihre Brüder und Schwestern zu bereuen und – im Sinn von Joh 13,35 – einander als Mitgenossen und Erben des Reiches Gottes zu lieben. Hier wird die Taufe als ein verbindendes, konstitutives Element des Christseins sogar ausdrücklich hervorgehoben. Die Dokumente der Synode von Kreta bieten dazu keine Parallele. § 53 stellt also auch insoweit einen neuen Akzent dar. Dieser kann als Anregung verstanden werden, sich der Frage der wechselseitigen Taufanerkennung und ihrer Voraussetzungen mit neuer Energie zuzuwenden und ihr eine gewisse Priorität im ökumenischen Geschehen zu geben. Dazu könnte z. B. der Rückgriff auf das Dokument „Baptism and ‚Sacramental Economy‘“ der „North American Orthodox-Catholic Theological Consultation“ vom 3. Juni 1999[584] wertvolle Anregungen geben. Der Text bietet reichhaltig begründete Ergebnisse eines bilateralen theologischen Dialogs zu einer ganzen Reihe von Fragen im Kontext von Taufe, die noch stärkere Beachtung verdienen – auch in den einzelnen auto-

---

582 Vgl. Sendschreiben des Ökumenischen Patriarchats „An die Kirchen Christi überall“ vom Januar 1920 in: Nikolai Thon, Quellenbuch (wie FN 569), 492–495 (494).

583 Synodos, 65 f.

584 North American Orthodox-Catholic Theological Consultation, Baptism and ‚Sacramental Economy‘. An agreed Statement (June 3, 1999), online publiziert auf der Homepage der Nordamerikanischen Orthodoxen Bischofskonferenz unter http://www.assemblyofbishops.org/ministries/orthodox-catholic/baptism-and-sacramental-economy-an-agreed-statement-of-the-north-american-orthodox-catholictheological-consultation-saint-vladimirs-orthodox-seminary-june-3-1999 (abgerufen 19.8.2020).

kephalen orthodoxen Kirchen. Jüngst wurden unter dem Datum vom 29. Mai 2019 in einem weiteren Dokument „The Vocation and Mission of the People of God. ‚A Chosen Race, a Royal Priesthood, a Holy Nation‘“ die früheren Aussagen des Gremiums zu Taufe und Taufanerkennung erneut gesichtet und bekräftigt, darüber hinaus mit anderen dialogwürdigen Themen verknüpft.[585] Darin – wie auch in ihren Repliken zu den Dokumenten der offiziellen „Gemischten Internationalen Kommission für den orthodox-katholischen Dialog“ – erweist sich die „North American Orthodox-Catholic Theological Consultation“ einmal mehr als gewichtige Größe und Impulsgeber im ökumenischen Geschehen, an deren Darlegungen angeknüpft werden könnte und sollte.

In § 53 wird ein kleinerer Kreis von Kirchen-Gemeinschaften („communions“) angesprochen, zu denen die orthodoxe Kirche besonders enge Beziehungen erkennt, weil sie sich direkt von der Kirche der apostolischen Zeit herleiten und von daher mit ihr das Verständnis des Charismas der bischöflichen Sukzession und die Sakramententheologie weitgehend teilen. Aufgezählt werden die alten Kirchen von Ägypten und Äthiopien, von Armenien, der assyrischen Tradition („of the Assyrian tradition“), von Canterbury und von Rom.[586] Bezogen auf diese Kirchen findet sich im selben Satz sowohl die Bezeichnung „communions“ wie „churches“, letztere ein wenig versteckt durch die sprachliche Form einer Auflistung. Einerseits dürfte die Verwendung von „churches“ für die Gruppe nichtorthodoxer Kirchen mit der Betonung besonderer Nähe in dieser Textstelle zusammenhängen; andererseits bestätigt die parallele Verwendung von „communions“ und „churches“ erneut die oben bereits dargelegte große Nähe beider Begriffe im Sinn der Ekklesiologie von Zizioulas. Zwei Elemente der Textpassage bedürfen allerdings einer Erläuterung:

(1) Klärungsbedarf besteht zunächst hinsichtlich der Bezeichnung „of the Assyrian tradition“. Zumindest in der deutsch- und französischsprachigen Ostkirchenkunde ist „assyrisch“ („Assyrian“) exklusiv auf die vorephesinische „Apostolische Kirche des Ostens“ ostsyrischer Tra-

[585] Vgl. North American Orthodox-Catholic Theological Consultation, The Vocation and Mission of the People of God. ‚A Chosen Race, a Royal Priesthood, a Holy Nation‘, online publiziert auf der Homepage der Nordamerikanischen Orthodoxen Bischofskonferenz unter http://www.assemblyofbishops.org/ministries/orthodox-catholic/vocation-and-mission-of-the-people-of-god (abgerufen 19.8.2020).

[586] Dokument, 71.

dition mit dem ursprünglichem Sitz des Katholikos-Patriarchen in Seleukia-Ktesiphon bei Bagdad bezogen.[587] Diese Bezeichnung dient zugleich einer Unterscheidung von der mit Rom unierten (Teil-)Kirche ostsyrischer Tradition, der chaldäisch-katholischen Kirche.[588] Dass sich die Wendung in § 53 auf die „Apostolische Kirche des Ostens" beziehen könnte, erscheint extrem unwahrscheinlich, weil die orthodoxe Kirche mit ihr – im Unterschied zur römisch-katholischen Kirche – keine ökumenischen Kontakte sucht oder unterhält. Die Aufzählung der zur Orthodoxie nahestehenden Kirchen in § 53 legt vielmehr eine andere Deutung nahe: Die Nennung der Kirchen von Ägypten und Äthiopien sowie von Armenien spricht für einen Bezug auf die Gruppe der vorchalkedonensischen, orientalisch-orthodoxen Kirchen. Zu dieser gehört neben den im Text eindeutig benannten auch die „Syrisch-Orthodoxe Kirche des Patriarchats Antiochia und des Ganzen Orients", eine Kirche westsyrischer Tradition. Wenn man diese Kirche mit der Wendung „Assyrian tradition" in § 53 identifiziert, wäre die Aufzählung verständlich, wenn auch nicht vollständig.[589] Ein gewichtiges Indiz für eine solche Gleichsetzung von „Assyrian tradition" in § 53 mit der Syrisch-Orthodoxen Kirche (Patriarchat Antiochia) stellt dar, dass es unter der einprägsamen Bezeichnung „Orthodox Task Force" eine gewachsene Zusammenarbeit zwischen ihr, den anderen orientalisch-orthodoxen Kirchen und der chalkedonensischen Orthodoxie im Bereich des Öku-

---

[587] Vgl. Johannes Oeldemann, Die Kirchen des christlichen Ostens, Topos Premium Kevelaer 2016, 30 und 69–71; Christian Lange / Karl Pinggéra (Hg.), Die altorientalischen Kirchen. Glaube und Geschichte, WBG Darmstadt ^{2}2011, 21–40; Wilhelm Nyssen / Hans-Joachim Schulz / Paul Wiertz (Hg.), Handbuch der Ostkirchenkunde, Bd. 1 (wie FN 185), 36 f. und 210–214. Die Bezeichnung „assyrisch" für die Kirche des Ostens ist auch im französischsprachigen Raum üblich; vgl. Herman Teule, Les Assyro-Chaldéens. Chrétiens d'Irak, d'Iran et de Turquie, Brepols Turnhout 2008; vgl. auch Christine Chaillot, L'Église assyrienne de l'Orient, Éditions L'Harmattan Paris 2020.

[588] Vgl. Johannes Oeldemann, Die Kirchen des christlichen Ostens (wie FN 587), 117–119.

[589] Zur Gruppe der orientalisch-orthodoxen Kirche gehört neben der Syrisch-Orthodoxen Kirche von Antiochia auch deren inzwischen selbständige Teilkirche „Malankarische Orthodoxe Syrische Kirche" in Indien; vgl. Johannes Oeldemann, Die Kirchen des christlichen Ostens (wie FN 587), 79. Seit der Selbständigkeit Eritreas von Äthiopien gilt zudem der dortige Teil der Äthiopischen Orthodoxen Tewahedo Kirche als autokephale „Eritreische Orthodoxe Kirche"; vgl. ebd., 82 f.

menischen Rats der Kirchen (ÖRK)[590] gibt. Zudem war sie – wiederum zusammen mit den anderen orientalisch-orthodoxen Kirchen – Partnerin eines ökumenischen Dialogs mit der chalkedonensischen Orthodoxie. Eine mögliche Erklärung für die ungenaue Ausdrucksweise in § 52 könnte darin liegen, dass der Begriff „Assyrians" in den USA primär ethnisch verstanden wird und auf eine großräumige Region bezogen ist, in der sowohl die Apostolische Kirche des Ostens wie auch die Syrisch-Orthodoxe Kirche (Patriarchat Antiochia) ursprünglich beheimatet waren. Hinzu kommt, dass zwar eine bedeutende, in je selbständige Hierarchien gegliederte Diaspora beider Kirchen in den USA und Kanada besteht, von den Einwanderern jedoch weniger die Kirchenzugehörigkeit als vielmehr die (nichtarabische) Ethnie hervorgehoben wird.[591]

(2) Einer Erläuterung bedarf die erwähnte Textpassage in § 52 auch insoweit, als sie sich auf Kirchen bezieht, die sich direkt von der Kirche der apostolischen Zeit („that are directly descended from the ancient Apostolic Church") herleiten. In der Auflistung dieser Kirchen findet sich auch diejenige von Canterbury, also die anglikanische Kirche. Tatsächlich entstammt sie ihrem Selbstverständnis zufolge unmittelbar der Kirche apostolischer Zeit:

> „Die Anglikaner glauben keineswegs, dass ihre Kirche zur Zeit der Reformation entstanden ist. Sie denken vielmehr, dass sie ununterbrochen seit den Anfängen des Christentums in England existiert und dadurch mit der apostolischen Kirche verbunden ist."[592]

---

[590] Vgl. Georges Tsetsis (Hg.), Orthodox Thought. Reports of Orthodox Consultations organized by the World Council of Churches 1975–1982, WCC Publications Geneva 1983. Vgl. auch Thomas FitzGerald / Peter Bouteneff (Hg.), Turn to God – Rejoice in Hope. Orthodox Reflections on the Way to Harare, WCC Publications Geneva 1998.

[591] Vgl. z. B. den Beitrag von Arianne Ishaya, Assyrian-Americans. A Study in Ethnic Reconstruction and Dissolution in Diaspora, online publiziert auf der Homepage „Niniveh" der Aramäisch sprechenden Einwanderer in den USA unter https://www.nineveh.com/ASSYRIAN-AMERICANS.html. Sogar die Selbstcharakterisierung dieser Bevölkerungsgruppe differenziert nicht nach Konfessionen: „Assyrians are not Arabian or Arabs, we are not Kurdish, our religion is not Islam. The Assyrians are Christian, with our own unique language, culture and heritage"; vgl. https://www.nineveh.com/whoarewe.htm (beide Websites abgerufen 20.8.2020).

[592] Paul Avis, Die Anglikanischen Kirchen, in: Johannes Oeldemann (Hg.), Konfessionskunde, Evangelische Verlagsanstalt Leipzig / Bonifatius Paderborn 2015, 158–187 (166).

Selbstverständlich erscheint das angesichts der geschichtlichen Entwicklung nicht.[593] Andererseits ist es sicher eine korrekte Vorgehensweise, in § 52 das Selbstverständnis der anglikanischen Kirche zugrunde zu legen, auch wenn es kirchenhistorisch gesehen fiktive Elemente enthalten dürfte und in verschiedenen Teilen der Anglikanischen Gemeinschaft abweichende Akzente möglich erscheinen. Das erwähnte Selbstverständnis einer bedeutungsvollen und unmittelbaren Rückbindung an die Kirche der apostolischen Zeit – vielleicht auch die Frage der apostolischen Sukzession – dürfte zugleich der Grund sein, warum in der kleinen Auflistung von Kirchen besonderer Nähe zur Orthodoxie die evangelisch-lutherische Kirche nicht einbezogen ist, obwohl erste Kontakte bereits im 16. Jahrhundert geknüpft wurden und seit Jahrzehnten ein offizieller Dialog gepflegt wird,[594] der u. a. bedeutsame Konvergenzen hinsichtlich der Ökumenischen Konzilien und der kirchlichen Autorität[595] sowie erste Klärungen hinsichtlich Wort und Sakrament im Leben der Kirche[596] erbracht hat. Seither sind weitere Dokumente zu einzelnen sakramententheologischen Fragen hinzugekommen.[597]

Nach diesen Klarstellungen wird das Besondere des Textes greifbar. Die darin vorgetragene besondere Nähe der genannten Kirchen zur Orthodoxie wird mit der in ihnen vorhandenen apostolischen Sukzession

---

[593] Die ersten Christen kamen in römischer Zeit vom Festland nach England. Durch die Invasionen heidnischer Angelsachsen gerieten diese in arge Bedrängnis. Im Jahr 596 sandte Papst Gregor I. den Mönch Augustinus nach England, der 601 erster Erzbischof von Canterbury wurde und die Missionierung des Landes vorantrieb. 664 entschieden sich die englischen Christen auf der Synode von Whitby für die römischen (statt mancher keltischer) Bräuche. Erst 1533/34 kam es zur Loslösung von der römisch-katholischen Kirche und zum Beginn eines Eigenwegs. Vgl. dazu Paul Avis, Die Anglikanischen Kirchen (wie FN 592), 166 f.

[594] Vgl. Johannes Oeldemann, Orthodoxe Kirchen im ökumenischen Dialog, Bonifatius Paderborn 2004, 73–83.

[595] Vgl. Erklärung vom 10. Juli 1993 in: Harding Meyer / Damaskinos Papandreou / Hans Jörg Urban / Lukas Vischer (Hg.), Dokumente wachsender Übereinstimmung, Bd. 3, Bonifatius Paderborn / Lembeck Frankfurt 2003, 96–99.

[596] Vgl. Erklärung vom November 2000, in: ebd., 106–109.

[597] Es handelt sich um vier Texte aus den Jahren 2002 bis 2008; vgl. Johannes Oeldemann / Friedericke Nüssel / Uwe Swarat / Athanasios Vletsis (Hg.), Dokumente wachsender Übereinstimmung, Bd. 4, Evangelische Verlagsanstalt Leipzig / Bonifatius Paderborn 2012, 507–526.

der Bischofsweihe[598] sowie mit den Sakramenten[599] verknüpft; insoweit bestehe im Wesentlichen Übereinstimmung. Der hier in § 52 anklingende Grundton unterscheidet sich deutlich von dem der Synode von Kreta. Zwar war auch in deren Ökumene-Dokument ein Hinweis enthalten, dass die orthodoxe Kirche stets den ökumenischen Dialog gepflegt habe, gleich ob die Partner „nah oder fern seien“[600]. Der Blick war dabei jedoch auf eine Entfremdung gerichtet, nicht auf festgestellte und gewichtige Gemeinsamkeiten zumindest für eine Gruppe von Kirchen. Aus dieser Neuakzentuierung hinsichtlich der Bedeutung von apostolischer Sukzession und Sakramententheologie im sozialethischen Dokument kann weiter abgeleitet werden, dass den genannten Elementen künftig im ökumenischen Dialog hochrangige Bedeutung zugemessen werden soll. Tatsächlich fokussiert die nächste Textpassage konsequenterweise den Bereich des ökumenischen Dialogs:

> „Thus, the Church has important bilateral dialogues with the Roman Catholic Church and the Anglican Communion, and it prays that these dialogues may bear fruit in a complete unity with the Church.“[601]

Der anglikanisch-orthodoxe Dialog kann auf eine lange Vorgeschichte zurückblicken.[602] Meilensteine sind die „Moskau-Erklärung“ von

---

598 Zur Frage der Gültigkeit anglikanischer Weihen besteht noch kein panorthodoxer Konsens. Trotz bedeutsamer Fortschritte, sichtbar an mehreren verabschiedeten Dokumenten, kamen die Konsultationen u. a. über der Frage der Frauenordination mehrfach ins Stocken.Vgl. dazu Johannes Oeldemann, Orthodoxe Kirchen im ökumenischen Dialog (wie FN 594), 66–70.

599 Ein Bezug zu den Sakramenten ist auch in Nr. 18 des Ökumene-Dokuments der Synode hergestellt; vgl. Synodos, 63. Dort steht der Hinweis aber im Zusammenhang mit Ausführungen zur Arbeit des ÖRK und dient zu einer Erhöhung der Anforderungen, da zu „theologischen Übereinstimmungen“ auch die „in den Sakramenten gewahrte[] und gelebte[] Einheit des Glaubens in der Orthodoxen Kirche“ als weitere *Voraussetzung* hinzugefügt wird. Damit wird die Schnittmenge an Gemeinsamkeit reduziert. In § 52 wird die Sakramententheologie dagegen als Element weitgehender *Gemeinsamkeit* betont, wenn auch im Hinblick auf die dort aufgezählten Kirchen apostolischer Tradition.

600 Synodos, 57.

601 Dokument, 71.

602 Vgl. Johannes Oeldemann, Orthodoxe Kirchen im ökumenischen Dialog (wie FN 594), 66; Theodor Nikolaou, Geschichtlicher Überblick und Würdigung des orthodox-anglikanischen Dialogs, in: Orthodoxes Forum 5 (1991), 81–90.

1976,[603] die „Dublin-Erklärung“ von 1984[604] und die „Zypern-Erklärung“ von 2006.[605] Für den katholisch-orthodoxen Dialog wurde 1979 die „Internationale Gemischte Kommission für den Theologischen Dialog zwischen der Römisch-Katholischen und der Orthodoxen Kirche“ eingerichtet, die seither – wenn auch mit Unterbrechungen – eine Reihe von Dokumenten verabschieden konnte.[606] Erstaunlicherweise fehlt in § 52 allerdings der Hinweis auf den ökumenischen Dialog zwischen der orthodoxen und den orientalisch-orthodoxen Kirchen, obwohl diese Gruppe von Kirchen im Satz zuvor eigens in die Würdigung besonderer Nähe zur Orthodoxie und zu den Traditionen der frühen Kirche einbezogen wurde. Der orthodoxe/orientalisch-orthodoxe Dialog gestaltete sich zunächst in der Form von Konsultationen, dann auch als offizieller Dialog, der nach überraschend kurzer Zeit in den Jahren 1989 und 1990 zu gemeinsamen christologischen Erklärungen führte und damit einen Konsens in der viele Jahrhunderte lang als Hauptproblem geltenden Fragestellung erbrachte. Die Rezeption der erreichten Übereinstimmung durch die beteiligten Kirchen steht allerdings – seit nunmehr 30 Jahren – noch aus.[607] Ob die Hervorhebung der Nähe zu den orientalisch-orthodoxen Kirchen bei gleichzeitigem Übergehen des mit ihnen geführten Dialogs eine rücksichtsvolle Mahnung hinsichtlich eines aus-

---

603 Vgl. Harding Meyer / Damaskinos Papandreou / Hans Jörg Urban / Lukas Vischer (Hg.), Dokumente wachsender Übereinstimmung, Bd. 1, Bonifatius Paderborn / Lembeck Frankfurt 1983, 81–90.

604 Vgl. Dokumente wachsender Übereinstimmung, Bd. 2 (wie FN 573), 101–127.

605 Vgl. Dokumente wachsender Übereinstimmung, Bd. 4 (wie FN 597), 194–287.

606 Vgl. Georgios Galitis, Die Orthodoxe Kirche im Dialog, in: Wilhelm Nyssen / Hans-Joachim Schulz / Paul Wiertz, Handbuch der Ostkirchenkunde, Bd. 3 (wie FN 270), 245–257 (247–251) mit Hinweisen zu den verabschiedeten Dialogdokumenten. Hinzugekommen ist 2007 das Dokument von Ravenna; vgl. Dokumente wachsender Übereinstimmung, Bd. 4 (wie FN 597), 833–848. Im Jahr 2016 wurde das Dokument von Chieti verabschiedet; vgl. Joint International Commission for Theological Dialogue between the Roman Catholic Church and the Orthodox Church, Synodality and Primacy during the First Millennium. Towards a Common Understanding in Service to the Unity of the Church (Chieti, 21 September 2016), online publiziert auf der Homepage des Vatikans unter http://www.vatican.va/roman_curia/pontifical_councils/chrstuni/ch_orthodox_docs/rc_pc_chrstuni_doc_20160921_sinodality-primacy_en.html (abgerufen 20.8.2020).

607 Vgl. Johannes Oeldemann, Die Kirchen des christlichen Ostens (wie FN 587), 224. Die christologischen Erklärungen sind publiziert in: Dokumente wachsender Übereinstimmung, Bd. 2 (wie FN 573), 298–306.

stehenden Klärungsbedarfs darstellen könnte? Die Frage kann aus dem vorliegenden Text nicht beantwortet werden.

Der folgende Satz des § 53 ist bemüht, den Blick rasch wieder auf die größere Zahl der nicht ausdrücklich durch besondere Nähe zur Orthodoxie hervorgehobenen christlichen Kirchen zu weiten. Dies geschieht in einer warmherzigen Zusage: „But all Christian communions are her kin and her love for all is equally unqualified.“[608]

Seit mehr als einem Jahrhundert habe die orthodoxe Kirche eine führende Rolle in der Ökumenischen Bewegung gespielt entsprechend dem Auftrag des Herrn in Joh 17,21. Insbesondere das Ökumenische Patriarchat stehe für das orthodoxe Bemühen um gute Beziehungen zu Christen anderer Kirchen-Gemeinschaften („communions“) und sei beständiger Teilnehmer an zahlreichen bilateralen und multilateralen Dialogen mit anderen größeren christlichen Kirchen („with other major Christian Churches“). Diese Formulierungen erscheinen gegenüber denjenigen in Nr. 5 des Ökumene-Dokuments der Synode von Kreta[609] behutsam erweitert:

- Nunmehr werden auch multilaterale Dialoge erwähnt.
- Die von der Synode abgelehnte Benennung „Kirche“ („Churches“) wird an dieser Stelle von § 53 – parallel zu „communions“ – ausdrücklich auch für einen größeren Kreis von Dialogpartnern verwendet.
- Der Bezug auf Joh 17,21 ist als grundsätzlicher und biblischer Anknüpfungspunkt im Zusammenhang mit dem Dialoggeschehen neu aufgenommen.

Gleichsam als Zusammenfassung dieses Gedankengangs wurde auf die führende Rolle des Ökumenischen Patriarchats im ÖRK verwiesen, sichtbar an einer offiziellen Repräsentanz bei dessen zentralen Einrichtungen.

Der folgende § 54 vertieft die Thematik in einer sehr grundsätzlich angelegten theologischen Darlegung, die im Synodendokument keine Parallele hat. Der Dialog mit anderen Christen sei wesentlich ein Spiegelbild des Dialogs zwischen Gott und der Menschheit. Er sei eingeleitet durch Gott und werde geführt durch den göttlichen Logos, den Herrn und Heiland Jesus Christus. „Dialog“ durchdringe das ganze menschliche Leben, in allen Verhandlungen, seien sie persönlich, sozial oder

---

[608] Dokument, 71.

[609] Synodos, 58.

politisch; er müsse auch auf diejenigen ausgedehnt werden, die anderen religiösen Traditionen („to religions different from ours“) angehören.[610] In allen Verbindungen und Beziehungen sei das Wort Gottes auf mystische Weise gegenwärtig; es leite unseren Austausch von Worten und Gedanken hin zu einer spirituellen Einheit der Herzen in sich selbst („towards a spiritual union of hearts in him“). Dabei sehe sich die orthodoxe Kirche verantwortlich, anderen Traditionen und Ansichten das zu übersetzen, was ihr von Gott offenbart sei. Daraus ergebe sich:

> „In so doing, it is open to ‚whatever is true, whatever is honorable, whatever is pleasing, whatever is commendable‘ (Philippians 4:8), and is ready to rejoice whenever it discovers these in her partners of dialogue.“[611]

Die Leitgedanken und die Argumentation lassen an eine auf „Dialog“ zugespitzte Kurzzusammenfassung ekklesiologischer Einsichten von Metropolit Ioannis Zizioulas denken, die er in seinem Buch „Being as Communion“ detailliert ausgeführt hat.[612] Zudem wird eine wesentlich andere Methodik angeregt, als sie im Ökumene-Dokument der Synode von Kreta verfolgt wurde.[613] Das „Neue“ besteht in der Erinnerung daran, dass sich nicht die Kirche unter bestimmten Bedingungen und in dieser oder jener Weise bereitfindet, in einen Dialog einzutreten und ihn zu führen. Vielmehr ist es Gott selbst, der durch den Logos „Dialog“ in einem ganz weiten Sinn initiiert, begleitet und zu Ergebnissen führt. Ökumenischer Dialog wird so von der Ebene theologisch „richtiger“ Inhalte und Prioritäten auf eine höhere Ebene gehoben: „Dialog“ als Gabe Gottes an die Menschen, an die Kirche(n) und an die Welt. Diese Einsicht bedingt eine ganz neue Umgangsweise der Dialogpartner miteinander. Sie besteht nur noch nachrangig darin, eigene Einsichten und Positionen einzubringen. Es gilt vielmehr, gemeinsam mit den Partnern auf Gottes Initiativen zu hören und darauf zu antworten. Das ermöglicht, im Verlauf eines ökumenischen Dialogs die in Phil 4,8 angespro-

---

610 Die Verwendung des Wortes „religion“ lässt vermuten, dass hier bereits auf den zweiten Teil des Abschnitts VI angespielt wird, der sich mit den Beziehungen zwischen Orthodoxie und nichtchristlichen Religionen auseinandersetzt.

611 Dokument, 72.

612 John Zizioulas, Being as Communion (wie FN 64).

613 Vgl. Synodos, 59. Zwar wurde auch im Ökumene-Dokument unter Nr. 7 die Teilnahme der Orthodoxie am vielfältigen ökumenischen Geschehen hervorgehoben; letztlich ist diese aber nur schwach mit einer Verantwortung bzw. Überzeugung begründet, dass gegenseitiges Verständnis und Zusammenarbeit helfen, dem Evangelium kein Hindernis zu bereiten.

chenen Elemente beim anderen zu entdecken und anzuerkennen. § 54 bietet so im Ergebnis eine denkbar knapp und doch eindeutig formulierte „Theologie des ökumenischen Dialogs“. Darin kann man eine Weiterentwicklung von großer Bedeutung und Tragweite erkennen.

Im abschließenden Teil von § 54 werden aus dem Gesagten Schlussfolgerungen für die Dialogpraxis gezogen.[614] Das Engagement für ökumenische Beziehungen zu anderen Christen spiegele die Offenheit für alle, die aufrichtig die Wahrheit, den menschgewordenen Logos Jesus Christus, suchen und ihrem Gewissen treu bleiben, während die Orthodoxie weiterhin die Fülle des christlichen Glaubens bezeuge. Die Kirche könne mit anderen Christen nicht nur aus Solidarität im Licht einer gemeinsamen Geschichte oder einer moralischen Zielsetzung zusammenstehen. Wichtiger sei, dass andere Christen durch ihre Taufe auf den dreifaltigen Gott und durch das Glaubensbekenntnis der Konzilien viele Aspekte der orthodoxen Lehre und Tradition bekennen und teilen.[615] Hier wird – wie bereits zuvor in § 52 – nochmals auf die Taufe im Namen des dreifaltigen Gottes rekurriert und damit ihre Bedeutung als verbindendes Element der verschiedenen christlichen Kirchen unterstrichen. Zusammen mit dem Glaubensbekenntnis von Nizäa-Konstantinopel, das ebenfalls weithin als verbindliches Glaubensdokument anerkannt ist, werden im sozialethischen Dokument Anknüpfungspunkte von *Gemeinsamkeit* präsentiert, die im ökumenischen Dialog noch vertieft und ergänzt werden können.

6.1.2 *Vergleich mit dem Dokument „Grundprinzipien der Beziehung der Russischen Orthodoxen Kirche zu Andersglaubenden“*

Die Russische Orthodoxe Kirche hat auf einem Bischofskonzil im August 2000 ein ausführliches Dokument beschlossen, in dem ihre Be-

[614] Hier bedarf es eines ergänzenden Hinweises, dass das Ökumene-Dokument der Synode von Kreta in Nr. 9–15 diverse Schritte ökumenischer Dialoge bis zu den Formalia von deren Abschluss behandelt. Eingeschlossen sind Verfahrensregelungen, die eine Fortsetzung des Dialogs gewährleisten, auch wenn sich eine autokephale Kirche zurückzieht. Weiterhin erfolgt in Nr. 16–21 eine detaillierte Auseinandersetzung mit der Arbeit des ÖRK und der orthodoxen Beteiligung an ihr. Vgl. Synodos, 60–65. Beide Aspekte werden im sozialethischen Dokument *nicht* aufgegriffen, sondern unkommentiert der Autorität einer synodalen Beschlussfassung überlassen.

[615] Dokument, 72.

ziehungen zu nichtorthodoxen Christen bestimmt werden.[616] Der erste Abschnitt des Textes bietet eine detaillierte Darstellung des ekklesiologischen Selbstverständnisses. Deren erster Satz beginnt: „Die Orthodoxe Kirche ist die wahre Kirche Christi […].“[617]

Es folgt eine Fülle von näheren Umschreibungen, beginnend mit einem Bezug auf das Symbolum von Nizäa-Konstantinopel, erweitert durch einen Bezug auf die Sakramente („Hüterin und Spenderin der Heiligen Sakramente in der ganzen Welt“) und eine Bekundung ihres Wahrheitsanspruchs („Säule und Feste der Wahrheit“).[618] Etwas versteckt in einem Anhang „Geschichte und Eigenart …“ wird – im näheren Zusammenhang einer Auseinandersetzung mit der Ökumenischen Bewegung und dem ÖRK – eine weitere Bestimmung nachgetragen, die wegen ihrer Bedeutung für einen Vergleich trotz ihrer Ausführlichkeit wörtlich zitiert sein soll:

> „Die Orthodoxe Kirche ist nicht eine von vielen Konfessionen – für Orthodoxe ist die Orthodoxe Kirche *die* Kirche. Die Orthodoxe Kirche identifiziert ihre innere Struktur und ihre Lehre mit der apostolischen Verkündigung (Kerygma) und der Tradition der alten ungeteilten Kirche. Sie befindet sich in einer ununterbrochenen, beständigen Sukzession im sakramentalen Dienst, im sakramentalen Leben und Glauben. Für die Orthodoxen sind die apostolische Sukzession des Episkopats und das Sakrament des priesterlichen Dienstes von wesentlicher und konstitutiver Bedeutung, und deshalb sind sie verbindliche Elemente der Existenz der Kirche selbst. Die Orthodoxe Kirche besitzt ihrer inneren Überzeugung und ihrer Einsicht nach in der gespaltenen christlichen Welt einen besonderen und unvertretbaren Platz als Trägerin und Zeugin für die Traditionen der alten ungeteilten Kirche, aus der alle bestehenden Denominationen auf dem Weg der Verkürzung und Abspaltung hervorgegangen sind. […] Nicht eine statische Wiederherstellung alter Formen ist beabsichtigt, sondern eher die dynamische Wiederherstellung des ewigen Wesens, das allein auch das wahre Einvernehmen ‚aller Zeiten‘ gewährleistet. […] Das Ziel der ökumenischen Bemühung besteht nach orthodoxem Verständnis in der Wiederherstellung des christlichen Geistes, der apostolischen Überlieferung, der Fülle der christlichen Anschauung und des christlichen Glaubens im Einvernehmen mit allen Zeiten.“[619]

Die sachlichen Querverbindungen zwischen diesen Ausführungen und dem sozialethischen Dokument erscheinen beträchtlich. Hervorgehoben seien folgende Aspekte:

---

[616] Vgl. Freiheit und Verantwortung, 186–219.

[617] Ebd., 186.

[618] Ebd.

[619] Ebd., 212 f.

- Das kirchliche Selbstverständnis wird in beiden Texten mit Bezug auf das Symbolum ausgesprochen: „The Orthodox Church understands itself to be the one, holy, catholic, and apostolic Church [...].“[620]
- Der Hinweis auf die Zeitlinie ist ähnlich und bereitet die Verknüpfung mit „apostolischer Sukzession“ vor: „[...] from the time of the Apostolic Council in Jerusalem up to the present day.“[621]
- Gemeinsam ist das Bewusstsein um die Fülle der Katholizität und der Gnaden.[622]
- Besonders deutlich ist die Übereinstimmung hinsichtlich einer Identifikation der Orthodoxie mit *der* Kirche zwecks Abgrenzung von einer Sicht „nur eine von vielen Denominationen“; diese Abgrenzung wird in § 50 mittels eines Florovsky-Zitats hergestellt.[623] In beiden Texten erfolgt damit zugleich eine Abgrenzung von der „branch theory“,[624] eine Klärung, die ein großes Anliegen zu sein scheint, obwohl dieses Konzept des 19. Jahrhunderts bereits vielfach zurückgewiesen wurde und seit Jahrzehnten keine erkennbare Rolle mehr spielt.
- Die oben zitierte Wendung „Nicht eine statische Wiederherstellung alter Formen ist beabsichtigt ...“ wird im ROK-Dokument an anderer Stelle noch verstärkt durch die Unterscheidung zwischen „kulturellem Kontext“ und einer „Abweichung von der katholischen Fülle“.[625] Eine in der Sache ähnliche, aber weniger autoritativ formulierte Sicht bietet § 51 in der Wendung „it understands that the particular cultural forms of tradition must not be confused with either the true apostolic authority or the sacramental grace“[626] bzw. „not to convert them to some cultural ‚Byzantinism‘“.[627]
- Die Bedeutung der Heiligen Schrift und der Tradition, eine Verantwortung der Orthodoxie für die Einheit sowie daraus resultierend eine ökumenische Aufgabe werden in § 51 mittels eines Zitats aus dem Ökumene-Dokument der Synode von Kreta festgehalten.[628]

---

620 Dokument, 68.

621 Ebd., 68 f.

622 Ebd., 69.

623 Ebd.

624 Die „branch theory“ erfährt ausdrückliche Ablehnung zudem in Abschnitt 2.5 des ROK-Dokuments (vgl. Freiheit und Verantwortung, 192) und in Nr. 18 des Ökumene-Dokuments der Heiligen und Großen Synode von Kreta (vgl. Synodos, 63).

625 Vgl. Freiheit und Verantwortung, 196 unter Nr. 4.7.

626 Dokument, 69.

627 Ebd., 70.

628 Ebd.

- Ein dem ROK-Dokument entsprechender Hinweis auf die Bedeutung der apostolischen Sukzession und der Sakramententheologie erscheint in § 53.[629]

Es finden sich allerdings auch Akzentverschiebungen und Propria im sozialethischen Dokument:

- Im ROK-Dokument wird der Ausdruck „denominations" für nichtorthodoxe Kirchen ähnlich häufig verwendet wie „communions" im sozialethischen Dokument, wobei – wie dargestellt – letzterem Begriff im Sinn der Ekklesiologie von Zizioulas ein starkes Element von Kirchlichkeit innewohnt. Davon abgesehen werden im ROK-Dokument die orientalisch-orthodoxen Kirchen – ähnlich wie im sozialethischen Dokument[630] – als „Kirche" bezeichnet,[631] ebenso die römisch-katholische Kirche.[632] Als Dialogpartner benannt sind auch die „Evangelische Kirche in Deutschland" und die „Lutherische Kirche in Finnland".[633] Das Gleiche lässt sich hinsichtlich der altkatholischen Kirche beobachten.[634] Im Abschnitt über die Beziehungen zu den Anglikanern wird dagegen das Wort „Kirche" von der ROK vermieden. Im Hintergrund mag die ausführliche Kritik an der Priester- und Bischofsweihe von Frauen stehen.[635] Ebenfalls vermieden wird eine kirchlich ausgerichtete Bezeichnung für die „Reformierten"; auch hier bietet der kurze Abschnitt einen Hinweis auf Probleme im Dialog.[636]
- Zugleich tritt so ein Spezifikum im sozialethischen Dokument noch deutlicher hervor: Der Text bietet (1) mit der Bezeichnung „communions" im mehrfach erwähnten, stark ekklesial konnotierten Sinn, (2) mit einer Hervorhebung besonderer Nähe einer Gruppe von Kirchen mit Blick auf ihren direkten Bezug zur alten Kirche und (3) mit

---

629 Ebd., 71.

630 Ebd.

631 Vgl. Freiheit und Verantwortung, 201.

632 Ebd., 202. Vgl. Dokument, 71.

633 Ebd., 205. Im sozialethischen Dokument wird die evangelisch-lutherische Kirche nicht hervorgehoben, sondern in die Wertschätzung von „all Christian communions" einbezogen; vgl. Dokument, 71.

634 Ebd., 204 f. Im sozialethischen Dokument wird die altkatholische Kirche nicht genannt, sondern unter „all Christian communions" gewürdigt; vgl. Dokument, 71.

635 Ebd., 203 f. Hier weicht die Einschätzung im sozialethischen Dokument ab; vgl. Dokument, 71: „the ancient Churches […] of Canterbury" und „Anglican Communion".

636 Ebd., 205.

der Zusammenfassung aller unter der Bezeichnung „Christians of other communions“ eine gänzlich neue „Sprachregelung“ an. Ob es wohl gelingen kann, auf diese Weise die Variabilität der Einschätzung nichtorthodoxer Kirchen in eine panorthodoxe Übereinstimmung zurückzuführen? Näherer Prüfung bedürfte, inwieweit einerseits das sozialethische Dokument mit seiner Rede von „communions“ (einschließlich der ekklesialen Konnotation und der Verankerung in der Ekklesiologie von Zizioulas) sowie andererseits das der slawischen Orthodoxie entstammende „Sobornost'-Konzept“ in Einklang stehen.[637] Darin könnte sich eine noch intensivere Annäherung der innerorthodoxen Standpunkte andeuten.
- Die mehrfache Hervorhebung der Taufe auf die Trinität als konstitutives Element des Christseins im sozialethischen Dokument findet eine nur relative, d. h. deutlich schwächere Parallele in Nr. 1.10 und 1.11 des ROK-Dokuments.[638]
- Das sozialethische Dokument betont einen Zusammenhang zwischen „(ökumenischem) Dialog“ und dem Dialog Gottes mit der Menschheit, ausgeführt („conducted“) durch den göttlichen Logos;[639] dies erscheint als deutliche Weiterentwicklung einer eher beiläufigen Formulierung in Nr. 2.13 des ROK-Dokuments.[640]
- Weitere bedeutsame Propria des sozialethischen Dokuments sind (1) die Bezüge auf Florovsky, um einen diskussionswürdigen neuen Ansatz kirchenübergreifender Beziehungen einzuleiten, (2) der bereits erwähnte Ansatz, eine kirchliche Nähe anhand der Bezüge zur alten Kirche einschließlich der Bereiche „Apostolische Sukzession“ und „Sakramententheologie“ zu begründen.[641]

---

637 Vgl. Jennifer Wasmuth, Östliche Orthodoxien: Die Verbreitung des Sobornost'-Konzeptes in den orthodoxen Kirchen. Der Beitrag ist unter dem Datum 16.4.2012 auf der Plattform „Europäische Geschichte Online (EGO)“ publiziert unter http://ieg-ego.eu/en/threads/crossroads/religious-and-confessional-spaces/jennifer-wasmuth-oestliche-orthodoxien-die-verbreitung-des-sobornost-konzeptes-in-den-orthodoxen-kirchen (abgerufen 2.9.2020).

638 Vgl. Freiheit und Verantwortung, 188.

639 Dokument, 72.

640 Vgl. Freiheit und Verantwortung, 193: „Die Quelle der Einheit liegt in Gott, und deshalb werden alle bloß menschlichen Bemühungen um ihre Wiederherstellung vergeblich sein.“

641 Eine nur sehr bedingte Parallele findet sich insoweit in Nr. 1.17 des ROK-Dokuments; vgl. Freiheit und Verantwortung, 190: „Die Existenz verschiedener Aufnahmeriten […] zeigt, dass die Orthodoxe Kirche andersglaubende Konfessionen dif-

Die Hauptunterschiede zwischen dem Dokument der ROK und dem ökumenisch orientierten Teil von Abschnitt VI des sozialethischen Dokuments ergeben sich aus ganz unterschiedlicher Konzeption und Diktion:

- Der Text der ROK enthält kirchenhistorisch orientierte Passagen in Gestalt einer – zuweilen grob vereinfachenden – Geschichte der Kirchenspaltungen[642] sowie, angesiedelt in einem gesonderten Anhang, eine Geschichte der verschiedenen Dialoge und ihrer Beteiligung an der Ökumenischen Bewegung.[643] Dazu gibt es im sozialethischen Dokument keine Parallele.
- Das Dokument der ROK stellt eine Fülle von Bedingungen für den Dialog. Es fokussiert vor allem Schwierigkeiten und Einzelprobleme. Es finden sich darin dezidierte Abgrenzungen gegenüber zahlreichen Meinungen, Dialogansätzen, Zwischenergebnissen oder als Verirrung gewerteten Entwicklungen. Bedingungen oder Einzelprobleme finden sich demgegenüber im sozialethischen Dokument nicht. Abgrenzungen spielen in ihm nur eine ganz untergeordnete Rolle. Probleme werden in Einzelfällen benannt, ohne sie jedoch zu akzentuieren.
- Das Dokument der ROK umfasst in seiner deutschen Übersetzung 34 Seiten in kleinem, engem Druckbild; das sozialethische Dokument sagt alles Wesentliche in nur fünf keineswegs überlangen Paragraphen.
- Die Diktion des ROK-Dokuments ist autoritativ. Sie wirkt auf den Leser wie der sprachliche Ausdruck eines juristischen Gutachtens: sachlich, kühl-distanziert, an den Folgen eher uninteressiert. Die Ausführungen im sozialethischen Dokument sind dagegen durchgängig von Wertschätzung, Respekt, Hoffnung und Zuversicht geprägt; in dieser Diktion wird der intensive Wunsch nach Einheit nicht nur ausgesprochen, sondern für den Leser spürbar.
- Die Unterschiede zwischen beiden Texten lassen sich zusammenfassend in einem Bild ausdrücken: Im ROK-Dokument werden primär die Tiefe vorhandener Gräben und die Festigkeit der Böschungen sondiert, während im sozialethischen Dokument vor allem nach Brü-

---

ferenziert behandelt. Kriterium ist der Grad, in dem der Glaube, die Kirchenordnung und die Norm des geistlichen christlichen Lebens bewahrt sind."

642 Vgl. ebd., 189.

643 Ebd., 200–219.

cken oder Übergängen gesucht wird, um den Weg zum erhofften Ziel der kirchlichen Einheit sicheren Fußes fortzusetzen.

Nicht zuletzt durch die skizzierten Unterschiede in Konzeption und Diktion treten die zahlreich vorhandenen inhaltlichen Querverbindungen zwischen beiden Texten nicht allzu deutlich in Erscheinung. Vorhanden sind sie trotzdem – ohne die Selbständigkeit des sozialethischen Dokuments zu schmälern.

6.2 Der zweite Teil von Abschnitt VI des Dokuments zur Thematik „Begegnung mit nichtchristlichen Religionen“ und „interreligiöser Dialog“

6.2.1 Die Darlegungen in §§ 55–60 des sozialethischen Dokuments

Mit § 55 beginnt der zweite Teil des VI. Abschnitts, in dem das Themenfeld „Beziehungen zu anderen Religionen“ bzw. „interreligiöser Dialog“ behandelt wird. Den Einstieg bildet eine trinitäts- und schöpfungstheologische Koordinatenbestimmung für das diesbezügliche Engagement der orthodoxen Kirche. Sie ist so formuliert, dass auch Nichtchristen dem Gedankengang folgen können: Gott sei der Vater aller Familien des Himmels und der Erde. Gottes Logos durchdringe alle Dinge, und alle Dinge seien durch ihn erschaffen. Gottes Geist, der all unsere Wirklichkeit erleuchtet und belebt, sei überall zu finden. So zeige die Schöpfung überall Macht, Weisheit und Gnade ihres Schöpfers, weil Gott zu allen Zeiten und überall für diejenigen gegenwärtig sei, welche die Wahrheit suchen. Daran angeschlossen ist eine christologisch orientierte Selbstumschreibung der orthodoxen Kirche, die in eine 2 Kor 4,6 entnommene Formulierung mündet: Die Kirche existiere als die konkrete Wirklichkeit von Christi mystischem Leib in der Zeit und bezeuge beständig das Licht der Erkenntnis der Herrlichkeit Gottes auf Christi Antlitz. Dies sei der Grund, warum die Kirche nicht nur auf andere christliche Konfessionen zugehe und ihnen die Orthodoxie bezeuge. Sie gehe auch auf nichtchristliche Religionen und Glaubensgemeinschaften zu, die für die Wahrheit und den Ruf Gottes offen seien. Die Kirche bezeuge seit den frühesten Jahrhunderten den Glauben, dass Gottes Logos in der geschaffenen Welt aufleuchte und zu allen Herzen in der leisen Stimme des Gewissens spreche. Sie bezeuge auch, dass Gottes Geist am Werk sei, welche Wahrheit auch immer verehrt werde.[644] Damit ist argumentativ der Boden bereitet, um unter Rückgriff auf die Lehre vom „Logos spermatikos“ Justins des Märtyrers eine Verständnisbrücke zur Existenz von Elementen der Wahrheit in nichtchristlichen Philosophien oder Religionen zu bauen:

> „St. Justin Martyr, for instance, declared that knowledge of God’s Logos had been imparted by God not only to the children of Israel, but to the Greek philosophers who had never known Christ, and to all peoples, inasmuch as seeds of the eternal Logos have been planted in all human beings; this, he says, all who have lived in harmony with the Logos are already in some sense Christians, while Christians may claim as their own any and every truth known to the nations of the earth by God’s inspiration.“[645]

Auf diese Weise wird dargelegt, dass und wie eine teilweise Übereinstimmung mit der (christlichen) Wahrheit auf einen Anteil am Logos zurückzuführen ist. Jörg Ulrich erläutert den Zusammenhang so:

> „Dieser Anteil ist eine Saat oder ein Keim der Wahrheit bzw. des Logos, den der säende Logos als Teil seiner selbst in die Herzen der Menschen ausgestreut hat, damit diese mit seiner Hilfe zur rechten Erkenntnis gelangen können. Es handelt sich um Prinzipien rechten Erkennens und Lebens, die, je nach Vermögen der jeweils Erkennenden, eine mehr oder weniger klare Wahrheitserkenntnis zeitigen, wenn auch keine vollständige, da die vollständige Erkenntnis erst seit dem Erscheinen des Vernunft-Logos in Christus möglich geworden ist. So konnte es durchaus ‚Christen vor Christus‘ geben, z. B. Sokrates. Auf diese Weise kann Justin alles, was in der heidnischen Literatur als gut und edel dargestellt worden war, als ‚christlich‘ reklamieren […].“[646]

Die Lehre vom „Logos spermatikos“ bietet demnach den Vorteil, dass in anderen Religionen Elemente von *Wahrheit* identifiziert werden können, d. h. ein interreligiöser Dialog kann insoweit in einer positiven

---

644 Diese Argumentationslinie greift gedanklich auf § 7 der theologischen Einleitung des sozialethischen Dokuments zurück. Der Hinweis auf das Wirken des Heiligen Geistes über die Grenzen der Kirche hinaus könnte zudem eine Anspielung auf das Konzept darstellen, das Erzbischof Anastasios Yannoulatos, Dialogue with Islam from an Orthodox Point of View, in: ders., Facing the World. Orthodox Christian Essays on Global Concerns, WCC Publications Geneva 2003, 103–126 (125 f.) vorgelegt hat. Darauf wird zurückzukommen sein.

645 Dokument, 73. Die Argumentation in § 55 ist insoweit vergleichbar mit derjenigen von Erzbischof Anastasios Yannoulatos, A Theological Approach to Understanding Other Religions, in: ders., Facing the World (wie FN 644), 127–153 (145 f.).

646 Jörg Ulrich, Innovative Apologetik. Beobachtungen zur Originalität Justins am Beispiel der Lehre vom Logos spermatikos und anderer Befunde, in: Theologische Literaturzeitung 130 (2005), 1–16; der Beitrag ist online zugänglich unter http://www.thlz.com/artikel/13707/?inhalt=heft%3D2005_1%23r16 (abgerufen 19.9.2020); die zitierte Passage ebd., unter II, 1. Abschnitt.

Sichtweise geführt werden. Nachteilig in der Sicht von modernem interreligiösem Dialog erscheint jedoch, dass solche Querverbindungen bezogen auf Glaubenswahrheiten als genuin christlich „vereinnahmt" werden, obwohl im Verständnis der betreffenden Religion mit ihnen divergierende Auslegungen verbunden sein können und in der Regel auch sind. Überraschenderweise blieb dagegen die Chance ungenutzt, (auch) im Islam fest verankerte ethische Werte wie z. B. Frieden oder Gerechtigkeit mit dem „Logos spermatikos" in Verbindung zu setzen. Allerdings stellt der Bezug auf die Lehre Justins nicht notwendigerweise einen Beitrag zu den Inhalten von interreligiösem Dialog dar. Vom Textzusammenhang her erscheint es viel wahrscheinlicher, dass damit – gewissermaßen *pro domo* – eine orthodoxe Begründung *für* interreligiösen Dialog präsentiert wird.[647] Dasselbe kann auch für den angefügten Bezug auf Maximus Confessor (um 580–662)[648] gelten:

> „According to St. Maximus the Confessor, the primordial logoi underlying and indwelling all things reside in the one Logos of God, and find their historical center in Christ."[649]

Der Satz bietet die Kurzzusammenfassung eines komplexen Gedankengebäudes dieses Kirchenvaters, das in seiner Begrifflichkeit und in seinen Querbezügen zu deuten die Forschung bis heute beschäftigt.[650] Damit werden erhebliche Anforderungen an nicht theologisch gebildete Gläubige gestellt. Um in leichter verständliche Sphären zurückzukehren, blieb den Autoren des sozialethischen Dokuments kaum ein anderer Weg als ein zwar zutreffender, aber nicht wirklich befriedigender Verweis auf das Geheimnis Gottes: Die Kirche wisse, dass die Fülle des

---

[647] Vgl. John Garvey, Seeds of the Word. Orthodox Thinking on other Religions, St. Vladimir's Seminary Press Crestwood/NY 2005, 83–86.

[648] Beate R. Suchla, Art. „Maximus Confessor", in: Siegmar Döpp / Wilhelm Geerlings (Hg.), Lexikon der antiken christlichen Literatur, Herder Freiburg u. a. 1998, 433–435. Vgl. Constant de Vocht, Art. „Maximus Confessor", in: TRE 22 (Studienausgabe 2000), 298–304.

[649] Dokument, 74.

[650] Eine Erläuterung des in § 55 erwähnten, aber nicht erklärten Verhältnisses der „logoi" zum einen Logos Gottes bietet Mika Kalevi Törönen, Union and Distinction in the Thought of St. Maximus the Confessor, Ethesis an der University of Durham 2002, online publiziert unter http://etheses.dur.ac.uk/1087/, 128–141 (abgerufen 23.8.2020). Vgl. Andrew Louth, Man and Cosmos in St. Maximus The Confessor, in: John Chryssavgis / Bruce V. Foltz (Hg.), Toward an Ecology of Transfiguration (wie FN 83), 59–71. Grundlegend zur Thematik vgl. Torstein Tollefsen, The Christocentric Cosmology of St. Maximus the Confessor, Oxford University Press 2008.

Geheimnisses von Gottes Logos menschliches Verstehen übersteige und sich auf Wegen mitteile, die zu zahlreich und zu wunderbar seien, um sie zu berechnen oder zu begreifen. Daran angeschlossen findet sich eine Skizze der Motivationen für einen interreligiösen Dialog. Die Kirche wünsche einen solchen Dialog nicht etwa, um den eigenen Glauben zu verändern („to alter the deposit of its faith"), noch weniger aus einer Angst, dieses „Depositum"[651] könne nicht ausreichen. Entscheidend sei vielmehr eine ehrfürchtige Liebe zu all denen, die Gott und seine Güte suchen. Dabei sei man gewiss, dass Gott kein Volk ohne Anteil an der Erkenntnis seiner Herrlichkeit und Gnade gelassen habe. Das heiße natürlich nicht, dass die vielen unvereinbaren Unterschiede zwischen dem Wahrheitsverständnis der Kirche und demjenigen anderer Religionen geleugnet würden. Es gebe auch nicht den geringsten Wunsch, diese Tatsache zu verdunkeln. So suche die Kirche weder Kompromisse hinsichtlich ihrer eigenen wesentlichen Glaubensinhalte, noch behandele sie diejenigen anderer Religionen herablassend als unmaßgeblich. Vielmehr gelte:

> „At the same time, knowing that God reveals himself in countless ways and with boundless inventiveness, the Church enters into dialogue with other faiths prepared to be amazed and delighted by the variety and beauty of God's generous manifestations of divine goodness, grace and wisdom among all peoples."[652]

Damit bietet § 55 weder die Skizze einer orthodoxen Theologie der Religionen[653] noch eine Auseinandersetzung mit dem Faktum einer Pluralität der Religionen und dessen theologischer Interpretation.[654] Der Text

---

651 Diese Formulierung steht in einer gewissen Spannung zum Vorwort der Herausgeber, wo überzeugend dargelegt ist, dass die heilige Tradition viel mehr sei als ein statisches *Depositum*, das aus der Vergangenheit ererbt worden sei und nicht mehr erfordere als gewissenhaftes Behüten und routinemäßige Wiederholung; vgl. Dokument, XVI.

652 Dokument, 74.

653 Vgl. dazu Anastasios Yannoulatos, A Theological Approach to Understanding Other Religions, in: ders., Facing the World (wie FN 644), 127–153; Metropolit Chrysostomos Konstantinidis, New Orthodox Insights in Evangelism, in: Ion Bria (Hg.), Martyria-Mission. The witness of the Orthodox Church today, WCC Publications Geneva 1980, 12–19; Metropolit Georges Khodr, The Church as the Privileged Witness of God, in: ebd., 30–37.

654 Vgl. dazu Georges Khodr, Christianisme dans une monde pluraliste, in: Irenikon 44 (1971), 191–202; George C. Papademetriou, An Orthodox Christian View of non-Christian Religions, online zugänglich auf der Homepage der griechisch-orthodoxen Erzdiözese von Amerika unter https://www.goarch.org/-/an-orthodox-christian

bringt vielmehr eine Selbstpositionierung gegenüber anderen Religionen und zugunsten einer orthodoxen Beteiligung an interreligiösem Dialog ins Wort. Dazu wurde eine theologische Erschließung erarbeitet, die es ermöglicht, inhaltliche Querverbindungen zwischen orthodoxem bzw. christlichem Glauben und den Glaubensgrundsätzen anderer Religionen zu erklären und in einem positiven Sinn zu deuten.[655] Allerdings vermisst man auch hier einen Hinweis, was genau als „God's generous manifestations of divine goodness“ zu identifizieren ist. Diese Lücke betrifft vor allem das Verhältnis zum Islam, da die Relation zwischen Christentum und Judentum anders gelagert ist und seit frühester Zeit auch anders bestimmt wurde. Festzuhalten ist weiterhin, dass der Text von § 55 einen Ansatz aus der Vätertradition bietet, gegründet auf Justin und Maximus Confessor. Dieses theologische Konzept bietet – bezogen auf interreligiösen Dialog – einen neuen Anknüpfungspunkt, da ein lange maßgeblicher pneumatologischer Ansatz von Erzbischof Anastasios von Tirana und Ganz Albanien, einem der Pioniere im Bemühen um Dialog mit dem Islam, nicht aufgegriffen wurde.[656] Beide Konzepte überschneiden sich lediglich im Bemühen, Vorbehalten oder Missverständnissen auf Seiten der Orthodoxie vorzubeugen, denn auch Erzbischof Anastasios betonte:

> „A dialogue that takes place within the framework of these principles and with this kind of effort to understand others does not lead to syncretism, nor does it dilute our christianity.“[657]

Allerdings fügte er unmittelbar Grundhaltungen an, die für interreligiöses Dialoggeschehen und dessen Erfolg wesentliche Bedeutung entfalten:

> „In order for it to be genuine and fruitful, however, it requires true Christian understanding, consistency, and repentance; that is, it requires us to re-experience our faith continuously, through humility and genuine love.“[658]

-view-of-non-christian-religions (abgerufen 25.8.2020). Zum Thema „Pluralität der Religionen“ und dem Umgang mit diesem Phänomen haben zahlreiche, unter Mitwirkung der Orthodoxie durchgeführte interreligiöse Konferenzen und Arbeitsgruppen wertvolle Einsichten erarbeitet; vgl. Dietmar Schon, Die orthodoxen Kirchen im interreligiösen Dialog mit dem Islam (wie FN 127), 323–332.

[655] Die viel stärkeren Querverbindungen zwischen den Religionen hinsichtlich ethischer Werte wurden dagegen ignoriert.

[656] Vgl. Anastasios Yannoulatos, Dialogue with Islam from an Orthodox Point of View, in: ders., Facing the World (wie FN 644), 103–126 (125 f.).

[657] Ebd., 126.

[658] Ebd.

Ein vergleichbares „Anforderungsprofil" für den Umgang mit einer anderen Religion und deren Gläubigen wurde in § 55 nicht thematisiert, obwohl es ethisch orientiert ist. Die Textpassage scheint stattdessen primär dem Anliegen einer Vertrauensbildung verpflichtet. Dafür sprechen die in ihr zu beobachtenden Wiederholungen sowie das Bemühen um möglichst klare Konturen des eigenen Wahrheitsanspruchs. Sie können als Indizien dafür gelten, dass innerorthodoxe Einwände und Ängste hinsichtlich eines interreligiösen Engagements aufgegriffen werden sollen. Dabei lassen der Sprachgebrauch und der Bezug auf höchst anspruchsvolle Konzeptionen bei Justin und Maximus die Absicht vermuten, traditionell orientierte und theologisch gebildete Kreise zu überzeugen. Ob das auf diese Weise gelingen kann, ist fraglich.

In § 56 kommen zwei Religionen in den Blick, denen gegenüber eine besondere Verantwortung bestehe. Obwohl die Orthodoxie freundschaftliche Beziehungen zu allen Religionen suche, seien es doch die abrahamischen Traditionen des Islam und des Judentums, die dabei herausragen. Um eine relative Nähe anzudeuten, wird der Begriff „Peoples of the book" eingeführt. Dazu erfolgt der historisch orientierte Hinweis, dass mit diesen beiden Religionen seit langem Dialoge geführt würden und dass die Orthodoxie seit Jahrtausenden mit ihnen zusammenlebe. Daher könne die Kirche die Schönheit und die spirituellen Wahrheiten des Islam in seinen vielfältigen Traditionen würdigen. Unter Hinweis auf spezifische Koranverse werden dann einige Querverbindungen zwischen Christentum und Islam zusammengestellt, etwa die Jungfrauengeburt oder die Anerkennung Jesu als Messias, Bote, Wort und Geist Gottes in Sure 4,171.[659] Dem werden Unterscheidungspunkte zwischen beiden Religionen gegenübergestellt, insbesondere die muslimische Ablehnung der Inkarnation und der Trinität. Dann heißt es:

> „[...] it (= the Orthodoxy, Anm. d. Verf.) is nevertheless able to pursue meaningful dialogue with all parts of the Islamic Ummah regarding the proper understanding of these central Christian teachings."[660]

[659] Die dergestalt in § 56 unternommene Suche nach Gemeinsamkeiten mit dem Islam vermag nicht zu überzeugen. Die als Querverbindung positiv gewürdigten Aussagen in Sure 4,171 dienen nämlich tatsächlich nur als Begründung für die nachfolgende entschiedene Ablehnung der Trinität. Vgl. Der Koran, Reclam Stuttgart 1991, 113: „So glaubet an Allah und an seinen Gesandten und sprechet nicht: ‚Drei'. Stehet ab davon, gut ist's euch. Allah ist nur ein einziger Gott [...]."

[660] Dokument, 75.

Diese Einschätzung wirft Fragen auf. Dabei bedarf insbesondere der angesprochene „meaningful dialogue“ und dessen Verknüpfung mit der inhaltlichen Bestimmung „regarding the proper understanding of these central Christian teachings“ näherer Erklärung.[661]

(1) Eine dergestalt vom Wortlaut des § 56 vorgegebene orthodox-islamische Auseinandersetzung über zentrale Glaubensinhalte („regarding the proper understanding of these central Christian teachings“) verweist auf die von Anastasios Yannoulatos herausgearbeitete erste Periode einer Auseinandersetzung mit dem Islam, diejenige einer literarischen Konfrontation.[662] Für diese wird fast durchgängig der Begriff „Dialog“ gebraucht,[663] obwohl nur in einigen Fällen ein tatsächliches Gespräch zwischen Gläubigen beider Religionen geführt wurde. Wie David Bertaina nachgewiesen hat, handelt es sich in der Regel nur um ein literarisches Gestaltungsmittel, den fiktiven Dialog.[664] Entscheidend ist allerdings ein anderer Punkt: Diese literarische Auseinandersetzung zwischen Christen und Muslimen enthielt einerseits eine Kritik wesentlicher Inhalte des Glaubens der jeweils *anderen* Religion; umgekehrt wurden eigene Glaubensinhalte verteidigt, die man als von der jeweils anderen Religion angegriffen sah. Beides war – abgesehen von beiderseits verwendeter Polemik – Teil der mittelalterlichen Auseinandersetzung um „wahre Religion“.[665] Diese Form des Diskurses scheiterte allerdings am Wahrheitsanspruch beider Religionen und endete letztlich in der von Anastasios Yannoulatos treffend beschriebenen „Periode des Monologs und des Schweigens“[666]. Wenn der oben zitierte Satz und seine Verbindung von „dialogue“ mit „regarding the proper understanding of these central Christian teachings“ die Wiederaufnahme einer derartigen Auseinandersetzung meint, stünde auch sie in der Gefahr zu schei-

---

661 Ein Vergleich der englischen mit der französischen, der italienischen und der spanischen Übersetzung der Textpassage des Dokuments zeigt, dass sich dasselbe Problem auch dort ergibt. Es beruht also nicht auf einer Übersetzungsvariante.

662 Vgl. Anastasios Yannoulatos, Dialogue with Islam from an Orthodox Point of View, in: ders., Facing the World (wie FN 644), 103–126 (104–107).

663 Ebd., 107.

664 David Bertaina, Christian and Muslim Dialogues. The Religious Uses of a Literary Form in the Early Islamic Middle East, Gorgias Press Piscataway/NJ 2011, 8–12.

665 Vgl. Dietmar Schon, Die mittelalterliche Auseinandersetzung um „wahre Religion“ – Orthodoxe Argumentationsmuster gegenüber dem Islam bei Johannes von Damaskus und Theodor Abu Qurra, in: Ostkirchliche Studien 65 (2016), 76–118.

666 Vgl. Anastasios Yannoulatos, Dialogue with Islam from an Orthodox Point of View, in: ders., Facing the World (wie FN 644), 103–126 (114 f.).

tern. Das gilt selbst dann, wenn die seinerzeitige Polemik durch den Ausdruck von Respekt und Wertschätzung ersetzt würde. Lehrmäßige oder begriffliche Querverbindungen zwischen Christentum und Islam dürften sich zum größten Teil als wenig tragfähig erweisen, denn sie gehen in der Regel mit divergierenden Auslegungen einher. So wies George Papademetriou für die in § 56 konkret genannten Themen darauf hin:

> „For their part the Muslims also were unable to interpret objectively the Christian faith even though they had a sketchy knowledge of Jesus through the Qur'an. Although it is true that the Muslims have a special place in the Qur'an for Jesus as prophet and have praise for his mother Mary, there is a misunderstanding even in the Qur'an, that is, ‚Allah is the Messiah and the Son of Mary'. Nowhere do Christians claim that ‚God is Jesus', only that Jesus Christ is God."[667]

Sollte sich der in § 56 angesprochene Dialog auf eine Auseinandersetzung über Glaubensinhalte beziehen, müsste damit gerechnet werden, dass er rasch in eine Aporie führt, denn der Wahrheitsanspruch beider Religionen ist heute derselbe wie zur Zeit von Johannes von Damaskus, Abu Qurra oder Gregorios Palamas. Diese Tatsache stand auch im Blick, denn für die Orthodoxie wurde dieser selbstverständliche Wahrheitsanspruch in § 55 eigens bekräftigt.[668] Er ist auch der Grund, warum interreligiöser Dialog moderner Prägung anders ausgerichtet ist.[669] Seine „Spielregeln" wurden im Verlauf des Dialogs, d. h. in der Dialogpraxis herausgearbeitet. Dazu gehörte ein Aspekt zentraler Bedeutung, den z. B. die Konferenz 28.2.–2.3.2008 (Beirut)[670] so formulierte: Die Gläu-

---

667 George C. Papademetriou, Introduction: Orthodox Christians and Muslims in Dialogue, in: Nomikos Michael Vaporis (Hg.), Orthodox Christians and Muslims, Holy Cross Orthodox Press Brookline/MA 1986, 5–8 (6).

668 In Dokument, 74 heißt es dazu: „This is not to deny, of course, that there are many irreconcilable differences between the Church's understanding of the truth and that of other religious traditions […]."

669 Im Schlussdokument der Konferenz 3.–5.3.2008 (Berlin) wird festgestellt: Interreligiöser Dialog sei eine besondere Form des Austauschs, die alle Beteiligten verändere. Dabei sei Dialog über Themen des Glaubens oder der religiösen Identität von Verhandlungen zu unterscheiden, weil keine Übereinstimmung gesucht werde. Er sei keine Debatte, weil keiner über den anderen siegen wolle; er sei mehr als eine Diskussion, weil es nicht nur um rationale Argumente, sondern um persönliche, erlebnishafte Geschichten und Erfahrungen gehe, die existentiell betreffen. Vgl. Dietmar Schon, Die orthodoxen Kirchen im interreligiösen Dialog mit dem Islam (wie FN 127), 326; die Schlusserklärung der Konferenz 3.–5.3.2008 (Berlin) vgl. ebd., 536–539.

670 Schlussdokument der Konferenz 28.2.–2.3.2008 (Beirut), in: Proche-Orient Chrétien 59 (2009), 332–336.

bigen einer Religion dürften sich nicht in das einmischen, was einer anderen Religion eigen ist. Dabei seien unter „Einmischung“ öffentliche Stellungnahmen zu Unterschieden zu verstehen, deren intellektuelle und philosophische Grundlagen andere nicht wirklich verstehen könnten. Die Unterschiede seien altbekannt und könnten von Spezialisten untersucht werden. Wenn sie jedoch in die Öffentlichkeit getragen würden, entstehe Hass. Damit werden – anders als im oben zitierten Satz von § 56 nahegelegt – Fragen des „richtigen“ oder „falschen“ Verständnisses von Glaubenslehren der jeweils anderen Religion aus interreligiösem Dialog ausgeklammert. Den seit Jahrzehnten verfolgten Ansatzpunkt für interreligiösen Dialog umschrieb Metropolit Konstantin von Derkon treffend:

> „Orthodox Christians and Muslims are invited to collaborate on a plan of values which will lead their common obligation to the welfare of mankind. This way, they will realize that, sharing their common religious experiences, it is possible for both of them to respond to God’s will and look more deeply into the wealth of holy values which both Christians and Muslims developed through their history.“[671]

Tatsächlich behandelt der unter Beteiligung der Orthodoxie und des Islam durchgeführte interreligiöse Dialog den Bereich ethischer Werte. Theologischen Fragen kommt nur marginale Bedeutung zu.[672] Die im Licht dessen eigentlich zu erwartende Differenzierung zwischen einer selbstverständlichen Treue zur je eigenen Glaubenstradition *im* interreligiösen Dialog und ethischen Werten als inhaltlichem Bezugspunkt *von* interreligiösem Dialog ist in § 55 nicht ersichtlich. Das spricht entscheidend gegen ein Verständnis von interreligiösem Dialog im Sinn einer Wiederbelebung der mittelalterlichen Auseinandersetzung um „wahre Religion“.

(2) Es gibt eine weitere Interpretationsmöglichkeit der zitierten Textpassage. Der entscheidende Punkt erschließt sich aus einem Hinweis von Christine Lienemann-Perrin:

> „Die orthodoxe Missionserklärung, die 1988 in Neapolis/Griechenland verabschiedet worden ist, stellt das christliche Zeugnis gegenüber Menschen anderen Glaubens in den altkirchlichen Kontext der Martyria. […] Auch die orthodoxen Stimmen sprechen mit Act 14,17, dass sich Gott in der Weltgeschichte nie unbezeugt gelas-

---

[671] Constantine, Metropolitan of Derkon, The Importance of Orthodox Christian-Muslim Dialogue, in: Nomikos Michael Vaporis (Hg.), Orthodox Christians and Muslims (wie FN 667), 9–16 (15).

[672] Vgl. Dietmar Schon, Die orthodoxen Kirchen im interreligiösen Dialog mit dem Islam (wie FN 127), 442 f.

sen habe. Der Dialog mit Andersgläubigen wird mit der Notwendigkeit begründet, auf das Wirken Christi auch außerhalb der von den empirischen Kirchen gezogenen Grenzen zu achten. Eine Anerkennung anderer Religionen als Wege zum Heil ist damit in der Regel aber ebenso wenig verbunden wie die Auffassung, der universal anzutreffende Heilswille Gottes spreche für ein Verbleiben jedes Menschen bei seinem (nichtchristlichen) Glauben."[673]

Tatsächlich thematisiert insbesondere ein Beitrag von Erzbischof Anastasios Yannoulatos aus dem Jahr 1991 einen Zusammenhang von (interreligiösem) Dialog und Mission in spezifisch orthodoxem Verständnis.[674] Darin verweist er zunächst auf die grundsätzliche Bedeutung von Dialog im Leben der Kirche. Heute stelle der Dialog eine neue Möglichkeit und Herausforderung dar. Er könne zur Verpflanzung neuer Saaten von einer Zivilisation zur anderen beitragen, zum Sprießen neuer Saaten, die im Bereich anderer Religionen brachlägen, sowie zu deren Entwicklung. Die Lehre von der Inkarnation überbrücke die Kluft zwischen Transzendenz und Immanenz in der Person Christi und verleihe so der Menschheit einen einzigartigen Wert, der für jede nichtchristliche Anthropologie undenkbar sei. Die Anhänger anderer Religionen hätten das Recht, für sich selbst darzulegen, wie sie ihre religiösen Überzeugungen im Licht der neuen Herausforderungen unserer Zeit neu interpretieren. Aus diesem aufrichtigen Dialog entstünden neue Einsichten für alle Religionen. Der wesentliche Beitrag orthodoxer Christen bestehe darin, ihre Besonderheiten und ihre eigenen tieferen geistlichen Erfahrungen und Überzeugungen einzubringen. Daran schließt sich eine längere Darlegung zum „Zeugnis" an, d. h. der orthodoxen Ausprägung von „Mission". Dessen Ziel bleibe die Schaffung von eucharistischen Gemeinschaften an neuen Orten, wo Menschen die Geheimnisse des Gottesreichs in ihrem jeweiligen besonderen kulturellen Umfeld feiern. Das orthodoxe Zeugnis sei eine personale Teilnahme am Umgestaltungsprozess der Welt, der bereits ‚in Christus' begonnen habe und am Ende im eschatologischen Zeitalter erfüllt sein werde. Den Zusammenhang mit „interreligiösem Dialog" deuten die Schlusssätze des Beitrags an:

---

673 Christine Lienemann-Perrin, Mission und interreligiöser Dialog (Bensheimer Hefte 93), Vandenhoeck & Ruprecht Göttingen 1999, 121 f.

674 Anastasios Yannoulatos, Dialog und Mission, in: ders., Mission auf dem Weg Jesu Christi. Eine orthodoxe Sicht, Aschendorff Münster 2020, 202–208.

> „Wir brauchen ständige aufrichtige Selbstkritik und Umkehr. Das bedeutet jedoch keine Begrenzung des orthodoxen Zeugnisses, um einen irgendwie blassen Dialog zu erzielen, sondern die freie Annahme der Logik der Liebe, der stets revolutionären Logik Christi […]. Orthodoxe Christen versuchen ihr Zeugnis nicht zu begrenzen oder zu reduzieren, sondern ihre Mission auf dem Weg Christi zu leben.“[675]

Noch deutlicher wird die Verbindung zwischen orthodoxem Zeugnis und interreligiösem Dialog in einem späteren Beitrag von Petros Vassiliadis dargelegt:

> „The Orthodox understanding of mission has never insisted on a universal proselytism, but on the authentic witness of the Church's eschatological experience. This was, in fact, made possible by defining *missio Dei* on the basis of John 21 and the fundamental assumption of trinitarian theology, ‚that God in God's own self is a life of communion and that God's involvement in history aims at drawing humanity and creation in general into this communion with God's very life‘. This ultimate expression of koinonia and love is transmitted to the whole world not as dogmas or ethical commands, but as a communion of love. Taken a little further, this understanding of Christian witness suggests that the problem of ethics, i. e. the problem of overcoming the evil in the world, and at the end the quintessence of mission, is not only a moral and social issue; it is also – and for some even exclusively – an ecclesial one, in the sense that the moral and social responsibility of Christians, i. e. their mission in today's pluralistic world, is the logical consequence of their ecclesial self-consciousness.“[676]
>
> „The consequences of such an understanding of mission are far-reaching, encompassing not only the ‚inter-faith‘ encounter and dialogue, but also all kinds of social engagements, including the struggle to implement justice and peace, to eradicate poverty in the world, to reverse the unjust and contrary to God's will world economic system, and above all to protect the integrity of creation. […] In the interfaith dialogue the encounter between religions (more precisely between faithful of different religions) is understood as an encounter of mutual commitments and responsibilities to the common goal of humanity to restore communion with God, and thus restoring God's rule ‚on earth as it is in heaven‘. […] The interfaith endeavour not only decreases the enmity and the hostilities between people of different religions, but it is also a call to the faithful of all beliefs and to the people of all convictions to engage in an effort to universally promote – in addition to human rights – the much needed in our days human responsibilities.“[677]

Hier wird unter Rückgriff auf einige charakteristische Elemente des theologischen Konzepts von Ioannis Zizioulas dargelegt, dass Gott die

---

[675] Ebd., 208.

[676] Petros Vassiliadis, Theological Foundation of Mission. An Orthodox Perspective, in: ders. (Hg.), Orthodox Perspectives on Mission, Regnum Oxford 2013, 190–196 (193).

[677] Ebd., 194.

Menschheit und die ganze Schöpfung in eine liebende Gemeinschaft hineinführen will, die seinem eigenen Wesen entspricht. Von diesem alle Menschen erfassenden Plan Gottes her ergibt sich die Aufgabe, die Wiederherstellung der Gemeinschaft des Menschen mit Gott und von Gottes Herrschaft über Himmel und Erde – ungeachtet der jeweiligen Religion – als gemeinsames Ziel zu begreifen. Damit wird deutlich, dass sich das eschatologische Ziel der Menschheit, liebende Gemeinschaft untereinander und mit Gott zu erlangen, gleichsam als ein Gewölbe über alle Bemühungen spannt, die diesem Ziel dienen. Interreligiöser Dialog gestaltet sich von daher als ein Austausch darüber, welche Verpflichtungen und Verantwortlichkeiten dazu beitragen, es zu erreichen. Dies schließt ethische Aspekte ein. Deshalb sind – Vassiliadis zufolge – Gläubige aller Religionen gerufen, sich umfassend für die Menschenrechte sowie für eine Förderung moralischer und ethischer Verantwortung des Menschen einzusetzen. Unter dieser Voraussetzung kann man dann auch „orthodoxe Mission" und „interreligiöser Dialog" zusammenschauen, denn sie stellen je auf ihre Art einen Teil derselben Antwort des Menschen auf den Ruf Gottes dar.

Allerdings bleibt das Ausgangsproblem bestehen: Die Formulierung des § 56 betreffend „meaningful dialogue" und dessen Verknüpfung mit der inhaltlichen Bestimmung „regarding the proper understanding of these central Christian teachings" samt dem Bezug auf Inkarnation und Trinität lässt die maßgebliche, umfassende Sicht von „Zeugnis" und „Dialog" nicht ohne weiteres erkennen. Dazu bedarf es vielmehr eines Rückgriffs auf die dargestellte, inzwischen breite Strömung orthodoxer Missionstheologie. Die insoweit notwendige Interpretation von § 56 kann sich allerdings auf eine theologische Aussage in § 54 hinsichtlich „Dialog" zurückbeziehen:

> „Dialogue, in the Orthodox understanding, is essentially and primordially a reflection of the dialogue between God and humanity: it is initiated by God and conducted through the divine Logos (dia-logos), our Lord and Savior Jesus Christ. Pervading all human life, dialogue takes place in all our encounters, personal, social, or political, and must always be extended to those who adhere to religions different from ours."[678]

Diese Zusammenhänge zu interpretieren und in den interreligiösen Dialog mit dem Islam einzubringen, dürfte zwar keineswegs eine leichte Aufgabe darstellen. Wenn es jedoch gelingt, kommt nicht nur die ortho-

---

[678] Dokument, 72.

doxe Beteiligung an ihm auf ein festes theologisches Fundament zu stehen. Es handelt sich vielmehr um eine neue und anregende Perspektive, von der auch Dialogteilnehmer anderer christlicher Konfessionen und des Islam profitieren können. Nicht zuletzt vermag sie so interreligiösen Dialog insgesamt zu stimulieren.

Der Text von § 57 wendet sich dem Judentum zu. Die Darlegungen beginnen mit dem Hinweis auf biblische Aspekte von zentraler Bedeutung. In Form einer Aufzählung kommen zunächst die jüdischen Wurzeln Jesu Christi und spezifische Elemente seiner Sendung zur Sprache: Gottes ewiger Sohn sei Mensch geworden, und zwar als Jude, geboren in das Volk Israel, als Erbe von Gottes Bundesschlüssen mit seinem auserwählten Volk. Er sei als Erfüllung von Gottes rettendem Versprechen gekommen, als der Messias von Israel. Das erste Blut, das er für die Erlösung der Welt vergossen habe, sei das bei seiner Beschneidung gewesen. Sein erstes öffentliches Bekenntnis betreffend die Gerechtigkeit Gottes habe ebenso in der Synagoge stattgefunden wie die erste Erklärung seiner Sendung für die Welt. Er habe dabei die Sprache der großen Propheten Israels aufgegriffen; er sei von einer heidnischen Autorität unter dem Titel „König der Juden“ gekreuzigt worden. Daran angeschlossen ist eine Aufzählung von Taten Gottes gegenüber Israel, wie sie im Alten Testament überliefert sind. Gott habe sich gegenüber Israel als der „Ich bin, der ich bin“ geoffenbart; er habe Israel das Gesetz als Ausdruck seiner Liebe und Gemeinschaft gegeben; er habe mit Israel einen ewigen Bund geschlossen und in Gen 12,3 die Zusage seines Segens gegeben. Eine Referenz auf Röm 11,16–24 fasst diesen Teil gleichsam zusammen. Danach wird eine große Wertschätzung des Judentums aus orthodoxem Blickwinkel so ins Wort gebracht:

> „Orthodox Christians look to the Jewish communities throughout the world not merely as to practitioners of another creed, but as to, in some sense, their spiritual elders in the history of God’s saving revelations, and as to the guardians of that precious inheritance that is the first full manifestation of God’s saving presence in history.“[679]

Bedauerlicherweise sei es notwendig, all das jetzt mit Nachdruck zum Ausdruck zu bringen, da in den vergangenen Jahren in vielen Teilen der westlichen Welt eine Wiederbelebung von höchst heimtückischen Ideologien nationaler, religiöser und rassistischer Art und insbesondere so-

679 Ebd., 76.

gar von antisemitischen Bewegungen zu beobachten sei. Scheinheiligkeit und Gewalt gegen Juden seien lange ein Übel in christlich geprägten Kulturen gewesen. Der größte systematische Massenmord und versuchte Völkermord in der europäischen Geschichte sei gegen die Juden in Europa verübt worden. Einige orthodoxe Kleriker und Laien hätten außergewöhnliche Großzügigkeit und sogar opferbereites Mitleid mit den jüdischen Brüdern und Schwestern gezeigt[680] und seien dafür mit dem Titel „Gerechte unter den Völkern" geehrt worden.[681] Aber auch historisch orthodoxe Nationen („and [...] other historically Orthodox nations") hätten eine dunkle Geschichte von antisemitischer Gewalt und Unterdrückung. Daran schließt sich eine doppelte Bitte an:

> „For all these evils, Christians must seek God's forgiveness. In expiation for those crimes against the Jewish people specifically committed in Orthodox lands, the Church seeks both God's forgiveness as well as a deeper relation of love and regard with Jewish communities and the Jewish faith."[682]

Damit bricht der Text ab. Überraschenderweise ist das Wort „Dialog" in ihm nicht verwendet. Beide Beobachtungen bedürfen einer Klärung.

Um die Darlegungen des § 57 einordnen zu können, ist ein Blick auf den Stand des Dialogs zwischen Orthodoxie und dem Judentum hilfreich.[683] Vorauszuschicken ist, dass bereits im Jahr 1972 eine Reihe von bilateralen Konferenzen auf akademischem Niveau begonnen hat, die in unregelmäßigen und zeitlich eher weiten Abständen fortgesetzt wur-

---

680 Eine besondere und weltweit anerkannte Rolle bei der Rettung von Juden vor dem NS-Regime spielte die Bulgarische Orthodoxe Kirche. Die Quellen zu den Vorgängen wurden ediert und ins Englische übersetzt. Vgl. Albena Taneva / Ivanka Gezenko (Hg.), The Power of Civil Society in a Time of Genocide. Proceedings of the Holy Synod of the Bulgarian Orthodox Church on the Rescue of the Jews in Bulgaria 1940–1944, Sofia University Press St. Kliment Ohridski 2005. Die Untersuchung ist im Volltext online zugänglich unter http://jews.archives.bg/jews/uploaded_files/The_Power_Of_Civil_Society_In_A_Time_Of_Genocide.pdf (abgerufen 25.8.2020).

681 Ein prominentes Beispiel ist die auch im Vorwort des sozialethischen Dokuments erwähnte hl. Maria Skobtsova; vgl. oben unter A.1 mit FN 23. Vgl. Grégoire Benevitch, Le sauvetage des Juifs. Le cas de Mère Marie (Skobtsov), in: Contacts 58 (2006), 494–515.

682 Dokument, 77.

683 Vgl. Damaskinos Papandreou, Die interreligiösen Dialoge und die Begegnung der drei monotheistischen Religionen, in: ders., Dialog als Leitmotiv. Die Orthodoxie an der Schwelle zum dritten Jahrtausend, Centre Orthodoxe du Patriarcat Œcuménique Chambésy/Genève 2000, 253–311 (258–262).

de.[684] Ein Schlaglicht auf die dabei zutage getretenen Probleme wirft der Bericht über eine jüdisch-orthodoxe interreligiöse Tagung vom Oktober 2015, der wegen seiner Aussagekraft wörtlich mitgeteilt sei:

> „For two days, 38 leading Jewish and Orthodox Christian clerics and scholars sat in a hotel outside the Greek capital for a rare dialogue on relations between the two ancient faiths. The talks, held last month, were only the eighth round since formal interfaith dialogue between Jews and Orthodox Christians began in 1972 […].
> But in a sign that the dialogue remains delicate, only in the last 15 minutes of the two-day session did anyone dare to broach the historic tensions between the two religions and possible steps to address them. Deciding to finally address the ‚elephant in the room‘ in his closing remarks, the head of the Jewish delegation, Rabbi David Rosen, called for the Orthodox Christian leaders to issue a statement on the status of the Jewish people. ‚A doctrinal repudiation that the Jewish people had been rejected by God could have enormous consequences‘, said Rosen, the international director of interreligious affairs at the American Jewish Committee. Rosen's request was met with silence, raised eyebrows and the occasional shake of the head by the Christian delegates.
> In concluding remarks, the head of the Orthodox delegation, Metropolitan Emmanuel of France, did not directly address the Jewish request, speaking only about the need for greater people-to-people contacts and his desire to include youth in the next round of talks.
> What Rosen and several other Jewish participants were calling for was a grand gesture similar to the Catholic Church's Nostra Aetate, the historic document rejecting the charge of collective Jewish guilt for the killing of Jesus. That document, which had its 50th anniversary marked last month, went a long way toward paving the way for improved Jewish-Catholic relations, and the Jewish participants in the Athens dialogue were hoping for something similar from their Orthodox interlocutors.“[685]

Der Bericht zeigt anschaulich, dass die bisherige Klärung der Dialogbasis ausweislich der Invention des Rabbiners David Rosen als unzureichend empfunden wurde. Durch die Erklärung „Nostra Aetate“ des Zweiten Vatikanischen Konzils war das Fundament für einen katho-

---

[684] Vgl. dazu Petra Heldt, A Brief History of Dialogue between Orthodox Christian and Jews, in: Immanuel 26/27 (1994), 211–224; der Beitrag gehörte zum Programm der Dritten Akademischen Tagung zwischen Orthodoxie und Judentum und ist online zugänglich unter http://www.etrfi.info/immanuel/article.php?i=26&p=211. In einem zweiten Beitrag hat dieselbe Autorin eine Bibliographie zusammengestellt; vgl. Petra Heldt, Bibliography of Dialogue between Orthodox Christians and Jews, in: Immanuel 26/27 (1994), 240–249, online zugänglich unter http://www.etrfi.info/immanuel/article.php?i=26&p=240 (beide Websites abgerufen 25.8.2020).

[685] Bericht über eine interreligiöse jüdisch/christlich-orthodoxe Tagung vom Oktober 2015 in der Nähe von Athen, online publiziert auf der Homepage der „Jewish Telegraphic Agency“ unter https://www.jta.org/2015/11/12/lifestyle/more-than-4-decades-on-jewish-dialogue-with-orthodox-christians-still-fragile (abgerufen 24.8.2020).

lisch-jüdischen Dialog gelegt worden, das möglicherweise auf Seiten des Judentums eine Erwartungshaltung für den Dialog auch mit der Orthodoxie hervorgerufen hat. Verständlicherweise möchte die Orthodoxie diesbezüglich aber zu einer eigenständigen Grundlage gelangen. Dabei stellen sich allerdings Probleme, die Sandrine Caneri, Professorin am „Institut de Théologie Orthodoxe Saint-Serge", in einem Beitrag skizziert hat.[686] Sie verwies auf historische und politische Aspekte und fügte hinzu:

> „In addition, the Orthodox Church is not in the habit of publishing ‚official' documents concerning every problem it encounters, as most often such problems are specific to their time and are treated in relation to the context in which they arise. Unless the integrity of the whole Orthodox Church is implicated, the Church generally will not produce a document like this. Neither the seven ecumenical councils nor the recent council in Crete touched on the subject of Jewish–Christian relations. The question thus remains open."[687]

Die Ausführungen von § 57 müssen im Licht der von Caneri beschriebenen Probleme gesehen werden. Sie sind demnach als ein sensibles Vortasten auf noch weitgehend unbeackertem Boden zu würdigen, bestimmt vom Wunsch nach einer Weiterentwicklung hin zu einem fruchtbaren Dialog mit dem Judentum. Gleichermaßen realistisch und warmherzig werden die bisherigen Bemühungen und der Ausblick auf deren Fortsetzung zusammengefasst als „a deeper relation of love and regard with Jewish communities and the Jewish faith"[688]. Dazu setzt § 57 erste, aber durchaus deutliche Zeichen. Als Belege dafür können die für das Judentum bedeutungsvolle Hervorhebung „everlasting covenant" sowie die – falsche Schuldzuweisungen korrigierende – Formulierung gelten: „[…] he (= the Messiah, Anm. d. Verf.) was executed by a pagan authority under the title ‚King of Jews'."[689] Dennoch bleiben Probleme zu lösen, deren Gewicht ein weiterer Beitrag von Sandrine Caneri[690]

---

686 Sandrine Caneri, The Orthodox Church in Dialogue with Judaism: Toward an Official Document?, in: The Wheel 17/18 (2019), 33–40; der Beitrag ist online zugänglich unter https://static1.squarespace.com/static/54d0df1ee4b036ef1e44b144/t/5d33e58ab5c4a100011f7fb0/1563682206886/Wheel17_Ch6_Caneri.pdf (abgerufen 25.8.2020).

687 Ebd., 38.

688 Dokument, 77.

689 Ebd., 76.

690 Vgl. Sandrine Caneri, Under what Conditions would the Orthodox Engage in the Judeo-Christian Dialogue?, in: Review of Ecumenical Studies (RES, Sibiu) 11 (2/2019), 154–166.

erhellt. Sie verweist darin auf ein in Frankreich entstandenes Dialogforum, bei dem sich Juden, Katholiken, Protestanten und auch ein Vertreter der Orthodoxie austauschen. Der jüdische Historiker Jules Isaak, eine zentrale Persönlichkeit dieses Dialogforums, habe dabei eine „Lehre der Verachtung“ („teaching of contempt“) gegen Juden kritisiert, die in christlicher Katechese, Predigt oder im theologischen Unterricht vermittelt werde; dies gelte es zu korrigieren. Caneri zeigte die Schwierigkeit bei der Umsetzung auf:

> „In his (= Jules Isaak, Anm. d. Verf.) perspective, this ‚teaching of contempt‘ begins with the Holy Fathers of the Church and is spread through them to the present day. The Holy Fathers are therefore despised, and discussion of them excluded, so violent are their words against the Jews. These teachings are considered to be the origin of modern anti-Semitism which directly engendered the Shoah. […] The Orthodox do not recognize any ‚teaching of contempt‘ in their churches. They cannot and will not remove the holy Fathers from their teachings, and see no link between them and modern anti-Semitism. They are unaware of what the word ‚Christian‘ signifies to a Jew and do not perceive anything in their liturgical corpus that is humiliating to Jews. The Orthodox wish to be in a relationship, but without any real contact.“[691]

Mit den Kirchenvätern, der Verkündigung und nicht zuletzt mit der Liturgie sind zentrale Elemente des Selbstverständnisses der Orthodoxie betroffen. Feststellbar sind theologische Bemühungen, die aufgeworfenen Fragen anzugehen,[692] darunter speziell auch in der Patristik,[693] noch intensiver in der Liturgik.[694] Das sozialethische Dokument leistet in § 57

---

[691] Ebd., 158.

[692] Vgl. George C. Papademetriou, Essays on Orthodox Christian-Jewish Relations, Wyndham Hall Press Bristol/IN 1990; Michael Staikos, Das Verhältnis der Orthodoxen Kirchen zum Judentum, in: Dialog. Christlich-Jüdische Informationen, Heft 49 (2002), 4–17; der Beitrag ist online zugänglich unter https://www.christenundjuden.org/index_files/de82b4b22575dbcb843dd4dde7733899-101.html (abgerufen 25.8.2020).

[693] Vgl. Serafim Seppälä, Forsaken or Not? Patristic Argumentation on the Forsakenness of Jews Revisited, in: Review of Ecumenical Studies (RES, Sibiu) 11 (1/2019), 180–198.

[694] Vgl. Alexandru Ioniță, Byzantine Liturgical Hymnography: a Stumbling Stone for the Jewish-Orthodox Christian Dialogue?, in: Review of Ecumenical Studies (RES, Sibiu) 11 (2/2019), 253–267; Ioan Moga, Jüdische Elemente in der Tradition der Orthodoxen Kirche. Ein Beitrag im Zeichen des Dialogs, in: Review of Ecumenical Studies (RES, Sibiu) 11 (2/2019), 167–179; Bert Groen, Anti-Judaism in the Present-Day Byzantine Liturgy, in: Journal of Eastern Christian Studies 60 (2008), 369–387. Ebd., 382 verweist Groen auf eine Initiative des Ökumenischen Patriarchen Bartholomaios und auf die jüdisch-orthodoxen Dialogtagungen: „During an official visit at the Greek Orthodox Patriarchate of Jerusalem in May 1995, the Pa-

dadurch einen spezifischen Beitrag, dass biblische Elemente beider Testamente von zentraler Bedeutung nebeneinandergestellt und als Ausgangspunkt einer Neubewertung des Verhältnisses von Judentum und orthodoxem Christentum präsentiert werden. Die doppelte Bitte um Vergebung schließt unmissverständlich ein, dass Unrecht geschehen ist. Wie bereits erwähnt, wurde mit „a deeper relation of love and regard with Jewish communities and the Jewish faith“[695] ein erstes Etappenziel in einem zeitaufwendigen Prozess benannt. Den weiteren Ausblick formulierte Sandrine Caneri so:

> „The work ahead of us is enormous. We must both maintain our attachment and admiration for the Fathers without losing our critical sense and not accept the entirety of their writings, as some of their ideas are no longer adapted to our times.“[696]

Möglicherweise könnte eine im Vorwort des sozialethischen Dokuments angesiedelte Aussage auch als diskreter Hinweis auf die von Caneri angemahnte größere Differenzierung hinsichtlich der Interpretation der Vätertexte gedacht sein:

> „All too often, those who presume to speak for Orthodox tradition believe that the Church can preserve her integrity only by turning blindly away from the present and uncritically toward the past, seeking shelter in a petrified and sentimentalized vision of the Christian orders of earlier centuries. Holy tradition […] is not simply a memorial to the words of the Fathers of old, but is rather the living and dynamic reality to which those words pointed, the ever abiding presence of the Holy Spirit who descended on the Apostles at Pentecost […].“[697]

---

triarch of Constantinople, Bartholomaios […] argued in favour of a reform of the liturgical texts of Holy Week with respect to Jewry. Actually, he declared himself in favour of suppressing the anti-Jewish passages, in particular the invective. The background of the patriarchal plea is the fact that the Constantinople Patriarchate is not only engaged in a dialogue with the other Christian churches and Islam but also with Judaism. It is difficult to take the Jewish partners seriously and, at the same time, demonize them during worship. […] Another motive for reform might be the fact that, during the five official theological consultations between the Orthodox Church and Judaism that have been held since 1977, Jewish participants repeatedly stated that they feel hurt by the anti-Jewish hymns in the Holy Week liturgy and expressed their wish that these texts be revised.“

695 Dokument, 77.

696 Sandrine Caneri, Under what Conditions would the Orthodox Engage in the Judeo-Christian Dialogue?, in: Review of Ecumenical Studies (RES, Sibiu) 11 (2/2019), 154–166 (162).

697 Dokument, XVI.

§ 58 wendet sich – über die bislang bereits fokussierten monotheistischen Religionen Islam und Judentum hinaus – anderen Religionen zu und beginnt dabei mit einer etwas verschachtelten Formulierung:

> „The story of other non-Orthodox Christian religious traditions is not yet finished, and Orthodoxy affirms that like other non-Orthodox Christian bodies they only find their coherence and clarity within the Orthodox Church.“[698]

Es scheint, dass mit den Stichworten „coherence“ und „clarity“ der Wahrheitsanspruch der orthodoxen Kirche umschrieben werden soll,[699] verbunden mit einem diskreten Werben an die Adresse nichtchristlicher Religionen, bei der Orthodoxie diejenige innere Stimmigkeit und Klarheit zu gewinnen, derer sie bislang noch entbehren. In der Fortsetzung des Textabschnitts wird unter Rückgriff auf Apg 17,23 dargelegt, dass in den nichtchristlichen Religionen ein ihnen selbst noch unbekannter Gott verehrt werde. Dann heißt es:

> „From this the Church is given license to proclaim that the true God in whom all humanity lives and moves and has its being is worshipped by peoples everywhere, Christian and non-Christian alike. And this makes it only more eager to make all persons and peoples aware that the face of this one true God shines forth unobscured in the face of Jesus Christ.“[700]

Wiederum wird im Text eine Reihe von Elementen greifbar, die einen Vergleich mit dem bereits erwähnten Beitrag von Anastasios Yannoulatos nahelegen.[701] Auch dort findet sich nämlich eine Darlegung zum „Zeugnis“, d. h. dem orthodoxen Verständnis von Mission, die an derselben Schriftstelle Apg 17,17 anknüpft. Yannoulatos interpretierte sie als grundlegende Wende in der Ausrichtung auf das, was dem Geist des Menschen aus sich heraus unzugänglich sei, nämlich die Wahrnehmung der Liebe Gottes, die durch den gekreuzigten und auferstandenen Christus geoffenbart ist. Die persönliche Erfahrung der Liebe Christi bleibe die tiefste christliche Erfahrung und sei mit authentisch christlicher Mission und Evangelisierung verbunden. Die Gaben Gottes könnten

---

698 Ebd., 77.

699 Dieser Wahrheitsanspruch wurde in § 58 mit Blick auf nichtchristliche Religionen überraschenderweise in deutlich schwächere Ausdrücke gekleidet als in § 51 gegenüber anderen christlichen Konfessionen; in Dokument, 70 hieß es nämlich: „Orthodoxy cannot be silent and must reach out and call all Christians to the fullness of the faith.“

700 Dokument, 77.

701 Vgl. Anastasios Yannoulatos, Dialog und Mission, in: ders., Mission auf dem Weg Jesu Christi (wie FN 674), 202–208.

nicht selbstsüchtig festgehalten werden, sie müssten allen zugänglich sein.[702] Die gedankliche Nähe zwischen dem Beitrag von Yannoulatos und den Ausführungen in § 58 erscheint beträchtlich. Der Hauptunterschied besteht darin, dass Yannoulatos eindeutig ein Modell von (Erst-)Evangelisierung entwirft, während im Text von § 58 diese Zielrichtung lediglich durch den Hinweis auf Apg 17,23 verhalten angedeutet wird. Dennoch kann auch insoweit ein Bezug auf „missionarisches Zeugnis" im Sinn von (Erst-)Evangelisierung erschlossen werden, denn die Rede des Apostels Paulus vom „unbekannten Gott" an die Athener gehörte zu einer Verkündigung des Evangeliums in Bekehrungsabsicht.

Der in § 58 folgende Satz nimmt einen interreligiösen Dialog in den Blick:

> „Moreover, the Church […] enters into dialogue with other faiths fully prepared to be instructed by many of their own speculative, cultural, and spiritual achievements."[703]

Hier wird eine Bereitschaft der Kirche bekundet, im Rahmen eines interreligiösen Dialogs zu lernen und spezifische Elemente aus anderen Religionen aufzugreifen.[704] Der Text lässt dagegen offen, was die Orthodoxie ihrerseits in einen solchen Dialog einbringen möchte. Könnte es sich dabei um die Deutung von Elementen *anderer Religionen* als Spuren des in ihnen noch „unbekannten Gottes" handeln? Dann würde der Text ein orthodoxes missionarisches Zeugnis im Sinn von (Erst-)Verkündigung des Evangeliums und interreligiösen Dialog nicht nur theologisch, sondern auch methodisch in eins sehen. Die Fortsetzung der Darlegung verlässt allerdings diesen Themenbereich und setzt mit einem anderen Gedanken neu an. Weiter heißt es nämlich in § 58, die Kirche habe bereits in früheren Jahrhunderten viele der zahlreichen philosophischen, religiösen und kulturellen Reichtümer in Europa, Kleinasien und dem Nahen Osten *getauft* („and in time baptized many of the philosophical, religious, and cultural riches of pre-Christian Europe, Asia Minor, and the Near East"). So könnten auch jetzt neue Wege be-

---

[702] Ebd., 206.

[703] Dokument, 77.

[704] Die insoweit verfolgte Blickrichtung wird durch einen Vergleich mit der französischen Übersetzung bestätigt: „De plus, l'Église […] entre en dialogue avec les autres religions, pleinement préparée à être instruite par nombre de leurs propres réalisations intellectuelles, culturelles et spirituelles."

schritten werden, um das Glaubensdepositum[705] auszudrücken. Ebenso könne es neue Wege des Denkens für dessen kulturellen oder begrifflichen Ausdruck geben, z. B. durch Kontakt mit den Glaubensrichtungen Indiens, Chinas, des Fernen Ostens oder von Stammesvölkern.[706] In diesem Plädoyer für „neue Wege des Denkens“ verlässt die Textpassage die Thematik „interreligiöser Dialog“, um stattdessen eine seit längerem in der Orthodoxie erhobene missionstheologische Forderung aufzugreifen. Urgiert wird insoweit, die Orthodoxie dynamischer zu inkulturieren, um die Bemühungen um eine Verkündigung des Evangeliums der orthodoxen Kirche nachhaltig zu fördern. So stellt z. B. Pantelis Kalaitzidis fest:

> „In fact, apart from some small in size, but very dynamic Orthodox missionary communities mainly in Africa and Asia, there is a very thin Orthodox presence in these continents. Orthodoxy is almost absent from this religious cosmogony and seems unable to play any role in the emergence and shaping of this non-Western Christianity. Paradoxically enough, despite its theological, cultural, and historical rivalry with the Christian West, and its ‚diaspora‘ now spread and rooted all over the world, East and West, North and South, Orthodoxy is still perceived in the global scale as and remains a Western reality and phenomenon.“[707]

Das Problem ortet Kalaitzidis in einer Fixierung auf das „byzantinische Modell“ („Byzantine model“), das eine echte Begegnung mit anderen Kulturen und damit die Verkündigung erschwere:

> „Orthodoxy seems to be so closely identified with Byzantium that is eventually able to follow only the Byzantine model in every domain and aspect of church life (theology, liturgy, preaching, administration, church design, iconography, singing, etc.).

705 Hier wird – wie bereits zuvor in § 55 – nochmals die charakteristische Wendung „deposit of faith“ verwendet. So bedarf es nochmals des Verweises auf das Vorwort der Herausgeber. Darin ist überzeugend dargelegt, dass die heilige Tradition viel mehr sei als ein statisches *Depositum*, das aus der Vergangenheit ererbt worden sei und nicht mehr erfordere als gewissenhaftes Behüten und routinemäßige Wiederholung; vgl. Dokument, XVI.

706 Der hier betonte Bezug zwischen missionarischer Verkündigung und fremden Kulturen steht in gedanklicher Nähe zu Ausführungen von Anastasios Yannoulatos, Culture and Gospel. Some Theological Observations based on Orthodox Tradition and Experience, in: ders., Facing the World (wie FN 644), 79–101. Vgl. ebd., 89: „Different cultures were accepted from the start, so that they could afterward be baptized and become transformed.“

707 Pantelis Kalaitzidis, New Wine into Old Winescins? Orthodox Theology of Mission Facing the Challenges of a Global World, in: Atola Longkumer / Po Ho Huang / Uta Andrée (Hg.), Theological Education and Theology of Life. Transformative Christian Leadership in the 21st Century, Regnum Oxford 2016, 119–147 (133).

> This precise model, however, is not necessarily the one which fits with the expectations of the people of Global South, who are situated in a completely different historical background, and cultural context. Historical Orthodoxy seems then to be trapped in Byzantium, and to this regard the greatest challenge for Orthodoxy today is to overcome this historical and cultural fixation, by discerning its mission to today's world, without the continuous and exclusive reference to this formative historical period of the church."[708]

Noch deutlicher äußerte sich dazu Kosmas Ngige Njoroge, ein kenianischer Theologe im Dienst des Patriarchats von Alexandrien und Ganz Afrika:

> „How then do we expect the Africans to get into the depths of Orthodox worship if all its structures and textures have been brought from the cult of Byzantine culture? In other words, how do we expect Africans to express their joy at Christ's resurrection without dancing and clapping? Would they ever get this joy nourished through chanting the eight tones of Byzantine hymnology? All the church arts and iconography, music and liturgical vestments are foreign. Liturgical services and prayers, symbols, gestures and movements are not yet imbued with what is African. How then can we Africans speak of the inculturation of Orthodoxy today?"[709]

Die Textpassage des § 58 gibt auf diese Problematik eine direkte Antwort, indem für neue Wege des Denkens und für eine Übertragung der kulturellen oder begrifflichen Ausdrucksformen orthodoxen Glaubens in andere kulturelle Zusammenhänge geworben wird. Dieser Prozess wird als ein wechselseitiges Geben und Nehmen vorgestellt. Damit bringt der Text ein spezifisches innerorthodoxes Anliegen klar zum Ausdruck: Er bietet eine theologisch fundierte Begründung für die Weiterentwicklung orthodoxer (Erst-)Verkündigung insbesondere in Afrika und Asien durch dynamischere Inkulturation und ermutigt dazu, diesen Weg auch zu gehen.

Wie verhält es sich aber mit dem interreligiösen Dialog, dessen Erwähnung im Raum steht? Im Anschluss an die entsprechende Textpassage wird nochmals die Lehre Justins vom „Logos spermatikos" bemüht, um auszudrücken, dass der Orthodoxie alles Wahre und Gute willkommen sei. Insoweit lehnt sich der Text von § 58 wiederum eng an die Gedanken im bereits erwähnten missionstheologischen Beitrag von Yannoulatos an. Dort heißt es nämlich:

---

708 Ebd., 135.

709 Kosmas Ngige Njoroge, Incarnation as a Mode of Orthodox Mission. Intercultural Orthodox Mission – Imposing Culture and Inculturation, in: Atola Longkumer / Po Ho Huang / Uta Andrée (Hg.), Theological Education and Theology of Life (wie FN 707), 242–252 (249).

> „Der Dialog kann zur Verpflanzung neuer Saaten von einer Zivilisation zur anderen beitragen, zum Sprießen von Saaten, die im Bereich anderer Religionen brachlagen, sowie zu deren Entwicklung. Wie bereits angemerkt, bleiben Religionen organische Einheiten, und da sie von lebendigen Menschen getragen sind, werden sie zu ‚lebendigen Organismen‘, die sich entfalten und entwickeln. Sie haben ihre eigene innere Dynamik und ihre eigene Entelechie, d. h. Zweck und Ziel. Sie werden von ihrer Umgebung beeinflusst, nehmen von dort neue Ideen auf und passen sich neuen Herausforderungen an. […] Dank dieser Dynamik dringen christliche Ideale über verschiedene Kanäle im Lauf der verschiedenen religiösen Suchbewegungen auf der ganzen Welt vor und entwickeln sich. Hier kann der Beitrag des Dialogs von entscheidender Bedeutung sein.“[710]

Yannoulatos setzt damit auf eine verwandelnde Wirkung der Kombination von missionarischem Zeugnis und interreligiösem Dialog. Ganz ähnlich wird in § 58 die Hoffnung spürbar, dass ein interreligiöser Dialog („dialogue with other faiths“) beitragen könnte, analog zu den genannten historischen Beispielen des Mittelmeerraums nunmehr auch andere Religionen und Kulturen zu „taufen“. Dabei sollte allerdings nicht vergessen werden, dass dieser Prozess einer Integration von Elementen hellenistischer Philosophie und Kultur in das Christentum mit dem Bemühen um Taufbewerber für das Christentum einherging. Mit Blick auf die in § 58 angedeutete Hoffnung auf eine Wiederholung des Vorgangs bei heutigen nichtchristlichen Religionen und Kulturen stellt sich deshalb die Frage, ob interreligiöser Dialog dabei nicht für Zwecke der Ausbreitung des Evangeliums instrumentalisiert würde. Zwar ist auch mit Blick auf die Begegnung von Orthodoxie und den Religionen Asiens oder Afrikas eine Interpretation entsprechend dem theologischen Zusammenhang von „Zeugnis geben“ als missionarische (Erst-)Verkündigung und „Zeugnis geben“ im Rahmen des interreligiösen Dialogs möglich: Wie im Zusammenhang mit § 56 dargelegt stellt im Verständnis des sozialethischen Dokuments beides gleichermaßen eine Einladung an Angehörige anderer Religionen dar, auf den an die ganze Menschheit ergangenen Ruf Gottes in eine eschatologisch wiederhergestellte Gemeinschaft mit ihm und untereinander positiv zu antworten. Allerdings erscheinen die Zuordnungen der in § 58 behandelten Aspekte noch schwerer nachvollziehbar als in § 56. So vermisst man neuerlich eine hinreichend klare Differenzierung zwischen missionarischer (Erst-) Verkündigung und Mitwirkung an interreligiösem Dialog sowie deren jeweilige Zuordnung zum erwähnten theologischen Konzept. Das in

710 Vgl. Anastasios Yannoulatos, Dialog und Mission, in: ders., Mission auf dem Weg Jesu Christi (wie FN 674), 202–208 (203).

§ 58 zusätzlich in den Text hineinverwobene missionstheologische Anliegen einer neuen Dynamik orthodoxer Inkulturation in andere Kulturen vergrößert dieses Problem noch. Zwar haben die drei im selben Abschnitt angesprochenen Anliegen (Erst-)Verkündigung des Evangeliums, interreligiöser Dialog und Inkulturation der orthodoxen Kirche zweifellos je ihre Berechtigung. Dennoch bleibt unberücksichtigt, dass die mit ihnen jeweils verbundenen Ziele und Methoden verschieden sind. Diese näher zu bestimmen, wäre gerade im Hinblick auf die Spezifika einer Begegnung mit nichtmonotheistischen Religionen von Bedeutung. Auch die dazu notwendigen Differenzierungen sind in § 58 nicht ersichtlich.

§ 59 fokussiert nochmals den interreligiösen Dialog, diesmal allerdings in zweifacher Hinsicht unter einem neuen Blickwinkel:

- Angesprochen werden Menschen und Völker, nicht Angehörige einer bestimmten Religion.
- Der Inhalt des avisierten interreligiösen Austauschs bezieht sich auf ethische Werte.

Zunächst wird festgehalten, dass die orthodoxe Kirche bestrebt ist, „gemeinsame Sache“ („common cause“) mit all denen zu machen, welche die Dinge des Geistes gegen den zersetzenden Materalismus der modernen Zeit kultivieren und schützen. Dasselbe Zusammenwirken wird gewünscht mit allen, die – wie die orthodoxe Kirche – religiösen Extremismus und Fundamentalismus verabscheuen. Dabei soll eine gemeinsame Front gegen die aufgebaut werden, welche auf blasphemische Weise ihren Hass, ihre Scheinheiligkeit und ihre Gewalttätigkeiten mit dem Namen Gottes in Verbindung bringen. Ein Zitat aus Nr. 17 der Enzyklika der Heiligen und Großen Synode von Kreta stellt ethische Werte heraus, die solchen zerstörerischen Haltungen oder Taten entgegengesetzt werden sollen, und erklärt diese zu vorrangigen Zielen. Interreligiöser Dialog trage zum Aufbau wechselseitigen Vertrauens und zur Förderung von Frieden und Versöhnung bei. Aufgabe der Kirche sei es, den „Frieden von oben“ auf der Erde greifbar zu machen. Wahrer Friede werde nicht durch Waffengewalt hergestellt, sondern allein durch uneigennützige Liebe. Das Öl des Glaubens „must be used to soothe and heal the wounds of others, not to rekindle new fires of hatred“[711]. Deshalb nehme die orthodoxe Kirche an interreligiösem Dialog teil, wobei sie die tatsächlichen Unterschiede zwischen den religiösen Traditionen als Tatsache anerkenne. Trotzdem bestehe sie auf der Möglichkeit fried-

[711] Dokument, 78; wörtliches Zitat aus Synodos, 37, Nr. 17.

licher Koexistenz und Zusammenarbeit zwischen unterschiedlichen Religionen. Es gelte, Unwissenheit, Feindseligkeit und Furcht durch wechselseitiges Verständnis und wahre Freundschaft zu überwinden.

Mit diesen Aussagen bezieht sich § 59 auf Ergebnisse zentraler Bedeutung, die in jahrzehntelanger interreligiöser Arbeit unter Beteiligung der Orthodoxie herausgearbeitet worden sind. Sie entstammen insbesondere dem interreligiösen Dialog mit dem Islam,[712] an dem sich Angehörige der orthodoxen Kirche in vielgestaltigen Formen und Beiträgen sehr erfolgreich und engagiert beteiligen.[713] Dieses Engagement beruht auf panorthodoxen Beschlüssen bzw. auf deren konsequenter Weiterentwicklung bis hin zur Synode von Kreta 2016.[714] Der daraus entwickelte interreligiöse Dialog mit dem Islam bezieht sich zum weitaus größten Teil nicht auf Glaubensinhalte, sondern auf ethische Werte.[715] Unter ihnen haben Abwehr von Extremismus, Fundamentalismus und blasphemischer Berufung auf Gott zum Verdecken von Gewaltverbrechen besondere Bedeutung erlangt, aber auch die positiven „Gegenstücke“, nämlich die Betonung von Frieden und friedlicher Koexistenz.[716] Damit resümiert § 59 wesentliche und zudem praxisrelevante Teile der Dialogergebnisse. Dabei ist zu berücksichtigen, dass die ethische Ausrichtung des interreligiösen Dialogs bislang nur in der Schlusspassage von § 56 in einigen wenigen Stichworten angeklungen war:

> „It (= The Orthodoxy, Anm. d. Verf.) believes the common roots of christianity and Islam in the Middle East, the common affirmation of the message of the unity of God, […] the importance of prayer and ascesis, as well as the struggle to discern the will of God in all things, invite Islam and Orthodoxy to enter into an intimate conversation for the advancement of peace and understanding among all peoples.“[717]

---

712 Wie oben im Zusammenhang mit § 57 bereits dargestellt, befindet sich der Dialog der orthodoxen Kirche mit dem Judentum noch in einem frühen Stadium der Entwicklung. Interreligiöse Bemühungen unter Beteiligung der Orthodoxie und von Gläubigen fernöstlicher Religionen fanden insbesondere unter der Ägide des ÖRK und der „World Conference on Religion and Peace“ statt, erreichten jedoch nur marginale Bedeutung; vgl. Dietmar Schon, Die orthodoxen Kirchen im interreligiösen Dialog mit dem Islam (wie FN 127), 305 f. und 115–118.

713 Vgl. ebd., 92–304.

714 Ebd., 75–90 zu den spezifischen panorthodoxen Beschlüssen und ihrer Fortschreibung in verschiedenen Grundlagendokumenten.

715 Ebd., 442–457 zur ethischen Ausrichtung des Dialogs.

716 Ebd., 362–370, 349–359, 452–457.

717 Dokument, 75. Die zukunftsgerichtete Formulierung „invite … to enter“ klammert – ebenso wie oben für § 56 bereits festgestellt – aus, dass interreligiöser Dia-

Die Ausführungen in § 59 schließen insofern nicht nur eine in früheren Textpassagen des Abschnitts VI gelassene Lücke, sie bekräftigen vielmehr das auf ethische Werte ausgerichtete Konzept für die Beteiligung der Orthodoxie am interreligiösen Dialog.

In § 60 werden als Grundsätze hervorgehoben, dass interreligiöser Dialog mit Respekt vor den religiösen Unterschieden und als Verkündigung der Wahrheit fortgesetzt werden solle und werde. Es gehe dabei nicht nur um das Herausarbeiten von gemeinsamen Grundlagen oder das Aufspüren von Gemeinsamkeiten. Erforderlich sei Respekt vor der menschlichen Person, die als Gottes Ebenbild geschaffen sei, und ebenso Respekt für Gottes Liebe zur Menschheit und zur Schöpfung. Gespräch und Dialog erfordere Risikobereitschaft sowohl auf persönlicher wie auf gemeinschaftlicher Ebene. Jeder Dialog sei bezogen auf eine Person und spiegele insbesondere deren individuellen, sozialen, kulturellen und religiösen Hintergrund; er sei zugleich gemeinschaftlich, da es fundamentaler Grundsatz der orthodoxen Ekklesiologie sei, dass das einzelne Mitglied der Kirche lediglich in Gemeinschaft oder in Beziehung mit der ganzen Kirche und letztlich mit Christus, dem Haupt der Kirche, existiere.

Der in § 60 einmal mehr wiederholte Hinweis auf die notwendige Beachtung der religiösen Unterschiede und des Wahrheitsanspruchs der Kirche bzw. der Religionen deutet darauf hin, dass diesbezüglich Bedenken bestehen. Diese greift der Text auf und versucht, sie mittels eindeutiger Abgrenzungen bzw. durch Akzentuierung von Grundsätzen zu zerstreuen. Dem kann hinzugefügt werden, dass die eingehende Untersuchung des Dialoggeschehens ein durchgängig waches Bewusstsein aller Beteiligten um die Unterschiede zwischen den Religionen aufgezeigt hat. Die Absage an Synkretismus und Proselytismus erfolgte in aller Eindeutigkeit auch im Dialoggeschehen selbst.[718] In der erwähnten jahrzehntelangen Praxis des interreligiösen Dialogs haben sich ausweislich der dabei gefertigten Schlusserklärungen nicht die geringsten Anzeichen von Synkretismus oder einer Relativierung von Glaubensinhalten feststellen lassen.[719] Der Hinweis in § 60 ist zutreffend, dass im

log unter Beteiligung der Orthodoxie und des Islam bereits seit Jahrzehnten stattfindet und reiche Einsichten und Resultate erbracht hat.

718 Vgl. Dietmar Schon, Die orthodoxen Kirchen im interreligiösen Dialog mit dem Islam (wie FN 127), 332–334.

719 Ebd., 497.

Rahmen des interreligiösen Dialogs viel Mühe auf die Erarbeitung einer gemeinsamen Basis an ethischen Werten und auf die Suche nach Übereinstimmungen im Bereich einzelner Werte verwandt wurde.[720] Allerdings ist erst auf dieser Grundlage das gemeinsame Auftreten gegen Extremismus, Fundamentalismus und Missbrauch von Religion sowie zugunsten von Frieden und friedlicher Koexistenz möglich geworden, wie es in § 59 gewürdigt ist. Ähnliches gilt für den in § 60 geforderten Respekt vor der Person und vor der Liebe Gottes zu den Menschen und der Schöpfung. Hauptanliegen des Abschnitts dürfte allerdings gewesen sein, die individuellen Beiträge einzelner Hierarchen und Forscher im Rahmen des Dialoggeschehens an die Kirche rückzubinden. Der Bedarf dazu mag sich aus der Tatsache ergeben, dass die Teilnehmer am interreligiösen Dialog – im Unterschied zu ökumenischem Dialog – nicht offiziell beauftragte und delegierte Repräsentanten ihrer Religionsgemeinschaft oder Kirche sind, sondern von den Veranstaltern der Dialogereignisse gewonnen werden. Sie agieren deshalb als Gläubige ihres jeweiligen Bekenntnisses.[721] Um zu diesem strukturellen Element des interreligiösen Dialogs ein Gegengewicht zu schaffen, wurde nochmals die Bedeutung von „Gemeinschaft“ betont, wie sie in der Ekklesiologie von Ioannis Zizioulas in großer Klarheit herausgestellt worden ist.[722] Durch diesen ekklesiologischen Bezug wurde zudem der dem interreligiösen Dialog gewidmete Teil des VI. Abschnitts mit dessen erstem Teil verknüpft, in dem der ökumenische Dialog behandelt worden war.

6.2.2 Vergleich mit anderen Grundlagendokumenten der Orthodoxie betreffend das Verhältnis zu anderen Religionen und interreligiösen Dialog

In der orthodoxen Kirche ist eine ganze Reihe von Grundlagendokumenten entstanden, in denen (auch) ihr Verhältnis zu nichtchristlichen Religionen und speziell zum interreligiösen Dialog behandelt worden ist. Sie sind teils in panorthodoxem Kontext erarbeitet worden, teils sind sie von mehreren autokephalen Kirchen zusammen, teils von einzelnen autokephalen Kirchen verantwortet. Die betreffenden Aussagen zu anderen Religionen und zu interreligiösem Dialog in ihnen stellen in der

720 Ebd., 338–359.
721 Ebd., 14 f. und 417 f.
722 John Zizioulas, Being as Communion (wie FN 64), 15.

Regel nur einen Ausschnitt aus einer größeren Themenpalette dar. Im Einzelnen finden sich diesbezügliche Darlegungen in folgenden Dokumenten:

- das panorthodoxe Fundament einer Beteiligung am interreligiösen Dialog in den Beschlüssen der I.[723] und III.[724] Vorkonziliaren Panorthodoxen Konferenz,
- in der Botschaft der Oberhäupter der autokephalen Kirchen vom Jahr 2000,[725]
- im Pastoralen Brief der Konferenz der orthodoxen Bischöfe Amerikas von 2001,[726]
- in der Botschaft der Synaxis von 2008,[727]
- in der Botschaft der Ersthierarchen der Kirchen des Nahen Ostens von 2011,[728]
- in mehreren Dokumenten der Russischen Orthodoxen Kirche, nämlich
    - in einer kurzen Passage des Dokuments „Grundlagen der Lehre der Russischen Orthodoxen Kirche über die Würde, die Freiheit und die Rechte des Menschen“,[729] dabei abgesehen von der kursorischen Einbeziehung „anderer Religionen“ in diversen Zusammenhängen desselben Textes;

---

723 Vgl. Episkepsis N° 159 (15.12.1976), „Décisions“, 8–14 (11 f.); englische Übersetzung vgl. Viorel Ionita, Towards the Holy and Great Synod of the Orthodox Church, Reinhardt Verlag Basel 2014, 150; deutsche Übersetzung vgl. Anastasios Kallis, Auf dem Weg zum Konzil (wie FN 112), 426 f., d).

724 Vgl. Episkepsis N° 369 (15.12.1986), 2–28 (19); englische Übersetzung vgl. Viorel Ionita, Towards the Holy and Great Synod of the Orthodox Church (wie FN 723), 159 f.; deutsche Übersetzung vgl. Anastasios Kallis, Auf dem Weg zum Konzil (wie FN 112), 541.

725 Episkepsis N° 579 (31.1.2000), 3–8 (5 f.).

726 Vgl. Pastoraler Brief der Konferenz der orthodoxen Bischöfe Amerikas aus dem Jahr 2001, in: Greek Orthodox Theological Review 46 (2001), 161–220 (198 f., Nr. 111 f. und 114).

727 Vgl. Botschaft der Synaxis von 2008, in: Orthodoxie Aktuell 12 (2008), 15–19 (18 unter Nr. 13.III); französischer Text in: Episkepsis N° 692 (31.10.2008), 26–30 (29); englische Übersetzung in: The Ecumenical Review 60 (2008), 440–443 (442 unter Nr. 13.iii).

728 Vgl. Kommuniqué und Botschaft, in: Orthodoxie Aktuell 15 (2011), 19–24 (22 f.); französischer Text in: Service Orthodoxe de Presse N° 361 (Oktober 2011), 28–31 (29 f.).

729 Vgl. Freiheit und Verantwortung, 239.

- in einer Textpassage im Beschluss des Bischofskonzils vom Juni 2008,[730]
- in einer Textpassage der Empfehlungen der Bischofsversammlung der ROK vom Februar 2010,[731]
- in einer Textpassage im Dokument „On the external mission of the Russian Orthodox Church today“ vom 7. März 2013[732] sowie

– Erwähnungen in verschiedenen Dokumenten der Großen und Heiligen Synode von Kreta (2016).[733]

Der Verfasser dieser Untersuchung hat zu den vorstehend genannten Texten bereits eine Analyse der Aussagen zu interreligiösem Dialog vorgelegt,[734] deren Inhalt und Ergebnis hier nicht wiederholt zu werden braucht. Insofern beschränkt sich der Vergleich auf eine Hervorhebung von Gemeinsamkeiten bzw. Unterschieden zum Abschnitt VI des sozialethischen Dokuments:

(1) Zunächst gilt es festzuhalten, dass *alle* voranstehend aufgeführten Darlegungen zu interreligiösem Dialog diesen mit einer ethischen Ausrichtung verbinden oder eine solche voraussetzen.[735] Diese Linie wird in § 59 a. E. („invite Islam and Orthodoxy to enter into an intimate conversation for the advancement of peace and understanding among all peoples“) sowie in § 60 des sozialethischen Dokuments nahtlos fortgesetzt. Hinzuzufügen ist, dass die verschiedenen Texte sich untereinander durch leicht andere Akzentsetzungen unterscheiden, die aktuelle Problemstellungen (z. B. religiös konnotierte Kriege) und/oder die Wei-

---

730 Vgl. Resolution of the Russian Orthodox Church Bishops’ Council on the Internal Life and External Work of the Russian Orthodox Church, online zugänglich unter https://mospat.ru/archive/en/2008/06/41632/, Nr. 35 und 36 (abgerufen 31.8.2020).

731 Messager de l’Église orthodoxe russe N° 19 (Januar–März 2010), 25–29 (29 unter VII.6).

732 Vgl. Dokument der Heiligen Synode der Russischen Orthodoxen Kirche „On the external mission of the Russian Orthodox Church today“, online zugänglich unter https://mospat.ru/en/documents/o-sovremennojj-vneshnejj-missii-russkojj-pravoslavnojj-cerkvi/, darin insb. Nr. 1.2 und 1.4 (abgerufen 31.8.2020).

733 Vgl. Synodos.

734 Vgl. Dietmar Schon, Die orthodoxen Kirchen im interreligiösen Dialog mit dem Islam (wie FN 127), 42–90 und 490–496.

735 Besonders ausführlich wird die ethische Dimension des interreligiösen Dialogs z. B. im Dokument „On the external mission of the Russian Orthodox Church today“ (wie FN 732) vom 7. März 2013 hervorgehoben: „indicating and advocating her position on socially significant issues, such as moral norms and values, peaceful coexistence, respect for human dignity, protection of the environment, human rights, etc.“ (abgerufen 31.8.2020).

terentwicklung im praktischen Dialoggeschehen reflektieren. Die oben zitierte Wendung in § 59 steht allerdings derjenigen im Beschluss der III. Vorkonziliaren Panorthodoxen Konferenz sehr nahe und schlägt so eine Brücke zu den panorthodoxen Anfängen eines interreligiösen Engagements der Orthodoxie. Das ebenfalls in § 59 gewürdigte interreligiös gemeinsame Auftreten gegen Extremismus, Fundamentalismus und Missbrauch von Religion sowie zugunsten von Frieden und friedlicher Koexistenz hat eine ähnliche Intensität in der Botschaft der Ersthierarchen der Kirchen des Nahen Ostens von 2011 erhalten. Die in den aufgelisteten Dokumenten zuweilen zu beobachtende Hervorhebung der Menschenrechte und ihrer Bedeutung für friedliche Koexistenz findet sich dagegen in §§ 59 und 60 nicht in vergleichbarer Intensität. Dies dürfte seine Ursache darin haben, dass das sozialethische Dokument dieser Thematik den ganzen Abschnitt VII widmet.

(2) Die voranstehend aufgelisteten Dokumente sprechen in der Regel ganz allgemein von „anderen Religionen“, zuweilen noch generalisierender von „Religionen und Weltanschauungen“. Wenn eine einzelne Religion hervorgehoben wird, handelt es sich um den Islam, mit dem zusammen die Orthodoxie (und andere christliche Kirchen) den weitaus überwiegenden Teil des praktischen Dialoggeschehens durchgeführt hat. Die Botschaft der Oberhäupter der autokephalen Kirchen aus dem Jahr 2000 setzte insofern einen besonderen Akzent, als in ihr die monotheistischen Religionen als herausragende Gesprächspartner angesprochen wurden.[736] Das sozialethische Dokument bietet dazu eine beeindruckende Weiterentwicklung: Den monotheistischen Religionen Islam und Judentum wurde in §§ 56 und 57 je ein besonderer Abschnitt gewidmet. Dabei kommt dem Text von § 57 hinsichtlich des Judentums nochmals besondere Bedeutung zu, da er dieser Religion gegenüber – gerade angesichts noch bestehender hoher Hürden – deutliche Zeichen der Wertschätzung und den Wunsch nach einer Neubestimmung des Verhältnisses zum Ausdruck bringt. Hervorzuheben ist zudem, dass in § 58 zumindest passim die Glaubensrichtungen Indiens, Chinas, des Fernen Ostens oder von Stammesvölkern[737] in den Blick genommen wurden.

---

736 Episkepsis N° 579 (31.1.2000), 3–8 (6): „[…] nous tournons vers les autres grandes religions mondiales, en particulier les religions monothéistes que sont le judaïsme et l'Islam […].“

737 Dokument, 77.

(3) Der wohl interessanteste Teil des Vergleichs ist mit den Ausführungen in §§ 55, 56 und 58 hinsichtlich des missionarischen Zeugnisses der orthodoxen Kirche und dessen Kombination mit interreligiösem Dialog verbunden. Dabei müssen mehrere Aspekte unterschieden werden:

- Von zentraler Bedeutung für die Thematik eines missionarischen Zeugnisses seitens der ROK ist das Dokument „On the external mission of the Russian Orthodox Church today“.[738] Darin wird zunächst zwischen einer „internal mission“ im Sinn von „Neuevangelisierung“ bereits Getaufter und einer „external mission“ gegenüber Angehörigen anderer Religionen oder Weltanschauungen unterschieden. Ziel der „external mission“ ist die (Erst-)Verkündigung des Evangeliums, das Gewinnen von Taufbewerbern und die Gründung neuer Lokalkirchen. Für beide Formen von „mission“ wird eine gemeinsame Methodik geboten, bei der verschiedene Aspekte unterschieden werden („informational“, „cultural“, „social“, „personal“). Zugleich werden die Freiheit der Religion sowie Respekt und Liebe gegenüber Angehörigen anderer Religionen urgiert. In einem eigenen Abschnitt 1.6 sind schließlich konkrete Tätigkeiten bei der Umsetzung der genannten Grundsätze aufgelistet.[739] Im Dokument der ROK finden sich somit eine Reihe von Differenzierungen und klaren Zuordnungen, auf die im sozialethischen Dokument verzichtet wurde und die das Verständnis dieses Textes erschweren. Insbesondere die Darlegungen zum „missionarischen Zeugnis“ sind im sozialethischen Dokument bei weitem nicht so detailliert ausgeführt. In dessen Zentrum steht vielmehr ein theologisches Konzept, das unter Rückgriff auf die Kirchenväter Justin und Maximus Confessor breit angelegt wurde. Es stellt ein Proprium des sozialethischen Dokuments dar. Im Ergebnis wird dasselbe Thema „missionarische Verkündigung“ in unterschiedlichen Zugängen bearbeitet.
- Ungleich komplizierter gestaltet sich ein Vergleich der verschiedenen Texte hinsichtlich der Bezüge zwischen missionarischem Zeugnis und interreligiösem Dialog. Im sozialethischen Dokument ist diese Verbindung in §§ 55, 56 und 58 sehr eng gestaltet. Die Interpretation unter Zuhilfenahme eines maßgeblichen missionstheologischen und eschatologisch ausgerichteten Konzepts hat insoweit er-

738 Vgl. Dokument „On the external mission of the Russian Orthodox Church today“ (wie FN 732).

739 Ebd.

geben, dass der übergeordnete Verständnishorizont in dem an die gesamte Menschheit ergangenen Ruf Gottes in eine Gemeinschaft mit ihm und untereinander gesehen wird. Eine Querverbindung zum „Zeugnis für die Wahrheit der Orthodoxie“ enthält auch die „Resolution of the Russian Orthodox Church Bishops’ Council on the Internal Life and External Work of the Russian Orthodox Church“ von 2008; dort heißt es in Nr. 35:

> „The Russian Orthodox Church has participated in bilateral and multilateral inter-Christian and interreligious dialogue for the sake of bearing witness to the truth of Holy Orthodoxy and out of concern for the assertion of traditional moral values in the world and establishing good and just relations between nations. The similarity of ethical views held by most of the faithful of traditional religions makes it possible for us to oppose together the threats of moral relativism and aggressive secularism and the attempts to oust religion to the margins of societal life.“[740]

Insoweit wird, zusammengefasst im sehr allgemein gehaltenen Hinweis „bearing witness to the truth of Holy Orthodoxie“, eine ganz ähnliche Sicht von „missionarischem Zeugnis“ geboten, die zudem mit der Thematik „interreligiöser Dialog“ unmittelbar verknüpft ist. Dennoch unterscheiden sich die beiden Weisen des Zeugnisses sogleich wieder: Während das sozialethische Dokument den Gegenstand des Zeugnisses nicht näher bestimmt, erläutert die ROK „Zeugnis“ mit dem Hinweis auf die „similarity of the ethical views“ und bleibt damit im thematischen Horizont des praktischen Dialoggeschehens und seiner *ethischen* Orientierung. Ähnliches zeigt sich hinsichtlich des Dokuments „On the external mission of the Russian Orthodox Church today“ vom 7. März 2013. Darin wird die „external mission“ folgendermaßen näher bestimmt:

> „The external mission is addressed to those who are outside the Church. These are adherents of various beliefs and bearers of various worldviews, both religious and non-religious (secular). It results in initiation of new members into the Church and therefore creation of church communities or involvement of new converts in the life of the already existing communities.“[741]

In dieser Formulierung wird das Bemühen um Taufbewerber und das Ziel einer Gründung neuer Lokalkirchen klar ausgesprochen. Diese Aussage steht allerdings *nicht* im Kontext von „interreligiösem Dialog“,

---

740 Vgl. Resolution of the Russian Orthodox Church Bishops’ Council (wie FN 730).

741 Vgl. Dokument „On the external mission of the Russian Orthodox Church today“ (wie FN 732), Nr. 1.2.

sondern getrennt von ihm. Im sozialethischen Dokument wurde auf eine solche Differenzierung zwischen (Erst-)Verkündigung des Evangeliums und interreligiösem Dialog verzichtet.[742] Das Dokument „On the external mission of the Russian Orthodox Church today" ordnet hinsichtlich anderer Religionen das „orthodoxe Zeugnis" wie folgt ein:

> „The contemporary understanding of mission is based on the culture of dialogue. The principle of freedom of religious choice if recognized presupposes that dialogue should be the principal form of witness in relation with people of other religions."[743]

Diese Aussage wird im Folgenden wiederum mit dem ethisch orientierten interreligiösen Dialog verknüpft, wie er sich in der Praxis entwickelt hat. Das sozialethische Dokument weist demgegenüber – als Besonderheit verglichen mit den Dokumenten der ROK – einen Bezug zu fremden Kulturen auf. In § 58 heißt es:

> „[…] the Church […] enters into dialogue with other faiths fully prepared to be instructed by many of their own speculative, cultural, and spiritual achievements."[744]

Daran angeschlossen ist allerdings der Hinweis auf die „Taufe" philosophischer, religiöser und kultureller Reichtümer in spätantiker Zeit und die Hoffnung, diesen Vorgang wiederholen zu können:

> „[…] so too may it now discover new ways of articulating the deposit of faith or new ways of thinking about its cultural expressions and conceptual forms by exposure to, say, the great philosophies and faiths of India, or to the traditions of China and the greater Far East, or to the spiritual experiences of tribal peoples throughout the world, and so on."[745]

In der Fortsetzung des Dokuments „On the external mission of the Russian Orthodox Church today" wird nochmals eine charakteristische Verknüpfung von Wahrheitsanspruch, Dialog und dessen Zielsetzung hergestellt. Dort heißt es:

---

[742] Eine deutliche Parallele findet sich allerdings in einem missionstheologischen Beitrag von Anastasios Yannoulatos, dessen gedankliche Querverbindung zum Abschnitt VI oben bereits dargelegt wurde. Bei Anastasios Yannoulatos, Mission auf dem Weg Jesu Christi (wie FN 674), 202–208 (207) heißt es: „Das orthodoxe Zeugnis beginnt im Schweigen […], es setzt sich mit Freude in der Verkündigung des Evangeliums fort und erreicht seinen Höhepunkt in der Liturgie. Sein Ziel bleibt die Schaffung von eucharistischen Gemeinschaften an neuen Orten […]."

[743] Vgl. Dokument „On the external mission of the Russian Orthodox Church today" (wie FN 732), Nr. 1.4.

[744] Dokument, 77.

[745] Ebd., 77 f.

> „The Orthodox Church makes an assessment of the belief system and religious practice of other religions on the basis of her doctrinal and canonical principles. With regard to those who adhere to these religions or secular ideologies, her attitude is respect and love. [...] It is this approach that helps our Church, using dialogue with people of other religions and worldviews, to promote the overcoming of conflicts and strengthening of solidarity among people.“[746]

Damit führt die ROK – anders als das sozialethische Dokument – die erwähnten „doctrinal and canonical principles“ nochmals mit „interreligiösem Dialog“ in dessen ethischer Ausrichtung zusammen. Im Ergebnis ist es in den Dokumenten der ROK gelungen, das Element „Zeugnis geben“ mit der sozialethischen Ausrichtung des interreligiösen Dialogs in konsequenten Einklang zu bringen. Tragender Grund dafür ist, dass „interreligiöser Dialog“ klar vom missionarischen Zeugnis im Rahmen einer – selbstverständlich berechtigten – Erfüllung des Auftrags „(Erst-) Evangelisierung“ abgegrenzt wurde und damit die unterschiedliche Zielsetzung beider Anliegen berücksichtigt wurde.

Für die den Beziehungen mit anderen Religionen und dem interreligiösen Dialog gewidmeten §§ 55–60 ist abschließend festzuhalten, dass der Text in vielfacher Hinsicht eine aussagekräftige und eigenständige Weiterentwicklung in der Bestimmung der Beziehung zwischen der Orthodoxie und anderen Religionen darstellt:

- Er enthält eine ausführliche theologische Begründung in Gestalt einer Interpretation der Kirchenväter Justin und Maximus Confessor sowie einer Auslegung von Apg 17,23.
- Er hebt die höhere relative Gemeinsamkeit der monotheistischen Religionen heraus und widmet dem Islam und dem Judentum eigene Abschnitte, jeweils verbunden mit dem Ausdruck von Wertschätzung und Respekt.
- Der Abschnitt über das Judentum dürfte die erste derartige offizielle Äußerung überhaupt darstellen und beeindruckt durch eindeutige Zeichen bei gleichzeitiger Zurückhaltung hinsichtlich der Nahziele. Damit wird dem Stand der Kontaktnahme und der großen Sensibilität der Thematik entsprochen.
- Auch der Abschnitt über die nichtmonotheistischen Religionen insbesondere des Fernen Ostens stellt ein Novum dar. Insoweit wird ein Dialog gewünscht, der – soweit überhaupt – bislang erst marginal zustande gekommen sein dürfte. Die Ausführungen zu einer Lern-

---

[746] Vgl. Dokument „On the external mission of the Russian Orthodox Church today“ (wie FN 732), Nr. 1.4.

bereitschaft hinsichtlich des Guten und Wahren in anderen Religionen ermutigen zu einer verstärkten Inkulturation der Orthodoxie, ein Thema, das als Schwerpunkt von § 58 erscheint. Die entsprechenden Darlegungen erscheinen innovativ und wegweisend zugleich.
- In §§ 69 und 70 steht die sozialethische Ausrichtung des jahrzehntelang insbesondere mit dem Islam geführten interreligiösen Dialogs im Mittelpunkt. Die entsprechenden Ausführungen sammeln wichtige Elemente verschiedener offizieller Stellungnahmen zum Thema ein und geben ihnen zugleich eine charakteristische thematische Zuspitzung.

Als Ergebnis des Vergleichs ist festzuhalten, dass Abschnitt VI des sozialethischen Dokuments einen Schwerpunkt im theologischen Bereich und eine Reihe von Neuansätzen für eine Positionierung der Orthodoxie gegenüber anderen Religionen aufweist. Zugleich lassen sich inhaltliche Querverbindungen zum Dokument „On the external mission of the Russian Orthodox Church today“ von beträchtlichem Gewicht feststellen. Damit stellt sich m. E. die Frage, ob der Text von Abschnitt VI das Ergebnis eines Kompromisses darstellen könnte, im Zuge dessen ein völlig eigenständiger Entwurf sekundär an das Dokument der ROK „On the external mission …“ und die übrigen offiziellen Stellungnahmen der Orthodoxie zum Thema „interreligiöser Dialog“ angenähert wurde. Die Frage kann aus den Texten nicht beantwortet werden. Die hier vorgetragene Beobachtung könnte jedoch die zu Abschnitt VI des sozialethischen Dokuments herausgearbeiteten Verständnis- und Interpretationsprobleme erklären helfen.

7. Orthodoxie und Menschenrechte

Die Menschenrechte sind seit jeher Gegenstand von Auseinandersetzungen. Umstritten sind ihre Wurzeln, ihr Gehalt und ihre Grenzen.[747] Sie werden vehement eingefordert, sie werden missachtet. Sie üben eine

[747] Zum Meinungsspektrum in der Orthodoxie hinsichtlich der Menschenrechte vgl. Vasilios N. Makrides, Die Menschenrechte aus orthodox-christlicher Sicht. Evaluierung, Positionen und Reaktionen, in: Mariano Delgado / Volker Leppin / David Neuhold (Hg.), Schwierige Toleranz. Der Umgang mit Andersdenkenden und Andersgläubigen in der Christentumsgeschichte (Studien zur christlichen Religions- und Kulturgeschichte 17), Academic Press Fribourg / W. Kohlhammer Stuttgart 2012, 293–320.

Faszination aus, gelten sie doch als Richtschnur für eine Lebensordnung in Staat und Gesellschaft, die wichtigen Anliegen der Menschen dient. Da sie so auf das Engste mit dem Bild vom Menschen und seiner Würde zusammenhängen, sehen sich auch die Religionen, speziell die christlichen Kirchen, zu einer Positionierung herausgefordert. Die Russische Orthodoxe Kirche hat in einem Dokument „Grundlagen der Lehre der Russischen Orthodoxen Kirche über Würde, Freiheit und Rechte des Menschen“[748] eine spezifische Interpretation vorgelegt, die seit ihrer Publikation im Jahr 2008 Kontroversen hervorgerufen hat.[749] Die Heilige und Große Synode von Kreta hat sich in ihren Dokumenten auf sie bezogen. Nunmehr liegt in Abschnitt VII des sozialethischen Dokuments eine weitere offizielle Auseinandersetzung der orthodoxen Kirche mit dieser Thematik vor. Sie umfasst sieben teils ausgiebig angelegte Abschnitte (§§ 61–67).

7.1 Die Darlegungen im sozialethischen Dokument

Im Unterschied zu den vorangegangenen Abschnitten des Dokuments steht weder eine theologische Einleitung noch eine Verknüpfung mit der Synode von Kreta am Anfang des Abschnitts, sondern eine mehrfache Ein- bzw. Zuordnung der Menschenrechte. Bereits im Einleitungssatz von § 61 werden dazu wichtige Weichen gestellt:

> „It is not by chance that the language of human rights, as well as legal conventions and institutions devised to protect and advance those rights, notably arose in nations whose moral cultures had been formed by Christian beliefs.“[750]

Die Formulierung „language of human rights“[751] ist so allgemein gehalten, dass keine Konzentration auf eine bestimmte derjenigen Formulierungen stattfindet, in die „Menschenrechte“ im Lauf der Zeit gegossen worden sind, wie etwa in der „Allgemeinen Erklärung der Menschenrechte“. Statt quasidogmatischer Fixierung auf einen Wortlaut bleibt so der Blick offen für ein umfassenderes Konzept. Demselben Ziel dürfte

748 Vgl. Freiheit und Verantwortung, 220–239.

749 Der Vergleich zwischen dem sozialethischen Dokument und dem Dokument betreffend Menschenrechte der ROK wird unter 7.2 durchgeführt.

750 Dokument, 79.

751 Dieser charakteristische Ausdruck wurde bereits in § 12 verwendet: „Orthodox Christians should support the language of human rights [...].“

der Hinweis auf „legal conventions“ dienen, der die ganze Bandbreite von Verschriftlichungen der Menschenrechte umfasst. Dazu gehören insbesondere die französische Erklärung der Menschen- und Bürgerrechte von 1789, die UN-Resolution von 1948, die Europäische Menschenrechtskonvention, aber z. B. auch die „Kairoer Erklärung der Menschenrechte im Islam“ von 1990.[752] Der ebenfalls nicht näher spezifizierte Bezug auf verschiedene Institutionen, die sich mit den Menschenrechten und ihrer Verwirklichung befassen,[753] zeigt denselben weiten Blickwinkel. Das ermöglicht, ganz grundsätzlich den Ursprung der Menschenrechte in vom christlichen Glauben geprägten Kulturen anzusprechen. Menschenrechte gelten als Sprachregelung, als „neutral grammar“,[754] um zivile und rechtliche Zusammenhänge im Bereich der Menschenwürde, der Freiheit, sozialen Stabilität, Gleichberechtigung aller, der politischen Freiheiten, der wirtschaftlichen Gerechtigkeit und gleicher Rechte vor dem Gesetz ansprechen zu können. Eine ähnliche Sprachregelung sei in internationalen Abkommen zum Schutz von Minderheiten, Migranten und Asylsuchenden sowie gegen Kriegsverbrechen und Verbrechen gegen die Menschlichkeit enthalten. Die im Text gebotenen Aufzählungen illustrieren, in wie vielfältige Bereiche die Menschenrechtsidee Eingang gefunden hat. Das verleiht ihrer Verwurzelung im Christentum umso größeres Gewicht. Weiter heißt es in § 61: Das Evangelium und seine Aussagen über den unendlichen Wert jeder menschlichen Seele und der menschlichen Würde jedes Individuums stellten den entscheidenden historischen Ausgangspunkt für diese Entwicklung dar. Alle modernen Dokumente über Menschenrechte bestätigten, dass die moralischen Forderungen jedes menschlichen Wesens gegenüber der Gesellschaft und ihrer Rechtsordnung ursprünglicher und unverletzlicher seien als die Rechte von Staaten, Regierungen oder Institutionen der Macht. Diese Einsicht sei weitgehend aus den jüdischen und christlichen Quellen europäischer Zivilisation ererbt.[755] Dar-

[752] Vgl. Kairoer Erklärung der Menschenrechte im Islam (1990), in: Bundeszentrale für politische Bildung (Hg.), Menschenrechte. Dokumente und Deklarationen (Schriftenreihe 397), BpB Bonn ^{4}2004, 568–574.

[753] Dazu gehören z. B. die UN-Menschenrechtskommission oder der Europäische Gerichtshof für Menschenrechte.

[754] Auch dieser prägnante Ausdruck findet eine Parallele in § 12: „[…] while providing a legal and ethical grammar upon which all parties can, as a rule, arrive at certain basic agreements.“

[755] Die ausdrückliche Erwähnung des jüdischen Anteils an dieser Entwicklung steht in gedanklicher Querverbindung zur Wertschätzung des Judentums in § 57 des sozial-

aus wird eine Ermutigung orthodoxer Christen abgeleitet, die „Sprache der Menschenrechte“ ohne Bedenken aufzugreifen, wenn es darum gehe, Gerechtigkeit und Frieden unter den Volkern oder Nationen zu fördern oder den Schwachen gegen den Mächtigen zu verteidigen, den Unterdrückten gegen den Unterdrücker, den Mittellosen gegenüber dem, der ihn ausbeutet.[756]

Der anschließende Satz bietet eine Positionierung innerhalb eines in der orthodoxen Theologie vertretenen Meinungsspektrums:

> „The language of human rights may not say all that can and should be said about the profound dignity and glory of creatures fashioned after the image and likeness of God; but it is a language that honors that reality in a way that permits international and interfaith cooperation in the work of civil rights and civil justice, and that therefore says much that should be said.“[757]

Die hier ausgesprochene grundsätzliche Zustimmung zum Menschenrechtskonzept entspricht einer von Konstantinos Delikostantis konsequent vertretenen Linie.[758] Wie eine jüngst vorgelegte Untersuchung von Dragiša Jerkić gezeigt hat, hält Delikostantis das christliche (und speziell das orthodoxe) Menschenbild mit demjenigen, das den Menschenrechten zugrunde liegt, ohne Einschränkungen für kompatibel.[759] Ebenfalls zustimmend, allerdings unter Hinweis auf eine Ergänzungsbedürftigkeit der Menschenrechtsidee durch theologische Aspekte, haben sich der Ökumenische Patriarch Bartholomaios[760] und Erzbischof

---

ethischen Dokuments und erweitert nochmals die dort gebotenen Hinweise auf Beiträge zentraler Bedeutung seitens dieser Religion.

756 Diese Beispiele greifen auf ethische Einsichten früherer thematischer Abschnitte zurück (vgl. z. B. § 10 betreffend „civil order, freedom, human rights, and democracy“; § 32: „Born among a subject people without any legal rights before their imperial colonizers …“; ebd.: „To those who profited from the exploitation of the weak (Luke 20:46–47), or who ignored the plight of the poor …“; § 34: „Anyone who exploits the poor for his own profit stores up damnation for himself“). In § 61 werden solche Aussagen nochmals auf den Aspekt „Menschenrechte“ und auf ethisches Handeln der orthodoxen Gläubigen zugespitzt.

757 Dokument, 80.

758 Vgl. Konstantinos Delikostantis, Die Menschenrechte aus orthodoxer Sicht, in: Ingeborg Gabriel (Hg.), Politik und Theologie in Europa. Perspektiven ökumenischer Sozialethik, Ostfildern 2008, 81–103; ders., Die Menschenrechte im Kontext der Orthodoxen Theologie, in: Ökumenische Rundschau 56 (2007), 19–35.

759 Vgl. Dragiša Jerkić, Mut zur Freiheit? Antworten der orthodoxen Theologie des 20. Jahrhunderts auf eine Menschheitsfrage (Schriften des Ostkircheninstituts der Diözese Regensburg 5), Pustet Regensburg 2020, 35–43.

760 Vgl. Bartholomaios I., Begegnung mit dem Mysterium (wie FN 19), 97–116.

Anastasios Yannoulatos[761] geäußert. Für Yannoulatos besteht die Lösung in einer Verbindung der Menschenrechte mit dem Freiheitskonzept der orthodoxen Lehre von der Person; dabei umschreibe die orthodoxe Theologie mit „Person“ ein integrales Menschenbild, das aus dem Glauben an den dreifaltigen Gott hervorgeht.[762] Ganz ähnlich verweist der Ökumenische Patriarch Bartholomaios auf das christliche Menschenbild:

> „Die wichtigste Tatsache über unser Menschsein ist unsere transzendente Dimension: Wir sind nach dem Bilde Gottes geformt (Gen 1,26). [...] Wir besitzen die Fähigkeit, die Welt in Dankbarkeit an Gott zurückzugeben, und nur in diesem Akt der Gabe werden wir wahrlich menschlich und wirklich frei.“[763]

Die von Jerkić durchgeführte detaillierte Untersuchung hat gezeigt, dass die Sichtweise des Patriarchen auf der Theologie der Person von Ioannis Zizioulas beruht. Kerngedanke dabei sei, dass „Person-Sein“ immer ein „Mit-Sein in Gemeinschaft mit anderen Personen“ bedeute.[764] In § 61 des sozialethischen Dokuments konnte nunmehr – erleichtert durch die geschickte Formulierung „language of human rights“ – eine Brücke zwischen diesen einander recht nahe stehenden Positionen geschlagen werden („may not say all that can and should be said“). Bei der Untersuchung des folgenden § 62 wird darauf zurückzukommen sein. Trotz des Hinweises auf bestehende theologische Desiderata hält der Text von § 61 aber ungebrochen an der essentiellen Bedeutung der Menschenrechte fest, von der Delikostantis und die beiden genannten orthodoxen Hierarchen gleichermaßen überzeugt sind:

> „[...] but it is a language that honors that reality in a way that permits international and interfaith cooperation in the work of civil rights and civil justice, and that therefore says much that should be said.“[765]

---

[761] Vgl. Anastasios Yannoulatos, Orthodoxie and Human Rights. On the Universal Declaration of Human Rights and the Greek Orthodox Tradition, in: ders., Facing the World (wie FN 644), 49–78.

[762] So die prägnante Zusammenfassung der Argumentation von Yannoulatos bei: Dragiša Jerkić, Mut zur Freiheit? (wie FN 759), 51.

[763] Bartholomaios I., Begegnung mit dem Mysterium (wie FN 19), 106.

[764] Vgl. Dragiša Jerkić, Mut zur Freiheit? (wie FN 759), 52. Der angesprochene Kerngedanke findet sich bereits in einer Ansprache des Ökumenischen Patriarchen vom 3. November 1997, in: John Chryssavgis (Hg.), In the World, Yet Not of the World (wie FN 369), 61–64 (62 f.).

[765] Dokument, 80.

Beachtung verdient zudem die Erwähnung nicht nur einer internationalen, sondern auch einer interreligiösen Zusammenarbeit. Damit wurde ein nahtloser Anschluss an die §§ 59 und 60 hergestellt, die vom jahrzehntelangen, ethisch ausgerichteten interreligiösen Dialog unter Beteiligung der Orthodoxie und des Islam handeln. Nunmehr wird dieses Engagement auf den Bereich „Menschenrechte" zugespitzt, eine Thematik, die in der Tat höchste Bedeutung in der Dialogpraxis und ihren Ergebnissen erlangt hat.[766] § 61 schließt mit einem klaren und vorbehaltlosen Aufruf der orthodoxen Kirche, die Menschenrechte zu schützen und zu fördern sowie sie in ihrer zentralen Bedeutung für jedes menschliche Leben anzuerkennen.

§ 62 bietet eine theologische Skizze, in der das den Menschenrechten zugrunde liegende Bild vom Menschen anhand der orthodoxen Auffassung vom „Person-Sein" vertieft bzw. ergänzt wird. Zunächst verweist der Text darauf, dass Gott die Menschheit nach seinem Bild und Gleichnis geschaffen und jeden Menschen mit der Fülle geistlicher Würde von Personen ausgestattet habe, entsprechend dem göttlichen Person-Sein des Vaters, Sohnes und Heiligen Geistes. Während manche orthodoxe Theologen in der Schöpfung des Menschen durch Gott die Quelle der Menschenwürde erkennen und aus ihr weitere Schlüsse ziehen,[767] wird hier der Bezug anders hergestellt, nämlich zum *Person-Sein* des von Gott geschaffenen Menschen.[768] Diese Vorstellung resultiert aus einer

---

766 Vgl. Dietmar Schon, Die orthodoxen Kirchen im interreligiösen Dialog mit dem Islam (wie FN 127), 342–349 und 370–386.

767 Diesen Ansatz legte z. B. Sergej Bulgakov zugrunde; vgl. Regula Zwahlen, Sergey N. Bulgakov's Concept of Human Dignity, in: Alfons Brüning / Evert van der Zweerde (Hg.), Orthodox Christianity and Human Rights (Eastern Christian Studies 13), Peeters Leuven u. a. 2012, 169–186. Vgl. auch Emmanuel Clapsis, Human Dignity in Orthodox Theology, online publiziert auf der Homepage der griechisch-orthodoxen Erzdiözese von Amerika unter https://www.goarch.org/-/human-dignity-in-orthodox-theology; ders., Human Dignity in a Global World, online publiziert unter https://www.goarch.org/-/human-dignity-in-a-global-world (abgerufen 17.9.2020).

768 Zur Entwicklung des Gedankens vom „Person-Sein" in der orthodoxen Religionsphilosophie und Theologie vgl. Paul Ladouceur, Modern Orthodox Theology (wie FN 309), 239–247. Zu den Wurzeln der Deutung von „Person-Sein" in der Theologie der Kirchenväter vgl. Nicolae Răzvan Stan, Human Person as a Being Created in the Image of God and as the Image of the Son. The Orthodox Christian Perspective, in: International Journal of Orthodox Theology 2 (3/2011), 120–143. Vgl. Bogdan Lubardić, Orthodox Theology of Personhood. A critical overview of currents,

vorsichtigen Analogie[769] („in conformity“) zur Lehre von den drei Personen des einen göttlichen Wesens. Tatsächlich wird als zentraler Gedanke der Theologie von Ioannis Zizioulas herausgehoben, die Deutung von „Person“ auf die Trinitätstheologie zurückgeführt sowie die Existenzweise Gottes zur Quelle und zum Endziel menschlicher Existenz als Person erklärt zu haben.[770] Damit wird der Begriff „Person“ zum Ausdruck einer „Beziehung zwischen Gott und Mensch, zwischen Schöpfer und seiner Schöpfung“[771]. Entsprechend setzt der Text von § 62 fort: Damit habe Gott eine neue Sphäre geschaffener Freiheit ins Dasein gerufen, nämlich den spezifisch menschlichen Raum von Freiheit. Entsprechend der orthodoxen Tradition

> „humanity occupies a peculiarly mediatorial role in creation, existing at once in the realm of matter and spirit, comprehensively possessing the characteristics of both, and constituting a unity between them“[772].

Damit sei die Menschheit zur priesterlichen Gegenwart spiritueller Freiheit in einer Welt materieller Ursachen und organischer Prozesse geworden. Sie teile das Licht der rationalen Freiheit dem gesamten materiellen Kosmos mit und bringe Gott das Leben der Welt dar. Die Kirche habe ein besonders erhabenes Verständnis dessen, worin diese Freiheit bestehe. Auf diese Weise werden trinitätstheologische, anthropologische und ekklesiologische Aspekte in Anlehnung an die Freiheitskonzeption von Ioannis Zizioulas miteinander verknüpft. Die Folge davon ist eine besondere Qualität menschlicher Freiheit:

---

models and ideas in the 20th century, in: Bogoljub Šijaković (Hg.), Ad Orientem. Essays from Serbian Theology Today, Faculty of Orthodox Theology Belgrade / St. Sebastian Orthodox Press Los Angeles 2019, 144–188. Zum Zusammenhang zwischen „Person-Sein“ im orthodoxen Verständnis und den Menschenrechten vgl. Aristotle Papanikolaou, The Mystical as Political. Democracy and Non-Radical Orthodoxy, Notre Dame Press 2012, 119; vgl. Stanley S. Harakas, Human Rights. An Eastern Orthodox Perspective, in: Journal of Ecumenical Studies 19 (1982), 13–24.

769 Die in der Wendung „in conformity“ zum Ausdruck kommende Abschwächung scheint eine Kritik der von Zizioulas sehr pointiert vorgenommenen Analogie zwischen dem „Person-Sein“ des Menschen und demjenigen der drei göttlichen Personen der Trinität aufzugreifen. Vgl. dazu Dragiša Jerkić, Mut zur Freiheit? (wie FN 759), 230 (mit FN 233).

770 Vgl. ebd., 265.

771 Ebd., 279.

772 Dokument, 81.

> „True human freedom is more than the mere indeterminate power of individuals to choose what they wish to do or to own with as little interference from the state or institutional authorities as possible (though there is certainly nothing contemptible in the desire for real personal liberty and immunity from authoritarian forces)."[773]

In diesem Satz zeigt sich das Ziel der Argumentation von § 62, nämlich die Relativierung eines auf das Individuum und seine persönlichen Rechte begrenzten Verständnisses von Freiheit, wie es westlichem Denken zugeordnet wird. Damit entsteht Raum für eine um positive Elemente deutlich erweiterte Konzeption von „Freiheit":

> „It is the realization of one's nature in its own proper good end, one's ability to flourish in the full range of one's humanity – which for the human Person entails freely seeking union with God. It is never then the mere ‚negative liberty' of indeterminate openness to everything."[774]

Auch in dieser Formulierung scheint nochmals ein Aspekt der von Zizioulas weiterentwickelten orthodoxen „Theologie der Freiheit" auf. Um zur vollen Entfaltung des Menschseins zu gelangen, genüge es nicht, in Umsetzung „negativer Freiheit" (oder in der Diktion von Zizioulas: „individueller Freiheit"[775]) frei „von etwas" zu sein (etwa von Unterdrückung oder Hunger); es bedürfe vielmehr einer „personalen Freiheit" im Sinn eines „frei sein zu" (etwa zur selbstlosen Unterstützung anderer oder zum Eingehen von Beziehungen). Der höchste Ausdruck eines solchen „frei sein zu" bestehe in einer menschlichen Entscheidung, Gemeinschaft mit Gott anzustreben und zu finden. Solches „frei sein zu" formuliert denn auch der folgende Satz von § 62:

> „To be fully free is to be joined to that for which one's nature was originally framed, and for which, in the depths of one's soul, one ceaselessly longs."[776]

Die abschließenden Überlegungen von § 62 wenden dieses Konzept von „Freiheit" konkret auf die Menschenrechtsfrage an. Die verschiedenen Menschenrechtserklärungen könnten „Freiheit" in der dargelegten Weite und Tiefe nicht erreichen. Sie könnten aber sehr wohl helfen, individuel-

---

773 Ebd.

774 Ebd.

775 Vgl. Dragiša Jerkić, Mut zur Freiheit? (wie FN 759), 276. In § 16 der Enzyklika der Heiligen und Großen Synode von Kreta findet sich ein ganz ähnlicher Vorbehalt gegen eine Interpretation der Menschenrechte ausschließlich als „individuelle Rechte"; vgl. Synodos, 36. Ebd. heißt es: „Der Zugang zu den Menschenrechten seitens der Orthodoxen Kirche stellt die Gefahr heraus, dass individuelle Rechte sich in Individualismus und ‚Rechtsansprüche' verkehren können."

776 Dokument, 81 f.

le und gemeinschaftsbezogene Freiheit vor der großen Bandbreite zerstörerischer Kräfte abzusichern, die sich viel zu oft verschwören, um das Streben nach wahrer Freiheit zu vereiteln. Die Sprache der Menschenrechte („language of human rights“) sei deshalb unverzichtbar, um die Prinzipien von ziviler Gerechtigkeit und Frieden zu vermitteln. Sie dienten jedoch zugleich den höchsten Bestrebungen der menschlichen Natur, indem sie die unverletzliche Menschenwürde verkünden und verteidigen.

Die besondere Leistung des Textes in § 62 dürfte darin liegen, die Thematik der Menschenrechte vom größeren Blickwinkel einer orthodoxen Theologie der Freiheit und ihres Verständnisses von „Person“ her zu betrachten. Die bereits erwähnte Untersuchung von Dragiša Jerkić hat gezeigt, dass und wie sich diese Theologie der Freiheit durch die Bemühungen von Georges Florovsky, Vladimir Lossky, Christos Yannaras und Ioannis Zizioulas dynamisch entwickelt hat. Jerkić hat zudem nachgewiesen, dass die zuweilen nicht nur strikte, sondern überzogene Abgrenzung von westlichen Konzepten überflüssig ist.[777] Ein anderer Gesichtspunkt erweist sich aber als noch wesentlicher:

> „Trotz ihrer kritischen Positionierung gegenüber modernen Freiheitstheorien westlichen Ursprungs erweisen sich nämlich die hier untersuchten Konzepte […] dem modernen Freiheitsverständnis und den Phänomenen der modernen freiheitsorientierten Gesellschaften gegenüber als grundsätzlich offen. Zwar kann man daraus gewiss nicht schließen, dass die orthodoxe Theologie bedingungslos jede Freiheitskonzeption, die in der modernen Welt vorgetragen wird, annehmen sollte. Es handelt sich bei den untersuchten Autoren und ihrem Werk vielmehr um eine grundlegende Offenheit. […] Umso wichtiger erscheint es auch für die moderne orthodoxe Theologie selbst, sich nochmals daran zu erinnern, woher diese Freiheitserfahrung kommt, wovon diese Freiheit eigentlich befreit und zu wem sie uns öffnet.“[778]

Die Thematik „Menschenrechte“ ist nicht selten zu einem Nebenkriegsschauplatz einer Auseinandersetzung „Person vs. Individuum“ geworden, wobei „Individuum“ zum Inbegriff dessen stilisiert wurde, was orthodoxe Theologie und Anthropologie glaubten ablehnen zu müssen.[779]

---

777 Dragiša Jerkić, Mut zur Freiheit? (wie FN 759), 285: „Insgesamt erweist sich die Entwicklung hin zu einer orthodoxen ‚Theologie der Freiheit‘ als ausgesprochen fruchtbar und dynamisch; gerade deshalb besteht kein Anlass, ihre orthodoxe Identität aus einer Haltung pauschaler Abgrenzung gegenüber ‚dem Westen‘ zu begründen oder inhaltlich abzusichern.“

778 Ebd., 285 f.

779 Als einer der profiliertesten Kritiker – in zuweilen allzu vereinfachender Sichtweise und Quellenbearbeitung – erwies sich Christos Yannaras. Vgl. ders., The Freedom of Morality, St. Vladimir’s Seminary Press Crestwood/NY 1984, 22–27.

Die Rezeption zentraler Grundgedanken von Ioannis Zizioulas in § 62 hat ermöglicht, das Verhältnis zwischen Menschenrechten und einer umfassenderen Sicht von „Freiheit der Person" als dasjenige von „gut" zu „besser" zu bestimmen, also integrativ. Darin bestätigt sich der hoffnungsvolle Ausblick von Jerkić:

> „Ausgehend von einem Freiheitsverständnis, in dem der Mensch in einer freien und liebeserfüllten Beziehung [...] zu Gott seine eigene Existenz verwirklicht, kann sich die zeitgenössische orthodoxe Theologie auf die positiven Elemente der Freiheitskonzepte in der modernen Gesellschaft konzentrieren. Es sind nämlich nicht nur die egoistischen, selbstbezogenen, eudämonistischen Elemente der gefallenen menschlichen Existenz, die die Freiheitsformen in der modernen Gesellschaft bestimmen. Der Mensch strebt und sucht auch nach der Verwirklichung seines personalen Daseins und kämpft um die Affirmation seiner Freiheit. Natürlich kann keine gesellschaftliche Ordnung, kein politisches, wirtschaftliches oder soziales System die endgültige und absolute Freiheit erreichen, die letztendlich eine eschatologische Bestimmung in sich trägt. Sie kann aber positiv zu bewertender Ausdruck des Strebens des Menschen sein, eine Gemeinschaft als Ort der Freiheit, Würde und Kreativität des Menschen zu schaffen. Insofern steht die orthodoxe Theologie vor der Aufgabe, die Herausforderungen menschlicher Freiheit in der modernen Welt ebenso wie die sich in diesem Kontext entwickelnden Freiheitsmodelle in einer positiven Offenheit zu untersuchen und zu interpretieren."[780]

Die theologische Erschließung in § 62 hat somit – ganz im Sinn von Jerkićs positiver Wertung – einen wertvollen Beitrag geleistet, der nicht nur die Diskussion um das den Menschenrechten zugrunde liegende Menschen*bild*, sondern auch den Austausch westlicher und östlicher Betrachtungsweisen dazu beflügeln kann.

In § 63 wird die Aufmerksamkeit zunächst auf eine Schnittmenge der verschiedenen schriftlichen Ausarbeitungen des Konzepts der Menschenrechte gerichtet. Sie bestehe in der vorrangigen Bedeutung der Menschenwürde, dazu von Freiheit, Gleichheit und Gerechtigkeit, die in der sozialen, zivilen und rechtlichen Verfassung jeder Nation verankert seien. Diese Vorrangigkeit beruhe auf der Absolutheit der moralischen Forderungen, mit denen die Menschenrechte den Staat und seine Institutionen verpflichten. Zugleich stimme „die Sprache der Menschenrechte" in jeder Hinsicht mit den grundlegendsten Grundsätzen überein, die das christliche Gewissen beeinflussen sollten. Die Fortsetzung des Textes umfasst umfängliche Auflistungen von Einzelrechten. Darin verbirgt sich fast ein wenig die Unterscheidung mehrerer Gruppen:

---

[780] Dragiša Jerkić, Mut zur Freiheit? (wie FN 759), 286 f.

- Eine erste Gruppe umfasst unter dem Leitbegriff „legal rights“ Ausprägungen „klassischer“ Menschenrechte, darunter insbesondere staatsbürgerliche Rechte des Einzelnen, welche Regierungen und Staaten zu schützen und zu fördern haben.[781]
- In einer zweiten Gruppe sind „civil rights“ gesammelt, die als universell und unaufgebbar für jede Person zu gelten haben. In der Aufzählung enthalten sind Querverbindungen zu früheren Abschnitten und darin behandelten ethischen Verpflichtungen, die nunmehr unter dem Gesichtspunkt von Menschen-Rechten verstärkt werden, auch über diejenigen hinaus, die in offiziellen Menschenrechtserklärungen enthalten sind.[782] Dabei schlagen die Stichworte „Absolutheit“ („absolute moral demand of human rights“) und „universell“ („the universal and inalienable possessions of all persons“) eine Brücke zu Eckpunkten im westlichen Verständnis der Menschenrechte. Bedeutsam ist zudem die Tatsache, dass die Wertung als „universell“ von § 16 der Enzyklika der Heiligen und Großen Synode von Kreta abweicht.[783]
- Eine dritte Gruppe ist sozialen Rechten („social rights“) gewidmet, die jede Regierung beachten solle. Genannt wird u. a. das Recht auf freie und umfassende medizinische Versorgung, die gleichermaßen allen Personen zugänglich sein müsse, unabhängig von ihrer wirt-

[781] Dazu werden Gewissensfreiheit, Gedankenfreiheit, Redefreiheit und Pressefreiheit als besonders wichtige Beispiele hervorgehoben; angeschlossen ist eine lange Reihe von spezielleren Rechten, die vor allem dem Schutz des Einzelnen im weit gefassten Justizbereich zugeordnet sind; vgl. Dokument, 82 f.

[782] Vgl. Dokument, 83. Die Bandbreite reicht vom Stimmrecht über Vereinigungsfreiheit und Freiheit von Hassverbrechen bis zum Diskriminierungsverbot, umfasst aber auch den Schutz von Nicht-Staatsangehörigen z. B. gegen Ungleichbehandlung; mit letzterem Recht wird eine gedankliche Querverbindung zu § 36 im Abschnitt IV „Poverty, Wealth, and Civil Justice“ hergestellt. Ähnliches gilt für die ausdrückliche Erwähnung der Abschaffung der Todesstrafe; diesbezüglich besteht eine Querverbindung zu Abschnitt V, § 48.

[783] Vgl. Synodos, 36: „Eine derartige Fehlleitung findet zulasten des sozialen Gehalts von Freiheit statt und führt zur willkürlichen Umwandlung von Rechten in Wohlstandsansprüche sowie zur bedenklichen Identifikation von Freiheit mit individueller Willkür als ‚Universalwert‘, der die Grundlagen sozialer Werte, der Familie, der Religion und der Nation gefährdet und fundamentale moralische Werte bedroht.“ Diese Textpassage, eine Kurzfassung der von der ROK zur Relativierung der Menschenrechte propagierten „traditionellen Werte“, sollte offensichtlich nicht aufgegriffen und weitergetragen werden; das gilt auch für das Bedrohungsszenario hinsichtlich „moralischer Werte“.

schaftlichen Situation.[784] Weiterhin genannt ist ein Recht auf soziale Alterssicherung, die ausreichen müsse, um ein würdevolles Leben zu führen.[785] Einbezogen ist weiterhin ein Recht auf angemessene Versorgung von Kleinkindern („infant care"), Mittellosen[786] und Behinderten. Besonders anhand dieser Gruppe wird deutlich, dass sich die langen Aufzählungen in § 63 nicht auf Inhaltsangaben verschriftlichter „offizieller" Menschenrechtskataloge beschränken. Diesen werden vielmehr weitere, zu Rechten verdichtete ethische Verpflichtungen des Staates an die Seite gestellt.

– In einer vierten Gruppe werden Vereinbarungen zu internationalen Rechten („conventions regarding international rights") fokussiert. Daraus abgeleitet wird das Recht jedes Volkes, gegen Aggression geschützt zu werden; dem gleichgesetzt wird ein Schutz vor Ausplünderung durch fremde Mächte oder Unternehmensinteressen,[787] die Bewahrung einer gesunden und bewohnbaren Umwelt,[788] Schutz vor bzw. Verfolgung von Kriegsverbrechen, Folterverbot, Schutz vor Vertreibung. Genannt werden weiter ein Recht zur Flucht, auch wenn dies mit dem Überqueren nationaler Grenzen verbunden sei, und das Asylrecht, bezogen alle, die von Krieg, Unterdrückung, Armut, Zusammenbruch der Zivilgesellschaft, Naturkatastrophen oder Verfolgung betroffen seien.

---

784 Insoweit bestehen Querverbindungen zu Aussagen in Abschnitt IV, § 40; vgl. Dokument, 54 f.

785 Hier besteht eine Querverbindung zu Abschnitt III, § 30 („The Church must require of any just society that it provide adequately for the elderly …"); vgl. Dokument, 39.

786 Vgl. Dokument, 51. Insofern wird eine in Abschnitt IV, § 38 herausgestellte allgemeine ethische Verpflichtung angesichts von „the homelessness of its most indigent" zu einem Recht auf Vorsorge zugespitzt.

787 Auch insoweit besteht eine Querverbindung zu Abschnitt IV, § 39, insbesondere hinsichtlich folgender Aussage: „[…] the Church must recall that the mechanisms of indebtedness function to impoverish nations as much as individuals, and that a cruel inflexibility on the part of creditor nations toward debtor nations is often the cause of immense human misery […]"; vgl. Dokument, 54.

788 Vgl. Dokument, 56: „Almost invariably, however, the greatest immediate burden falls upon the less economically developed quarters of the earth, where governments can do – or elect to do – very little to protect the destitute against the consequences of industrial waste and general ecological devastation. It is the poor, moreover, who are most regularly displaced and further impoverished by the destruction of the environment around them." Auch diesbezüglich wird ein ethischer Handlungsbedarf nunmehr in § 63 zu einem (Menschen-)Recht aufgewertet.

Der folgende Satz bestätigt die bereits mehrfach erwähnte Beobachtung einer zum Teil sehr erheblichen Ausweitung von Rechten als Teil eines ethischen Programms:

> „Again, the conventions of human rights theory cannot accomplish or even address everything that the Orthodox Church desires for human beings; by themselves, these conventions cannot conquer selfishness in human hearts or create enduring forms of community; they cannot provide a comprehensive and compelling vision of the common good that answers all the material, moral, and spiritual needs of human nature. The language of human rights is, in many ways, a minimal language.“[789]

Dennoch sei die „Sprache der Menschenrechte“ nützlich, um Regeln der Nächstenliebe, des Erbarmens und der Gerechtigkeit zu formulieren, die nach Einschätzung der Kirche als Minimum von jeder Gesellschaft einzufordern sei. Deshalb müsste diese Sprache von allen Christen unermüdlich bekräftigt und gefördert werden.

Man kann sicher nicht bezweifeln, dass die Fülle der in § 63 dargelegten Schutzbedürfnisse ethische Aufmerksamkeit im Sinn der biblischen Grundsätze von Nächstenliebe, Erbarmen und Gerechtigkeit verlangen. Darin spiegelt sich eine Sichtweise, die Erzbischof Anastasios Yannoulatos prägnant so zusammengefasst hat:

> „It is not only their common origin that binds human beings together into a single family; they are also bound together by their common mission in life. The purpose of their existence is to realize their God-given potential and approach the state of being ‚in his likeness‘. Their purpose is to raise themselves from a condition of mere biological coexistence to a state of true communion between persons, in harmony with all creatures and all of creation, through the selfless love that is found in the Holy Trinity […].“[790]

Auch hat Yannoulatos für verschiedene Bereiche mit guten Gründen dargelegt, dass sie mit den Augen des Glaubens und eines christlich geformten Gewissens gesehen werden müssten. Das jeweils angemessene Handeln dürfe sich nicht in einer rechtlichen oder quasirechtlichen Betrachtungsweise erschöpfen:

---

789 Ebd., 84.

790 Anastasios Yannoulatos, Orthodoxie and Human Rights. On the Universal Declaration of Human Rights and the Greek Orthodox Tradition, in: ders., Facing the World (wie FN 644), 59.

> „Orthodox Christian thought enables us to delve more deeply into the meaning of human rights and to do what is necessary to prevent human rights declarations from remaining dry, legal documents. It also helps us broaden the scope of human rights to encompass other essential issues as well, such as the right to pursue one's own true nature and purpose in life."[791]

Der für § 63 eingenommene weite Blickwinkel erfasst die von Yannoulatos angesprochenen „other essential issues" und bezeugt damit seine Einsicht. Allerdings hat die Ausweitung hin zu einer „Sprache der Menschenrechte" Anlass gegeben, „klassische" Menschenrechte sowie ethische Desiderata im politischen Gestaltungsbereich ohne Differenzierung nebeneinanderzustellen. Das erscheint nicht unproblematisch. Darüber hinaus fehlt es an einer Auseinandersetzung mit der Frage, wie, durch wen und mit welchen Mitteln das ethisch Geforderte im weiten Spektrum des § 63 verwirklicht werden kann und soll. Statt in allen Bereichen reflexhaft nach dem Staat zu rufen, wäre es vor allem hinsichtlich der oben herausgehobenen dritten und vierten „Fallgruppe" möglich gewesen, Beiträge der Kirche zu Prozessen der Meinungs- und Bewusstseinsbildung im gesellschaftlichen Kontext in den Blick zu nehmen. Dazu hätte z. B. an Einsichten im Abschnitt II § 12 angeknüpft werden können.[792]

Mit § 64 beginnt eine Untergruppe innerhalb des Abschnitts VII, die einzelnen, besonders aktuellen Problemen bzw. Anliegen im Zusammenhang mit den Menschenrechten gewidmet ist. Eingeleitet durch ein Zitat aus der Enzyklika der Heiligen und Großen Synode von Kreta[793] kommt dabei zunächst die Religionsfreiheit in den Blick. Der Einsatz für sie gilt – konsequent im weiten Blickwinkel des Abschnitts gehalten – als Zeichen der Macht der Liebe über den Hass, der Einheit über Spaltung und des Mitgefühls über Gleichgültigkeit. Damit erhält „Religions- und Gewissensfreiheit" eine zentrale Rolle für die gesamte Gesellschaft und ihren Zusammenhalt:

---

791 Ebd., 75.

792 Vgl. Dokument, 15: „Orthodox Christians must recognize that a language of common social accord, one that insists upon the inviolability of human dignity and freedom, is needed for the preservation and promotion of a just society [...]. Neither, certainly, should Orthodox Christians fear the reality of cultural and social pluralism."

793 Synodos, 36.

> „Conscience is the voice of the divine law within each of us; so the suppression of conscience cannot help but make a nation's written law unjust and ultimately self-defeating.“[794]

Selbst in Ländern, in denen eine Religion vorherrschend sei, könnten sogar die Rechte der Mehrheit nur dann gegen Übergriffe des Staates, des unregulierten Kapitals („unconstrained capital“) oder anderer destruktiver Kräfte gesichert werden, wenn die religiösen Rechte aller Minderheiten garantiert seien. Deshalb setze sich das Ökumenische Patriarchat unermüdlich für das Recht auf freie Gottesdienstausübung und auf freies Bekenntnis für alle Völker ein. § 64 schließt in Abwandlung der „goldenen Regel“:

> „For the measure with which we honor the faith of others is the measure with which we can expect our own faith to be honored.“[795]

Welch großen Schritt nach vorne diese Ausführungen darstellen, wird erst ersichtlich, wenn man sie zur früheren Auseinandersetzung um Religionsfreiheit in der orthodoxen Theologie in Beziehung setzt. Im sowjetischen Machtbereich war die Behandlung des Themas – trotz formaler Anerkennung u. a. der Religionsfreiheit in Abschnitt VII der Schlussakte von Helsinki 1975[796] – politisch orchestriert. Nach dem Zusammenbruch der atheistischen Regime in Osteuropa wurden die wiedergewonnenen Spielräume von den Kirchen zum Aufbau ihrer kirchlichen Strukturen genutzt. Gleichzeitig sahen sich die nun unabhängigen Staaten und die orthodoxen Lokalkirchen in ihnen mit Aktivitäten sehr unterschiedlicher Gruppen konfrontiert, die sich dafür auf die Religionsfreiheit beriefen. Das führte in verschiedenen osteuropäischen Ländern zu „symphonischen“ Bestrebungen von Staat und orthodoxer Mehrheitskirche, das formal verankerte Recht auf freie Religionsausübung einzuschränken oder gar auszuhöhlen, nicht selten auch zu Lasten seit langem etablierter Kirchen und Religionsgemeinschaften sowie von Organisationen. Nur wenige orthodoxe Autoren haben sich damit auseinandergesetzt.[797] Entgegengesetzt gestaltete sich die Erfahrung der

---

[794] Dokument, 85.

[795] Ebd.

[796] Vgl. Konferenz für Sicherheit und Zusammenarbeit in Europa (KSZE), Schlussakte von Helsinki 1975, online zugänglich auf der Homepage der KSZE unter https://www.osce.org/files/f/documents/6/e/39503.pdf (abgerufen 17.9.2020).

[797] Positive Beispiele bieten folgende Beiträge: Elisabeth Prodromou, International Religious Freedom and the Challenge of Proselytism, in: Aristotle Papanikolaou / Elisabeth Prodromou (Hg.), Thinking through Faith (wie FN 309), 247–277; Elisabeth

Orthodoxie und anderer christlicher Kirchen im islamisch geprägten Raum, wo unter dem Deckmantel einer lediglich nominell gewährten Religionsfreiheit die Politik einer Ausgrenzung und Marginalisierung der Christen fortgesetzt wurde und wird.[798] Beide Erfahrungsstränge trugen je das Ihre zu einer Distanz hinsichtlich des Umgangs der Orthodoxie mit dem Menschenrecht „Religionsfreiheit“ bei. In dieser Situation hat der Ökumenische Patriarch besondere Verantwortung übernommen und bei vielen Gelegenheiten das Thema „Religionsfreiheit“ für die Orthodoxie lebendig gehalten, oft in Verbindung mit dem Gedanken einer „Ortsbestimmung“ der Kirche in der Gesellschaft, mit der Betonung notwendiger Toleranz gegenüber anderen Religionen und Konfessionen im selben gesellschaftlichen Zusammenhang oder mit einer Kritik an religiöser Diskriminierung.[799] Nunmehr wurde im sozialethischen Dokument unter Rückgriff auf die Synode von Kreta ein neuer Anlauf unternommen, das Thema „Religionsfreiheit“ anzugehen und für die Orthodoxie fruchtbar zu machen. Auffällig dabei ist, dass dieses Recht an keiner Stelle isoliert gesehen wird, sondern immer in einem größeren Zusammenhang:

Diamantopoulou, Orthodox Christianity and Freedom of Religion in European Court of Human Rights Case Law, in: dies. / Louis-Léon Christians (Hg.), Orthodox Christianity and Human Rights in Europe, Peter Lang Bruxelles u. a. 2018, 71–108; Effie Fokas, Pluralism and Religious Freedom. Insights from Orthodox Europe, in: ebd., 109–134.

798 Diese Problematik behandelt insbesondere die Botschaft der Ersthierarchen der Kirchen des Nahen Ostens von 2011; vgl. deutsche Übersetzung von Kommuniqué und gemeinsamer Botschaft der Synaxis in: Orthodoxie Aktuell 15 (2011), 19–24; französischer Text vgl. Service Orthodoxe de Presse N° 361 (Oktober 2011), 28–31. Einer Ausgrenzung und Marginalisierung sehen sich auch die Christen in der Türkei und insbesondere das Ökumenische Patriarchat ausgesetzt; vgl. Helmut Wiesmann, Kriterium Religionsfreiheit – zur Lage der religiösen Minderheiten in der Türkei im Kontext eines möglichen EU-Beitritts, in: OWEP 5 (2004), 42–50; Wolfgang Gieler, Religion in der Türkei, in: Markus Porsche-Ludwig / Jürgen Bellers (Hg.), Handbuch der Religionen der Welt, Bd. 2, Verlag Traugott Bautz Nordhausen 2012, 1319–1326.

799 Vgl. Ansprache des Ökumenischen Patriarchen Bartholomaios bei der KSZE-Konferenz am 13. September 2004, in: John Chryssavgis (Hg.), In the World, Yet Not of the World (wie FN 369), 75–81 (77 f.). Vgl. auch Ansprache des Ökumenischen Patriarchen vom 3. Juli 2006, in: ebd., 81–88 (87 f.); Ansprache vom 12. September 2006, in: ebd., 93–102 (96); Ansprache vom 5. September 1993, in: ebd., 102–104 (104); Ansprache vom 29. Oktober 2009, in: ebd., 104–107 (105 f.); Ansprache vom 16. November 2005, in: ebd., 129–134 (132 f.).

> „In any society, the struggle for religious freedom and for respect for the conscience of every human being provides the most resplendent proof of the power of love over hatred, of unity over division, of compassion over indifference.“[800]

Diese Sichtweise steht derjenigen des Ökumenischen Patriarchen in den erwähnten Ansprachen sehr nahe. Im Blick steht nicht (nur) das eigene Recht, sondern immer ein „Wir“, d. h. ein Miteinander verschiedener Glaubensgemeinschaften in der Gesellschaft. Eingefordert wird ein Platz für „Religion“ in ihr, nicht eine besondere Stellung der orthodoxen Kirche. Von daher erschließt sich auch die spontan überraschende Betonung einer Mehrheitssituation in § 64.[801] Der Text setzt damit einen anderen Akzent als die Synode von Kreta in ihrem Eintreten für christliche Minderheiten.[802] Dabei ist die Formulierung von § 64 so umsichtig gestaltet, dass sie sowohl für Länder mit z. B. islamischer Mehrheit und orthodoxer Minderheit zutrifft wie auch für solche, in denen die Orthodoxie in der Mehrheitssituation steht, etwa die Russische Föderation[803] oder Griechenland.[804] Für beide Fallgruppen gilt gleichermaßen

[800] Dokument, 84 f.

[801] Ebd., 85: „Even in lands where one faith enjoys preponderant dominance, the rights of the majority can be truly secured against the encroachment of the state or of unconstrained capital or of other destructive forces only by guaranteeing the religious rights of all minorities.“

[802] Vgl. Synodos, 37 f. In Nr. 18 der Enzyklika der Synode stehen ethnische und religiöse Minderheiten speziell im Nahen Osten im Blick: „Die einheimischen Christen und anderen Bevölkerungen haben das unantastbare Recht, als gleichberechtigte Bürger in ihren Ländern zu bleiben. Wir fordern daher alle Beteiligten auf, unabhängig von ihren religiösen Überzeugungen für die Versöhnung und die Achtung der Menschenrechte zu arbeiten […].“ Ähnlich ist der Akzent in Nr. 4 der Botschaft der Synode gesetzt; vgl. Synodos, 45. In Nr. IV.3 des Dokuments „Der Auftrag der Orthodoxen Kirche in der heutigen Welt“ stehen „Unterdrückung und Verfolgung der Christen und anderer Gemeinschaften aus Glaubensgründen im Nahen Osten und an anderen Orten“ im Blick; vgl. Synodos, 94.

[803] In der Russischen Föderation ist die Marginalisierung nichtorthodoxer Konfessionen hinter dem Begriff „traditionelle Religionen“ versteckt, wobei von den christlichen Konfessionen einzig die orthodoxe Kirche diesen privilegierten Status genießt. Vgl. dazu Dietmar Schon, Würde, Freiheit und Rechte des Menschen. Anmerkungen zu einem Grundlagendokument der ROK, in: Osteuropa 67 (2017), 191–204 (200 f.).

[804] Hinsichtlich des Umgangs mit „Religionsfreiheit“ in Griechenland haben selbst orthodoxe Autoren den dortigen Umgang mit der islamischen Minderheit kritisiert. Vgl. Dimitris Christopoulos, How Can One Both Apply Sharia Law in Greece and Deny Building a Mosque in Athens?, in: Elisabeth Diamantopoulou / Louis-Léon Christians (Hg.), Orthodox Christianity and Human Rights in Europe (wie FN 797),

die Mahnung, jeweils die ganze religiöse „Landschaft“ im Blick zu behalten und den Frieden bzw. den Zusammenhalt in der Gesellschaft durch Religionsfreiheit für alle zu sichern. Darin zeigt sich nicht nur die ganz grundsätzliche Annahme des Faktums eines religiösen oder konfessionellen Pluralismus in der Gesellschaft, sondern auch eine tiefe Einsicht in das Phänomen „Globalisierung“: Wenn nämlich eine religiöse Minderheit in einem Land marginalisiert wird, so kann das in Zeiten globalisierter Medien leicht Reaktionen von deren Gläubigen in anderen Ländern hervorrufen, in denen sie die Mehrheitsreligion darstellen.[805] In einem positiven Sinn kann daraus Solidarität entstehen. Das Stimmungsbild kann aber leicht in wachsende Vorurteile gegenüber der Religion der „Unterdrücker“ oder in eine gesellschaftliche Ausgrenzung von deren Gläubigen umschlagen. Gefordert ist in § 64 letztlich ein Lernprozess für alle Kirchen, Religionen und Gesellschaften, der Religionsfreiheit im Kontext von Pluralismus und Toleranz sieht und auf gesellschaftlichen Zusammenhalt zielt. Es ist zu hoffen, dass der Appell dazu gehört wird.

§ 65 enthält ein engagiertes Plädoyer gegen „moderne Sklaverei“, wie sie sich im Zug der Globalisierung heute unter vielerlei Formen präsentiere. Den Einstieg bietet ein Bezug auf den Kirchenvater Gregor von Nyssa, der – weitergehend als die frühe Kirche – nicht nur menschenwürdige und christliche Behandlung von Sklaven urgiert hat, sondern Sklaverei ganz grundsätzlich als gesellschaftliches Phänomen angeprangert hat. Den theologischen Ansatz dazu fand er in der Gottesebenbildlichkeit des Menschen, aber auch in der Gleichheit aller Glieder des Leibes Christi sowie in der Einheit aller als Brüder und Schwestern in Christus. Ähnlich grundsätzlich betonte auch Johannes Chrysostomos, dass die Kirche keinen Unterschied zwischen Herren und Sklaven ak-

137–152; Dia Anagnostou / Ruby Gropas, Domesticating Islam and Muslim Immigrants. Political and Church Responses to Constructing a Central Mosque in Athens, in: Viktor Roudometof / Vasilios Makrides (Hg.), Orthodox Christianity in 21st Century Greece. The Role of Religion in Culture, Ethnicity and Politics, Ashgate Publishing Farnham 2010, 89–109.

805 In Nr. IV.3 des Synodendokuments „Der Auftrag der Orthodoxen Kirche in der heutigen Welt“ wird ein solcher globaler Solidarisierungseffekt sogar ausdrücklich angesprochen, hier selbstverständlich in einem ausschließlich positiven Sinn. Vgl. Synodos, 94: „Die orthodoxen Christen auf der ganzen Welt leiden gemeinsam mit ihren christlichen Geschwistern und allen Verfolgten und rufen zur Findung einer gerechten und dauerhaften Lösung für die Probleme dieser Region auf.“

zeptieren könne.[806] Kritisch wird vermerkt, dass die Kirche die frühen Einsichten in die moralische Verwerflichkeit der Sklaverei nicht hinreichend aufgegriffen habe:

> „Needless to say, Christian society did not over the centuries adhere faithfully to this rule, or properly recognize and accept the dissolution of the institution of slavery that it logically implied. And, in time, Christian culture came to accept an evil it should have eschewed from the first."[807]

Erst in der Neuzeit sei es der christlichen Welt möglich geworden, ihr Versagen gegenüber der befreienden Botschaft des Evangeliums zu bereuen; die Kirche habe zu verstehen gelernt, was es heiße, dass Christus gekommen sei, um die Gefangenen zu befreien und den Preis für ihre Gleichberechtigung zu zahlen. Trotzdem sei auch die moderne Welt noch nicht völlig von dem Übel der Sklaverei befreit. Deshalb gelte:

> „The Orthodox Church recognizes that a commitment to human rights in today's world still involves a tireless struggle against all the forms of slavery that still exist in the world."[808]

Daran angeschlossen ist eine genauere Bestimmung, was unter „moderner Slaverei" zu verstehen ist, nämlich nicht nur die in manchen Gegenden noch fortdauernde Leibeigenschaft, sondern eine ganze Reihe weiterer Praktiken, die teils kriminell, teils vom Gesetz toleriert seien. Deshalb habe das Ökumenische Patriarchat auf die ganze Bandbreite moderner Sklaverei hingewiesen.[809] Genannt werden Menschenhandel, Zwangsarbeit, sexuelle Ausbeutung, Kinderehen, Rekrutierung von Kindersoldaten, Ausbeutung von Migranten und Flüchtlingen, Organhandel und vieles mehr. Gewalt, Hunger und Armut seien Ursachen, die Menschen zwingen, ihr Zuhause und ihr Land zu verlassen, wodurch sie in die Gefahr von Ausbeutung kämen, aber auch zu Opfern organisierter krimineller Unternehmen würden. Darüber hinaus gebe es immer noch Zwangsarbeit, Kinderarbeit, unbezahlte Arbeit oder Arbeit unter gefährlichen Bedingungen – Praktiken, die nicht nur erlaubt, sondern von Regierungen und Unternehmen sogar gefördert seien. Selbst blü-

[806] Dokument, 85 f.

[807] Ebd., 86.

[808] Ebd., 87.

[809] Zu den diesbezüglichen Initiativen des Ökumenischen Patriarchen zählt eine Reihe von internationalen Foren zum Thema „moderne Sklaverei", die 2017 begonnen wurde. Vgl. dazu die Pressemitteilung auf der Homepage des Patriarchats unter https://www.patriarchate.org/-/ecumenical-patriarch-bartholomew-to-host-international-forum-on-modern-slavery-and-the-arts (abgerufen 14.9.2020).

hende Volkswirtschaften zögerten nicht, verschiedene Formen von Zwangsarbeit auszunutzen, z. B. die Arbeit von Sträflingen. Angesichts dessen müsse die orthodoxe Kirche dazu beitragen, moderne Sklaverei in allen ihren Formen auszurotten. Verwiesen wird auf die Erklärung der Religionsführer gegen moderne Sklaverei vom 2. Dezember 2014, zu deren Mitunterzeichnern das Ökumenische Patriarchat zähle.[810] § 65 schließt mit einer eindeutigen Ursachenbestimmung des moralischen Übels „moderne Sklaverei“:

> „On the way to achieving this end, our adversary is not simply modern slavery, but also the spirit that nourishes it: the deification of profit, the pervasive modern ethos of consumerism, and the base impulses of racism, sexism, and egocentrism.“[811]

Mit dieser Positionierung knüpft das sozialethische Dokument an der Erwähnung des Problems „moderne Sklaverei“ im Synodendokument „Der Auftrag der Orthodoxen Kirche in der heutigen Welt“ an[812] und entfaltet die Thematik in markanter Weise. Die in Initiative des Ökumenischen Patriarchats durchgeführten internationalen Konferenzen dazu haben diese leidvolle Begleiterscheinung der Globalisierung ins öffentliche Bewusstsein gerückt; es darf vermutet werden, dass die dabei zusammengetragenen Einsichten auch zur Intensität der Formulierung von § 65 beigetragen haben. Darüber hinaus lässt ein Beitrag „Fighting Modern Slavery and Human Trafficking as a Parish“ auf der Website der „Orthodox Peace Fellowship“ erkennen, dass und wie das Thema bereits in lokalen Veranstaltungen aufgegriffen und vertiefend behandelt wird.[813]

---

810 Den kurzen Text der Deklaration sowie Hinweise auf die Unterzeichner bietet eine spezielle Website auf der Homepage des Vatikans unter http://www.endslavery.va/content/endslavery/en/events/declaration/signed.html (abgerufen 14.9.2020). Die zentralen Aussagen der Erklärung sind: „In the eyes of God each human being is a free person, whether girl, boy, woman or man, and is destined to exist for the good of all in equality and fraternity. Modern slavery, in terms of human trafficking, forced labour and prostitution, organ trafficking, and any relationship that fails to respect the fundamental conviction that all people are equal and have the same freedom and dignity, is a crime against humanity. We pledge ourselves here today to do all in our power, within our faith communities and beyond, to work together for the freedom of all those who are enslaved and trafficked so that their future may be restored. Today we have the opportunity, awareness, wisdom, innovation and technology to achieve this human and moral imperative.“

811 Dokument, 88.

812 Vgl. Synodos, 96 (unter VI.1).

813 Vgl. https://incommunion.org/2019/10/22/fighting-modern-slavery-and-human-trafficking-as-a-parish/ (abgerufen 18.9.2020).

§ 66 fokussiert ein weiteres, sehr aktuelles Problem, nämlich das Schicksal von Flüchtlingen und Migranten.[814] Die theologische Erschließung des akuten Handlungsbedarfs in diesem Bereich gründet in der Auseinandersetzung mit einer Fülle von Belegen aus der Heiligen Schrift, insbesondere von alttestamentlichen Stellen. Die dort zu findenden klaren Aussagen müssten das christliche Gewissen beunruhigen und verändern. Erinnert wird an die vielfältigen Gründe für Flucht und Migration, nämlich Gewaltverbrechen, Armut, Klimawandel, Krieg, Dürre, wirtschaftlicher Zusammenbruch und die Suche nach Sicherheit, Nahrung und Hoffnung. Flüchtlinge und Asylsuchende stellten in ihrer Verletzlichkeit, Bedürftigkeit und in ihrem Leiden eine Herausforderung für die reichen Nationen dar. Es handele sich dabei um eine globale Krise, aber auch um einen ganz persönlichen Appell an den eigenen Glauben, die eigene Moral und an das Verantwortungsgefühl.

In § 67 wird das Thema nahtlos weiterbehandelt. Die orthodoxe Kirche sehe die angesprochenen Vertriebenen als einen göttlichen Ruf zur Liebe, zu Gerechtigkeit, Dienstbereitschaft, Erbarmen und Großzügigkeit. Die Kirche erkenne ihre Verpflichtung, die Würde von Migranten, Flüchtlingen und Asylsuchenden zu verteidigen. Sie sei bereits in § 19 der Enzyklika des Heiligen und Großen Konzils ausgesprochen worden. Dieser Text wird in § 67 vollständig zitiert. Die Kirche zolle den Nationen, die Aufnahme gewährten, großes Lob. Dennoch müssten Christen überall daran erinnert werden, dass ein solches Willkommen ein biblisches Gebot sei, welches die Interessen säkularer Regierungen überschreite. Die weitere Argumentation wendet sich dem Verständnis von „Nation“ und „Staat“ zu: Der moderne Nationalstaat sei keine geheiligte Institution, selbst wenn er den Anliegen von Gerechtigkeit, Gleichheit und Frieden diene. Staatsgrenzen seien historische Zufälle und rechtliche Übereinkünfte. Auch sie hätten ihre Berechtigung, aber

---

[814] Die orthodoxe Wahrnehmung dieses Problems und der dringende Wunsch nach Verbesserung der Lebenslage von Flüchtlingen und Migranten spiegelte sich bereits zuvor in der Gemeinsamen Erklärung von Papst Franziskus, des Ökumenischen Patriarchen und des Erzbischofs von Athen und Ganz Griechenland im Jahr 2016, in: Pontifical Council for Promoting Christian Unity, Information Service Nr. 147 (2016/1), 19. Sehr aussagekräftig waren zudem ein gemeinsamer Besuch der drei Hierarchen im Flüchtlingslager Mória auf Lesbos sowie die bei dieser Gelegenheit gehaltenen Ansprachen; vgl. ebd., 17–19. Das Schicksal von Flüchtlingen und Migranten wurde weiterhin in Nr. 19 der Enzyklika der Heiligen und Großen Synode thematisiert; vgl. Synodos, 38 f.

für sich genommen seien sie kein moralisches oder spirituelles Gut, das rechtfertigen könne, die Verantwortung gegenüber denen zu vernachlässigen, die Gott unserer Sorge anvertraut habe. Angeschlossen ist eine harsche Kritik an europäischen, nord- und südamerikanischen Regierungen sowie an denjenigen von Australien und speziell den USA. Unter nationalistischen und ideologischen Vorwänden und unter vielerlei Winkelzügen seien unmoralische Maßnahmen getroffen worden, die zu verurteilen seien. Der Abschnitt schließt mit einem feierlichen Appell:

> „All such actions are assaults upon the image of God in those who seek our mercy. They are offenses against the Holy Spirit. In the name of Christ, the Orthodox Church denounces these practices, and implores those who are guilty of them to repent and to seek instead to become servants of justice and charity."[815]

7.2 Vergleich mit dem Dokument „Grundlagen der Lehre der Russischen Orthodoxen Kirche über Würde, Freiheit und Rechte des Menschen" und Zwischenergebnis zu Abschnitt VII

Die Russische Orthodoxe Kirche hat ihre Sicht zu den Menschenrechten in einem im Jahr 2008 verabschiedeten Dokument niedergelegt.[816] Jüngst hat Dragiša Jerkić eine Untersuchung vorgelegt, die aufzeigt, dass und wie die Theologie des Patriarchen Kyrill den Inhalt des Dokuments maßgeblich mitbestimmt hat. Weiterhin bietet er eine Auseinandersetzung mit der ganzen Bandbreite an kritischen Kommentaren sowie eine „Koordinatenbestimmung" des Textes hinsichtlich einer orthodoxen Theologie der Freiheit.[817] Die Einsichten dazu bedürfen hier keiner Wiederholung. Jerkić erkennt im Dokument eine spezifische Umdeutung der Menschenrechte hin zu moralischen Kategorien und hält fest:

> „Darüber hinaus bestehen aber noch weitergehende Zweifel an der Vorstellung ‚Freiheit', die der russische Text als orthodoxe Stellungnahme anbietet. Ein moralisches Konzept von Freiheit, in dem ihre Verwirklichung ausschließlich von der Erfüllung und dem Befolgen des moralischen Gesetzes oder der Gebote abhängt, kann die Grenze des theologischen Freiheitsverständnisses nicht erschöpfen."[818]

---

815 Ebd., 91.
816 Vgl. Freiheit und Verantwortung, 220–239.
817 Vgl. Dragiša Jerkić, Mut zur Freiheit? (wie FN 759), 57–84.
818 Ebd., 81.

Jerkić zeigt auf, dass die orthodoxen theologischen Ansichten zu „Freiheit“ divergieren. Eine Richtung greife dabei – mit Unterschieden im Detail – die personale Anthropologie von Ioannis Zizioulas und Christos Yannaras auf. Darauf lasse sich eine Position gründen, die dem Konzept der Menschenrechte und der Moderne gegenüber offen sei. Dabei werde „Freiheit“ verknüpft mit der Gottesebenbildlichkeit des Menschen, die sich in der Liebe zu Gott, zu anderen Menschen und zur Welt vervollständige.

> „Dieser Ansatz vermittelt den Christen eine legitime Perspektive, im Einsatz für die Freiheit und Würde des Menschen auch in anderen Freiheitsmodellen Übereinstimmungen zu suchen. Das gilt auch hinsichtlich der Moderne und hinsichtlich des Konzepts der Menschenrechte. Dem gegenüber steht der von Patriarch Kyrill sowie im Dokument der ROK von 2008 vertretene Ansatz, in dem ‚Freiheit‘ zwar auch als bestimmender Begriff der menschlichen Existenz gesehen wird, diesmal jedoch reduziert auf die Wahlmöglichkeit im Rahmen eines moralischen Konzepts. ‚Freiheit‘ erscheint dann als die Verwirklichung der Ebenbildlichkeit Gottes in der Wahlmöglichkeit des Menschen zwischen Gut und Böse.“[819]

Im sozialethischen Dokument ist die erste dieser Alternativen zugrunde gelegt. Ausweislich von § 62 wurden darin wesentliche Elemente der personalen Anthropologie von Ioannis Zizioulas und letztlich sein Entwurf einer Theologie der Freiheit rezipiert. Demnach genüge es dem Menschen nicht, im Sinn individueller Freiheit „frei von etwas“ zu sein. Er bedürfe vielmehr einer „personalen Freiheit“ im Sinn eines „frei sein zu“. Der höchste Ausdruck dessen bestehe in einer menschlichen Entscheidung, Gemeinschaft mit Gott anzustreben und zu finden. Diese Weichenstellung ermöglicht, Menschenrechtskonzepten westlicher Prägung positiv zu begegnen und ihre Leistungen anzuerkennen. Dies kommt bereits in § 61 in der einschränkungslosen Ermutigung orthodoxer Christen zum Ausdruck, sich für die Menschenrechte einzusetzen. Diese Anerkennung schließt die Universalität der Menschenrechte, ihre Absolutheit und Vorrangigkeit ein, Begriffe, die in § 63 eher diskret eingeflochten sind. In der näheren Darlegung des § 63 wird dann im Einzelnen sichtbar, wie einerseits unter dem Gesichtspunkt „personale Freiheit“ die Errungenschaften der Menschenrechte einbezogen werden. Zugleich erfolgt allerdings andererseits die Relativierung eines auf das Individuum und seine persönlichen Rechte begrenzten Verständnisses von Freiheit, im Zuge derer das Verständnis von Menschenrechten anhand des Freiheitskonzepts der orthodoxen Lehre von der Person er-

[819] Ebd., 84.

gänzt bzw. ausgeweitet wird. Die Verbindung dieser beiden Argumentationsstränge ist durch die erweiternde Formulierung „language of human rights“ angedeutet.

Die Konsequenzen entfalten sich für die Orthodoxie sowohl „nach innen“ wie „nach außen“:

- Zum einen werden das die Menschenrechtsidee grundsätzlich bejahende Konzept von Delikostantis und diejenigen Entwürfe, die mit unterschiedlicher Begründung deren Ergänzungsbedürftigkeit anhand der theologischen Anthropologie ausgearbeitet haben, miteinander verbunden. Da mit diesem Konzept bisherige Vorbehalte[820] positiv aufgegriffen und von einer orthodoxen Theologie der Freiheit her beantwortet werden, bestehen Chancen zu einer Konvergenz unterschiedlicher theologischer Ansätze innerhalb der Orthodoxie.
- Zum anderen gilt es nunmehr, der bereits erwähnten Einsicht Jerkićs zufolge, „die Herausforderungen menschlicher Freiheit in der modernen Welt ebenso wie die sich in diesem Kontext entwickelnden Freiheitsmodelle in einer positiven Offenheit zu untersuchen und zu interpretieren“[821]. Dies gestaltet sich als Teil eines von der Heiligen und Großen Synode von Kreta eingeleiteten Dialogs mit der Moderne.

Der in Abschnitt VII des sozialethischen Dokuments präsentierte Entwurf bietet zudem Ansatzpunkte für eine Überprüfung westlicher Begründungsansätze. Die bereits mehrfach erwähnte Untersuchung von Dragiša Jerkić schließt nämlich einen Vergleich der maßgeblichen orthodoxen Entwürfe mit dem anthropologischen Konzept von Charles Taylor ein. Dazu hält er fest:

> „Dabei konnte seine Hauptintention herausgearbeitet werden, nämlich einen neuen Freiheitsbegriff zu etablieren, der alle Segmente der menschlichen Existenzweise umfassen kann. Er entwickelte ein komplexes Konzept, das die Freiheit nicht nur als Möglichkeit der freien Handlungen oder die Abwesenheit von äußeren Hindernissen beschreibt; ‚Freiheit‘ gilt Taylor als Ausdruck und zugleich auch als Affirmation der moralischen Wertungen und Weltanschauungen, die die Identität eines Menschen formen. Damit ist ‚Freiheit‘ für Taylor der Begriff, mit dem der dialogische Charakter der menschlichen personalen Existenz ausgedrückt werden kann. Der Mensch ist ein relationales Wesen, dessen Existenz direkt von der Beziehung seines authentischen Selbst mit anderen Personen abhängt. Den Raum für diese Beziehung bietet die Gemeinschaft, in der die Menschen eine gemeinsame Kultur,

---

820 Vgl. z. B. Synodos, 36 hinsichtlich der Gefahr, „dass individuelle Rechte sich in Individualismus und ‚Rechtsansprüche‘ verkehren könnten“.

821 Vgl. Dragiša Jerkić, Mut zur Freiheit? (wie FN 759), 287.

ihre Sprache, moralische Prinzipien und Werte teilen. Deshalb gibt Taylor der Gemeinschaft eine viel tiefere Bedeutung als nur ein utilitaristisch strukturiertes Kollektiv, dessen primäres Ziel sich im Schutz individueller Rechte erschöpft."[822]

Auf dieser Basis ergibt sich eine Konvergenz des „westlichen" Ansatzes von Taylor zu der im sozialethischen Dokument zugrunde gelegten Sichtweise:

„Darüber hinaus erkennt man in seiner (= Charles Taylor, Anm. d. Verf.) Auffassung vom Menschen als einem dialogischen Wesen eine Ähnlichkeit mit dem Personkonzept der modernen orthodoxen Theologie. Taylors These von der Identität jedes einzelnen Menschen, die sich durch die Beziehung in der Gemeinschaft mit anderen Menschen verwirklicht, lässt sich von der Position der personalen Theologie aus gut verstehen und nachvollziehen."[823]

Damit bietet sich eine Chance, dem (ökumenischen) Dialog zwischen Ost und West über das den Menschenrechten zugrunde liegende Bild vom Menschen neue Impulse zu geben.

Der Text von Abschnitt VII des sozialethischen Dokuments beruht – wie dargelegt – auf einer Rezeption wesentlicher Elemente der personalen Anthropologie von Ioannis Zizioulas, die damit erstmals in einem offiziellen Dokument der orthodoxen Kirche zur Interpretation der Menschenrechte herangezogen wurde. Das bedeutet zugleich, dass das von der Russischen Orthodoxen Kirche vorgelegte Konzept nicht übernommen wurde. Macht diese Entscheidung das sozialethische Dokument zu einem „Gegenentwurf"? Regina Elsner hielt das für möglich:

„Die ‚Grundlagen der Sozialkonzeption der ROK' wurden vor genau 20 Jahren veröffentlicht, und sozialethisch ist auch das Dokument zu den Menschenrechten von 2008 bedeutsam. Beide Dokumente […] waren jedoch auch immer sehr umstritten, sowohl innerhalb der orthodoxen Kirchen als auch im ökumenischen Dialog. Im neuen Text werden die beiden russischen Dokumente nicht erwähnt […]. So entsteht der Eindruck, dass man mit dem neuen Text bewusst einen Gegenentwurf zur russischen Position erstellen wollte. Dieser Eindruck verstärkt sich vor dem Hintergrund des anhaltenden Konflikts zwischen dem Moskauer und dem Ökumenischen Patriarchat."[824]

Insoweit erscheint bedeutungsvoll, dass die personale Anthropologie von Ioannis Zizioulas in der Linie der „neopatristischen Synthese" steht und Querverbindungen zu den spezifischen Entwürfen von Georges

---

822 Ebd., 358 f.

823 Ebd., 360.

824 Regina Elsner, Neue Impulse für eine orthodoxe Sozialethik (wie FN 6) (abgerufen 14.9.2020).

Florovsky, Vladimir Lossky und Christos Yannaras aufweist. Zizioulas hat diese weitergedacht und daraus einen eigenständigen Ansatz entwickelt. Erste Überlegungen dazu hat Zizioulas 1975 formuliert.[825] Die Erstveröffentlichung seines Hauptwerks „Being as Communion" erfolgte 1985.[826] Auch die für das Verständnis von „Person" und „menschliche Freiheit" maßgeblichen Werke der drei anderen oben genannten Vertreter der „neopatristischen Synthese" sind deutlich *vor* dem Sozialkonzept der ROK (2000) und dem Dokument „Grundlagen der Lehre der Russischen Orthodoxen Kirche über Würde, Freiheit und Rechte des Menschen" (2008) publiziert worden. Aus der grundsätzlich divergierenden Ausrichtung der Dokumente der ROK lässt sich deshalb ableiten, dass bei deren Abfassung wesentliche Strömungen in der orthodoxen Theologie ignoriert wurden, um stattdessen einen eigenen Weg einzuschlagen, der zu den vielfach herausgearbeiteten (und kritisierten) Spezifika der ROK-Dokumente führte. Die Charakterisierung als „Gegenentwurf" passt vor diesem Hintergrund eher für die ROK-Dokumente in ihrem Verhältnis zu relevanten Entwicklungen in der zeitgenössischen orthodoxen Theologie als für das sozialethische Dokument im Verhältnis zu denjenigen der ROK.

8. Die orthodoxe Auseinandersetzung mit den Themen Wissenschaft, Technologie und Bewahrung der Schöpfung

Der VIII. Abschnitt des sozialethischen Dokuments ist weiteren Aspekten der modernen Welt gewidmet. Im Fokus seiner elf Paragraphen (§§ 68–78) stehen die rasanten Fortschritte im wissenschaftlichen und technologischen Sektor und die mit ihnen verbundenen ethischen Fragen. Da ausweislich der Überschrift unterschiedliche Themen im Text zusammengestellt sind, werden im Folgenden Querverbindungen zu den Dokumenten der Heiligen und Großen Synode von Kreta im jeweiligen Zusammenhang erörtert, um deren Wahrnehmung und Zuordnung zu er-

[825] John D. Zizioulas, Human Capacity and Human Incapacity. A Theological Exploration of Personhood, in: Scottish Journal of Theology 28 (1975), 401–447.

[826] John Zizioulas, Being as Communion. Studies in Personhood and the Church, St. Vladimir's Seminary Press Crestwood / Darton, Longman & Todd London 1985.

leichtern. Ein Vergleich zur Behandlung der Thematik im Sozialkonzept der Russischen Orthodoxen Kirche folgt dagegen in Abschnitt 8.2.

8.1 Die Darlegungen im sozialethischen Dokument

Im einleitenden § 68 erfolgt eine grundsätzliche Standortbestimmung. Aufgrund des raschen technologischen Fortschritts habe die Menschheit erstmalig in der menschlichen Geschichte die Macht erhalten, die physische Welt („physical reality“) zu verändern. Dies könne zum Guten oder Schlechten geschehen.[827] Daraus erwachse eine Gefahr, aber auch eine Verantwortung, auf die die Menschheit weithin unvorbereitet sei. Deshalb müsse die orthodoxe Kirche daran erinnern, dass die Welt, die wir bewohnen, trotz aller Verunstaltung durch Sünde und Tod Gottes gute Schöpfung und ein kostbares Geschenk an alle Geschöpfe sei. Unter Berufung auf Maximus Confessor wird dargelegt, dass die Menschheit im physischen Kosmos einen spirituellen Dienst ausübt und dabei als eine kosmische Priesterschaft wirkt.[828] Damit stehe sie gleichsam an einer Grenze („methorios“), an der sich das geistige und das materielle Reich träfen und vereint seien. Durch die priesterliche Vermittlung der Menschheit durchdringe das Licht des Geistes die gesamte geschaffene Natur, während die gesamte kosmische Existenz zum geistigen Leben erhoben werde.[829] Dies gelte zumindest für die Schöpfung, wie Gott sie geplant habe und wie sie bei der Wiederherstellung aller Dinge sein

[827] Auch in Nr. 11 der Enzyklika der Heiligen und Großen Synode von Kreta ist sorgfältig zwischen „Wohltaten“ und „negativen Folgen“ des wissenschaftlichen Fortschritts unterschieden; vgl. Synodos, 31. Ebd. werden beide Begriffe durch Beispiele aus verschiedenen Lebensbereichen veranschaulicht. Zudem ist den Grenzen wissenschaftlicher Erkenntnis ein eigener kleiner Abschnitt gewidmet.

[828] Zu diesem priesterlichen Dienst der Menschheit vgl. Vigen Guroian, Ethics after Christendom (wie FN 233), 155–174; ebd., 159 heißt es zusammenfassend: „The presiding biblical metaphor in Orthodox ecological Thinking has been the human being as ‚priest‘ of creation.“

[829] Leider wird für diesen ansprechenden Gedanken von Maximus Confessor keine Referenz mitgeteilt. Georgios I. Mantzaridis, Grundlinien christlicher Ethik (wie FN 366), 115–122 (116 mit FN 4) bezieht sich auf dieselbe Aussage von Maximus, dass der Mensch berufen sei, das Geschaffene mit dem Ungeschaffenen zu verbinden; die von ihm mitgeteilte Referenz ist: Maximus der Bekenner, De Ambiguis, PG 91, 130B. Zur Lehre von Maximus Confessor betreffend Mensch und Kosmos vgl. Andrew Louth, Man and Cosmos in St. Maximus The Confessor, in: John Chryssavgis / Bruce V. Foltz (Hg.), Toward an Ecology of Transfiguration (wie FN 83), 59–71.

werde, wenn Gott nämlich einen neuen Himmel und eine neue Erde schaffe, wo sich alle Geschöpfe auf dem Land, im Meer und in der Luft in seinem Licht freuen werden. Damit wird die eschatologische Perspektive der Aussage von Maximus herausgehoben. Unmittelbar angeschlossen ist ein christologischer Aspekt: Die Verfallenheit der Schöpfung an den Tod sei die Folge eines Abfalls der Menschheit von ihrer priesterlichen Aufgabe; in Christus sei diese Priesterschaft erneuert worden. Die in der Schrift verheißene endgültige Erlösung umfasse die gesamte kosmische Realität. Sie könne sich nur in einer neuen Schöpfung vollenden, die von der Schrift immer wieder als reich an tierischem und pflanzlichem, aber auch an menschlichem Leben vorgestellt werde. Dieser in § 68 entwickelte Gedankengang steht der Theologie von Ioannis Zizioulas begrifflich wie sachlich sehr nahe.[830]

In § 68 wird aus den theologischen Überlegungen eine spezifische Verantwortung der Christen abgeleitet:

> „The responsibility of Christians in this world, therefore, in seeking to transfigure fallen nature in service to the Kingdom, involves a real responsibility to the whole of creation and a ceaseless concern for its integrity and flourishing."[831]

Wie diese Aufgabe in Zeiten raschen technologischen Wandels erfüllt werden könne, sei eine Frage, die sich jeder Christ stellen müsse und der sich auch die Kirche betend und unterscheidend anzunähern habe. Das sei der Grund, warum der Ökumenische Patriarch den jährlichen Gebetstag für die Bewahrung der Schöpfung eingeführt habe, eine Initiative, der sich sukzessiv alle orthodoxen Lokalkirchen, der ÖRK, viele protestantische Denominationen („Protestant Confessions") sowie die Anglikanische Gemeinschaft und Papst Franziskus für die römisch-katho-

[830] John D. Zizioulas, Foreword, in: John Chryssavgis (Hg.), Cosmic Grace – Humble Prayer. The Ecological Vision of the Green Patriarch Bartholomew, William B. Eerdmans Publishing Grand Rapids, MI / Cambridge, U. K., revised Edition 2009, VII–IX (VIII): „The first of these aspects stresses the fact, that the human being is the Priest of the Cosmos called to take in his or her hands the world as a gift and refer it back to the Giver with thankfulness (eucharistia). [...] But in a eucharistic approach, all this labor is justified only insofar as (a) it is shared in love with all human beings (= koinonia, communion) and (b) it is referred back to the creator with the acknowledgment that human beings are not the possessors of nature, but an organic part of it endowed with the call to lift it up to the One who can give it eternal meaning and life." Ausführlich zum Gedanken „Priester der Schöpfung" vgl. John D. Zizioulas, The Eucharistic Communion and the World (wie FN 67), 137–141.

[831] Dokument, 92.

lische Kirche[832] angeschlossen hätten. Tatsächlich hat die erwähnte Initiative eine beachtliche Resonanz in der ganzen christlichen Welt gefunden. Überraschenderweise bricht der Text mit der Erwähnung des Gebetstags für die Schöpfung ab. Die mit der Thematik verbundene ökumenische Dimension wird lediglich in der Aufzählung von beteiligten Kirchen und der Institution des ÖRK angedeutet. Die Möglichkeit, „Bewahrung der Schöpfung“ durch eine Querverbindung zu Abschnitt VI als wahrhaft ökumenisches Anliegen herauszustellen, blieb dagegen ungenutzt.[833] Auch die Tatsache, dass die ökologische Problematik zu vielfältigen Initiativen in der Orthodoxie und zu einer intensiven theologischen Erschließung[834] bzw. Entfaltung von Einzelaspekten geführt hat, bleibt an dieser Stelle unerwähnt. Erst in § 73 wird die Umweltthematik erneut aufgegriffen.

Ausführungen zur Bewahrung der Schöpfung und der mit ihr verbundenen Verantwortung des Menschen bieten auch die Dokumente der Heiligen und Großen Synode von Kreta. Da sich diese als kurz gefasst und auf einige grundlegende Hinweise beschränkt erweisen, können sie bereits an dieser Stelle fokussiert werden. Die ökologische Krise der Gegenwart wird zunächst in Nr. 14 der synodalen Enzyklika thematisiert.[835] Ihre Wurzeln werden als spirituell und ethisch, als im Herzen jedes Menschen gelegen qualifiziert. Menschliche Leidenschaften wie Habsucht, Gier und Egoismus gelten als Ursache von Spaltungen, die ihre Auswirkungen auf die natürliche Umwelt hätten. Der Kernsatz des Abschnitts lautet:

> „Der Bruch in der Beziehung zwischen Mensch und Schöpfung ist eine Perversion der authentischen Nutzung von Gottes Schöpfung.“[836]

---

[832] In § 68 wird die römisch-katholische Kirche ohne weiteres als „Kirche“ angesprochen, parallel dazu die „Anglican communion“; dies stellt eine Querverbindung zu Abschnitt VI, § 53 dar; vgl. Dokument, 71. Die Formulierung „Protestant Confessions“ findet einen Anhaltspunkt in § 55; vgl. ebd., 73: „[…] and witnesses to Orthodoxy to various Christian confessions, with whom the Orthodox Church enjoys historic dialogue […]“.

[833] Die Querverbindung zu ökumenischem Handeln ist dagegen bei John D. Zizioulas, Foreword, in: John Chryssavgis (Hg.), Cosmic Grace – Humble Prayer (wie FN 830), VIII ausdrücklich enthalten: „[…] and that in order to achieve such a spiritual transformation all religious communities should cooperate […]“.

[834] Vgl. z. B. Stanley S. Harakas, Wholeness of Faith and Life (wie FN 118), 49–67. Vgl. Emmanuel Clapsis, Orthodoxy in Conversation (wie FN 126), 209–215; Georgios I. Mantzaridis, Grundlinien christlicher Ethik (wie FN 366), 115–122.

[835] Synodos, 33 f.

[836] Ebd., 33.

§ 68 des sozialethischen Dokuments erscheint zu wesentlichen Teilen als nähere Erschließung dieses Gedankens. Allerdings bietet Nr. 14 der Enzyklika klare Hinweise zu änderungsbedürftigem Verhalten bzw. zu anzustrebenden inneren Haltungen des Menschen, ein Aspekt, der in Nr. 68 nicht explizit aufgegriffen wurde. Dasselbe gilt für den dort gegebenen Hinweis auf einen sakramententheologischen Zusammenhang; gefordert wird geradezu eine „eucharistische Beziehung zur Schöpfung“[837]. Diese Aspekte werden allerdings an späterer Stelle des sozialethischen Dokuments – im Zug der Wiederaufnahme des Themas – gleichsam nachgetragen (§§ 73 ff.).

Differenzierter wird die Thematik in Nr. 7 der synodalen Botschaft angegangen.[838] Auch hier wird zunächst die radikale Veränderung aufgrund des technologischen Fortschritts betont. Sie gehe mit Erleichterungen des täglichen Lebens, aber auch mit negativen Folgen einher, unter denen die Zerstörung der natürlichen Umwelt eigens hervorgehoben ist. Die Schlussfolgerung daraus ist sehr klar und zugleich zurückhaltend gezogen:

> „Diese Fragen erfordern einen geistlichen Zugang, den die Orthodoxe Kirche durch eine Bioethik zu schaffen versucht, die auf der christlichen Ethik und der Lehre der Kirchenväter gründet. In Respekt vor der Freiheit der wissenschaftlichen Forschung weist die Orthodoxe Kirche gleichzeitig auf die Gefahren hin […] und betont die Würde des Menschen und seine göttliche Bestimmung.“[839]

In der folgenden Nr. 8 der Botschaft wird das Thema der ökologischen Krise weiter vertieft. Ähnlich wie in der erwähnten Stelle der Enzyklika wird vor allem eine Umkehr bzw. eine Änderung der inneren Haltung des Menschen gefordert: Er solle sich als Haushalter, nicht als Besitzer der Schöpfung verstehen lernen. Den Abschluss bildet ein Hinweis auf das spezifische Engagement der Orthodoxie:

> „Deshalb nimmt die Orthodoxe Kirche aktiv an verschiedenen ökologischen Initiativen teil und hat den 1. September zum Tag des Gebets für den Schutz der natürlichen Umwelt bestimmt.“[840]

Dieser Hinweis auf den Gebetstag wurde in § 68 aufgegriffen und ausgestaltet. Schließlich wendet sich auch Nr. 10 des Dokuments „Der Auf-

---

[837] Ebd., 34.
[838] Ebd., 46.
[839] Ebd., 47.
[840] Ebd.

trag der Orthodoxen Kirche in der heutigen Welt“ der Schöpfung und der gegenwärtigen ökologischen Krise zu.[841] Deren Wahrnehmung wird vor allem mit dem Klimawandel veranschaulicht. Gefordert wird eine Übernahme von Verantwortung des Menschen, die im Bemühen um die Tugenden der Genügsamkeit und der Askese bestehen solle. Im Licht dieser Aussagen der Synode erscheint § 68 als Entfaltung des von ihr lediglich erwähnten schöpfungstheologischen Zusammenhangs. Der von der Synode angedeutete Weg, *wie* der Mensch die ihm zukommende Verantwortung für die Bewahrung der Schöpfung wahrnehmen könnte, wurde im sozialethischen Dokument dagegen erst an späterer Stelle aufgegriffen. Darauf wird zurückzukommen sein.

Der erste Satz von § 69 setzt nochmals sehr grundsätzlich an:

> „The Christian's mission to transfigure the world in the light of God's Kingdom is one that reaches out to all of creation, to all of life, to every dimension of cosmic existence.“[842]

Der Hinweis auf die „cosmic existence“ stellt einen Bezug zur kosmischen Theologie des hl. Maximus Confessor her. Da dies den tragenden Väterbezug des vorangegangenen § 68 darstellte, werden so beide Absätze miteinander verklammert. Eine noch engere Verbindung wird durch den Bezug auf „Verwandlung“ geschaffen:
– In § 68 hieß es: „… in seeking to transfigure fallen nature in service to the kingdom …“[843]
– In § 69 lautet die Formulierung ganz ähnlich: „The Christians's mission to transfigure the world in the light of God's Kingdom …“[844]

Die angesprochene „Verwandlung“ oder „Verklärung“ der Welt stellt dabei primär eine dem Menschen zufallende Aufgabe dar. Die Verknüpfung mit „(God's) Kingdom“ verweist allerdings auf eine eschatologische Dimension dieser menschlichen Sendung. Die Formulierung ist so charakteristisch, dass es sich lohnt, nach weiteren Belegen in der Gesamtheit des sozialethischen Dokuments zu suchen. Tatsächlich wird man dabei fündig:

[841] Ebd., 99 f.
[842] Dokument, 93.
[843] Ebd., 92.
[844] Ebd., 93.

- In der theologischen Einleitung des Abschnitts I finden sich drei weitere Verwendungen (§ 4: „transfigure this world" und „work of transfiguration"[845]; § 5: „The work of transfiguring the cosmos"[846]).
- Im Abschnitt II „The Church in the Public Sphere" heißt es in § 8: „an icon of God's Kingdom as it will be [...] transfigured"[847].
- Im Abschnitt III „The Course of Human Life" finden sich sogar acht Belege (§ 15; zweimal in § 18; zweimal in § 20; § 21; § 23; § 31).
- Neben den beiden eingangs hervorgehobenen Verwendungen in §§ 68 und 69 finden sich in Abschnitt VIII noch einige weitere (zweimal in § 73; § 74; § 75).
- Schließlich begegnen im noch näher zu beleuchtenden Abschnitt IX „Conclusion" nochmals drei Belege (§ 80; § 81; § 82).

Hinzuweisen ist darauf, dass sich die in diesen Formulierungen festgehaltene Vorstellung einer Verwandlung der Welt hin zu ihrer eschatologischen Vollendung mittels ethischen Handelns auch im Titel des bedeutsamen Sammelbandes zur Umweltthematik „Toward an Ecology of Transfiguration"[848] findet. Die Querverbindung ist erwähnenswert, weil einer Herausgeber dieses Bandes, John Chryssavgis, zugleich auch Vorsitzender der Kommission für die Erarbeitung des sozialethischen Dokuments war.[849] Bedeutsamer erscheint allerdings eine andere Beobachtung: Die oben aufgelistete Häufung von insgesamt 19 „Fundstellen" der Wendung „to transfigure fallen nature / the world" (unbeschadet marginaler Abwandlungen in der Diktion) sowie die Verteilung dieses charakteristischen Ausdrucks vor allem gegen Anfang und Ende des sozialethischen Dokuments zeigt, dass es sich formal um ein bewusst eingesetztes Mittel der Textkomposition und inhaltlich um ein Leitmotiv handelt. Tatsächlich soll ja das Dokument die orthodoxe Kirche und ihre Gläubigen nicht nur zur kognitiven Wahrnehmung eines theologisch begründeten Handlungsbedarfs, sondern zum ethisch richtigen *Handeln* motivieren. Dazu leisten die sich gegenseitig stärkenden und ergänzenden Umschreibungen einer spezifischen Sendung des Menschen und dessen Einbeziehung in Gottes Plan zur Vollendung der Welt in seinem Reich gute und sehr an-sprechende Dienste.

---

845 Ebd., 4.

846 Ebd.

847 Ebd., 9.

848 John Chryssavgis / Bruce V. Foltz (Hg.), Toward an Ecology of Transfiguration (wie FN 83).

849 Dokument, XX (Vorwort).

Vor diesem Hintergrund wird deutlich, dass der erste Satz von § 69 das in § 68 entwickelte theologische Konzept summarisch aufgreift. Im darauffolgenden Satz wird es mit einer neuen Thematik verknüpft, nämlich dem „Dienst der Heilung“. Auch in ihm manifestiere sich die Berufung zur Verwandlung der Welt. Wo immer Menschen leiden, seien Christen gerufen, ihnen Heilung als Hilfe und Versöhnung zu bringen. Deshalb seien bereits in der Zeit der frühen Kirche Hospitäler gegründet worden, die allen offengestanden hätten, um ihnen so Zugang zu Therapie und Medizin zu vermitteln. Als anschauliches Beispiel wird der hl. Basilius und eine von ihm gegründete Einrichtung zur Versorgung von Kranken und Armen[850] herangezogen. Dann wird die Aufmerksamkeit auf eine aktuelle Entwicklung gelenkt:

> „The ministry of healing has been recognized by the Church from her earliest days as a holy endeavor and as a genuine cooperation in God's workings. And in no area of human activity is technological development more readily to be sought and welcomed than in the medical sciences.“[851]

Gerade im medizinischen Bereich habe menschlicher Erfindergeist besonders herausragende Fortschritte erbracht, die zugleich kostbare Gaben Gottes darstellten. Allerdings sei die Entwicklung so rasant, dass moralisches Überdenken und spirituelle Unterscheidung auf der Strecke bleiben könnten. Deshalb müsse die Kirche bereit sein,

> „to consider and evaluate every medical innovation separately, as it appears, and sometimes to consider the uses of these innovations on a case-by-case basis. […] The welfare of the patient, the spiritual and material welfare of his or her family, the sensible distinction between ordinary and extraordinary efforts to preserve and prolong life – all of these issues, as well as many others, must be taken into consideration in each individual case.“[852]

Dabei müsse das Urteil der Kirche sowohl die praktischen wie die moralischen Begleiterscheinungen moderner Technologie beurteilen. Das gelte insbesondere für die In-vitro-Befruchtung oder auch die Behandlung mit Stammzellen, da diese mit der Vernichtung menschlicher Em-

---

850 Zu dieser Einrichtung und ihrer Zielsetzung vgl. Andreas Heiser, Basilius von Caesarea – Krankenpflege zwischen den Fronten, in: Teologia 17 (2013), 10–34; der Beitrag ist auch online zugänglich unter https://docplayer.org/56343395-Basilius-von-caesarea.html (abgerufen 23.9.2020). Vgl. Timothy S. Miller, The Birth of the Hospital in the Byzantine Empire (Supplements to the Bulletin of the History of Medicine), John Hopkins University Press Baltimore 1997, 85–88.

851 Dokument, 93.

852 Ebd., 94.

bryonen einhergehen könne, welche die Kirche unmöglich unterstützen könne. Wenn dies hingegen auszuschließen sei, könne die Kirche auch einer Stammzellentherapie mit Blick auf mögliche Heilungserfolge zustimmen. Mit diesem isolierten Beispiel ethisch begründeter Unterscheidung im medizinischen Bereich bricht die Darlegung eher unvermittelt ab.

Überraschend erscheint, dass § 69 keine Querverbindung zu bereits früher im Dokument behandelten ethischen Fragen im weit verstandenen medizinischen Bereich herstellt.[853] In den Dokumenten der Heiligen und Großen Synode finden Fortschritte in diesem Wissenschaftszweig gleich mehrfach Erwähnung. In Nr. 12 der synodalen Enzyklika sind Biologie, Genetik und Neurophysiologie des Gehirns als Paradebeispiele wissenschaftlicher Errungenschaft positiv herausgehoben. Bedenken knüpfen an deren Anwendung an, weil anthropologische und moralische Dilemmata zu erwarten seien. Die unkontrollierte Nutzung der Biotechnologie am Beginn, während und am Ende des Lebens bedrohe die authentische Fülle des Menschseins. Der Mensch experimentiere mit seiner eigenen Natur und stehe in der Gefahr, zu einer biologischen Maschine zu werden, zu einer apersönlichen sozialen Größe oder zu einem mechanischen Apparat mit kontrolliertem Denken. Die Kirche müsse jedem Versuch widerstehen, den Menschen zu einem Objekt oder zu einer messbaren Größe zu machen. Verwiesen wird auf die Kriterien orthodoxer theologischer Anthropologie. Daraus wird folgendes Ergebnis abgeleitet:

> „In einer Zeit widersprüchlicher Menschenbilder hebt die orthodoxe Bioethik im Gegensatz zu sonstigen selbstbestimmten und nivellierenden anthropologischen Sichtweisen die Erschaffung des Menschen nach Gottes Bild und zu seiner Ähnlichkeit und seine ewige Bestimmung hervor."[854]

Die Botschaft der Synode spricht in Nr. 7 das Thema „Bioethik" nur allgemein an und betont die Notwendigkeit, angesichts verborgener Gefahren auf die Würde des Menschen und seine göttliche Bestimmung

---

[853] Dazu gehören z. B. die in § 24 angesprochenen Technologien zur Behandlung von Unfruchtbarkeit und deren Problematik im Fall einer Vernichtung befruchteter Eizellen; vgl. Dokument, 32. Ähnliches gilt für das in § 25 behandelte Thema der Abtreibung; vgl. ebd., 32 f. Zu nennen ist weiterhin die Ablehnung der sogenannten eugenischen Indikation bei Abtreibungen, aber auch die lobende Anerkennung medizinischer Fortschritte bei der Behandlung kranker oder behinderter Kinder in § 26; vgl. ebd., 34.

[854] Synodos, 32.

hinzuweisen.[855] Im Dokument „Der Auftrag der Orthodoxen Kirche in der heutigen Welt“ ist der Biotechnologie Abschnitt Nr. 12 gewidmet. Hier wird klargestellt, dass der Mensch weder eine bloße Anhäufung von Zellen, Geweben und Organen darstelle noch allein durch biologische Faktoren bestimmt sei; er sei vielmehr nach dem Bild Gottes geschaffen, was entsprechenden Respekt verlange. Ziel der Argumentation ist eine Grundregel, der zufolge

> „sowohl bei der wissenschaftlichen Forschung als auch bei der praktischen Anwendung der neuen Entdeckungen […] das absolute Anrecht eines jeden Menschen auf Respekt und Ehre zu jedem Zeitpunkt seines Lebens ebenso wie der Wille Gottes […] gewahrt bleiben müssen“[856].

Der damit in den Synodentexten durchgängig zu findende Bezug auf die theologische Anthropologie, näherhin auf die Gottesebenbildlichkeit des Menschen, wurde in § 69 nicht aufgegriffen. Die Synode bestätigte ausdrücklich die Freiheit der Wissenschaft und erkannte die Errungenschaften der Biotechnologie an, fügte diesen Eckpunkten jedoch Warnungen und Grenzziehungen hinzu. Dieser positive Grundton klingt auch in § 69 an. Einen neuen Ansatz stellt dagegen der in diesem Abschnitt aufgestellte Grundsatz dar, dass die Entwicklungen in jedem Teilbereich und sogar in jedem Einzelfall gesondert zu bewerten seien. Das ermöglicht eine differenzierte und situationsgerechte Behandlung der komplexen Fragen im medizinisch-technologischen Bereich. Allerdings wird kein Maßstab herausgearbeitet, nach dem eine solche, höchst anspruchsvolle Bewertung zu erfolgen habe. Das einzige explizit ausgeführte Beispiel betrifft die In-vitro-Fertilisation und die Stammzellentherapie, festgemacht an der ethischen Problematik einer Vernichtung von Embryonen. Einzelne Bereiche des vielschichtigen Themengebiets „Biotechnologie“ werden nicht unterschieden, obwohl in Nr. 7 der Enzyklika neben Biologie noch „Genetik“ und „Neurophysiologie des Gehirns“ als besonders problematische Bereiche Erwähnung gefunden haben.

Seit vielen Jahren sind intensive Bemühungen um eine orthodoxe Bioethik zu verzeichnen.[857] Im US-amerikanischen Kontext hat vor allem

---

855 Ebd., 46 f.

856 Ebd., 100 f.

857 Zeugen dieser Bemühungen sind z. B. drei im Jahr 2007 von der Kommission für Bioethik der Heiligen Synode der Kirche von Griechenland vorgelegte Positionspapiere. Vgl. (1) zum Problem der Euthanasie unter http://www.bioethics.org.gr/en/Euthanasia4l.pdf, (2) zum Problem der Transplantationsmedizin unter http://www.

der jüngst verstorbene Stanley Harakas[858] nachhaltig dazu beigetragen.[859] Dies stimulierte die Entstehung einer beachtlichen orthodoxen theologischen Literatur[860] zu den verschiedenen Feldern biotechnologischer Forschung und Medizintechnik.[861] Allerdings wurde im sozialethischen Dokument auch auf eine durchaus mögliche Auseinandersetzung mit darin herausgearbeiteten Einsichten verzichtet. Insgesamt entsteht so der Eindruck, dass § 69 Fragment geblieben ist.

In § 70 wendet sich der Text einem weiteren, höchst praxisrelevanten Sektor des technologischen Fortschritts zu, nämlich dem Kommunikationsbereich. Tatsächlich haben insbesondere das Internet und soziale Netzwerke den menschlichen Umgang mit Information, Daten und Meinungen nachhaltig verändert. In mehreren Ansätzen werden die positiven Begleiterscheinungen ebenso wie die ethischen Gefahren eines Missbrauchs sorgfältig erarbeitet und einander gegenübergestellt. Auch

---

bioethics.org.gr/en/Transplantations4l.pdf, (3) zum Problem der Fortpflanzungsmedizin unter http://www.bioethics.org.gr/en/Assisted%20Reproduction4l.pdf (abgerufen 24.9.2020). Auch die Rumänische Orthodoxe Kirche hat Dokumente zu bioethischen Themen (Organtransplantation, Abtreibung, Euthanasie) vorgelegt. Vgl. Ştefan Iloaie, Ethics and Life. The Documents of the Romanian Orthodox Church on Bioethics, in: Revista Romana de Bioetica 7 (2009), 18–29 und 86.

858 Eine kurze Biographie samt Würdigung der Lebensleistung von Stanley Harakas ist von der Griechisch-Orthodoxen Metropolie von Atlanta online publiziert unter https://atlmetropolis.org/news/fallen-asleep-fr-stanley-harakas (abgerufen 25.9.2020).

859 Vgl. u. a. Stanley S. Harakas, Wholeness of Faith and Life (wie FN 118), 85–105; ders., Health and Medicine in the Eastern Orthodox Tradition, Crossroad Publishing New York 1990; ders., For the Health of Body and Soul. An Eastern Orthodox Introduction to Bioethics, Holy Cross Orthodox Press Brookline/MA 1980; ders., Orthodox Christianity and Bioethics, in: Nomikos Michael Vaporis (Hg.), Orthodox Christians and Muslims (wie FN 667), 155–185; ders., Health and Medicine in the Eastern Orthodox Tradition. Salvation as the Context of Healing, in: Greek Orthodox Theological Review 34 (1989), 219–235.

860 Eine von der Kommission für Bioethik der Heiligen Synode von Griechenland erstellte Bibliographie zu den einzelnen Themenfeldern orthodoxer Bioethik bietet deren Homepage unter http://www.bioethics.org.gr/en/06_d.html#1_1 (abgerufen 24.9.2020).

861 Vgl. z. B. John and Lyn Breck, Stages on Life's Way (wie FN 236); John Breck, The sacred gift of life. Orthodox Christianity and bioethics, St. Vladimir's Seminary Press New York 1998; ders., Bio-Medical Technology. Of the Kingdom or of the Cosmos?, in: St. Vladimir's Theological Quarterly 32 (1988), 5–26; John T. Chirban, Health and Faith. Medical, Psychological and Religious Dimensions, University Press of America Lanham/MD 1991.

die Wahrnehmung verschwimmender Grenzen und der sich daraus ergebenden ethisch relevanten Situationen erfolgt sehr ausgewogen:

> „Today, the distinctions between reality and fantasy, between facts and opinions, between news and ideologically motivated propaganda, and between truth and lies have become ever more obscure and fluid, precisely as a result of the enormous power of the internet.“[862]

Zu den Folgen zählen die Möglichkeit zu einer negativen Beeinflussung öffentlicher Auseinandersetzungen mit dem Ziel, Zwietracht zu säen oder politische Abläufe zu beeinflussen, aber auch eine Zunahme von Provokationen, Herabwürdigungen und Bekundung von Hass. Die Ursachen lägen in der Natur der eingesetzten Kommunikationsmedien:

> „The disembodied, curiously impersonal, and abstracted quality of virtual communication seems to prompt the kind of amoral and self-absorbed behavior that the real, immediate presence of another person would discourage. Here communication can all too often become an alternative to true communion, and in fact destructive of such communion.“[863]

Deshalb gelte es, hinsichtlich der Auswirkungen dieser neuen Technologien wachsam zu sein und gegen ihre negativen Aspekte in angemessener Weise anzugehen. Dabei müssten auch sich abzeichnende Weiterentwicklungen einbezogen werden, z. B. hinsichtlich künstlicher Intelligenz oder von Techniken der Gen-Entschlüsselung. Je genauer die pastoralen Möglichkeiten der Kirche auf die sich weiter beschleunigende technologische Entwicklung abgestimmt würden, umso besser könne sie denen eine spirituelle Zuflucht anbieten („to offer true spiritual refuge“), die in der modernen Welt nach Gott und seiner Liebe suchen.

Die Enzyklika der Heiligen und Großen Synode von Kreta behandelte den Bereich der Kommunikationsmedien nur indirekt, indem in Nr. 11 eine allgemeine Warnung vor der Gefahr einer Manipulation menschlicher Freiheit und vor einer Instrumentalisierung des Menschen ausgesprochen wurde.[864] Ähnlich beschränkte sich Nr. 7 der synodalen Botschaft darauf, den Vorteil einer erleichterten Kommunikation der Menschen untereinander und die Gefahr einer Manipulation von Freiheit einander gegenüberzustellen.[865] Im Dokument „Der Auftrag der Or-

[862] Dokument, 95.
[863] Ebd., 96.
[864] Synodos, 31.
[865] Ebd., 46.

thodoxen Kirche in der heutigen Welt" erscheint in Nr. 2 „die Desinformation und die Manipulation der öffentlichen Meinung"[866] lediglich eingereiht in eine ganze Folge von Gefahren angesichts moderner Lebensverhältnisse. Deutlicher äußerte sich die Synode in Nr. 8 des Dokuments:

> „Die Massenmedien stehen nicht selten unter dem Stern einer liberalen Globalisierung und machen sich so zum Sprachrohr der Verbreitung des Konsumismus und der Unmoral. Besondere Beunruhigung rufen Ereignisse hervor, deren Haltung gegenüber den religiösen Werten als respektlos, manchmal sogar als blasphemisch bezeichnet werden kann; so entstehen Spaltungen und Aufstände in der Gesellschaft."[867]

Angeschlossen ist eine Warnung vor Beeinflussung und Manipulation. Verglichen mit diesen Aussagen der Synode von Kreta erscheint die Behandlung der „digitalen Kommunikation" in § 70 deutlich weiter entwickelt. Das sozialethische Dokument widmet der Thematik einen gesonderten Abschnitt und wird damit der immensen Bedeutung moderner Kommunikationsmedien gerecht. Die Sicht auf mit ihnen verbundene Vorteile bzw. Gefahren wirkt ausgeglichener und deutlich differenzierter. Nicht zuletzt verzichtet § 70 darauf, Stereotypen wie „liberal", „Konsumismus" und „Unmoral" zu bemühen oder Bedrohungsszenarien („Spaltungen und Aufstände") zu entwickeln. Die stattdessen vorgenommenen Entfaltungen zum synodalen Stichwort „Manipulation der Freiheit" stehen der Realität deutlich näher; jeder Leser des Textes kann solche unschwer in seinem eigenen Erfahrungsbereich wiederfinden. Auch die Betonung von Wachsamkeit und pastoraler Sorge angesichts der rasanten technologischen Entwicklung erscheint als angemessene Reaktion. Allerdings ist die Kirche keineswegs darauf beschränkt, nur ein „spirituelles Refugium" anzubieten, also gewissermaßen einen Fluchtpunkt *heraus* aus den zweifellos vorhandenen Gefahren der digitalen und virtuellen Welt zu markieren. Die Kirche und die Gläubigen können dieselben Möglichkeiten vielmehr auch aktiv nutzen, um die angesprochene Suche der Menschen nach Gott und seiner Liebe *innerhalb* des Internets und der sozialen Netzwerke zu fördern. Dieser Aspekt des Themas „moderne Kommunikationsmittel" wird allerdings nicht an dieser Stelle, sondern erst in § 72 behandelt. Der Grund für diese Aufspaltung ist aus dem Text nicht ersichtlich.

---

866 Ebd., 90.

867 Ebd., 98.

§ 71 nimmt nochmals grundsätzlich das Verhältnis von Glaube und Wissenschaft in den Blick. Es gelte, einen Antagonismus zwischen beiden zu überwinden. Ein Detail in der Formulierung des ersten Satzes verdient besondere Beachtung:

> „[…] and in attempting to secure her role as a place of spiritual stability amid the incessant flux of scientific and social change […].“[868]

Hier wird ein Bild von „Kirche“ vermittelt, das dem eines Felsens spiritueller Stabilität in der Brandung wissenschaftlicher und sozialer Entwicklung entspricht. Die Wendung „to secure her role“ spricht in ihrer rein defensiven Ausrichtung insoweit Bände. Auch beim nächsten Satz erscheint eine detaillierte Betrachtungsweise angebracht:

> „One of the more insidious aspects of modern Western cultural history has been the emergence of religious fundamentalism, including fideistic forms of Christianity that refuse to accept discoveries in such fields as geology, paleontology, evolutionary biology, genetics, and the environmental sciences.“[869]

Diese Aussage erscheint *prima facie* einleuchtend und zutreffend. Tatsächlich bestimmt Gottfried Küenzlen den ideengeschichtlichen Ursprung von „Fundamentalismus“ so:

> „Der Begriff Fundamentalismus diente ursprünglich als Selbstbezeichnung einer Bewegung, die sich in den 70er Jahren des 19. Jh. als Zusammenschluss protestantisch-konservativer Gruppen in den USA formierte […]. Unter Berufung auf die Verbalinspiration und absolute Irrtumslosigkeit der Hl. Schrift verstanden sich diese nordamerikanisch-protestantischen Fundamentalisten als offensive Gegenbewegung zu Liberalismus und Modernisierung […].“[870]

Dennoch greift die zitierte Textpassage des § 71 in mehrfacher Hinsicht zu kurz:

- „Religiöser Fundamentalismus“ ist keineswegs auf die angesprochenen „fideistic forms of Christianity“ und deren Ablehnung wissenschaftlicher Erkenntnis der Neuzeit begrenzt.[871]

---

[868] Dokument, 97.

[869] Ebd.

[870] Gottfried Küenzlen, Art. „Fundamentalismus – I. Zum Begriff“, in: RGG^4 3 (Studienausgabe 2008), 414 (Ergänzung der zahlreich verwendeten Abkürzungen vom Verf. hinzugefügt).

[871] Ebd.: „Seit den 80er Jahren erlebte der Begriff eine bedeutende Ausweitung und wurde sozial-, kultur- und religionswissenschaftlich, aber auch publizistisch-feuilletonistisch zur Bezeichnung der unterschiedlichsten religiösen, aber auch allgemein politischen und sozialen Strömungen und Bewegungen verwandt“ (Ergänzung der zahlreich verwendeten Abkürzungen vom Verf. hinzugefügt).

- „Religiöser Fundamentalismus" mag im Rahmen der „Western cultural history" des 19. Jahrhunderts entstanden sein, ist heute allerdings in vielen, wenn nicht allen Kulturen und Religionen anzutreffen. Mit gutem Grund ist aktuell nicht nur von einem christlichen,[872] sondern auch von einem „islamischen Fundamentalismus" die Rede;[873] ähnlich ist auch ein jüdischer Fundamentalismus[874] identifizierbar und sogar ein solcher, der in fernöstliche Kulturen und Religionen wie den Hinduismus[875] Einzug gehalten hat.
- Die Formulierung in § 71 erweckt den Eindruck, als ob die Orthodoxie mit dem Phänomen „religiöser Fundamentalismus" nichts zu tun hätte und sich lediglich eines solchen Irrwegs westlicher Kulturgeschichte enthalten müsste. Durch die nachfolgende Formulierung „The Orthodox Church has no interest in hostilities between simple-minded philosophies …"[876] wird eine auffällige Distanz zum Problem noch verstärkt. Demgegenüber ist aber festzuhalten:

> „Can we conclude, then, that Orthodoxy does not belong in a discussion of fundamentalism? No, we cannot. Orthodox Christianity has indeed produced its own variant of what is called fundamentalism in Western Christian, Islamic, and Jewish contexts."[877]

Weiterhin ist daran zu erinnern, dass im Vorwort der Herausgeber des sozialethischen Dokuments die mit „Fundamentalismus" verbundene Problematik in ihrer ganzen Tragweite hervorgehoben wurde:

> „All to often, those who presume to speak for Orthodox tradition believe that the Church can preserve her integrity only by turning blindly away from the present and uncritically toward the past, seeking shelter in a petrified and sentimentalized vision of the Christian orders of earlier centuries."[878]

---

872 Vgl. Michael S. Hamilton, Art. „Fundamentalismus – 2. Christentum", in: ebd., 415–418.

873 Vgl. Rotraud Wielandt, Art. „Fundamentalismus – 4. Islam", in: ebd., 419 f.

874 Vgl. Alan L. Mittleman, Art. „Fundamentalismus – 3. Judentum", in: ebd., 418 f.

875 Vgl. Catharina Kiehnle, Art. „Fundamentalismus – 5. Hinduismus", in: ebd., 420 f.

876 Dokument, 97.

877 R. Scott Appleby, Fundamentalists, Rigorists, and Traditionalists. An Unorthodox Trinity, in: Aristotle Papanikolaou / George E. Demacopoulos (Hg.), Fundamentalism or Tradition. Christianity after Secularism, Fordham University Press New York 2020, 165–179 (175).

878 Dokument, XVI.

Im Hintergrund stehen Einsichten orthodoxer Theologen, die Anlass gesehen haben, sich mit fundamentalistischen Strömungen in ihrer Kirche kritisch auseinanderzusetzen:

> „Thus it is alarming that so many Orthodox clerics and monks in recent years have made public statements that reflect a ‚fundamentalist‘ approach to the Church Fathers. And unless leaders of the Orthodox Church unite to repudiate this development, the entire Orthodox Church is at risk of being hijacked by extremists. Like other fundamentalist movements, Orthodox fundamentalism reduces all theological teaching to a subset of theological axioms and then measures the worthiness of others according to them. Typically, this manifests itself in accusations that individuals, institutions, or entire branches of the Orthodox Church fail to meet the self-prescribed standard for Orthodox teaching. [...] The key intellectual error in Orthodox fundamentalism lies in the presupposition that the Church Fathers agreed on all theological and ethical matters. That miscalculation, no doubt, is related to another equally flawed assumption that Orthodox theology has never changed – clearly it has or else there would have been no need for the Fathers to build consensus at successive Ecumenical Councils. The irony, as identified by recent scholarship on fundamentalism, is that while fundamentalists claim to protect the Orthodox Christian faith from the corruption of modernity, their vision of Orthodox Christianity is, itself, a very modern phenomenon. In other words, Orthodoxy never was what fundamentalists claim it to be.“[879]

Triftige Gründe haben nicht zuletzt die Synode von Kreta veranlasst, festzustellen:

> „Die Orthodoxe Kirche betrachtet alle Bestrebungen, die Einheit der Kirche zu brechen, wie sie von Einzelpersonen oder Gruppen unter dem Vorwand des Erhalts oder der angeblichen Verteidigung der wahren Orthodoxie unternommen werden, als verurteilungswürdig.“[880]

---

879 George E. Demacopoulos, Orthodox Fundamentalism, online publiziert auf der Homepage der Griechisch-Orthodoxen Metropolie von Amerika unter https://blogs.goarch.org/blog/-/blogs/orthodox-fundamentalism (abgerufen 26.9.2020). Vgl. Aristotle Papanikolaou / George E. Demacopoulos (Hg.), Fundamentalism or Tradition (wie FN 877); Haralambos Ventis, Fundamentalism as „Orthodoxism“, online publiziert unter https://publicorthodoxy.org/2018/07/03/fundamentalism-as-orthodoxism/ (abgerufen 26.9.2020); Philip Walters, Turning Outwards or Turning Inwards? The Russian Orthodox Church Challenged by Fundamentalism, in: Nationalities Papers. The Journal of Nationalism and Ethnicity 35 (2007), 853–879; Vasilios Makrides, Aspects of Greek Orthodox Fundamentalism, in: Orthodoxes Forum 5 (1991), 49–72; Dijana Gaćeša, Fundamentalist Tendencies of Serbian Orthodox Christianity, in: Western Balkans Security Observer (English Edition) 7–8/2007, 65–81.

880 Synodos, 65 (in Nr. 22 des Ökumene-Dokuments). Vom Textzusammenhang her mag dabei vor allem die Zurückweisung fundamentalistischer Kritik am ökumenischen Engagement der Orthodoxie im Fokus gestanden haben. Die Formulierung der Verurteilung ist dennoch ganz grundsätzlich formuliert.

In Nr. 17 der synodalen Enzyklika heißt es darüber hinaus:

> „Die Ausbrüche des Fundamentalismus in religiösen Gemeinschaften drohen die Ansicht zu verbreiten, dass der Fundamentalismus zum Wesen des Phänomens Religion gehört. Die Wahrheit ist jedoch, dass der Fundamentalismus als ein ‚Eifer, der nicht auf Kenntnis beruht' (Röm 10,2) Ausdruck einer morbiden Religiosität ist."[881]

Derartige zu verurteilende Bestrebungen schließen eine fundamentalistische Ablehnung wissenschaftlicher Erkenntnis etwa der Paläontologie oder der Evolutionsbiologie zwar ein, sind allerdings keineswegs darauf beschränkt. Die Orthodoxie kann sich deshalb – ebenso wenig wie andere Kirchen und auch nichtchristliche Religionen – nicht darauf beschränken, die angesprochenen „simpleminded philosophies" zu ignorieren. Es bedarf vielmehr einer sehr grundsätzlichen Beschäftigung mit derartigen Strömungen in der eigenen Kirche. Diese lässt § 71 vermissen.

Das Verhältnis von Glaube und Wissenschaft wird in der folgenden Passage des § 71 nochmals von einer anderen Seite her angegangen, indem der Irrweg eines Szientismus und Materialismus in den Blick genommen wird:

> „No less fideistic, moreover, are forms of ideological ‚scientism' and metaphysical ‚materialism' that insist that all of reality is reducible to purely material forces and causes, and that the entire realm of the spiritual is an illusion. Neither scientific evidence nor logic supports such a view of reality; indeed, it is philosophically incoherent."[882]

Man ist spontan geneigt, dieser Feststellung zuzustimmen. Allerdings sind auch hier sehr gefüllte Begriffe lediglich in den Raum gestellt, ohne die eigentliche Problematik zu beleuchten. „Szientismus" erweist sich – einer Untersuchung von Peter Schöttler zufolge – bereits von der Begriffsentstehung und -geschichte her als komplexes Phänomen.[883] Schöttler hält im Ergebnis seiner Untersuchung dazu fest:

---

[881] Ebd., 37. Die Aussage fokussiert vom Textzusammenhang her vor allem die Region des Nahen Ostens und dortige islamisch-fundamentalistische Übergriffe. Dennoch ist die Formulierung nicht darauf eingegrenzt, sondern erfasst ganz grundsätzlich religiösen Fundamentalismus „in religiösen Gemeinschaften".

[882] Dokument, 97.

[883] Vgl. Peter Schöttler, Szientismus. Zur Geschichte eines schwierigen Begriffs, in: NTM Zeitschrift für Geschichte der Wissenschaften, Technik und Medizin 20 (2012), 245–269; der Beitrag ist auch online zugänglich unter https://link.springer.com/article/10.1007/s00048-012-0078-5.

> „Vieles spricht dafür, dass wir es eher mit einem intellektuellen Projekt zu tun haben, das von einzelnen Wissenschaftlern oder Denkern verfolgt wurde, die abseits vom Mainstream standen oder stehen. Ihr Einfluss wurde also entweder überschätzt oder bewusst übertrieben.“[884]

Die Hervorhebung der wissenschaftsgeschichtlichen Marginalie „Szientismus“ im sozialethischen Dokument fügt der Einschätzung Schöttlers ohne zwingenden Grund einen weiteren Beleg hinzu. Ungleich komplizierter ist es hinsichtlich „Materialismus“ bestellt, für den eine religionsgeschichtliche,[885] eine philosophische[886] und eine theologische[887] Bedeutungsebene und -geschichte zu unterscheiden sind. Als Ergebnis einer hier besonders interessierenden theologischen Analyse hält Dirk Evers fest:

> „Um die geistigen Dimensionen des Kosmos und des Lebens im Blick zu behalten, sollte die Theologie vielmehr auf die phänomenologisch gut begründete und wissenschaftstheoretisch unproblematische Einsicht hinweisen, dass geistige Phänomene mehr sind als mechanisch beschreibbare Funktionen materieller Systeme.“[888]

Dies entspricht der Sache nach der in § 71 festgehaltenen Einsicht:

> „Neither scientific evidence nor logic supports such a view of reality; indeed, it is philosophically incoherent.“[889]

Dieselbe Einschätzung klingt auch in Nr. 7 der Botschaft der Synode von Kreta an:

> „Die wissenschaftliche Erkenntnis motiviert, so schnell sie auch Fortschritte macht, weder den Willen des Menschen, noch liefert sie Antworten auf ernste moralische und existenzielle Fragen auf der Suche nach dem Sinn des Lebens und der Welt.“[890]

Ein solcher Hinweis auf die grundsätzliche Verschiedenheit der Fragestellungen von Naturwissenschaften und Glaube bzw. Theologie wäre möglicherweise den nicht theologisch oder philosophisch geschulten Lesern des sozialethischen Dokuments leichter zugänglich gewesen als die in § 71 eingeschlagene Linie, sehr gefüllte Begriffe allzu verein-

---

884 Ebd., 260.

885 Vgl. Johann Figl, Art. „Materialismus – I. Religionsgeschichtlich“, in: RGG^4 5 (Studienausgabe 2008), 903 f.

886 Vgl. Andreas Hüttemann, Art. „Materialismus – II. Philosophisch“, in: ebd., 904–906.

887 Vgl. Dirk Evers, Art. „Materialismus – III. Theologisch“, in: ebd., 906 f.

888 Ebd., 907.

889 Dokument, 97.

890 Synodos, 47.

fachend bloß nebeneinanderzustellen. So überrascht es nicht, dass hinsichtlich der daraus gezogenen Schlussfolgerung ein doppeltes Problem auftaucht:

> „But, even so, the popular intellectual culture of late modernity has been marked to a remarkable degree by these opposed fundamentalisms."[891]

Zum einen muss hier die allzu schlichte Identifikation von „Szientismus" bzw. „Materialismus" mit „Fundamentalismus" bezweifelt werden. Zum anderen wird im zitierten Satz durch den Plural „Fundamentalismen" eine von außen *gegen die Kirche* eingesetzte Argumentation (Szientismus, Materialismus) gleichgesetzt mit einer von extremen Gruppen *innerhalb der Kirche* vorgenommenen Abgrenzung gegenüber wissenschaftlicher Erkenntnis. Das erscheint wenig sachgerecht.

Umso mehr Zustimmung verdient die Fortsetzung von § 71, in der zu einer vorurteilsfreien Einstellung der Christen gegenüber wissenschaftlicher Forschung ermutigt wird. Sie sollten sich über die erreichten Fortschritte freuen, von ihnen bereitwillig lernen, zu einer wissenschaftlichen Ausbildung ermutigen und sich für öffentliche wie private Finanzierung berechtigter und notwendiger Forschung einsetzen. Gerade die derzeitige ökologische Krise zeige die Dringlichkeit dessen auf. Die Kirche lobe alle Beiträge zum Wohlergehen der Menschheit und der Schöpfung und ermutige die Forscher in ihrem Bemühen, das Leid überall zu lindern. Dazu gehöre auch die Entwicklung neuer Technologien für die Bereitstellung sauberen Wassers, gegen das Auslaugen der Böden oder zur Verbesserung der Ernte. Diese positive Einschätzung gipfelt in der Aufforderung:

> „And the Church encourages the faithful to be grateful for – and to accept – the findings of the sciences, even those that might occasionally oblige them to revise their understandings of the history and frame of cosmic reality. The desire for scientific knowledge flows from the same wellspring as faith's longing to enter ever more deeply into the mystery of God."[892]

In § 72 werden die Möglichkeiten thematisiert, welche wissenschaftlicher Fortschritt und die modernen Kommunikationsmittel dem pastoralen Dienst der Kirche eröffnen. Dazu gehöre, dass ihre seelsorgliche Praxis von dem geprägt sein solle, was in den letzten Jahrhunderten über die Komplexität menschlicher Motivationen und Wünsche sowie über verborgene physische und psychische Ursachen – einschließlich

---

891 Dokument, 97.

892 Ebd., 98.

genetischer, neurobiologischer, biochemischer und psychologisch-traumatischer Zusammenhänge[893] – erkannt wurde, die oft zum menschlichen Verhalten beitragen. Dieses Bewusstsein beeinträchtige in keiner Weise das Verständnis der Kirche von der Macht der Sünde oder von der Notwendigkeit von Reue und Vergebung; auch gehe es nicht darum, geistliche Krankheiten als rein psychische Störungen abzutun, die Therapien, aber keine echte Buße und Regeneration durch Gottes Geist erfordern. Die dergestalt vorgenommene Unterscheidung ermöglicht die Umschreibung einer dem Menschen dienenden Pastoral: In einer Welt, die von Tod und geistlicher Unordnung geprägt ist, könne ein feines Gespür für die tatsächlichen Ursachen den Seelsorgern helfen, die Notlagen der ihnen anvertrauten Menschen zu verstehen, sie zu gewinnen und zu heilen. Dafür gelte:

> „And it is entirely in keeping with true charity and true Christian humility for such pastors to recognize that certain problems are as much the result of purely contingent physical or psychological forces as of moral failings on anyone's part.“[894]

Deshalb sollten die Seelsorger bereit sein, von denen zu lernen, die Geist und Körper des Menschen erforschen; man müsse Gott für die Einsichten danken, die er diesen Forschern schenke. Damit wird eine spezifische Erneuerung orthodoxer Pastoral angeregt, im Zuge derer nicht mehr jede menschliche Notlage reflexhaft mit Sünde oder moralischen Defiziten in Verbindung gebracht wird, sondern offen ist für die Wahrnehmung physischer oder psychischer Faktoren bei den Hilfesuchenden. Obwohl nicht ausdrücklich erwähnt, werden dadurch letztlich die Anforderungen an die künftige Ausbildung orthodoxer Seelsorger in pastoralmedizinischen und -psychologischen Grundlagen erhöht.

Der in § 72 fokussierte pastorale Ansatz hat keine Entsprechung in den Dokumenten der Heiligen und Großen Synode von Kreta.[895] Die Synode hat zwar den Wert wissenschaftlicher Forschung lobend anerkannt, das Augenmerk dann aber vor allem auf Gefahren und Fehlent-

---

893 An dieser Stelle klingt ein Querbezug zu Nr. 12 der synodalen Enzyklika an. Darin sind Biologie, Genetik und Neurophysiologie des Gehirns als Paradebeispiele wissenschaftlicher Errungenschaft positiv herausgehoben; vgl. Synodos, 31.

894 Dokument, 99.

895 In Nr. 11 der synodalen Enzyklika ist lediglich auf die Gabe der Unterscheidung und auf den positiven Effekt der wissenschaftlichen Entwicklung bei der erfolgreichen Behandlung von Krankheiten verwiesen; vgl. Synodos, 30 f. Ähnliches ist in Nr. 7 der synodalen Botschaft ausgesagt; vgl. ebd., 46.

wicklungen gerichtet.[896] Das sozialethische Dokument wagt weitergehend den Schritt hin zu einem aktiven Aufgreifen wissenschaftlicher Erkenntnis in das kirchliche Leben und Handeln. Vor allem die angesprochene Integration wissenschaftlicher Forschungsergebnisse in das pastorale Handeln der Seelsorger stellt ein Proprium des sozialethischen Dokuments dar und darf als bedeutsamer Schritt nach vorne gewürdigt werden.

Über diesem wichtigen Anliegen scheint ein im ersten Satz von § 72 parallel angesprochener Aspekt aus dem Blick geraten zu sein, nämlich die Nutzung der in Internet und sozialen Medien greifbaren technologischen Fortschritte für das pastorale Handeln der Kirche. Der Text von § 70, der diesen technologischen Bereich bereits behandelt hatte, beschränkte sich hinsichtlich des Internets und der sozialen Medien darauf, ein „spirituelles Refugium" anzubieten, also gewissermaßen einen Fluchtpunkt *heraus* aus den zweifellos vorhandenen Gefahren der digitalen und virtuellen Welt. Die Kirche und die Gläubigen können dieselben Möglichkeiten allerdings auch aktiv nutzen, um die in § 70 angesprochene Suche der Menschen nach Gott und seiner Liebe *innerhalb* des Internets und der sozialen Netzwerke zu fördern. Die Auseinandersetzung mit dieser Möglichkeit hätte der Blickrichtung des § 72 sehr gut entsprochen, wurde jedoch nicht explizit ausgeführt. Dabei geschieht kirchliche Nutzung der modernen Kommunikationsmedien ja bereits in vielfältiger Weise – das sozialethische Dokument selbst ist ja nicht zufällig im Internet erstveröffentlicht worden. Die Homepages der Patriarchate, Metropolien, Pfarreien und kirchlich gebundenen Initiativen bezeugen durch sachliche Information und Elemente christlicher Verkündigung die Möglichkeit wertorientierter Einflussnahme im digitalen Gesamtgeschehen. Potentiell jedem Fall von Meinungsmanipulation, Herabwürdigung und Hassbekundung kann in demselben Medium auch entgegengetreten werden, um ethische Gesichtspunkte entgegenzustellen und ihnen zu verstärkter Wahrnehmung oder idealerweise sogar zum Durchbruch zu verhelfen. Die tatsächliche Bandbreite an Handlungsmöglichkeiten der Kirche und der Gläubigen erscheint deshalb deutlich größer, als es § 70 und die bloße Benennung der Kommunikationsmedien im Einleitungssatz von § 72 vermuten lassen.

§ 73 wendet sich der – neben Wissenschaft und Technologie – dritten in der Überschrift zu Abschnitt VIII vermerkten Thematik zu, nämlich der

---

[896] Vgl. ebd., 100 (Nr. 11).

natürlichen Umwelt. Den Einstieg bildet eine breit angelegte theologische Erschließung. Ausgehend vom Großen Glaubensbekenntnis wird den Lesern Gott als der Schöpfer von allem vor Augen gestellt. Unter Bezug auf Gen 1,31 wird festgehalten, dass die ganze Schöpfung gut ist, wobei die vielfältigen Konnotationen des griechischen Begriffs für „gut" erschlossen werden. Zudem werden eine Passage der Jakobusliturgie, weitere Elemente der Liturgie und schließlich ein Bezug zu Maximus Confessor herangezogen, um den intensiven Bezug zwischen Mensch und der übrigen Schöpfung zu veranschaulichen. Einen ähnlichen Gedankengang hatte bereits die theologische Einleitung des § 68 verfolgt. Sie mündete dort in die Umschreibung einer Verantwortlichkeit des Menschen:

> „The responsibility of Christians in this world, therefore, in seeking to transfigure fallen nature in service to the Kingdom, involves a real responsibility to the whole of creation and a ceaseless concern for its integrity and flourishing."[897]

Auch in § 73 werden die verschiedenen Ansätze der theologischen Erschließung gleichsam gebündelt in der Aussage:

> „And when humankind and creation are thus rightly related, humanity is fulfilling its vocation to bless, elevate, and *transfigure* the cosmos, so that its intrinsic goodness might be revealed even amidst its fallenness."[898]

Hier fällt auf, dass bis hin zum Gebrauch der charakteristischen Wendung „transfigure fallen nature / transfigure the cosmos" und einer Zuspitzung in Richtung auf die Umweltproblematik deutliche Parallelen zwischen den §§ 68 und 73 bestehen. Während allerdings in § 68 die Auseinandersetzung mit der ökologischen Fragestellung nach dem Hinweis auf die Initiative zur Einführung eines Gebetstags für die Schöpfung abbricht, entfaltet der Text von § 73 weitergehend ein Versagen der Menschheit:

> „Again and again, humankind has denied its vocation to transfigure the cosmos, and has instead disfigured our world. And ever since the birth of the industrial age, humanity's capacity for harm has been relentlessly magnified. As a result, we today find ourselves faced with such previously unimaginable catastrophes as the increased melting of ice-caps and glaciers, rain and rivers running sour from pollution, pharmaceuticals tainting our drinking-water, and the tragic reduction or even extinction of many species."[899]

---

[897] Dokument, 92.

[898] Ebd., 100.

[899] Ebd.

Gegen alle Widerstände versuche die Kirche, einen wahrhaft liturgischen und sakramentalen Weg zur Gemeinschaft mit Gott in und durch seine Schöpfung zu pflegen.[900] Dies sei ein Weg, der Mitgefühl mit allen anderen und Sorge für die Gesamtheit der Schöpfung erfordere. Der so umschriebene Dienst der Kirche stellt einen Rückgriff auf den Gedanken „Priester der Schöpfung" und damit auf die Theologie von Ioannis Zizioulas[901] dar. Zugleich entsteht damit eine weitere Parallele zwischen den §§ 68 und 73.

§ 74 setzt die Auseinandersetzung mit den aktuellen ökologischen Problemen nahtlos fort. Das Stichwort „The work of cosmic transfiguration …" schafft sogar eine sehr einprägsame Wortbrücke zwischen den Abschnitten, um zu einem ersten Erfordernis hinzuführen: „[…] and the embrace of this labor requires an ascetic ethos […]."[902]

Dieses „asketische Ethos"[903] wird dahingehend ausgelegt, dass die Schöpfung nicht existiere, um vom Menschen nach Lust und Laune verbraucht zu werden. Sie stelle vielmehr ein Reich der Gemeinschaft und der Freude dar, in dem der Mensch und alle Geschöpfe aufgerufen seien zu teilen und dessen Schönheit alle Menschen aufrufe, es wertzuschätzen und zu schützen. Dies erfordere ein tiefgreifendes Umdenken:

---

900 Vgl. dazu Aristotle Papanikolaou, Creation as Communion in Contemporary Orthodox Theology, in: John Chryssavgis / Bruce V. Foltz (Hg.), Toward an Ecology of Transfiguration (wie FN 83), 106–120 mit einem Vergleich der diesbezüglichen Ansätze von Bulgakov, Lossky und Zizioulas.

901 Vgl. John D. Zizioulas, The Eucharistic Communion and the World (wie FN 67), 138: „Now it is this role, which Christ performed personally through his cross and resurrection, that he assigned to his Church, which is his Body. The Church is there precisely in order to act as the priest of creation who unites the world and refers it back to God, bringing it into communion with him. This takes place in the Church particularly through the sacraments."

902 Dokument, 101.

903 Ein „asketisches Ethos" forderte auch John D. Zizioulas, The Eucharistic Communion and the World (wie FN 67), 152 f.: „A second area besides the eucharistic liturgy in which the ancient Church can help us recreate our theology today is that of asceticism. […] This is a spirit which is needed in order to teach modern man how to solve the ecological problem. […] It can only be meaningful if, combined with the liturgical experience, it creates an *ethos* rather than a prescribed rule of behaviour […]."

„Among other things, this entails working to eliminate wasteful and destructive uses of natural resources, working to preserve the natural world for the present generation and for all generations to come, and practicing restraint and wise frugality in all things. None of this, however, is likely possible without a deep training in gratitude.“[904]

Hier liege der Grund für das eucharistische Selbstverständnis der Kirche und für ihre Sendung in der Welt. Wenn der Mensch lerne, die Ressourcen der Erde in einem wahrhaft eucharistischen Geist zu nutzen,[905] könnten sie die Schöpfung nicht länger als etwas behandeln, das getrennt von ihnen sei, nämlich als Gebrauchsgut oder als Besitz. Diese eucharistische Interpretation eines asketischen und dankbaren Umgangs mit der Schöpfung in § 74 schließt mit einem Zitat aus der Chrysostomosliturgie und dessen Ausdeutung.

In § 75 wird die Diskrepanz zwischen der guten Schöpfung Gottes, die einen Zugang zu ihrem Urheber eröffnet,[906] und einer Arroganz der Menschheit, die sich zum Beherrscher der Schöpfung aufspielt, näher ausgelegt. Die Ausbeutung der in der Schöpfung vorhandenen Ressourcen müsse wahrgenommen werden

„as an expression of Adam's ‚original sin‘ rather than as a proper way of receiving God's wonderful gift in creation. Such exploitation is the result of selfishness and greed, which arise from humanity's alienation from God, and from humanity's consequent loss of a rightly ordered relationship with the rest of nature.“[907]

Deshalb müsse jede Ausbeutung oder Verschmutzung und jeder Missbrauch von Gottes Schöpfung als Sünde wahrgenommen werden.[908] Dieser Gedanke wird durch Bezüge auf den Römerbrief untermauert.

---

[904] Dokument, 101.

[905] Insoweit besteht eine Querverbindung zu Nr. 14 der Enzyklika der Heiligen und Großen Synode von Kreta. Auch dort findet sich der Hinweis auf einen sakramententheologischen Zusammenhang; gefordert wurde geradezu eine „eucharistische Beziehung zur Schöpfung“; vgl. Synodos, 34.

[906] Vgl. Kallistos Ware, Through Creation to the Creator, in: John Chryssavgis / Bruce V. Foltz (Hg.), Toward an Ecology of Transfiguration (wie FN 83), 86–105.

[907] Dokument, 102.

[908] In dieser Formulierung schlägt sich eine von Ioannis Zizioulas geforderte kirchliche Neubewertung des Begriffs „Sünde“ nieder; vgl. John Zizioulas, Foreword, in: John Chryssavgis (Hg.), Cosmic Grace – Humble Prayer (wie FN 830), VIII: „This means that the Church will have to revise radically her concept of sin, which traditionally has been limited to the social and anthropological level, and start speaking of *sin against nature* as a matter of primary religious significance.“

Dies führt zu einer sehr grundsätzlichen Einsicht hinsichtlich einer notwendigen Umkehr:

> „The effects of sin and of our alienation from God are not only personal and social, but also ecological and even cosmic. Hence, our ecological crisis must be seen not merely as an ethical dilemma; it is an ontological and theological issue that demands a radical change of mind and a new way of being.“[909]

Hier schließt sich ein Kreis, der in § 68 mit dem Gedanken eines kosmischen priesterlichen Dienstes als Vermittlung einer Gemeinschaft zwischen Schöpfung und Schöpfer eröffnet worden war; in § 73 wurde der Gesichtspunkt erneut aufgegriffen und weitergeführt; nun mündet die Argumentation in die Wahrnehmung einer ontologischen und theologischen Dimension des rechten Gebrauchs menschlicher Freiheit. Primär gefordert wird dazu weniger ein bestimmtes Handeln des Einzelnen, sondern die Veränderung einer inneren Haltung der Menschheit insgesamt,[910] die einer Umkehr von Sünde gleichkommt. Erst dann könnten – dem Text von § 75 zufolge – der rücksichtslose Verbrauch natürlicher Ressourcen und der mutwillige Einsatz fossiler Brennstoffe in ihren katastrophalen Folgen hinsichtlich Klimaänderung und Erderwärmung richtig eingeschätzt werden. Umgekehrt seien nur bei einer veränderten Grundhaltung der Menschheit die Suche nach alternativen Energiequellen und eine größtmögliche Verringerung schädlicher Folgen für den Planeten in ihrer tiefsten Bedeutung wahrnehmbar, nämlich als Ausdruck der menschlichen Berufung, die Welt zu verändern („of our vocation to transfigure the world“).

In § 76 wird der Gedanke einer Gemeinschaft zwischen Schöpfer und Schöpfung erneut herangezogen, um von nochmals einer anderen Seite

---

909 Dokument, 102 f. Auch diese Textpassage greift zurück auf die theologische Anthropologie von Zizioulas. Vgl. John D. Zizioulas, The Eucharistic Communion and the World (wie FN 67), 169–175. Vgl. ebd., 139: „The human being is related to nature not *functionally*, […] but *ontologically*: by being the steward of creation the human being relates to nature by what he *does*, whereas by being priest of creation he relates to nature by what he *is*. […] In the case of stewardship our attitude to nature is determined by ethics and morality […]. In the case of priesthood, in destroying nature we simply *cease to be*, the consequences of ecological sin are not moral but existential.“

910 Dieser Ansatz vertieft die in Nr. 14 der Enzyklika der Heiligen und Großen Synode von Kreta gegebenen Hinweise zu änderungsbedürftigem Verhalten bzw. zu anzustrebenden inneren Haltungen des Menschen; vgl. Synodos, 34.

her die besondere Verantwortung des Menschen zu illustrieren. Kein Mensch sei isoliert von der Menschheit oder vom Gesamt der Schöpfung. Menschen seien abhängige Geschöpfe, Geschöpfe, die immer in Gemeinschaft stünden. Deshalb bestehe eine Verantwortung nicht nur für sich selbst, sondern auch für den Nächsten und sogar für die gesamte Schöpfungsordnung. Diese Verantwortung erstrecke sich konsequenterweise auch auf verschiedene Bereiche menschlichen Lebens und Handelns:

> „In our own time, especially, we must understand that serving our neighbor and preserving the natural environment are intimately and inseparably connected. There is a close and indissoluble bond between our care of creation and our service to the body of Christ, just as there is between the economic conditions of the poor and the ecological conditions of the planet. […] This means that the issue of climate change is also an issue of social welfare and social justice.“[911]

Deshalb appelliere die Kirche an die Regierungen, die umweltrelevanten Wissenschaften zu fördern und bereit zu sein, die Technologien zu finanzieren, die helfen können, die Auswirkungen des CO_2-Ausstoßes, der Verschmutzung und aller Formen von Umweltbelastungen umzukehren.

Derselbe Gedanke, dass der Mensch integraler Teil der Schöpfung sei und dass sein Wohlergehen mit dem der ganzen natürlichen Welt untrennbar zusammenhänge, bestimmt auch die Argumentation in § 77. Dabei wird diesmal das theologische Verhältnis zwischen Mensch und Tier näher dargelegt und zur Begründung einer besonderen Verantwortung des Menschen herangezogen. Ausgangspunkt ist eine Referenz auf Maximus Confessor und eine christologische Betrachtungsweise. In Christus seien alle Aspekte menschlicher Entfremdung von der eigenen Natur und derjenigen vom Rest der physischen Welt überwunden. Christus sei gekommen, um die materielle Schöpfung in ihrer ursprünglichen Natur als Gottes irdisches Paradies wiederherzustellen. Deshalb müsse sich die menschliche Versöhnung mit Gott notwendigerweise in einer Versöhnung mit der Natur ausdrücken, was die Tierwelt einschließe. Es sei kein Zufall, dass die Erzählung des Buches Genesis die Erschaffung

---

[911] Dokument, 103. Damit stellt der Text von § 76 eine Querverbindung zum Abschnitt IV des sozialethischen Dokuments her. Zum Zusammenhang zwischen ökologischen Fragen und dem Bereich sozialer und ökonomischer Gerechtigkeit vgl. auch John Chryssavgis, In the World, Yet Not of the World (wie FN 369), 71. Vgl. auch Bartholomaios I., Begegnung mit dem Mysterium (wie FN 19), 118.

des Menschen auf denselben Tag wie diejenige der Tiere einordne. Die Erzählung von der großen Flut bringe zum Ausdruck, dass Noahs Bund mit Gott alle Tiere in der Arche sowie deren Nachkommen auf ewig einschließe. Die einzigartige Größe der Menschheit bestehe in der Gottesebenbildlichkeit jeder einzelnen Person und begründe eine Verantwortung, einen priesterlichen Dienst an der ganzen Schöpfung in ihrer Sehnsucht nach Gott. Die Menschheit teile die Erde mit allem anderen Leben, aber nur sie besitze die Fähigkeit, sie zu bewahren oder aber sie zu zerstören. Die Tierwelt bezeuge Gottes schöpferische Liebe und sei in sie eingeschlossen. Deshalb müsse daran erinnert werden, dass alle Verheißungen der Heiligen Schrift über das kommende Gottesreich nicht nur das spirituelle Ziel der Menschheit, sondern die Zukunft des gesamten erlösten Kosmos betreffen.

Der Gedanke wird im folgenden § 78 weitergeführt und anhand einer ganzen Reihe von hagiographischen Überlieferungen illustriert, in denen für den Menschen eigentlich gefährliche Tiere als vertraute Gefährten von Heiligen dargestellt werden.[912] Ähnliche Überlieferungen gebe es auch hinsichtlich einer Liebe von heiligen Menschen zu Pflanzen. Aus beidem wird die Einsicht abgeleitet:

> „The ascetic ethos and the Eucharistic spirit of the Orthodox Church perfectly coincide in this great sacramental vision of creation, [...] even in a world still as yet languishing in bondage to sin and death. It is a vision, moreover, that perceives human beings as bound to all of creation, as well as one that encourages them to rejoice in the goodness and beauty of the whole world."[913]

Das Stichwort „ascetic ethos" sowie die Wendung „Eucharistic spirit" mit ihrem Bezug auf den priesterlichen Dienst des Menschen für die gesamte Schöpfung erweisen diese Textpassage einmal mehr als der Theologie von Ioannis Zizioulas verpflichtet.[914] Beide Aspekte wollen nicht

---

[912] Diese spezifischen Ausführungen stehen – einschließlich eines Zitats aus den Schriften des Isaak von Ninive – in Querverbindung zu: Bartholomaios I., Begegnung mit dem Mysterium (wie FN 19), 85 f.

[913] Dokument, 106.

[914] Der Querbezug umfasst sogar die charakteristische Kombination von „ascetic ethos" mit einer Ausdeutung der eucharistischen Liturgie. Vgl. John D. Zizioulas, The Eucharistic Communion and the World (wie FN 67), 151–153. Dieselben Stichworte „eucharistischer Geist" und „asketisches Ethos" bereichern auch die Darlegungen des Ökumenischen Patriarchen Bartholomaios zur Schöpfungs- und Umweltthematik; vgl. ders., Begegnung mit dem Mysterium (wie FN 19), 82 f. Die

nur einen Zusammenhang erklären; sie sind vielmehr Grundlage einer inneren Haltung des Menschen, aus der heraus Positives für die Schöpfung bewirkt werden kann:

> „This ethos and this spirit together remind us that gratitude and wonder, hope and joy, are our only appropriate – indeed, our truly creative and fruitful – attitude in the face of the ecological crisis now confronting the planet, because they alone can give us the willingness and the resolve to serve the good of creation as unremittingly as we must, out of love for it and its creator.“[915]

Mit diesem Ausblick schließt Abschnitt VIII des sozialethischen Dokuments.

Die wenigen grundsätzlichen Hinweise zur Umweltproblematik und zur diesbezüglichen Verantwortung des Menschen in den Dokumenten der Heiligen und Großen Synode von Kreta wurden bereits oben im Zusammenhang mit § 68 dargestellt. Einer Einbeziehung bedarf allerdings noch das wegweisende Engagement des Ökumenischen Patriarchen Bartholomaios im Bereich „Bewahrung der Schöpfung“. Zahlreiche Initiativen und ein wachsendes Bewusstsein um die Bedeutsamkeit des Themas boten ihm vielfältigen Anlass, in Enzykliken, Ansprachen, Botschaften und Beiträgen aller Art Stellung zu beziehen und zu einem dem christlichen Glauben an Gott, den Schöpfer, entsprechenden Umgang mit der Schöpfung zu mahnen.[916] Bei vielen dieser Anlässe lag der Schwerpunkt im Bemühen um eine Bewusstseinsbildung bei den Hörern und Lesern darauf, dass die Bewahrung der Schöpfung existentielle Bedeutung hat und sich die Gefahren in vielfältigen Formen und Hintergründen äußern. In einem jüngst auch in deutscher Sprache veröffentlichten Beitrag des Ökumenischen Patriarchen steht demgegenüber eher die Erschließung eines theologischen Zusammenhangs im Vordergrund, um so insbesondere Christen zur Wahrnehmung ihrer Verantwortung für

---

Übereinstimmungen sind ein Indiz, dass ihre gemeinsame Wurzel in der Theologie von Zizioulas liegt.

915 Dokument, 106.

916 Vgl. z. B. John Chryssavgis (Hg.), Cosmic Grace – Humble Prayer (wie FN 830). Der Sammelband enthält Botschaften und Ansprachen der Ökumenischen Patriarchen Demetrios und Bartholomaios. Die Einleitung ebd., 1–31 bietet zudem einen instruktiven Überblick über Initiativen des Ökumenischen Patriarchats wie Symposien, internationale Konferenzen oder auch politische Interventionen zugunsten einer Bewahrung der Schöpfung. Vgl. auch John Chryssavgis, On Earth as in Heaven. Ecological Vision and Initiatives of Ecumenical Patriarch Bartholomew, Fordham University Press New York 2012.

die Schöpfung zu motivieren.[917] Ausweislich der im Gang der Untersuchung vermerkten Querverbindungen greifen einzelne Darlegungen in Abschnitt VIII Beiträge des Ökumenischen Patriarchen auf. Zugleich sind letztere ebenso wie Abschnitt VIII selbst den ebenso innovativen wie profunden theologischen Einsichten von Ioannis Zizioulas gedanklich verpflichtet.

8.2 Vergleich mit dem Sozialkonzept der Russischen Orthodoxen Kirche

Zu den Themen Wissenschaft, Technologie und Umwelt positioniert sich auch das Sozialkonzept der Russischen Orthodoxen Kirche. Für den anstehenden Vergleich mit Abschnitt VIII muss dessen innere Struktur berücksichtigt werden:

- § 68 bietet eine grundlegende theologische Erschließung.
- Diese wird in § 69 aufgegriffen und mit dem Thema „Fortschritte in der Medizin" verknüpft.
- § 70 handelt von jüngsten Entwicklungen der Kommunikationstechnologie.
- § 71 setzt sich grundsätzlich mit dem Verhältnis von Wissenschaft und Glauben auseinander.
- In § 72 werden daraus Schlussfolgerungen für die kirchliche Pastoral gezogen.
- § 73 beginnt – unter teilweisem Rückgriff auf die Darlegungen in § 68 – nochmals mit einer theologischen Hinführung, die nunmehr allerdings auf das Thema „Bewahrung der Schöpfung" zugespitzt wird; in den folgenden §§ 74–78 werden daraus konsequent einzelne Aspekte einer Umweltethik entwickelt.

Dieser Aufbau lässt erkennen, dass dasselbe theologische Grundkonzept für verschiedene Bereiche wissenschaftlichen Fortschritts fruchtbar gemacht werden soll. Allerdings ist darauf hinzuweisen, dass die §§ 70–72 keine ausdrücklichen Bezüge zu charakteristischen Begriffen der theologischen Grundlage wie „cosmic priesthood", „spiritual office" oder „to transfigure the world" enthalten; sie stehen allerdings im gedanklichen Hintergrund.

---

[917] Vgl. Bartholomaios I. (Ökumenischer Patriarch), Das Wunder der Schöpfung. Religion und Ökologie, in: ders., Begegnung mit dem Mysterium (wie FN 19), 73–96.

Eine Gesamtschau der Leitthemen des Abschnitts VIII im sozialethischen Dokument (und damit auch ein Vergleich mit dem Sozialkonzept der ROK) wird dadurch erschwert, dass einzelne Aspekte medizinischen Fortschritts[918] in anderen Textteilen des Dokuments angesprochen worden sind. Dazu gehören:

- § 24: Einsatz biomedizinischer Technik mit dem Ziel, eine Empfängnis zu ermöglichen;
- § 26: medizinischer Fortschritt in der Behandlung von Krankheit oder Behinderung ungeborener wie geborener Kinder.

Der Vergleich mit dem Sozialkonzept der Russischen Orthodoxen Kirche wurde insoweit bereits oben unter 3.2 durchgeführt.

Der Thematik des Abschnitts VIII sind zwei weitere Textstellen des sozialethischen Dokuments zuzuordnen:

- § 17 thematisierte einen speziellen Aspekt der in § 70 behandelten Entwicklung der Kommunikationstechnologie, nämlich den notwendigen Schutz von Kindern vor unkontrollierter oder übermäßiger Nutzung elektronischer Geräte und der Massenmedien.
- In § 41 kam bereits ein besonderer Aspekt zur Umweltthematik zur Sprache, nämlich die Wahrnehmung der aktuellen Umweltkrise als Belastung insbesondere für arme Menschen und Länder unter dem Gesichtspunkt „wirtschaftliche Ungleichheit".

Diese Darlegungen sind ebenfalls in den Vergleich mit dem Sozialkonzept der ROK einzubeziehen.

(1) Die umweltethischen Konzepte im Vergleich

Da das thematische wie umfangsmäßige Schwergewicht des Abschnitts VIII auf „Bewahrung der Schöpfung" liegt, bietet sich dieser Bereich als erster Teil des Vergleichs an. Das Sozialkonzept der Russischen Orthodoxen Kirche hat dem Gesichtspunkt „Kirche und Fragen der Öko-

[918] Erinnert sei daran, dass in § 40 unter dem anders gelagerten Gesichtspunkt „Gerechtigkeit" eine medizinische Versorgung der Armen gefordert wurde; dieser Aspekt wurde oben unter 4.3 bereits in einen Vergleich mit dem Sozialkonzept und dem Dokument „Grundlagen der Lehre der ROK über Würde, Freiheit und Rechte des Menschen" eingebracht. In diesen Zusammenhang gehört auch § 63, in dem – im weiteren Zusammenhang der Auseinandersetzung mit den Menschenrechten unter dem Begriff „social rights" – nochmals das Recht auf freie und umfassende medizinische Versorgung für alle Menschen eingefordert wurde. Ein Zusammenhang mit dem hier interessierenden Aspekt technologischer Fortschritte in der Medizin besteht insoweit nicht.

logie“ das XIII. Kapitel gewidmet.[919] Bei näherer Untersuchung des Textes fallen sowohl gedankliche Querverbindungen als auch Propria ins Auge. Zu den inhaltlichen Übereinstimmungen zählen:

- Eine differenzierte Sicht auf den Facettenreichtum der ökologischen Problematik: vgl. XIII.1 (Schäden am Erdinneren, dem Boden, dem Wasser, der Luft, der tierischen und pflanzlichen Welt; Verschmutzung durch Industrieabfälle, Fehler der Agrartechnik, Rodung der Wälder, Bodenerosion, Schrumpfen der genetischen Vielfalt; nicht regenerierbare Mineralressourcen, Abnahme der Vorräte an Trinkwasser, Schadstoffe in der Biosphäre, Störung des ökologischen Gleichgewichts).[920] Im sozialethischen Dokument werden hervorgehoben: in § 73 „melting of ice-caps and glaciers, rivers running sour from pollution, pharmaceutical tainting of drinking water, and the tragic reduction or even extinction of many species“[921], in § 74 „wasteful and destructive use s of natural resources“, in § 75 „exploitation of the world’s resources“, „exploitation, pollution, and misuse of God’s creation“, „headless consumption of natural resources and our wanton use of fossil fuels“, „climate change and global warming“[922], in § 76 „indissoluble bond [...] just there is between the economic conditions of the poor and the ecological conditions of our planet“, „climate change is also an issue of social welfare and social justice“[923], in § 77 „animal life“[924], in § 78 „not only animals, but plants as well, must be objects of our love“[925].
- Die Wahrnehmung eines Zusammenhangs zwischen umweltrelevanter Tätigkeit des Menschen und der beschleunigten Entwicklung von Wissenschaft und Technik.[926]
- Ein vergleichbarer Blick auf die Ursachen: vgl. XIII.1 (ungerechtfertigtes Wachstum des öffentlichen Verbrauchs, Streben nach Über-

919 Vgl. Grundlagen, 109–112.

920 Ebd., 109.

921 Dokument, 100.

922 Ebd., 102 f.

923 Ebd., 103.

924 Ebd., 105.

925 Ebd., 105 f.

926 Vgl. Grundlagen, 109; vgl. Dokument, 91 (§ 68: „Ours is an age of ever more rapid technical development; humanity’s power today to transform physical reality, for both good and ill ...“); ebd., 92 (§ 68: „responsibility to the whole of creation [...] How to accomplish this in an age of such rapid technological change ...“).

fluss und Luxus; Verhinderung gerechter Verteilung);[927] vgl. auch XIII.2: Der gottesebenbildliche Mensch nimmt seine Verantwortung vor Gott in rechter Weise nicht durch Herrschaft oder Gewalt über die Natur wahr, sondern durch „Bebauen“ und „Hüten“.[928] Ähnlich heißt es in § 73 des sozialethischen Dokuments „human beings [...] imagine themselves to be something separate and apart from the rest of creation“[929], in § 74 „that creation [...] exists not simply as ours to consume at whim or will“[930], in § 75 „arrogance of mastery“, „Such exploitation is the result of selfishness and greed“, „headless consumption“[931].

- Die Wahrnehmung einer Wechselwirkung zwischen Mensch und der ihn umgebenden Welt sowie der Einheit bzw. Ganzheitlichkeit der Schöpfung: vgl. dazu Sozialkonzept XIII.2[932] und XIII.4;[933] vgl. im sozialethischen Dokument z. B. § 76 „None of us exists in isolation from the whole of humanity, or from the totality of creation; we are dependent creatures, creatures ever in communion“, „we must understand that serving our neighbor and preserving the natural environment are intimately and inseparably connected“[934], § 77 „human beings are part of the intricate and delicate web of creation“[935].
- Der theologische Zusammenhang zwischen der Umweltproblematik und dem Sündenfall des Menschen bzw. mit seiner Entfremdung von Gott: vgl. XIII.2;[936] vgl. im sozialethischen Dokument § 75: „Indeed, exploitation of the world's resources should always be recognized as an expression of Adam's ‚original sin‘“, „The effects of sin and of our alienation from God are not only personal and social, but also ecological and even cosmic“[937].

927 Vgl. Grundlagen, 109.
928 Ebd., 110.
929 Dokument, 100.
930 Ebd., 101.
931 Ebd., 102 f.
932 Vgl. Grundlagen, 109.
933 Ebd., 111.
934 Dokument, 103.
935 Ebd., 104.
936 Vgl. Grundlagen, 109.
937 Dokument, 102.

- Eine Auslegung von Röm 8,20–22 auf die Bewahrung der Schöpfung: vgl. XIII.2;[938] vgl. § 75 des sozialethischen Dokuments.[939]
- Die Argumentation mit dem positiven Beispiel christlicher Asketen und Heiliger: vgl. XIII.5;[940] vgl. § 78 des sozialethischen Dokuments.[941]

Beide Texte geben der Argumentation hinsichtlich einer grundlegenden Verantwortung des Menschen für die Schöpfung[942] den Vorrang gegenüber zu treffenden Maßnahmen. In der Folge bleiben die Hinweise auf ethisch richtiges Handeln in beiden Dokumenten recht allgemein.[943]

Ein Proprium des Konzepts zu „Bewahrung der Schöpfung" im sozialethischen Dokument stellt das dazu breit angelegte theologische Fundament dar. In § 68 sowie §§ 73–78 wird der von Maximus Confessor entlehnte Gedanke einer priesterlichen Vermittlung zwischen Schöpfung und Schöpfer[944] zu einer erneuerten Gemeinschaft von Schöpfer und Geschöpf im Sinn der ursprünglichen Schöpfungsordnung intensiv entfaltet. Diese Gemeinschaft resultiert aus einem asketischen Ethos und einem eucharistischen Geist, sie ist auf die eschatologische Vollendung der Schöpfung ausgerichtet. Wie dargelegt, schöpft die Argumentation dabei aus der Theologie von Ioannis Zizioulas. Betont wird vor

---

938 Vgl. Grundlagen, 110.

939 Dokument, 102.

940 Vgl. Grundlagen, 112.

941 Dokument, 105 f.

942 Vgl. Grundlagen, 111: „... verlangt moralische und rechtliche Verantwortung für die der Natur beigebrachten Schäden"; vgl. Dokument, 102 f.: „Hence, our ecological crisis [...] is an ontological and theological issue that demands a radical change of mind and a new way of being."

943 Vgl. insb. Grundlagen, 110 f.; dort erfolgt der nicht näher bestimmte Hinweis auf ein Schutzkonzept, eine Überprüfung der Wirtschaftsmethoden und auf die Entwicklung energiesparender Technologien und abfallfreier Produktionsverfahren; erwähnt sind weiterhin die Einführung ökologischer Bildung und Erziehung sowie internationale Zusammenarbeit zum Umweltschutz. In Dokument, 101 werden u. a. erwähnt: „[...] this entails working to eliminate wasteful and destructive uses of natural resources, working to preserve the natural world [...] and practicing restraint and wise frugality in all things." Vgl. auch ebd., 103: „[...] our pursuit of alternative sources of energy and our efforts to reduce our impact on the planet as much as possible are now necessary expressions of our vocation to transfigure the world."

944 Abschnitt XIII.4 des Sozialkonzepts erwähnt eine solche priesterliche Rolle zwar, allerdings passim. Näherhin wird die Natur als Tempel interpretiert, in dem der Mensch ein Priester ist, der jedoch nicht der Natur, sondern seinem Schöpfer dient. Vgl. Grundlagen, 111.

allem die Aufgabe einer grundlegenden Änderung der inneren Haltung des Menschen gegenüber der Schöpfung,[945] diese wird näher bestimmt als wahrzunehmende Verantwortung für die gesamte Schöpfung.[946] Daraus erwächst einerseits die Möglichkeit zu einer positiven Veränderung der Welt;[947] andererseits sei jeder Akt der Ausbeutung, Verschmutzung oder Missbrauch von Gottes Schöpfung als Sünde zu qualifizieren.[948] Dieser grundsätzliche Ansatz ermöglicht es, auch besondere Auswirkungen in das Konzept mit einzubeziehen; deutlich wird das z. B. in § 41, wo die ökologische Problematik unter dem Aspekt „wirtschaftliche Ungleichheit“ in ihrer Auswirkung auf arme Menschen und Länder beleuchtet wurde.

Obwohl insbesondere in Abschnitt XIII.2 des Sozialkonzepts der ROK verschiedene Stellen der Heiligen Schrift hinsichtlich des Umgangs mit der Schöpfung herangezogen werden, fehlt eine vergleichbare, durchstrukturierte theologische Erschließung des Umweltthemas. Im Fokus steht vielmehr die Feststellung einer allgemeinen geistig-spirituellen Krise, die sich u. a. in menschlichem Fehlverhalten gegenüber der Natur zeigt:

---

945 Vgl. Dokument, 102 f.: „[…] it is an ontological and theological issue that demands a radical change of mind and a new way of being“; vgl. ebd., 106: „This ethos and this spirit remind us that gratitude and wonder, hope and joy are our only appropriate […] attitude in the face of the ecological crisis […].“ Auch in Abschnitt XIII.3 des Sozialkonzepts klingt zwar eine Revision des Verhältnisses zur Umwelt an; vgl. Grundlagen, 110. Diese wird allerdings als Widerstand gegen wirtschaftlichen Egoismus bestimmt, der sich in einer Vielzahl von technologischen Entwicklungen äußert.

946 Vgl. Dokument, 92. In Abschnitt XIII.3 des Sozialkonzepts wird ebenfalls eine Verantwortung für die Natur erwähnt, diese jedoch anders bestimmt, nämlich als eine moralische und rechtliche Verantwortung für die entstandenen Umweltschäden; vgl. Grundlagen, 111.

947 Vgl. Dokument, 92: „… in seeking to transfigure fallen nature in service to the Kingdom“; ebd., 93: „The Christian’s mission to transfigure the world in the light of God’s Kingdom …“; ebd., 100: „And when humankind and creation are thus rightly related, humanity is fulfilling its vocation to bless, elevate, and transfigure the cosmos …“; ebd.: „its vocation to transfigure the cosmos“; ebd., 101: „The work of cosmic transfiguration …“; ebd., 103: „our vocation to transfigure the world“.

948 Vgl. Dokument, 102. Auch im Sozialkonzept ist passim von „Sünde“ die Rede, allerdings eher als Hinweis auf die grundlegende Verfasstheit des Menschen; vgl. Grundlagen, 108: „Die in der Seele des Menschen aufkeimende Sünde gereichte nicht nur ihm, sondern auch seiner gesamten Lebenswelt zum Schaden“; ähnlich ebd., 112: „… erweisen sich für die von Sünde geblendete Menschheit …“

„Die geistig erniedrigte Person führt auch die Erniedrigung der Natur herbei, ist sie doch nicht in der Lage, einen verklärenden Einfluß auf die Welt auszuüben."[949]

Hinzuweisen ist insoweit auf die Erwähnung eines „verklärenden Einflusses" des Menschen, ein Stichwort, das – wie dargelegt – im sozialethischen Dokument tragende Bedeutung erhalten hat. Dort wird allerdings im Unterschied zum Sozialkonzept die Möglichkeit eines die Schöpfung verwandelnden oder verklärenden Wirkens des Menschen ganz grundsätzlich bejaht. Daraus entsteht eine deutlich positivere Ausrichtung, vorausgesetzt, dass sich der Mensch bereitfindet, seine innere Haltung gegenüber der Schöpfung zu ändern. Eine gewisse Konvergenz zwischen beiden Texten ergibt sich hinsichtlich dieses speziellen Gesichtspunkts aus einer Formulierung in Abschnitt XIII.5: „[...] desgleichen sollte die Verwandlung der Natur ihren Ausgang bei der Verwandlung der Seele nehmen."[950]

Interessanterweise benennt das Sozialkonzept als Referenz hierfür den hl. Maximus Confessor, dessen Lehren in der Argumentation des sozialethischen Dokuments eine zentrale Rolle spielen.

Insgesamt weisen somit die beiden Konzepte hinsichtlich der Umweltethik zahlreiche Querverbindungen auf, die aus einer gemeinsamen orthodoxen Grundüberzeugung erwachsen dürften. Dennoch steht m. E. außer Frage, dass es sich um zwei unabhängige Erschließungen desselben Themas handelt. Das sozialethische Dokument dürfte dem Leser den leichteren Zugang bieten, da es eine aus der Theologie von Ioannis Zizioulas gewonnene klare Struktur aufweist und diese konsequent entfaltet. Durch das Leitmotiv einer möglichen Verwandlung der Welt wirkt dieser Text ermutigender und motivierender als das Sozialkonzept, das sich nur an wenigen Stellen von einer Wahrnehmung moralischen Versagens angesichts der unübersehbaren Probleme lösen kann. Dass die vom sozialethischen Dokument urgierte Veränderung innerer Haltungen und des Bewusstseins mehr als eine schöne Utopie darstellt, lässt sich ganz aktuell an den Erfolgen vielfältiger ökologischer Initiativen und Bewegungen beobachten. Daran dürfte der Text mit dem Stichwort „Verwandlung der Welt" summarisch anknüpfen; zugleich werden in ihm Facetten beigefügt, über die viele der genannten Initiativen und Bewegungen nicht verfügen: die ganzheitliche (um nicht zu sagen: kosmische) Sicht einer liebenden Gemeinschaft von Schöpfer und Geschöpf,

---

[949] Grundlagen, 112.

[950] Ebd.

die aus christlichem Glauben wachsende innere Motivation und die Hoffnung, dass Gott den in der Umkehrbereitschaft des Menschen liegenden Anfang vollenden werde.

(2) Die Einordnung medizinisch-technologischer Fortschritte im Vergleich

Die ethische Wertung von Fortschritten im medizinisch-technologischen Bereich behandelt das sozialethische Dokument in § 69; wie bereits erwähnt sind dabei Aspekte zu speziellen Fragen in § 24 (Einsatz biomedizinischer Technik mit dem Ziel, eine Empfängnis zu ermöglichen) und § 26 (medizinischer Fortschritt in der Behandlung von Krankheit oder Behinderung ungeborener wie geborener Kinder) mitzulesen. Das Sozialkonzept der ROK widmet derselben Thematik den umfangreichen Abschnitt XII „Fragen der Bioethik“.[951] Die entsprechenden Wahrnehmungen sind vor allem von Besorgnis geprägt:

> „Die rasante Entwicklung biomedizinischer Technologien, die in das Leben […] eingreift, und die Unmöglichkeit, den sich dabei stellenden sittlichen Herausforderungen im Rahmen der traditionellen medizinischen Ethik Antwort zu geben, sind für die Gesellschaft Anlass tiefster Besorgnis.“[952]

Der Blick auf Probleme und Gefahren durchzieht die Darlegung der einzelnen Themenbereiche, bei denen eine ausgeprägte Differenzierung festzustellen ist. Einige von ihnen zählen sogar nur bedingt zu „Bioethik“ im engeren Sinn. Daraus ergeben sich einige weitere Querverbindungen zum sozialethischen Dokument, auf die nachstehend hingewiesen wird.[953] Behandelt werden in Abschnitt XII des Sozialkonzepts Abtreibung,[954]

[951] Ebd., 95–108.

[952] Ebd., 95.

[953] Da zum Teil beträchtliche Divergenzen hinsichtlich der Zuordnung verschiedener Einzelbereiche im sozialethischen Dokument einerseits und im Sozialkonzept andererseits festzustellen sind, wird im Folgenden von den Themen des Abschnitts XII des Sozialkonzepts ausgegangen. Der umgekehrte Weg, ein Vergleich insbesondere von Abschnitt III „The Course of Human Life“ mit dem Sozialkonzept, wurde bereits oben unter 3.2 eingeschlagen. Beide Zugänge ergänzen sich gegenseitig.

[954] Die Thematik „Abtreibung“ wird im sozialethischen Dokument in § 25 behandelt und – ganz ähnlich zu Abschnitt XII.2 des Sozialkonzepts – grundsätzlich abgelehnt; vgl. Grundlagen, 95–97 bzw. Dokument, 32 f. Ebd., 33 erfolgt allerdings eine Auseinandersetzung mit Notlagen von schwangeren Frauen und der Notwendigkeit pastoraler Sorge.

Empfängnisverhütung[955] (zusammen mit dem Entschluss zum Verzicht auf Kinder,[956] eher allgemeinen Hinweisen zur Kindererziehung[957] sowie zum sexuellen Umgang der Ehepartner und zur Enthaltsamkeit), medizinische Behandlung von Unfruchtbarkeit (einschließlich Insemination, Leihmutterschaft und In-vitro-Fertilisation), Behandlung von Erbkrankheiten insbesondere durch gentherapeutische Eingriffe,[958] die Herstellung einer „genetischen Identitätskarte“, pränatale Diagnostik, Klonen insbesondere des Menschen, Transplantationsmedizin einschließlich von Fragen im Umfeld von Organspenden und der „fötalen Therapie“, die Problematik einer Feststellung des Todeszeitpunkts, perimortale Behandlungen und Euthanasie, Selbstmord,[959] Homosexualität und Transsexualität. Alle diese Aspekte werden im Text des Sozialkonzepts unter teilweise sehr strikten moralischen Wertungen und in einer engmaschigen Kasuistik behandelt. Nur in Einzelfällen wird der Darlegung einer moralischen Gefahr die Feststellung beigegeben, dass mit medizinischem Fortschritt auch positive Aspekte verbunden sind. Ein Beispiel betrifft die Transplantationsmedizin:

---

[955] Das sozialethische Dokument thematisiert Fragen der Empfängnisverhütung in § 24 und überlässt die diesbezüglichen Entscheidungen weitgehend den Ehepartnern; vgl. Dokument, 32.

[956] Auch dieser Aspekt wird in § 24 des sozialethischen Dokuments angesprochen und weitgehend den Ehepartnern überlassen; vgl. Dokument, 31.

[957] Das sozialethische Dokument behandelt einige dieser Fragen im Zusammenhang von Abschnitt III „The Course of Human Life“, § 23. Festzuhalten ist die Beobachtung, dass Fragen der Kindererziehung in Abschnitt XII.3 nur ein Satz gewidmet ist; vgl. Grundlagen, 98. Auch in § 23 des sozialethischen Dokuments findet sich kaum mehr als eine Erwähnung der mit der Sorge für Kinder verbundenen Zuwendung und (Erziehungs-)Aufgaben; vgl. Dokument, 30 f.

[958] Ein Teil der in Abschnitt XII.5 des Sozialkonzepts besprochenen Thematik „Erbkrankheiten und ihre Behandlung“ wird in § 26 des sozialethischen Dokuments aufgegriffen, nämlich die Behandlung ungeborener Kinder in Relation zur Gefährdung des Lebens der Mutter; vgl. Dokument, 34. Die in dieser zugespitzten Situation zu treffenden Entscheidungen werden weitgehend den Eltern und den Ärzten überlassen.

[959] Die Thematik „Euthanasie“ und „Selbstmord“ wird in § 31 des sozialethischen Dokuments behandelt; vgl. Dokument, 40. Hinsichtlich Euthanasie erfolgt auch darin eine Ablehnung, allerdings im Bemühen um eine differenzierte Sicht des Wunschs nach menschenwürdigem Sterben. Hinsichtlich der Thematik „Selbstmord“ werden ein Änderungsbedarf in der traditionellen Bewertung und ein Verzicht auf kirchliche Sanktionierungen gefordert.

„Die gegenwärtige Transplantologie […] erlaubt es, vielen Kranken, die in der Vergangenheit zu sicherem Tod oder schwerer Invalidität verurteilt gewesen wären, erfolgreich Hilfe zu leisten.“[960]

Unmittelbar an diese Feststellung angeschlossen finden sich jedoch wieder Verweise auf moralische Probleme und Gefahren, letztere bezogen vor allem auf die Gesellschaft. Festzuhalten ist zudem die Beobachtung, dass Fragen der Empfängnisverhütung, der Kindererziehung, des Sexualverhaltens von Ehepartnern oder der sexuellen Orientierung[961] in einer Reihe mit ethischen Aspekten medizinischer Diagnostik und von Krankheitsbehandlung aufgeführt werden. Entsprechend der Fokussierung von Problemen und Gefahren erscheinen die Ausführungen zu allen Einzelthemen defensiv: Die Kirche stemmt sich (Fehl-)Entwicklungen entgegen und sichert ihre moralischen Wertungen nicht selten durch Sanktionen ab, etwa hinsichtlich von Selbstmördern[962] oder im Fall von Geschlechtsumwandlungen.[963]

Das sozialethische Dokument bietet zentrale Aussagen zu Fragen des medizinisch-technologischen Fortschritts in § 69. Im Vergleich mit dem Sozialkonzept fällt unmittelbar die Kürze des Textes ins Auge. Die relativ knappe Behandlung der bioethischen Thematik ist dabei (auch) der Tatsache geschuldet, dass einige Einzelaspekte anderen Teilen des sozialethischen Dokuments zugeordnet wurden, insbesondere Abschnitt III „The Course of Human Life“. Dahinter kann ein Bemühen vermutet werden, einige Fragen aus einer „eindimensionalen“ Bewertung unter bioethischen Gesichtspunkten herauszunehmen und sie in einen größeren Zusammenhang zu stellen, um so weitere ethische Zusammenhänge besser erfassen und im Ergebnis differenzierter werten zu können. Ein weiterer grundlegender Unterschied ist ebenfalls bereits bei den ersten Sätzen des § 69 zu beobachten: Mit dem Hinweis auf die christliche Sendung zur Verwandlung der Welt wird ein sich quer durch das sozialethische Dokument ziehender theologischer Anknüpfungspunkt auf-

[960] Ebd., 102.

[961] Die Frage sexueller Orientierung wird in Abschnitt III, § 19 des sozialethischen Dokuments behandelt; allein die Einordnung unter dem Gesichtspunkt „The Course of Human Life“ impliziert bereits eine vom Sozialkonzept unterschiedene Bewertung der Thematik, die – wohl mit Blick auf traditionelle Sichtweisen – Zurückhaltung an den Tag legt, aber dennoch mit der entschiedenen Absage gegenüber jeglicher Diskriminierung eine deutliche Wertung trifft.

[962] Grundlagen, 106.

[963] Ebd., 108.

gerufen und mit dem Motiv „Dienst der Heilung“ verknüpft. Ein vergleichbarer theologischer Ansatz ist im Sozialkonzept der ROK nicht enthalten. Allerdings wurde in § 69 weder der Hinweis auf den „Dienst der Heilung“ noch derjenige auf die „Berufung zur Verwandlung der Welt“ weiter entwickelt, obwohl die beiden Stichworte zusammengenommen nahelegen, dass in kirchlicher Betrachtungsweise „Dienst der Heilung“ deutlich mehr umfasst als noch so begrüßenswerte medizinisch-technische Fortschritte. Insoweit wäre etwa an eine Entfaltung der Bedeutung liebevoller Zuwendung zu kranken Menschen in ihren Ängsten und Sorgen gerade in hochtechnisierten Krankenhausbetrieben zu denken, auch an eine Einbeziehung von Fragen ethischen und sensiblen Verhaltens von Ärzten und Pflegepersonal im Umgang mit Patienten und Angehörigen oder an die Einbeziehung von Aspekten einer Krankenseelsorge. Ähnliches gilt für das in § 69 folgende historische Beispiel des hl. Basilius und der von ihm gegründeten Institution. Dieser markante Anknüpfungspunkt wurde nicht im Sinn der grundsätzlichen und ganzheitlichen Sorge um Kranke weiter entfaltet, die das Beispiel bezeugt.[964] Stattdessen folgt eher unvermittelt eine Anerkennung segensreicher Ergebnisse des medizinisch-technischen Fortschritts, die sich zuvor bereits in § 24 und § 26 niedergeschlagen hat. Die darin zutage tretende positive Sicht stellt einen weiteren grundlegenden Unterschied zum Sozialkonzept dar. Der in § 69 ebenfalls enthaltene Hinweis auf Gefahren wird nur anhand zweier Fallkonstellationen spezifiziert, nämlich der In-vitro-Fertilisation und der Stammzellentherapie. Insoweit wird klargestellt, dass die mit diesen Techniken möglicherweise verbundene Vernichtung von Embryonen inakzeptabel ist. Dennoch überrascht die Beschränkung auf diesen einen Gesichtspunkt. Der Grund für eine solche Zurückhaltung könnte in einem bereits in Abschnitt III „The Course of Human Life“ beobachteten Bemühen zu finden sein, nämlich den unmittelbar Beteiligten – soweit möglich – größere Eigenverantwortung zu überlassen und pastoralen Bemühungen den Vorrang vor kasuistischen Vorgaben einzuräumen.

---

[964] Aus diesem Grund erübrigt sich ein Vergleich mit Abschnitt XI des Sozialkonzepts „Die Gesundheit der Person und des Volkes“, eine Thematik, der im sozialethischen Dokument in Abschnitt III nur marginale Ausführungen gewidmet sind.

(3) Die Bewertung von Fortschritten in der Kommunikationstechnologie im Vergleich

Das Sozialkonzept der ROK widmet den Fortschritten in der Kommunikationstechnologie den ganzen Abschnitt XV „Die Kirche und die weltlichen Massenmedien“.[965] Festgestellt wird darin zunächst die hohe Bedeutung der Massenmedien in der modernen Gesellschaft; die gewissenhafte Arbeit von Journalisten findet Anerkennung. In dieser Konzentration auf Printmedien, Radio und Fernsehen zeigt sich, dass die neuesten Entwicklungen mit ihrer massenhaften Verbreitung von Internet und sozialen Netzwerken nur bedingt Berücksichtigung gefunden haben.[966] Die mit Massenkommunikationsmitteln verbundenen Probleme werden in der Propaganda von Gewalt, Feindschaft und Hass, von nationalen, sozialen und religiösen Aversionen sowie in der sündhaften Ausnutzung menschlicher Instinkte wahrgenommen, einschließlich damit verbundener kommerzieller Zwecke.[967] Die Medienverantwortlichen werden nicht nur bezüglich einer Treue zur Wahrheit in Anspruch genommen, sondern auch hinsichtlich einer „Sorge um den moralischen Zustand der Person und der Gesellschaft“[968]; damit werden sie als „verlängerter Arm“ von moralischen Urteilen der Kirche instrumentalisiert. Wie tief solche Anklänge an theokratische Vorstellungen in der Russischen Orthodoxen Kirche leitend sind, zeigt sich in der Sanktionsdrohung des Abschnitts XV.2, der zufolge Journalisten, „die die Seelen verderbende Materialien veröffentlichen“, mit Strafen nach kirchlichem Recht zu belegen seien.[969] Der größte Teil des Textabschnitts handelt von einer Zusammenarbeit zwischen Kirche und Staat; letzterem ist zugedacht, einerseits die kirchlichen Vorstellungen durchzusetzen, andererseits den Zugang der Kirche zu den weltlichen Massenmedien zu gewährleisten.

Das sozialethische Dokument behandelt die Thematik vor allem in § 70.[970] Der Text erweist sich – im Unterschied zu Abschnitt XV des Sozialkonzepts – am neuesten Stand der Kommunikationstechnologie

---

965 Grundlagen, 120–122.

966 Erst in XV.2 werden passim auch „Computermedien“ einbezogen; vgl. ebd., 121.

967 Ebd., 120.

968 Ebd.

969 Ebd.

970 Hinzuzunehmen ist § 17, wo der notwendige Schutz von Kindern vor unkontrollierter oder übermäßiger Nutzung elektronischer Geräte und der Massenmedien angesprochen ist.

orientiert, indem vor allem Internet und soziale Netzwerke angesprochen werden. Die mit ihnen verbundenen Vorteile werden gewürdigt, die Gefahren eines Missbrauchs sind sehr praxisnah identifiziert. Ziel dessen ist vor allem eine Bewusstseinsbildung bei den gläubigen Nutzern dieser Medien, um sie zu einem verantwortungsbewussten Gebrauch zu motivieren. Auf einen Ruf nach dem Staat wurde dagegen ebenso verzichtet wie auf Bekundungen einer Sicht von Kirche als staatlichem Koalitionspartner. Darin unterscheidet sich das Konzept des sozialethischen Dokuments grundlegend von demjenigen des Sozialkonzepts der ROK.

(4) Die Einordnung des Verhältnisses von Glaube und Wissenschaft im Vergleich

Das grundsätzliche Verhältnis von Glaube und Wissenschaft ist in Abschnitt XIV des Sozialkonzepts der ROK angesprochen:

> „Ihrer Natur nach nehmen lediglich die Religion und die Philosophie weltanschauliche Funktionen wahr, was ansonsten weder einer einzelnen Wissenschaft noch der konkreten wissenschaftlichen Kenntnis im Ganzen zukommt.“[971]

Davon abgesehen ist die Sicht wissenschaftlicher Forschung weitgehend negativ bestimmt. Zwar wird eingeräumt, dass Wissenschaft und Technik beeindruckende Ergebnisse vorgelegt haben, die zu einem maßgeblichen Faktor der Zivilisation geworden seien. Dann aber heißt es:

> „Aus christlicher Sicht resultieren diese Folgen aus einer trügerischen Grundauffassung, die auf dem gegenwärtigen Verständnis von wissenschaftlich-technischer Entwicklung basiert. Sie äußert sich in der apriorischen Annahme, dass diese Entwicklung durch keinerlei moralische, philosophische oder religiöse Vorbehalte eingeschränkt werden dürfe.“[972]

In Konsequenz einer solchen Grundauffassung entstünden eine ganze Reihe negativer Folgen. Sie führen zu dem Schluss:

> „Um das eigentlich menschliche Leben zu sichern, ist daher heute mehr denn je eine Rückbesinnung auf die verlorengegangene Verbindung der wissenschaftlichen Kenntnis mit den religiösen, geistigen und sittlichen Werten von kaum zu überschätzender Bedeutung.“[973]

---

[971] Grundlagen, 114.
[972] Ebd., 113.
[973] Ebd.

Dass hierbei mehr als eine Rückbesinnung auf ethische Werte angestrebt ist, wird in der Aussage ersichtlich:

> „Obwohl in der Wissenschaft ein Weg zur Erkenntnis Gottes liegt (Röm 1,19–20), sieht die Orthodoxie in ihr ein nützliches Instrument zum Aufbau einer guten Ordnung des irdischen Lebens […].“[974]

Hier werden die Wissenschaften gerade für diejenigen weltanschaulichen Funktionen von der Kirche in Dienst genommen, die ihnen im oben mitgeteilten Zitat abgesprochen wurden. Ähnlich ambivalent ist die Schlusspassage des Abschnitts gestaltet: Einerseits wird zu einer Zusammenarbeit „im Namen der Rettung des Lebens sowie der ihm angemessenen Ordnung aufgerufen“; andererseits diene eine solche Zusammenarbeit „der Schaffung optimaler Forschungsbedingungen“.[975]

Das sozialethische Dokument reflektiert das Verhältnis von Glaube und Wissenschaft in § 71. Mit einer gewissen Ähnlichkeit zum Sozialkonzept wird dabei der Glaube als von Szientismus und Materialismus angegriffen gesehen. Ein Proprium stellt der Verweis auf die Herausforderung durch einen religiösen Fundamentalismus dar, wobei dieses Phänomen allerdings – wie bei der Untersuchung von § 71 dargelegt – nur in Teilaspekten wahrgenommen wird. Grundlegend anders als im Sozialkonzept werden vor allem die positiven Ergebnisse wissenschaftlicher Forschung gewürdigt. Das ermöglicht eine Ermutigung der Gläubigen zur Dankbarkeit und zur vorurteilslosen Annahme von Forschungsergebnissen. Die Eigenständigkeit der Argumentation in § 71 gegenüber dem Sozialkonzept zeigt sich besonders deutlich im Schlusssatz:

> „The desire for scientific knowledge flows from the same wellspring as faith's longing to enter ever more deeply into the mystery of God.“[976]

Diese Einsicht schafft die Voraussetzung für ein weiteres Proprium des sozialethischen Dokuments, nämlich die Einbeziehung wissenschaftlicher Einsichten in die kirchliche Pastoral (vgl. § 72).

Insgesamt erweist sich Abschnitt VIII des sozialethischen Dokuments einmal mehr als eigenständig gegenüber dem Sozialkonzept, bedingt vor allem durch eine

– klare theologische Fundierung,
– durch eine viel positivere Sichtweise,

[974] Ebd., 114.
[975] Ebd.
[976] Dokument, 98.

- durch Berücksichtigung der jüngsten Entwicklungen samt deren realitätsnaher Interpretation und
- durch eine Ausrichtung auf die Gläubigen und deren Bewusstseinsbildung und Motivation zum ethisch Guten.

Die Kürze, in der einzelne Bereiche behandelt werden, sowie einzelne Abbrüche in der Argumentation, die beobachtet wurden, können als Indiz interpretiert werden, dass insoweit eine innerkirchliche Diskussion noch im Fluss ist.

9. Der Schlussabschnitt des sozialethischen Dokuments

Die §§ 79–82 bilden den Schluss des sozialethischen Dokuments. Darin sind recht unterschiedliche Gesichtspunkte zusammengestellt und in ihrer Bedeutung nochmals unterstrichen. § 79 beginnt mit einer „Verortung" des sozialethischen Dokuments als „comprehensive statement of the social ethos of the Church"[977]. Diese Formulierung kombiniert eine ähnliche im Vorwort[978] mit derjenigen im Untertitel des Dokuments „Toward a Social Ethos of the Orthodox Church". Wie bereits oben unter A.1 festgehalten, wird so die Verbindlichkeit des Textes relativiert, was als Rücksichtnahme auf die ekklesiale Struktur der orthodoxen Kirche interpretiert werden kann. Zugleich bietet sich so die Möglichkeit, die mehrfache Einladung an die Gläubigen zu weiterem und vertieftem Nachdenken zu erneuern,[979] wodurch der pastorale Charakter des Dokuments deutlich betont wird. Dem dient auch der folgende Hinweis, dass das soziale Ethos der Kirche nicht einfach in der Erfüllung von Vorschriften bestehe, sondern vielmehr in der liturgischen Erwartung des Gottesreichs. Dieser eschatologische Anknüpfungspunkt wird insbesondere unter Hinweis auf Dionysius Areopagita und Offb 7,11 ausgedeutet, womit ein zusätzlicher Verständnishorizont eingeführt wird: Die daraus folgende Aufgabe der Gläubigen sei, sich auf die Anordnungen Christi einzustimmen, was letztlich mit der Umkehr von menschlicher Entfremdung gegenüber Gott verbunden sei.

---

977 Ebd., 107.

978 Vgl. ebd., XV: „a single statement of the social doctrine of the Orthodox Church".

979 Vgl. Vorwort des Erzbischofs Elpidophoros von Amerika, ebd., IX f. sowie das Vorwort der Herausgeber, ebd., XVIII.

§ 80 wird mit einer aus Joh 17,11.14–15 bezogenen Umschreibung der Kirche als in der Welt existierend, aber nicht von der Welt stammend eingeleitet.[980] Im Folgenden wird die Kirche näher bestimmt als ein Zeichen und als Abbild des dauerhaften Friedens im Gottesreich, als eine Zusage vollständiger Heilung der Menschheit und der Schöpfungsordnung, die durch Sünde und Tod verunstaltet sei. Ebenso sei die Kirche ein prophetisches Zeichen der Hoffnung und Freude in einer Welt, die durch ihre Zurückweisung Gottes verwundet sei. Diese prophetische Berufung „demands a refusal to remain silent in the face of injustices, falsehoods, cruelties, and spiritual disorders“[981].

Überraschenderweise findet sich daran angeschlossen eine längere Darlegung zur Situation von Religion in modernen Gesellschaften. Es sei eine merkwürdige Gemeinsamkeit moderner Gesellschaften in Ost und West, der zufolge es einen öffentlichen Bereich gebe, in dem der Ausdruck von Religion ausgeschlossen sein müsse, um zugleich weltanschaulich neutral und allgemein zu sein. Religion sei demzufolge eine reine Privatsache, welche in öffentlichen Diskussionen über das Gemeinwohl nichts zu suchen habe. Damit wird eine Darlegung wiederholt, die bereits im Abschnitt II „The Church in the Public Sphere“ breiten Raum eingenommen hat. Bei der Untersuchung dieser Textpassage (vgl. oben B 2.1) wurde festgestellt, dass eine Spannung zwischen dem klaren Bekenntnis zu einem gesellschaftlichen Pluralismus in § 12[982] und der in § 13 enthaltenen Problembeschreibung besteht. Die dort beklagte Verdrängung der Religion „by coercive legal means“[983] mit dem Ziel, „to silence the voice of faith in the public sphere […] and to exclude them from civic life“[984], ließ sich allerdings im Ergebnis für demokratische Gesellschaften nicht verifizieren. Ähnlich verhält es sich mit der sehr grundsätzlich formulierten Behauptung in § 80:

> „Religion, moreover, is understood in such societies as essentially a private pursuit, which must not intrude upon public discussions of the common good. […] In some contemporary societies, religious voices in public spaces have been legally and for-

---

980 Dieser Bezug hat sich in einem Buchtitel niedergeschlagen, dessen Herausgeber zugleich Vorsitzender der Kommission zur Erarbeitung des sozialethischen Dokuments war. Vgl. John Chryssavgis (Hg.), In the World, Yet Not of the World (wie FN 369).

981 Dokument, 108. Vergleichbare Formulierungen zu einer „prophetischen Existenz“ oder einer „prophetischen Berufung“ finden sich in § 7 bzw. § 9.

982 Dokument, 15 f.

983 Ebd., 16.

984 Ebd.

cibly silenced, […] by the denial that religious persons can act according to their consciences on matters of ethical import without violating the inalienable rights of others.“[985]

Wie bereits im II. Abschnitt bleibt auch hier ungeklärt, in welcher pluralistischen demokratischen Gesellschaft derart einschneidende Maßnahmen („legally and forcibly“) gegen die Kirche vorgenommen werden (können), dass eine Beteiligung an der öffentlichen Diskussion über das Gemeinwohl nicht mehr möglich wäre. Geht es möglicherweise gar nicht um Mitwirkung an einem gesellschaftlichen Diskurs, sondern um die Durchsetzung der eigenen Vorstellungen? Die zitierte Aussage in § 80 steht einer im Sozialkonzept der ROK vorgenommenen Wertung der Gewissensfreiheit sehr nahe:

„Die Entwicklung der Gewissensfreiheit ist ein Beleg dafür, dass heutzutage die Religion von einer ‚öffentlichen‘ zu einer ‚privaten‘ Angelegenheit des Menschen geworden ist. An sich ist diese Entwicklung ein Beweis für den Zerfall des geistigen Wertesystems, dafür, dass der überwiegende Teil der Gesellschaft, der sich im Prinzip zur Gewissensfreiheit bekennt, des Strebens nach Heil verlustig gegangen ist. Und wenn der Staat ursprünglich als Instrument der Durchsetzung des göttlichen Gesetzes in der Gesellschaft gegründet wurde, so verwandelt die Gewissensfreiheit den Staat endgültig in eine ausschließlich irdische, an keine religiösen Verpflichtungen gebundene Institution.“[986]

Anders als im sozialethischen Dokument wird im Sozialkonzept offengelegt, was Zielpunkt einer solchen Argumentation ist, nämlich die Forderung nach einem ganz bestimmten Verhältnis von Kirche und Staat: der Staat als Instrument zur Durchsetzung des göttlichen Gesetzes in der Gesellschaft. In der Sicht der Russischen Orthodoxen Kirche reicht es offenbar nicht aus, ein orthodoxes Zeugnis in die Gesellschaft einzubringen, sie fordert von Staat die Durchsetzung ihrer Vorstellung vom „göttlichen Gesetz“ und damit eine orthodoxe Gesellschaftsordnung:

„In der Orthodoxie besteht unverändert die Überzeugung, dass die Gesellschaft bei der Regelung des irdischen Lebens nicht nur die menschlichen Interessen und Wünsche berücksichtigen soll, sondern auch die göttliche Wahrheit, das vom Schöpfer gegebene ewige Sittengesetz, das in der Welt unabhängig davon herrscht, ob der Wille einzelner Menschen oder menschlicher Gemeinschaften damit in Einklang steht.“[987]

---

985 Ebd., 108 f.

986 Grundlagen, 32.

987 Vgl. Freiheit und Verantwortung, 227 (in Abschnitt III.2 des Dokuments „Grundlagen der Lehre der Russischen Orthodoxen Kirche über Würde, Freiheit und Rechte des Menschen“).

In dieser Sichtweise spielen divergierende Auslegungen der göttlichen Wahrheit oder des vom Schöpfer gegebenen Sittengesetzes – etwa in anderen christlichen Konfessionen – keine Rolle; als maßgeblich gilt allein die Auslegung der ROK. Erst recht werden Gläubige nichtchristlicher Religionen oder die beträchtliche Zahl derer, die sich keinem religiösen Bekenntnis verpflichten wollen, einfach ausgeklammert. Trotz aller Lippenbekenntnisse zur Akzeptanz der in der Gesellschaft vorhandenen Pluralität blitzt in derartigen Aussagen

> „eine beispiellose Vorstellung vom staatlich organisierten Umbau der säkularen russländischen Gesellschaft nach orthodoxer Lehre auf, gewürzt mit theokratischen Spurenelementen, anhand derer der säkulare Staat auf den rechten Weg zurückgebracht werden soll“[988].

Wird in § 80 des sozialethischen Dokuments tatsächlich die Rezeption einer solchen Vorstellung der ROK eingefordert? Es trifft zwar zu, dass in einigen demokratischen Rechtsordnungen die in § 80 beispielhaft vorgetragenen Verbote religiöser Symbole oder religiöser Bekleidung in bestimmten Zusammenhängen – etwa in öffentlichen Schulen oder im Gerichtswesen – bestehen. Allerdings fehlt in Abschnitt IX ebenso wie in Abschnitt II eine Auseinandersetzung mit den Gründen für solche Regelungen. Sie sind eher in der Achtung einer vorhandenen Vielfalt religiöser Bekenntnisse und im Bemühen um deren Gleichberechtigung zu suchen als in einem Versuch zur Verdrängung. Deshalb erscheint die Beurteilung als ein Zum-Schweigen-Bringen religiöser Stimmen in der Öffentlichkeit unnötig dramatisch und letztlich als irreführend. Vor allem aber erweckt die argumentative Wiederaufnahme der Thematik des Abschnitts II im Schlusskapitel den Eindruck, dass der Umgang mit gesellschaftlicher und religiös-weltanschaulicher Pluralität ein deutlich größeres Problem darstellt, als es das eindeutige Bekenntnis zu diesem Faktum in § 12 des sozialethischen Dokuments[989] vermuten ließ.

---

988 Dietmar Schon, Würde, Freiheit und Rechte des Menschen. Anmerkungen zu einem Grundlagendokument der ROK, in: Osteuropa 67 (2017), 191–204 (200 f.).

989 Als symptomatisch erscheint, dass „Pluralität“ in § 80 nur als ein kulturelles Phänomen wahrgenommen wird; vgl. Dokument, 109: „It is undeniably the case that modern societies are increasingly culturally diverse; and, far from lamenting this fact, the Orthodox Church celebrates every opportunity for encounter and reciprocal understanding between persons and peoples.“ Die Unterschiede hinsichtlich anderer Konfessionen, Religionen, Weltanschauungen oder Ethnien sowie die Existenz derer, die sich keiner Glaubensrichtung anschließen wollen, d. h. die tatsächliche gesellschaftliche Pluralität, bleiben außerhalb des Blickwinkels.

Zur offensichtlich noch nicht erschöpften Diskussion des Themas liefert der angeschlossene § 81 einen wesentlichen Beitrag. Dort wird nämlich unter Bezug auf die Gottesebenbildlichkeit des Menschen der Respekt und die Hochachtung der orthodoxen Kirche hinsichtlich der grundlegenden Freiheit des Menschen betont. Sie wird wie folgt umschrieben:

> „This freedom must include both the liberty to accept and love God as revealed in Jesus Christ as well as the liberty to reject the Christian Gospel and embrace other beliefs. Hence, the Church is called at all times and in all places to witness, at one and the same time, both to a vision of the human person as transfigured by fidelity to the will of the Father, as revealed in Jesus Christ, and also to the inviolability of the real freedom of every human person, including the freedom to reject that fidelity."[990]

Ebenfalls unmissverständlich ist das angeschlossene Bekenntnis der Kirche, dass soziale und politische Verschiedenheit als gut anzusehen sei;[991] erforderlich sei nur, dass es sich um eine wahre Freiheit des Gewissens und der freien Glaubensausübung handeln müsse. Dies führt zu einer klaren Bestimmung der Rolle, welche die orthodoxe Kirche in der Gesellschaft übernehmen möchte:

> „Her own mission is to proclaim Christ and him crucified to all peoples and at all times, and to summon everyone into the life of God's Kingdom. And this mission necessarily includes a sustained dialogue with contemporary culture, and the clear enunciation of a truly Christian vision of social justice and political equity in the midst of the modern world."[992]

Im Unterschied zur oben dargestellten Auffassung der ROK geht es hier darum, ein orthodoxes Zeugnis *in* die Gesellschaft einzubringen. Der angesprochene Dialog mit der gegenwärtigen Kultur wird den gesellschaftlichen Diskurs zweifellos bereichern können; er erscheint ausweislich der Spannung zwischen den §§ 80 und 81 aber auch als innerorthodoxer Dialog noch nicht abgeschlossen.

In § 82 wird die in § 79 begonnene Schlussbetrachtung wieder aufgenommen. Sie besteht in einer auf Joh 3,17 gegründeten Umschreibung des sozialethischen Dienstes der orthodoxen Kirche

---

990 Dokument, 110.

991 Hinzuweisen ist darauf, dass die tatsächlich ebenfalls vorhandene religiöse und konfessionelle Verschiedenheit hier nicht eingeschlossen ist.

992 Dokument, 110 f.

> „to condemn cruelty and injustice, the economic and political structures that abet and preserve poverty and inequality, the ideological forces that encourage hatred and bigotry; but it is not its calling to condemn the world, or nations, or souls“[993].

Dieses Zeugnis wird in mehreren Ansätzen weiter inhaltlich verdeutlicht. Zusammenfassend wird nochmals auf das Leitmotiv einer Veränderung der Welt zurückgegriffen:

> „It (= The Church, Anm. d. Verf.) speaks to all persons and every society, calling them to the sacred work of transfiguring the world in the light of God's Kingdom of love and eternal peace.“[994]

Den Abschluss bildet die neuerliche Einladung an alle Menschen guten Willens und speziell an die orthodoxen Gläubigen, in eine Diskussion über das sozialethische Dokument einzutreten, um so den Frieden und die Gerechtigkeit zu fördern und für das Gottesreich zu arbeiten.[995] Eine besondere Aufgabe falle dabei den orthodoxen Seminaren, Universitäten, Klöstern, Pfarreien und angeschlossenen Institutionen zu. Es gehe darum, die Aufgabe fortzusetzen, die mit der Heiligen und Großen Synode von Kreta begonnen worden sei, nämlich dem Willen Gottes in seiner Kirche und in der Welt zu entsprechen.

---

[993] Ebd., 111.

[994] Ebd.

[995] Eingeschoben ist ein bereits in § 29 behandeltes Anliegen, dessen Bedeutung dadurch nachhaltig unterstrichen wird; vgl. ebd.: „To this end, the revitalization of the order of the diaconate, male and female, may serve as an instructive way of assimilating and applying the principles and guidelines proposed in this statement.“

C. Ergebnis und Ausblick

1. Eine Auseinandersetzung mit dem sozialethischen Dokument aus katholischer Perspektive

In seinem Vorwort zum sozialethischen Dokument hat Erzbischof Elpidophoros von Amerika die orthodoxen Gläubigen, aber auch Christen anderer Konfession und alle Menschen guten Willens aufgefordert, sich mit dem Text auseinanderzusetzen und in einen Diskurs über ihn einzutreten. Von dieser im Lauf der Darlegungen noch mehrfach anklingenden Einladung fühlte sich der Verfasser dieser Untersuchung, ein Angehöriger der römisch-katholischen Kirche, angesprochen. Dabei war und ist zu berücksichtigen, dass das sozialethische Dokument primär von Orthodoxen für Orthodoxe und als Hilfe zu deren Auseinandersetzung mit den Herausforderungen der modernen Welt geschrieben worden ist. Damit war die erste Leitlinie vorgegeben. Es sollte in dieser Untersuchung primär darum gehen, als Angehöriger einer Kirche westlicher Prägung den im Geist der orthodoxen Tradition des Christentums verfassten Text zu erfassen und in seiner Bedeutung zu würdigen.

Zu den Aufträgen an die mit der Abfassung des sozialethischen Dokuments beauftragte Kommission zählte, die von der Heiligen und Großen Synode von Kreta 2016 begonnene Auseinandersetzung mit der modernen Welt fortzuschreiben. Darin wird als Anliegen greifbar, die durch die Synode vorsichtig eingeleitete Öffnung der orthodoxen Kirche für die Realitäten der modernen Welt nicht zu einer Momentaufnahme werden zu lassen. Während der jahrzehntelangen Vorbereitungsphase der Synode hat sich die Welt massiv verändert. Darauf konnten die vorkonziliaren panorthodoxen Konferenzen und die Synode selbst nur bedingt reagieren. Angesichts einer Fülle neuer Fragen und Herausforderungen bedurfte es zusätzlicher Anstrengungen, um der Kirche und ihren Gläubigen zukunftsgerichtete Impulse zu vermitteln. Dazu sollte das sozialethische Dokument eine bedeutsame Facette beitragen. Für die Auseinandersetzung mit dem vorgelegten Text ergab sich daraus die Aufgabe, den in ihm selbst und in seinen Begleitmaterialien herausgestellten Bezug auf die Heilige und Große Synode von Kreta ernst zu nehmen. Im Rahmen dieser Untersuchung wurden deshalb die von ihr verabschiedeten Dokumente zu einem Vergleich herangezogen. Ebenfalls in Vergleiche einbezogen wurden bereits früher seitens der Russischen Orthodoxen Kirche publizierte Dokumente sozialethischen Gehalts, um die Frage nach Kontinuitäten bzw. neuen Akzenten beantworten zu können. Zugänge zur Gedankenwelt und zum Verständnis des sozialethischen Dokuments eröffnen nicht zuletzt die vielfältigen Beiträge und Veröffentlichungen des Ökumenischen Patriarchen Bartholomaios und vieler orthodoxer Theologen. Ein Versuch, die darin niedergelegte Vielfalt an Positionierungen und Darlegungen orthodoxer Theologie zum weiten Themenspektrum des Dokuments vollständig zu erfassen, war weder beabsichtigt, noch wäre er überhaupt möglich gewesen. Die Einbeziehung einer Auswahl von Beiträgen der Hierarchen und Theologen diente vielmehr dem Ziel, sich dem Text in dem Horizont zu nähern, dem er zugehört, nämlich dem der Orthodoxie.

Dabei ist klar, dass der Verfasser das Dokument und seine Bezüge aus einer anderen, nämlich einer römisch-katholischen Perspektive liest und interpretiert. Bewusst zurückgestellt wurde allerdings ein Vergleich mit sozialethischen Aussagen aus westlichen Kirchen, insbesondere mit denjenigen der katholischen Kirche. Einen solchen an den Anfang des Diskurses zu stellen, hätte m. E. bedeutet, den zweiten Schritt vor dem ersten zu tun. Stattdessen wurde das Projekt in der Hoffnung durchgeführt, nichtorthodoxe Leser für das soziale Ethos der orthodoxen Kirche zu interessieren und ihnen Zugänge zu eröffnen. Im Sinn des von Erzbischof Elpidophoros von Amerika angeregten Diskurses in einem weiten Blickwinkel dürfte es auch für Orthodoxe nicht irrelevant sein zu erfahren, was ein Angehöriger einer anderen, aus denselben apostolischen Wurzeln stammenden Kirche in diesem orthodoxen Zeugnis einer Auseinandersetzung mit der modernen Welt wahrnimmt. Die im Dokument behandelten ethischen Themen sind ja nicht solche, die nur für orthodoxe Gläubige bedeutsam wären, sie betreffen Christen anderer Konfession, Angehörige anderer Religionen und Nichtglaubende in gleicher Weise. Fragen globaler Bedeutung bedürfen globaler Antworten. Um sie zu finden, ist ein Diskurs notwendig, der nicht nur in die Tiefe der vorhandenen Problemstellungen vordringt, sondern sich auch der ganzen Bandbreite menschlicher Wirklichkeit und Erfahrung stellt. Mit dem sozialethischen Dokument ist dazu eine weitere Positionierung aus der orthodoxen Kirche zur Verfügung gestellt worden. Darin liegt ein Dienst an den orthodoxen Gläubigen, der zugleich Kirchengrenzen überschreitet.

2. Das sozialethische Dokument im Licht seiner Zielsetzung

2.1 Globale Orientierung

Obwohl das Dokument keinen ausdrücklich dem Thema „Globalisierung" gewidmeten Abschnitt enthält, ist seine Grundausrichtung so konsequent global gestaltet, dass darin ein Element seiner Zielsetzung erkannt werden kann. Der Horizont sollte gegenüber einer nationalen Betrachtungsweise geweitet werden. Die sich daraus ergebende globale Ausrichtung des Textes bezieht sich zum einen auf die inzwischen weltweite Verbreitung der Orthodoxie. Damit wird die orthodoxe Diaspora samt ihren spezifischen Erfahrungen und Herausforderungen aufgewertet und erfährt eine angemessene Wahrnehmung neben Ländern mit mehrheitlich orthodoxer Bevölkerung. Die konsequent „Nation" überschreitende Sichtweise führte zu Neubewertungen im Zusammenhang einer ganzen Reihe von Einzelthemen. Dazu gehört eine Aktualisierung der Rolle der Kirche in Gesellschaft und Staat in Abschnitt II, die aus einer Relativierung historischer Gegebenheiten des Byzantinischen Reichs für die heutige Orthodoxie erwächst. Die Absage an eine „Byzantinisierung" als Erwartungshorizont im ökumenischen Dialog vermag diesem Impulse zu geben. Ähnliches gilt für die Begegnung der Orthodoxie mit anderen Religionen und Kulturen. Im Abschnitt VI konnte so die Thematik „Inkulturation" – in dieser Form wohl erstmals in einem offiziellen Dokument der orthodoxen Kirche – aufgerollt werden. Vor allem aber wird für die Leser des Dokuments wahrnehmbar, dass sich die Orthodoxie bei Themen, die das alltägliche Leben der Menschen berühren, zu Wort melden kann und will. Das gilt insbesondere auch bei Herausforderungen, die eine internationale Größenordnung haben. Insofern hatte das Ökumenische Patriarchat mit seiner in Jahrzehnten sukzessiv entwickelten internationalen Neuausrichtung eine Vorreiterrolle übernommen, die jetzt verstärkt in die Orthodoxie zurückwirken kann.

Das führt zu einem zweiten Aspekt globaler Ausrichtung des Dokuments. Kein einziges der im Text fokussierten Themen macht an nationalen oder an territorialen Grenzen einer einzelnen autokephalen Kirche halt. Keine der Darlegungen ist inhaltlich auf ein bestimmtes Land oder eine einzelne Region begrenzt. Diese grundsätzliche Offenheit manifestiert sich bereits in Abschnitt I, wo die verschiedenen politischen

Eventualitäten, unter denen die Kirche ihrer Sendung nachkommt, so umfassend umschrieben wurden, dass es weltweit wohl keine Modalität gesellschaftlicher Gestaltung gibt, die vom Text nicht erfasst wird. Ein ähnlich weiter Blickwinkel war auch bei der Behandlung der folgenden Einzelthemen zu beobachten, gleich, ob es sich etwa um die unterschiedlichen wirtschaftlichen Voraussetzungen in Industrienationen bzw. Entwicklungsländern (vgl. Abschnitt IV) oder um die Wahrnehmung der vollen Bandbreite christlicher Konfessionen oder nichtchristlicher Religionen in Abschnitt VI handelt. Lediglich an einigen wenigen Stellen wird greifbar, dass den Autoren spezifische Verhältnisse in den USA vor Augen gestanden haben. Aber selbst hier wird in der Formulierung des Textes der Blickwinkel sofort wieder auf internationale Zusammenhänge geweitet: Die Hinweise etwa in Abschnitt IV, § 36 hinsichtlich der prekären Lage von Arbeitern ohne Arbeitserlaubnis scheinen eine diesbezügliche Diskussion in den USA widerzuspiegeln. Dieser Gruppe von Betroffenen wird allerdings im selben Satz der Hinweis auf die vergleichbare Situation von buchstäblich versklavten Frauen in Entwicklungsländern hinzugefügt. Ähnliches gilt für die Akzentuierung unzureichender sozialer Sicherungssysteme in Abschnitt IV, § 38. Dazu gibt es eine aktuell besonders intensive Diskussion in den USA, jedoch ist das Problem keineswegs auf dieses Land beschränkt. Ein drittes Beispiel betrifft die in Abschnitt V, § 46 behandelte Gewissensentscheidung bezüglich einer Teilnahme von Soldaten an ethisch problematischen Militäraktionen. Die Darlegungen erinnern zwar deutlich an eine in den USA geführte Diskussion um die moralische Rechtfertigung des Irakkrieges, doch ist die zur spezifischen Gewissensentscheidung aufgestellte Regel ganz allgemein formuliert. Im Ergebnis stellt keines dieser Beispiele ein Abweichen von einer konsequent internationalen, ja globalen Betrachtungsweise dar. Eine solche Ent-Grenzung von Fragestellungen ethischer Relevanz wird wohl nirgends eindrücklicher greifbar als in der Auseinandersetzung mit dem technologischen Fortschritt, mit Veränderungen in der zwischenmenschlichen Kommunikation oder mit der Dringlichkeit zur Bewahrung der Schöpfung. Initiatoren wie Autoren des sozialethischen Dokuments haben diese und ähnliche Herausforderungen allgemeiner Bedeutung angenommen und eine spezifisch orthodoxe Bewertung vorgenommen. Daraus vermag ein Signal an die gesamte Orthodoxie auszugehen, nämlich den Horizont gegenüber einer oft fast ausschließlich nationalen Betrachtungsweise zu weiten und sich in größere, ja globale Zusammenhänge einzubringen.

2.2 Antwort auf die „Zeichen der Zeit"

Bereits die Enzyklika des Ökumenischen Patriarchen vom Dezember 2017 verwies für das anstehende Projekt auf die „Zeichen der Zeit". Zu diesen Zeichen gehört, dass die Gläubigen in Gesellschaften leben, die von vielfacher Pluralität gekennzeichnet sind: einer Pluralität von Meinungen, Strömungen, Sicht- und Interpretationsweisen; einer Pluralität von christlichen Konfessionen, von Religionen und Weltanschauungen; einer Pluralität gesellschaftlich relevanter Akteure, zu denen auch die Kirchen zählen. Auf dieses Zeichen der Zeit wurde in Abschnitt III, § 15 mit eindeutiger Anerkennung und mit einer Ermutigung der Gläubigen zu aktiver, positiver Ausgestaltung des Gemeinwohls im Rahmen demokratischer Verhältnisse geantwortet. Damit verzichtet die orthodoxe Kirche darauf, eine exklusive Form von Deutungshoheit zu beanspruchen, wie sie historisch vielleicht einmal einer einzelnen Kirche zugekommen und durchsetzbar gewesen sein mag (vgl. dazu auch u. a. die Absage an eine „debilitating and in many respects fantastical nostalgia for some long-vanished golden era" in Abschnitt II, § 10). Die Konsequenz daraus ist, nicht länger auf einem bestimmten geschichtlichen „Besitzstand" von Kirche zu beharren, sondern vielmehr die Gläubigen, ihre Fragen und Probleme zu fokussieren.

2.3 Die pastorale Ausrichtung des Dokuments

Die Ausrichtung auf die Gläubigen stellte den wohl wesentlichsten Teil des Auftrags an die das Dokument erarbeitende Kommission dar. Die drängenden sozialen Probleme der Gläubigen sollten angegangen werden; es sollte eine pastorale Antwort als Ausdruck eines orthodoxen Zeugnisses in der modernen Welt formuliert werden. Dieser Aufgabe hat sich die Kommission ausweislich ihrer Ausführungen zur pastoralen Dimension des Projekts im Vorwort bereitwillig gestellt. Die Untersuchung hat aufgezeigt, dass und wie diese pastorale Antwort im sozialethischen Dokument konsequent erarbeitet worden ist. Dazu wurde zunächst die Zahl der Themen begrenzt, um eine Auseinandersetzung der Gläubigen mit dem Text durch Konzentration auf das Wesentliche und durch einen gut zu bewältigenden Umfang zu erleichtern. Die Sprache des Dokuments ist auf das Ziel angelegt, zu erklären und zu überzeugen. Nur an ganz wenigen Stellen, etwa bei der Thematik „Schutz der Kinder vor Missbrauch“ im Abschnitt III, ist die Sprache diejenige einer autoritativen Weisung. Aber nicht nur formal, sondern auch inhaltlich steht das pastorale Anliegen im Mittelpunkt des Textes. Lediglich für eine überschaubare Anzahl von ethischen Problemen wurde im Sinn einer bestimmten Lösung entschieden, dann nämlich, wenn ein ethischer Wert letztlich nur auf eine Weise beobachtet werden kann (etwa im Bereich „Schutz des Lebens“). Hinzuzuzählen sind allerdings einige Lebenssituationen, in denen vor allem die kanonische Ordnung der Orthodoxie keine Spielräume zulässt. So schweigt der Text des Dokuments bezeichnenderweise zur Thematik nichtehelicher Lebensgemeinschaften, weil die Synode von Kreta ein aus den Kanones abgeleitetes kategorisches Verbot solcher Lebensgemeinschaften jüngst erst bekräftigt hatte. Dasselbe gilt für das Verbot einer Eheschließung bei Religionsverschiedenheit. Insoweit stehen die Vorgaben der Synode im Raum.

Wo immer sich demgegenüber Spielräume zeigten, wurde keine Entscheidung diktiert, sondern die Wahl der ethisch richtigen Lösung den unmittelbar Betroffenen, d. h. den Gläubigen, überlassen. Beispiele hierfür sind etwa die Ausführungen zur Verwendung von Verhütungsmitteln, zum sexuellen Umgang von Ehepartnern oder zu ethisch zugespitzten Entscheidungen im medizinischen Bereich. Korrespondierend zu diesen weiten Entscheidungsspielräumen verlagerte sich im sozialethischen Dokument der Dienst der Kirche von einem Entscheiden hin zu einem „Orientierung bieten“. In den Begleitmaterialien wurde deshalb mehrfach der Begriff „Leitlinien“ gebraucht, um den wegweisenden Charakter des sozialethischen Dokuments zu umschreiben. Im abschließenden Abschnitt IX, § 79 wird das Dokument zusammenfassend als Einladung an die Gläubigen präsentiert, in eine weitergehende und vertiefte Reflexion über die im Text vorgestellten ethischen Umgangsweisen mit den Problemen der modernen Welt einzutreten. Dieser offenen Sichtweise entsprechend stand im Vordergrund, glaubensmäßig und theologisch relevante Zusammenhänge aufzuzeigen, Probleme zu identifizieren, Situationen zu differenzieren und Werte zu fokussieren. Im Rahmen dieser Methodik wurden die Gläubigen auf einfache und wirksame Art als das anerkannt, was sie sind: mündige Christen, die in der Lage sind, aus ihrem Glauben heraus ethisch gute Entscheidungen zu treffen. Ihnen wird zugetraut, dass sie zur Meinungsbildung oder Entscheidungsvorbereitung angebotene Hilfen ihrer Kirche sachgerecht und eigenverantwortlich einbeziehen. Diese Sichtweise motiviert und stimuliert zu einem ethisch bewussten Handeln.

Der pastoralen Ausrichtung des Dokuments entsprechend sind die Gläubigen im Text auf eine spezifische Art und Weise angesprochen. Ein wesentliches Element dabei ist das Motiv ihrer Ermutigung. So werden die Gläubigen z. B. in § 61 ermutigt, die „Sprache der Menschenrechte“ ohne Bedenken aufzugreifen, wenn es darum gehe, Gerechtigkeit und Frieden unter den Völkern oder Nationen zu fördern oder den Schwachen gegen den Mächtigen zu verteidigen, den Unterdrückten gegen den Unterdrücker, den Mittellosen gegenüber dem, der ihn ausbeutet. In § 71 ist eine Ermutigung der Christen zu einer vorurteilsfreien Einstellung gegenüber wissenschaftlicher Forschung sowie zur Aufnahme einer wissenschaftlichen Ausbildung ausgesprochen. Weiterhin ermutigt die Kirche die Gläubigen, Forschungsergebnisse dankbar anzunehmen, selbst wenn deshalb manche Vorstellungen revidiert werden müssten. Mehrfach wird den Gläubigen wie z. B. in § 68 ermutigend zugesichert, dass sie zu einer Verwandlung der Welt beitragen könnten. Das Gewicht solcher Ermutigung erhellt die Tatsache, dass allein das Wort „encourage“/„encouragement“ im Text insgesamt zwölf Mal in einem positiven Sinn gebraucht wird.

Eine ähnliche Bedeutung hat das Motiv des Dankes, der in erster Linie Gott gilt. In § 12 dankt die Kirche Gott für den kulturellen Reichtum und das Geschenk friedlicher Koexistenz in der modernen Gesellschaft. In § 13 dankt die Kirche für die Verringerung ihrer Einbindung in die Politik, weil ihr das ermögliche, der kirchlichen Sendung zu allen Nationen und Menschen besser nachzukommen. In § 72 ist festgehalten, dass man Gott für die Einsichten danken müsse, die er Forschern schenke. Allein in § 74 wird fünf Mal das Wort „thanksgiving“ verwendet.

Dank und Dankbarkeit haben aber nicht nur als Ausdruck einer Haltung der Kirche oder der Gläubigen ihren Platz im sozialethischen Dokument gefunden. In sogar noch größerer Intensität findet sich darin „Dank“ in einem spezifisch theologischen Sinn, nämlich als eucharistische Danksagung. Die konsequent pastorale Ausrichtung des Dokuments zeigt sich nicht zuletzt darin, dass immer wieder auf die zentrale Bedeutung der Eucharistie für die Gemeinschaft mit Gott und der Menschen untereinander verwiesen wird. Nicht wenige Themenbereiche sind in einer eucharistischen Interpretation erschlossen. Bereits in § 1 der theologischen Einleitung ist der menschliche Dienst gegenüber Gott als doxologisch bzw. als „Eucharistic in character“ umschrieben. Davon ausgehend entfaltet das eucharistische Motiv seine Bedeutung für das gesamte Dokument. Folgende Beispiele seien genannt:

- In Abschnitt II, § 8 werden die vielfältigen Formen gesellschaftlich-sozialen Miteinanders betrachtet. Das für die Christen in einer derartigen Vielfalt von Lebensumständen Verbindende wird in der Feier der Eucharistie erkannt, wobei zugleich ihre eschatologische Komponente eine Ausdeutung erfährt.
- Abschnitt VIII, § 74 handelt vom eucharistischen Selbstverständnis der Kirche und ihrer Sendung in der Welt. Wenn der Mensch lerne, die Ressourcen der Erde in einem wahrhaft eucharistischen Geist zu nutzen, könne er die Schöpfung nicht länger als etwas behandeln, das getrennt von ihm sei, nämlich als Gebrauchsgut oder als Besitz. Damit bietet die Textpassage eine eucharistische Interpretation des asketischen und dankbaren Umgangs mit der Schöpfung.
- In Abschnitt VIII, § 78 sind ein „ascetic ethos" sowie ein „Eucharistic spirit" hervorgehoben. Beide Aspekte wollen nicht nur einen Zusammenhang erklären; sie werden vielmehr als Grundlage einer inneren Haltung des Menschen präsentiert, aus der heraus Positives für die Schöpfung bewirkt werden kann.

Die Bedeutung der Eucharistie findet ihren sprechenden Ausdruck in der Tatsache, dass verteilt über den Text des Dokuments das Wort „Eucharist"/„eucharistic" nicht weniger als 17 Mal verwendet wird.

Neben Dank und (eucharistischer) Danksagung findet der Gesichtspunkt „Freude" eine intensive Würdigung. Er wird bereits in der theologischen Einleitung herausgearbeitet, z. B. in § 5 („a life of joy") und in § 8 („into the joy of God's Kingdom"). Insoweit ist eine Freude angesprochen, die aus eschatologischer Hoffnung erwächst. Aber auch mit Blick auf die alltäglichen Lebensverhältnisse wird die Bedeutung von Freude akzentuiert, dort vor allem im Blick auf die Kinder (so z. B. in § 16: „spontaneous joy" kleiner Kinder; in § 17: ihre „joy on simple things"). In § 23 – und ähnlich in § 26 – ist die Sorge der Eltern für ihre Kinder als „great joy in itself" trotz notwendiger Einschränkungen oder Opfer gewürdigt. Jenseits des familiären Bereichs gilt „Freude" angesichts der erreichten Fortschritte in der Wissenschaft als angebracht (vgl. § 71). In § 78 gelten Dankbarkeit, Staunen, Hoffnung und Freude trotz massiver ökologischer Probleme als angemessene Haltungen, weil aus ihnen die Bereitschaft wachse, der Schöpfung zu dienen. In § 80 sind Hoffnung und Freude als prophetisches Zeugnis gewürdigt. Obwohl die Probleme und Herausforderungen der Zeit gewichtig sind, wird sogar dem Lob in der Auseinandersetzung mit ihnen Raum gegeben. So ist z. B. in § 34 festgehalten, dass anerkennendes Lob der Kirche dann zu zollen sei, wenn die

Ausgestaltung der sozialen Bedingungen einer Gesellschaft dies zulasse. In § 67 werden diejenigen Nationen gelobt, die sich bereitfinden, Flüchtlinge und Migranten aufzunehmen. Weiterhin lobt die Kirche alle Beiträge zum Wohlergehen der Menschheit und der Schöpfung; sie ermutigt die Forscher zugleich in ihrem Bemühen, Leid überall zu lindern (vgl. § 71).

Die voranstehend herausgehobenen textlichen Motive der Ermutigung, der Dankbarkeit und (eucharistischen) Danksagung, der Freude und des Lobes tragen je das Ihre zu einer positiven Grundstimmung des gesamten Dokuments bei. Zwar werden Probleme und sogar Versagen mit klaren Worten identifiziert, an unzuträglichen Verhältnissen wird eine Kritik geübt, deren Deutlichkeit nichts zu wünschen übrig lässt. Solche Aspekte stehen jedoch in aller Regel nicht isoliert. Das Bemühen um eine differenzierte Wahrnehmung eröffnet weiten Spielraum, auch Entwicklungen zum Guten und Ansätze zur Verbesserung in den Blick zu nehmen und diese positiv zu verstärken. So können eine differenzierte Betrachtungsweise und eine positive Grundstimmung als Charakteristika des sozialethischen Dokuments gelten. Letztere wird durch einen theologischen Aspekt noch bedeutend verstärkt: die immer wieder bekräftigte, hoffnungsvolle Aussicht auf eschatologische Vollendung menschlicher Bemühungen im Reich Gottes.

Die pastorale Ausrichtung des sozialethischen Dokuments hat sich noch in anderer Weise niedergeschlagen. Sie äußert sich zunächst in einer charakteristischen Wortwahl für das kirchliche Handeln, bei der ein beträchtlicher Variantenreichtum und eine Differenzierung je nach Adressat festzustellen ist. So wurde z. B. in Abschnitt III, § 15 dargelegt, dass der kirchliche Dienst in „begleiten", „anbieten", „sorgen" und „vorschlagen" bestehen müsse. Angesichts von Armut und Ungerechtigkeit sind vom Gesetzgeber Verbesserungen zu fordern, die Reichen sind an ihre moralische Verantwortung zu erinnern (vgl. § 36). Ganz ähnlich sind „fordern" und „erinnern" Handlungsweisen, die in §§ 37, 38, 40 und 41 mit je spezifischen Bezügen angesprochen sind. In Abschnitt VII, § 65 wird die ethische Verpflichtung der Kirche betont, „moderne Sklaverei" aufzudecken und Beiträge zu leisten, dieses Übel auszurotten. Notwendig seien Beiträge zu einer globalen Bewusstseinsbildung. Ähnliches wird in §§ 66 und 67 hinsichtlich der Migranten betont. Auch hier ist die Reaktionsweise der Kirche je nach Adressatengruppe unterschiedlich bestimmt: Es sei Pflicht der Kirche, Migranten und Flüchtlinge zu verteidigen; die Gläubigen seien an deren Schicksal zu erinnern; an die Mächtigen müsse appelliert werden.

Von pastoralen Gesichtspunkten bestimmt erweist sich weiterhin die Fokussierung ganz bestimmter Personengruppen, auf deren Lage das jeweilige seelsorgliche Handeln ausgerichtet ist. So werden z. B. in § 16 Gefahren für die Unversehrtheit von Kindern identifiziert. Eingefordert wird nicht nur eine effektive Prävention gegenüber Kindesmissbrauch, sondern auch größte Entschiedenheit hinsichtlich einer strafrechtlichen Ahndung solcher Verbrechen sowie bei deren Behandlung im spirituellen Bereich. Weitere Gefahren, denen Kinder ausgesetzt sind, werden in globalem Blickwinkel behandelt; als geeignete Mittel, um Verbesserungen zu erreichen, gelten Appelle an Regierungen, wohltätige Hilfsmaßnahmen, Unterstützung von Adoptionen und eine Interessenvertretung betroffener Kinder. Die pastorale Aufmerksamkeit wurde weiterhin verstärkt Menschen in besonderen Lebenslagen zugewandt, z. B. in § 21 (gemischtkonfessionelle Ehen), § 22 (Geschiedene), § 23 (Sorge für alleinerziehende Elternteile in materieller, emotionaler und spiritueller Form), § 25 (Sorge für ungewollt schwangere Frauen, denen materielle und emotionale Unterstützung, spirituelle Hilfe und die Gewissheit von Gottes Liebe zu vermitteln sei), § 26 (Stärkung und Begleitung von Trauernden), § 28 (alleinstehende Personen). Gerade die anhand der genannten Beispiele illustrierte Fülle pastoraler Handlungsweisen mit Blick auf besondere Lebenslagen lässt in Einzelfällen allerdings auch im Text vorhandene Lücken deutlich hervortreten. Solche Defizite wurden in § 30 hinsichtlich der älteren Menschen, ihrer Angehörigen und fachlich qualifizierten Betreuer aufgezeigt. Bei der Untersuchung von § 31 war festzustellen, dass der dort behandelte pastorale Umgang mit Sterben und Tod erheblich hinter Ansätzen zurückbleibt, wie sie in der orthodoxen Theologie entwickelt worden sind.

Schließlich wurden im sozialethischen Dokument zahlreiche neue Felder kirchlichen und seelsorglichen Handelns identifiziert bzw. konkretisiert. Um auf ihnen wirksam werden zu können, bedarf es entsprechend differenzierter und neu justierter Szenarien. So folgt z. B. aus der in § 14 umschriebenen, auf das Gemeinwohl ausgerichteten Zusammenarbeit von Kirche und Staat auch die Entwicklung spezifischer Handlungsoptionen, die in pluralen Gesellschaften wirksam sind. Entsprechendes gilt für die Aufforderung an die Gläubigen zu wertorientiertem Handeln, das eine differenzierte Methodik impliziert, um die nötige Breitenwirkung innerhalb des gesellschaftlichen Pluralismus zu erreichen. Als sehr ausbalanciert haben sich auch die Ausführungen in Abschnitt V erwiesen, wo Krieg und Gewalt in ihrer zerstörerischen Wirkung aufgezeigt wurden. Als Reaktion darauf seien Gebet und Unterscheidungsvermögen ebenso nötig wie das aufrichtige Bemühen um Versöhnung, Vergebung und Heilung. Die Kirche sei aufgerufen, allen Betroffenen unablässig ihren Dienst zur geistlichen Heilung solcher Verwundungen anzubieten, und zwar gleichermaßen den Opfern von Gewalt wie den Gewalttätern (vgl. § 47). In § 69 ist festgehalten, dass medizinisch-technischer Fortschritt zu erwägen und zu evaluieren sei, sowohl hinsichtlich praktischer Aspekte wie auch der moralischen Begleiterscheinungen. § 72 zufolge solle die seelsorgliche Praxis von dem geprägt sein, was in den letzten Jahrhunderten über die Komplexität menschlicher Motivationen und Wünsche sowie über verborgene physische und psychische Ursachen einschließlich genetischer, neurobiologischer, biochemischer und psychologisch-traumatischer Zusammenhänge erkannt wurde, die oft zum menschlichen Verhalten beitragen. Eine sachgerechte Unterscheidung ermögliche die Umschreibung einer dem Menschen dienenden Pastoral. In einer Welt, die von Tod und geistlicher Unordnung geprägt ist, könne ein feines Gespür für die tatsächlichen Ursachen den Seelsorgern helfen, die Notlagen der ihnen anvertrauten Menschen zu verstehen, sie zu gewinnen und zu heilen. Deshalb sollten die Seelsorger bereit sein, von denen zu lernen, die Geist und Körper des Menschen erforschen. Anzumerken ist, dass die insoweit geforderte Weiterentwicklung der Bandbreite pastoraler Tätigkeit mittelbar mit deutlich erhöhten Anforderungen an die Ausbildung der Seelsorger einhergeht, bezogen etwa auf den Bereich der Gesprächsseelsorge, auf Einblicke in gesellschaftliche Zusammenhänge, auf Fortbildung über den theologisch-spirituellen Bereich hinaus, dabei insbesondere in Pastoralmedizin oder Pastoralpsychologie.

Zusammengenommen belegen die im sozialethischen Dokument herausgearbeiteten Handlungsoptionen eine beträchtliche Differenzierung pastoraler Bemühungen hinsichtlich betroffener Personen, bestimmender Situationen und der jeweils zu leistenden Dienste. Daraus können kräftige Impulse für das seelsorgliche Wirken der Kirche insgesamt erwachsen.

2.4 Ein Dokument im Licht der Heiligen und Großen Synode

Bereits im Auftrag des Ökumenischen Patriarchen an die vorbereitende Kommission war enthalten, dass das zu erarbeitende Dokument im Licht der Synode von Kreta stehen sollte. Die Enzyklika des Ökumenischen Patriarchen vom Dezember 2017 stellte die Bedeutung eines orthodoxen Zeugnisses in der modernen Welt heraus, eine Formulierung, die an den Titel des Synodendokuments „The Mission of the Orthodox Church in Today's World" angelehnt ist. Auch der „Letter of Approval" vom 18. Januar 2020 versäumte nicht, daran zu erinnern, dass das sozialethische Dokument im Geist und im Kontext der Entscheidungen der Heiligen und Großen Synode von Kreta zu verfassen und dabei deren Lehre weiterzuentwickeln, zu pflegen und zu verbreiten war. Damit zählt der Verweis auf die Texte der Synode zu den herausragenden Vorgaben für die Erarbeitung des sozialethischen Dokuments. Dies gab Anlass, die einzelnen Themenbereiche jeweils mit den Synodendokumenten zu vergleichen.

Das sozialethische Dokument weist sechs direkte Zitate aus Texten der Heiligen und Großen Synode von Kreta auf (Abschnitt III, § 21 aus dem Dokument über die Ehe; Abschnitt VI, § 50 aus der Enzyklika; § 51 aus dem Ökumene-Dokument; § 59 aus der Enzyklika; Abschnitt VII, §§ 64 und 67, beide aus der Enzyklika). Wesentlich häufiger konnten Querbezüge in Gestalt von Stichwortgemeinsamkeiten und gedankliche Parallelen beobachtet werden. Die daraus resultierende Schnittmenge zwischen den Synodentexten und dem sozialethischen Dokument ist jedoch gering, da die Querbezüge für letzteres nachrangige Bedeutung haben und in eine durchaus eigenständige Argumentation eingebaut sind. Damit präsentieren sich solche Bezüge in aller Regel als Ausgangspunkt für Weiterentwicklungen, wie sie im „Letter of Approval" angesprochen sind. Insgesamt erweist sich das sozialethische Dokument als ein gegenüber den Synodendokumenten völlig eigenständig entwickelter Text.

Anhand einiger Beispiele sei im Folgenden die Bandbreite an Positionierungen illustriert, die sich im sozialethischen Dokument hinsichtlich der Synodentexte niedergeschlagen haben:

- Das sozialethische Dokument schweigt über die Thematik „nichteheliche Lebenspartnerschaften" und „religionsverschiedene Ehen", deren kategorisches Verbot jeweils von der Synode bekräftigt wurde (vgl. §§ 20 und 21). Die Gelegenheit zu pastoralen Erwägungen wurde nicht genutzt.

- In § 23 wird das Stichwort „Erziehung“ lediglich genannt, aber nicht ausgeführt, obwohl (oder weil?) die Enzyklika der Synode unter Nr. IV der „Erziehung gemäß Christus“ einen eigenen kleinen Abschnitt gewidmet hat, der allerdings sehr kritisch gehalten ist und Stereotypen bemüht.
- Die Enzyklika der Synode widmete in Nr. 15 dem Thema „Globalisierung“ einen ganzen Abschnitt. „Globalisierung“ kommt dagegen im wirtschaftsethischen Abschnitt des Dokuments als Phänomen überhaupt nicht und als Begriff nur ganz nachrangig in den Blick (vgl. §§ 36 und 37).
- In § 63 wurden die Menschenrechte als „universell“ gewertet, insoweit abweichend von § 16 der Enzyklika der Heiligen und Großen Synode.
- Die sehr konkreten Feststellungen der Synode zu den Folgen von religiös konnotierten Konflikten im Nahen Osten sowie zu den notwendigen Maßnahmen zu deren Überwindung (vgl. Synodos [wie FN 18], 37 f. und 44 f.) haben in Abschnitt V des sozialethischen Dokuments keine Berücksichtigung gefunden. Sie sind allerdings in den übergeordneten Ansatz von § 64 gleichsam subsumiert, da dort ein Lernprozess für alle Kirchen, Religionen und Gesellschaften gefordert wird, der Religionsfreiheit im Kontext von Pluralismus und Toleranz sieht und auf gesellschaftlichen Zusammenhalt zielt.
- Die Synode von Kreta behandelte das Thema „digitale Kommunikation“ in Nr. 8 des Dokuments „Der Auftrag der Orthodoxen Kirche in der heutigen Welt“. Demgegenüber erscheint die Behandlung in § 70 deutlich weiter entwickelt. Die Zusammenfassung in einem gesonderten Abschnitt wird der Bedeutung moderner Kommunikationsmedien gerecht. Die Sicht auf mit ihnen verbundene Vorteile bzw. Gefahren wirkt ausgeglichener und deutlich differenzierter. Nicht zuletzt verzichtet § 70 darauf, Stereotypen wie „liberal“, „Konsumismus“ und „Unmoral“ zu bemühen oder Bedrohungsszenarien („Spaltungen und Aufstände“) zu entwickeln. Die stattdessen vorgenommenen Entfaltungen zum synodalen Stichwort „Manipulation der Freiheit“ stehen der Realität deutlich näher. Auch die Betonung von Wachsamkeit und pastoraler Sorge angesichts der rasanten technologischen Entwicklung erscheint als angemessene Reaktion.

3. Das sozialethische Dokument als Anwendung orthodoxer Tradition auf Probleme der modernen Welt

Ebenfalls bereits in der Enzyklika des Ökumenischen Patriarchen vom Dezember 2017 erging der Auftrag an die Kommission, die Probleme der modernen Welt im Licht der orthodoxen geistlichen Tradition zu deuten und entsprechende Wege zu weisen, mit ihnen umzugehen. Auch diese Zielsetzung wurde im sozialethischen Dokument erreicht, da es durchgängig theologisch ausgerichtet ist und dabei aus der orthodoxen Tradition in ihrer ganzen Bandbreite schöpft. Ein wesentliches Element dazu stellen zunächst die vielfachen Bezüge zur Heiligen Schrift und deren Gewicht für die Argumentation dar. Sie sind für die orthodoxen Gläubigen selbstverständlich von grundlegender Bedeutung und erleichtern zugleich einen Diskurs mit anderen christlichen Kirchen über den Inhalt des Dokuments.

Großes Gewicht entfaltet weiterhin die Lehre der Kirchenväter. Sie zeigt sich nicht nur in der Bandbreite der festzustellenden Bezüge, sondern auch in einer spezifischen Weise ihrer Interpretation. Hinsichtlich der Tradition wurde nämlich im Vorwort der Herausgeber (vgl. „Preface“, XVI) beklagt, dass manche, die vorgeben, sich für die orthodoxe Tradition einzusetzen, lediglich eine blinde und unkritische Rückwendung zur Vergangenheit betreiben, um in einer versteinerten und sentimentalen Sicht christlicher Weisungen vergangener Jahrhunderte eine Art von geschütztem Raum zu suchen. Dem wird gegenübergestellt, dass „Tradition“ nicht nur eine Erinnerung an die Worte der Väter beinhaltet, sondern dass sie auf eine lebendige und dynamische Realität verweist, die sich letztlich dem Wirken des Heiligen Geistes verdankt. Nur in diesem Verständnis einer lebendigen Tradition könne die Kirche ihren Auftrag umsetzen, die Welt mit all ihren neuen Herausforderungen zu verändern. Ohne sich dazu in theoretischen Erwägungen zu verlieren, zeigt das sozialethische Dokument ganz praktisch, wie ein solches dynamisches Verständnis der Väter einen ganz wesentlichen Impuls zur Bewältigung neuer Probleme darstellen kann. Erinnert sei insbesondere an die Ausdeutung der Lehren des hl. Maximus Confessor im zweiten Teil von Abschnitt VI hinsichtlich der Begegnung zwischen der Orthodoxie und anderen Religionen. Vielleicht noch nachhaltiger wirken die Bezüge auf denselben Kirchenvater in Abschnitt VIII, um die Verantwortung des Menschen für und in Gottes Schöpfung auf den Punkt zu bringen. Wort und Beispiel des hl. Basilius wurden in Abschnitt VIII eingebracht, um die Sendung der Christen zum Heilen und Versöhnen gegenüber allen Leidenden zu begründen. Gregor von Nyssa und sein bahnbrechender Einsatz gegen Sklaverei als gesellschaftliche Institution diente als aussagekräftiges Vorbild, um neue Formen von Sklaverei in der heutigen Welt zu identifizieren und zu beurteilen. Weitere Beispiele verwendeter Vätertexte sind dem Dokument als Referenzen beigefügt. Die Lebendigkeit der Tradition wurde zudem dadurch illustriert, dass nicht nur Zeugen des ersten Jahrtausends, sondern auch Väter (und eine Mutter!) des zweiten Jahrtausends herangezogen wurden, z. B. Siluan der Athonit (in Abschnitt III, § 27 und Abschnitt V, § 42) und die hl. Maria Skobtsova (im Vorwort, XVII, in Abschnitt III, § 27 und in Abschnitt IV, § 41). Weiterhin ist festzuhalten, dass sich das Gewicht der Vätertradition weniger in der Zahl der Bezüge ausdrückt, die sich sicher noch hätte vergrößern lassen, wenn beabsichtigt gewesen wäre, damit zu beeindrucken. Die tragende Bedeutung der Kirchenväter für das Dokument resultiert vielmehr aus der Treffsicherheit ihrer Auswahl und aus der Integration ihrer Gedanken in den Fluss der Argumentation. Von nicht zu unterschätzender Bedeutung sind weiterhin die im Text aufgezeigten Querverbindungen zum Symbolum und zur Liturgie. Sie erinnern Gläubige auch ohne spezifisch theologische Ausbildung daran, welche wertvollen Hinweise zur Lösung aktueller Probleme die ihnen vertrauten Texte ehrwürdigen Alters zu bieten haben. Einen kleinen „Kunstgriff" stellen insoweit die liturgischen Zitate dar, die jedem Abschnitt als Untertitel beigegeben worden sind. Sie mögen (auch) zur Erinnerung daran dienen, dass soziale Verantwortung der Kirche von Erzbischof Anastasios von Tirana und Ganz Albanien sehr prägnant als „Liturgie nach der Liturgie" qualifiziert worden ist.

Als ähnlich kreativ erweist sich der Umgang mit Kirchengeschichte. An wenigen, dafür aber prägnanten Stellen des Textes wird Kirchengeschichte herangezogen, um Entwicklungen aufzuzeigen und Kurskorrekturen zu begründen, die sich im Fluss der Zeit als notwendig erwiesen haben. So wird z. B. in § 10 als Form falscher Frömmigkeit aufgedeckt, eine vorübergehende politische Gestalt orthodoxer Vergangenheit wie das Byzantinische Reich zum Inbegriff der Kirche der Apostel zu erheben. In nur einem weiteren Satz wird dargetan, dass diese Zeitverhältnisse zwar prägend für die Orthodoxie gewesen sein mögen, dass sie aber zugleich die Kirche an lähmende Beschränkungen gebunden habe. Daraus wird der selbstkritische Schluss gezogen, dass sich die Kirche allzu oft als Instrument nationaler oder kultureller Interessen habe einsetzen lassen. Dies habe die Kirche letztlich gehindert, ihre Sendung zu erfüllen, das Evangelium allen Völkern zu verkünden. Hier wurde Kirchengeschichte in ihrer Komplexität ernst genommen, was eine sachgerechte Differenzierung unterschiedlicher Aspekte ermöglichte. Diese wiederum eröffnete die Chance, das Wesentliche der kirchlichen Sendung herauszuarbeiten und sie zum Maßstab zu erklären. Daran gemessen konnten im sozialethischen Dokument einige sentimentale Geschichtsverklärungen aufgedeckt und Fehlentwicklungen identifiziert werden. Die eigene Geschichte wurde darin zum „Lernort“, denn historische Bezüge sind im Text gezielt eingesetzt, um bei den Lesern des Dokuments Bewusstsein zu schaffen. Weitere Beispiele dieser Art ergeben sich aus der Auseinandersetzung mit dem Phyletismus des 19. Jahrhunderts und der daraus abgeleiteten differenzierten Betrachtung von „Nation“, „Ethnie“, „Kultur“ und Patriotismus (vgl. § 11) sowie mit den geschichtlichen Auswirkungen der „Symphonia“ Justinians (vgl. § 14). Den drei herausgehobenen Beispielen ist gemeinsam, dass sie in der Orthodoxie durchaus sensible Punkte betreffen. Ob alle Angesprochenen von der vorgetragenen differenzierten kirchenhistorischen Sichtweise überzeugt werden können, mag offen sein. Dennoch setzt das Dokument ein deutliches Zeichen, dass „Kirche“ ihre Identität nicht aus einer Fixierung auf die Vergangenheit bezieht, sondern aus ihrem spezifischen Weg in die Zukunft.

In § 29 wird unter dem Aspekt „gleiche Würde von Mann und Frau“ herausgearbeitet, dass die Kirche dieses Prinzip zwar immer bekannt, aber nicht immer entsprechend diesem Grundsatz gehandelt habe. Auch hier steht eine kritische Auseinandersetzung mit der eigenen Geschichte im Hintergrund. Die daraus bezogenen Einsichten wollen nicht nur informieren, sie werden vielmehr zu einigen Reformvorschlägen im weit verstandenen liturgischen Bereich verdichtet. Vergleichbar ist die Vorgehensweise in § 48, wo aufgezeigt ist, dass die Kirche ihre klare Position gegen Kapitalstrafen im Zuge einer Anpassung an Kultur und Herrscher für lange Zeit vergessen habe. Zu dieser eindeutigen Entscheidung wird als Ergebnis der Argumentation zurückgefunden. Als letztes Beispiel sei der Hinweis auf die vom hl. Basilius in Cäsarea gegründete soziale Einrichtung hervorgehoben (vgl. § 69). Bei näherer Beschäftigung mit dieser Innovation des 4. Jahrhunderts kann man entdecken, dass darin für Kranke, Arme und Hungernde in ihren jeweiligen physischen Nöten gesorgt wurde, dass damit aber auch eine spezifische Seelsorge einherging. Hier dient das geschichtliche Vorbild zur Illustration, dass es kirchliche Aufgabe sei, eine ganzheitliche Sorge für den Menschen zu entfalten. Im Ergebnis zeigt sich, dass der im Dokument festgehaltene Umgang mit der eigenen Kirchengeschichte differenziert und kritisch erfolgt. Er dient einer Fokussierung auf das Wesentliche und Zukunftsweisende.

4. Das theologische Konzept des Dokuments

Das sozialethische Dokument hat sich in der Untersuchung als theologisch ausgerichtet und „durchkomponiert" erwiesen. Der erste Hinweis darauf war bereits dem Vorwort der Herausgeber zu entnehmen, in dem auf fast fünf Seiten Text der „theological background" beleuchtet wurde, von dem sich die Kommission bei ihrer Arbeit hat leiten lassen. Bereits in dieser Passage wurde eine Reihe von theologischen Ansätzen präsentiert, die auf eine kirchliche Mitgestaltung der modernen Welt drängen, immer rückgebunden an die bereits erwähnte lebendige und dynamische Interpretation von „Tradition".

Wesentlich bestimmt erscheint die theologische Ausrichtung des Dokuments durch die ausführliche Einleitung. In ihr sind zwei Elemente zu unterscheiden:

- Einerseits konnte beobachtet werden, dass dem Stichwort „liebende Gemeinschaft" („loving communion") besondere Bedeutung zukommt. Es durchzieht – bei gelegentlichen marginalen Varianten der Formulierung – mit 19 Belegen die ganze theologische Einleitung und wird dabei in zwei Richtungen entfaltet: (1) Liebe Gottes bzw. Liebe Christi zu den Menschen und (2) Gottes- bzw. Nächstenliebe des Menschen, jeweils unter dem Aspekt einer darin begründeten liebenden Gemeinschaft zwischen Gott und Mensch bzw. der Menschen untereinander (vgl. die Zusammenstellung in Abschnitt B 1.1 a. E.). Beim Gedanken der „loving communion" handelt es sich um eine charakteristische Formulierung, die eine Querverbindung zur theologischen Konzeption des Metropoliten von Pergamon, Ioannis Zizioulas, herstellt. Insoweit wurde ein bedeutsamer Ansatz der modernen orthodoxen Theologie aufgegriffen, der auf der Ausdeutung von Gottes Liebe zu seiner Schöpfung und einer liebenden Antwort des Menschen darauf basiert.

– Diesem ersten Grundzug der theologischen Einleitung wurde ein zweiter an die Seite gestellt. Dabei handelt es sich um die in mehreren Anläufen entfaltete Herleitung sozialethischer Verantwortung der Gläubigen aus dem biblischen Gebot der Gottes- und Nächstenliebe. Damit wurde die Argumentation auf die wohl zentralste Weisung des Evangeliums zugespitzt, ergänzt durch den Aspekt „natürliche Gotteserkenntnis". Mit diesem unmittelbar aus der Heiligen Schrift erhobenen Begründungsansatz für eine Pflicht zu sozialethischem Handeln bietet die theologische Einleitung noch über den primären Adressatenkreis aus der Orthodoxie hinaus einen vertrauten Verständnishorizont auch für Christen anderer Konfession und sogar für Nichtchristen an.

Das Charakteristikum der theologischen Einleitung besteht darin, dass einerseits diese spezifische Auslegung des biblischen Gebots der Gottes- und Nächstenliebe und andererseits Elemente des auf der Bibel und der Vätertradition gleichermaßen beruhenden theologischen Konzepts von Ioannis Zizioulas miteinander verwoben worden sind. Aus dieser äußerst geglückten Verbindung bezieht die Einleitung ihre besondere Überzeugungskraft.

Eine deutliche Mehrzahl der thematischen Einzelabschnitte beginnt zusätzlich mit einer theologischen Hinführung, die zuweilen sogar mehr als einen Paragraphen in Anspruch nimmt (vgl. etwa Abschnitt III, §§ 15 und 16; Abschnitt IV, §§ 32–34; Abschnitt VII, §§ 61 und 62). Eine relative Ausnahme bildet insofern z. B. Abschnitt VII, der erst zu Ende des einleitenden § 61 auf die Schöpfung des Menschen nach Gottes Bild und Gleichnis zu sprechen kommt und diesen Aspekt in § 62 vertieft. Die Erörterung theologischer Aspekte ist jedoch keineswegs auf die einleitenden Passagen der Abschnitte begrenzt. Die Argumentation greift immer wieder auf theologische Aspekte zurück und zeigt so deren Zusammenhang mit Phänomenen der Zeit und der modernen Welt auf. Dabei hat der Bezug auf die Heilige Schrift besonderes Gewicht, regelmäßig bereichert durch Hinweise auf die Vätertheologie und die Liturgie. Es bleibt allerdings nicht nur bei einer Interpretation dieser theologischen Erkenntnisquellen. Vielmehr lässt sich eine gezielte Verwendung zentraler theologischer Aspekte oder sogar einzelner Begriffe aufzeigen, die den gesamten Text durchzieht und auf diese Weise die einzelnen Teile miteinander verbindet bzw. in einen inhaltlichen Zusammenhang bringt.

Dazu zählt die gezielte Verwendung der – je nach Textzusammenhang marginal abgewandelten – Formulierung „Kingdom of God" (vgl.

die Zusammenstellung bei der Untersuchung von § 15 a. E.). Das Stichwort erinnert den Leser immer wieder an die eschatologische Zielbestimmung menschlicher Existenz und eines auf sie ausgerichteten ethischen Handelns. Ein weiteres Beispiel stellt das Motiv der gefallenen Welt („a fallen world") dar, das an zahlreichen Stellen quer durch das Dokument eingesetzt wurde, um ethisch unzuträgliche Verhältnisse auf einfache Weise theologisch zu erklären (vgl. die Zusammenstellung bei der Untersuchung von § 42). Ein drittes Beispiel ist das Motiv einer „Verwandlung der Welt" (typisch etwa „The Christian's mission to transfigure the world" in § 69), das wiederholt und verteilt über das gesamte Dokument dazu dient, die umgestaltende und bleibende Bedeutung ethisch guten Handelns der Gläubigen zu unterstreichen und theologisch rückzubinden (vgl. die Zusammenstellung bei der Untersuchung von § 69). Diese Beobachtungen zeigen nicht nur, wie sorgfältig das Dokument formuliert ist. Die wiederholte Verwendung weniger, aber zentraler Stichworte grundsätzlicher Bedeutung ist ein bereits aus der Bibel bekanntes Stilmittel katechetischer Zielsetzung. Es wird eingesetzt, um ohne lange Erklärungen Zusammenhänge aufzuzeigen und Wesentliches auf eine Weise hervorzuheben, die sich einprägt. Bezogen auf das sozialethische Dokument eröffnet dies theologisch nicht spezifisch ausgebildeten Lesern des Dokuments einfache Zugänge zum Verständnis des Textes und dient damit letztlich dessen pastoraler Zielsetzung.

Die theologischen Ausführungen erwecken über das gesamte Dokument hinweg beim Leser den Eindruck großer gedanklicher Geschlossenheit. Das hat seinen Grund nicht nur in der erwähnten Akzentuierung zentraler theologischer Stichworte oder in deren gezielter Wiederholung. Im Verlauf der Untersuchung wurde immer wieder auf gedankliche Querverbindungen zum theologischen Konzept von Ioannis Zizioulas hingewiesen, die somit keineswegs auf die Einleitung beschränkt bleiben, sondern große Teile des Dokuments bereichern. Der Begriff „Querverbindungen" will ausdrücken, dass in keinem Fall ein direkter literarischer Bezug ersichtlich war. Die Häufung derartiger Beobachtungen bietet allerdings ein Indiz, dass die Autoren im Rückgriff auf die theologischen Entwürfe von Ioannis Zizioulas einen „roten Faden" gefunden und in die gesamte Argumentation hineinverwoben haben. Das trägt zur begrifflichen wie argumentativen Stringenz des Dokuments erheblich bei. Zu beobachten sind ähnliche – verglichen mit Zizioulas aber weniger intensive – Bezüge zu anderen Autoren; darauf wurde im Gang der Untersuchung ebenfalls hingewiesen. Aber auch diese Rückbindungen an aktuelle Beiträge orthodoxer Theologen sind so treffsicher ausgewählt und platziert, dass sie den Eindruck gedanklicher Geschlossenheit nicht abschwächen, sondern vertiefen. Ein Nebeneffekt dieser inneren Stringenz des sozialethischen Dokuments besteht darin, dass Textpassagen, in denen Kompromisse gesucht werden mussten oder zu deren Thematik noch keine „herrschende Meinung“ besteht, relativ deutlich ins Auge fallen, ebenso vereinzelte Lücken oder Brüche in der Argumentation. Darauf wird noch zurückzukommen sein.

Das bereits angesprochene dynamische Verständnis von Tradition hat sich nicht zuletzt darin niedergeschlagen, dass im Hintergrund des sozialethischen Dokuments eine intensive Auseinandersetzung mit der zeitgenössischen orthodoxen Literatur steht. Darin drückt sich die Überzeugung aus, dass „Tradition“ nicht zu einem bestimmten Zeitpunkt endet und im Zug neuerer Entwicklungen lediglich Rückschau gehalten werden müsste. Lebendige Tradition wird vielmehr in neuerer theologischer Forschung immer wieder fortgeschrieben. So repräsentiert der Text einen aktuellen Stand der orthodoxen theologischen Wissenschaft und setzt zugleich neue, weiterführende Akzente. Ein Beispiel für solche wegweisenden Akzente bieten die Ausführungen in Abschnitt VII zum Thema „Menschenrechte“. Der Text setzt sich mit einem vorhandenen theologischen Meinungsspektrum auseinander und führt die verschiedenen Argumentationslinien in einem neuen Interpretationshorizont zusammen, in dem vorhandene Divergenzen überbrückbar erscheinen. Ein weiteres Beispiel ist der theologische Entwurf im Bereich einer weit gefassten Wirtschaftsethik, der bislang weniger intensiv als andere Themen zum Gegenstand orthodoxer theologischer Durchdringung geworden ist und für den das sozialethische Dokument neue Maßstäbe setzt. Als letztes Beispiel sei noch Abschnitt VI hervorgehoben, in dem sich das Bemühen niedergeschlagen hat, aus dem vorgängigen Dialog Gottes mit dem Menschen sowie der dialogischen Verfasstheit der menschlichen Person ein theologisches Gewölbe zu bauen, das orthodoxes Bemühen um die Einheit der Kirche und die Begegnung der Orthodoxie mit anderen Kulturen oder Religionen gleichsam überspannt.

In einem gewissen Zusammenhang mit der Entscheidung für eine konsequent theologische Ausrichtung des sozialethischen Dokuments dürfte eine Beobachtung stehen, die den nichttheologischen Bereich der Argumentation betrifft. Mehrfach wurden nämlich im Text sozialwissenschaftliche Erkenntnisse ins Feld geführt, ohne dass diesen eine Referenz beigegeben wurde. Dies ist z. B. der Fall in

- Abschnitt IV, § 36 (Behauptung eines „unheiligen Zusammenwirkens“ zwischen international ausgerichteten Unternehmen und vielen Staaten zur Verhinderung eines grenzüberschreitenden Arbeitskräfteflusses); hier wäre durchaus von Interesse, woher diese Information stammt und auf welche Länder sie zutrifft.
- Abschnitt IV, § 38 (Behauptung eines Zusammenhangs zwischen exorbitanten Militärausgaben und Lücken im sozialen Sicherungssystem). Die in FN 382 mitgeteilten Zahlen aus seriösen Quellen („Stockholm International Peace Research Institute“ [SIPRI] bzw. „Organisation für wirtschaftliche Zusammenarbeit“ [OECD]) wecken Zweifel an der Existenz des in § 38 vorgetragenen Zusammenhangs; zudem erscheinen andere Ursachen zumindest als vorstellbar, so dass die monokausale Zuspitzung in § 38 zusätzliche Fragen aufwirft.
- Noch deutlicher wird das Problem in Abschnitt V, § 43. Dort wird eine Reihe unterschiedlicher Formen von Gewaltanwendung verurteilt und dargetan, dass ihre physischen, psychischen und spirituellen Folgen weit über den Kreis der unmittelbar Beteiligten hinausreichen. Diese Feststellung wird unter ausdrücklichem Bezug auf Forschungsergebnisse vorgetragen (vgl. § 43: „In fact, research confirms …“), ohne diese jedoch zu spezifizieren und eine Referenz beizufügen.

Die Beispiele zeigen, dass es mit geringem Aufwand und in gebotener Kürze möglich gewesen wäre, anhand von sozialwissenschaftlichen Forschungsergebnissen die Argumentation gegen Einwände zu sichern und in ihrer Überzeugungskraft zu stärken. Diese Wahrnehmung darf auch bei den Autoren vorausgesetzt werden. Umso mehr stellt sich die Frage, wie der konsequente Verzicht auf sozialwissenschaftliche Referenzen zu erklären ist. In FN 440 wurde auf Emmanuel Clapsis verwiesen, der solche Bezüge als nützlich herausgearbeitet hat; es sei lediglich darauf zu achten, dass sie nicht zu selektivem Umgang mit der kirchlichen Tradition und dem Glauben führen. Damit hat Clapsis Stichworte einer möglichen Erklärung für die erwähnte Beobachtung aufgezeigt: Im Hintergrund könnte die Befürchtung stehen, dass die Einbeziehung und Interpretation sozialwissenschaftlicher Erkenntnisse der konsequent kirchlichen Ausrichtung des Dokuments zuwiderläuft. Aber gibt es eine solche Gefahr? Insoweit scheint Klärungsbedarf zu bestehen.

5. Wegweisende Positionierungen und Rücksichtnahmen – die sieben thematischen Abschnitte im Fokus

Die Untersuchung des sozialethischen Dokuments hat eine ganze Reihe von klaren Positionierungen der orthodoxen Kirche aufgezeigt. Zusammen mit ihrer eingehenden Begründung bieten sie den Gläubigen vielfältige Hinweise für einen ethisch guten Umgang mit den Herausforderungen der Zeit. In einigen Textpassagen sind jedoch auch Brüche in der Argumentation, Rücksichtnahmen und Kompromisse erkennbar geworden.

Die Untersuchung des Abschnitts II „Kirche im öffentlichen Bereich" hat gezeigt, dass nicht nur das Verhältnis von Kirche und Staat, sondern die Rolle der Kirche in der Gesellschaft fokussiert werden sollte. Dieser weite Blickwinkel ermöglichte eine ungleich differenziertere Auseinandersetzung mit den vielfältigen Elementen gesellschaftlicher Gestaltung und dem gesamten Spektrum der dabei wirksamen Akteure. Eine erste Positionierung wurde in § 9 anhand des Maßstabs vorgenommen, ob die staatliche oder gesellschaftliche Realität Leid und Unterdrückung hervorruft. Dementsprechend konnten differenzierte Handlungsgrundsätze entfaltet werden, deren Bandbreite sich je nach Sachlage zwischen bereitwilliger Teilnahme an einer gesellschaftlichen Mitgestaltung und Gehorsam gegenüber den Landesgesetzen bis hin zu einem im Extremfall erforderlichen Ungehorsam oder Widerstand bewegt. In den folgenden Paragraphen wurden die modernen freiheitlichen und demokratischen Gesellschaften in einer positiven Sichtweise behandelt. Die in ihnen verwirklichten Werte gelten als Segen, es wird dafür geworben, ihre Institutionen und Gebräuche zu unterstützen (vgl. § 10). Überraschend deutlich wird vor einer irrationalen Nostalgie für untergegangene „goldene Zeitalter" einer idealen orthodoxen Politik gewarnt, etwa in Gestalt des Byzantinischen Reichs. In § 11 wurde an die Gefahr einer Instrumentalisierung der Kirche für nationale und kulturelle Interessen erinnert. Nationalismus, politischer Extremismus und Rassenphilosophien erhielten eine klare Absage. In § 12 wurde die Sendung der Kirche zur Verkündigung des Evangeliums herausgestellt, die ohne Rückgriff auf die politische Macht oder gesetzlichen Zwang erfolgen müsse.

Die bis dahin konsequent entwickelte Würdigung freiheitlich-demokratischer Verhältnisse für ein nach christlichen Werten gestaltbares

Leben und für ein Tätigwerden der orthodoxen Kirche entsprechend ihrer Sendung ist allerdings durch eine Textpassage in § 12 unterbrochen. Sie sticht aus dem bisherigen Gedankengang so deutlich heraus, dass sie als Einschub bezeichnet werden kann. Demzufolge gehöre die Neigung, Andersdenkende zu verleumden, zu beschimpfen oder sogar zu dämonisieren, zu den moralisch zersetzenden Aspekten moderner *demokratischer* Politik. Derartiges unethisches Verhalten mit „moderner demokratischer Politik" zu verknüpfen, erscheint unangemessen, da ein solches Fehlverhalten keineswegs nur in deren Rahmen vorkommt. Es findet sich ebenso in autokratischen oder totalitären Regimen und sogar in politischen Ordnungen, die primär auf Religion oder einer Ideologie aufbauen. Weiterhin fehlt ein Hinweis auf die weltweit und systemunabhängig verbreiteten „social media", in denen das beobachtete unethische Verhalten gegenüber Andersdenkenden noch viel ungehemmter stattfindet. Das Stichwort „moralische Zersetzung" erinnert zudem an antiwestliche Kampfparolen, wie sie zur Begründung einer staatlich-kirchlichen Abschottungspolitik im Osten gebraucht wurde. Damit erweist sich der Einschub nicht nur als sachlich unzutreffend, sondern konterkariert die Umsetzung der bis dahin konsequent entwickelten ethischen Maßstäbe für eine Mitwirkung orthodoxer Gläubigen in modernen Gesellschaften.

Der Weg zurück in die ursprüngliche Argumentation wurde durch die allgemein gefasste und damit zutreffende Mahnung gebahnt, derartigen Tendenzen der Zeit zu widerstehen und das Gebot der Nächstenliebe zu beherzigen. Die weiteren Ausführungen greifen den Gedanken einer orthodoxen Mitwirkung in der Gesellschaft wieder auf, für die eine an den Menschenrechten anknüpfende Sprache und eine Orientierung an den mit ihnen verbundenen ethischen Werten empfohlen wird. Zielpunkt der Argumentation ist eine positive Würdigung von gesellschaftlichem Pluralismus. Die kulturelle Vielfalt und deren Reichtum wird dabei als Gabe Gottes vorgestellt, für die es zu danken gelte. Auch § 13 setzt die Linie zunächst fort mit der differenzierten Feststellung, dass selbst im „säkularen Zeitalter" Religion keineswegs aus den Gesellschaften verschwunden sei, sondern in vielen von ihnen eine so relevante gesellschaftliche Kraft darstelle, wie sie es immer gewesen sei. In den Blick kommen dann rechtliche Regelungen, die eine zivile Ausrichtung im öffentlichen Raum festschreiben, der den Religionsgemeinschaften verboten sei. Die Untersuchung hat gezeigt, dass die Formulierung in dieser apodiktischen Form zu weit gehen dürfte.

Im Text wird anschließend eine extreme politische Meinung referiert, der zufolge Religion auf den Privatbereich reduziert werden müsse. Unberücksichtigt blieb eine von Emmanuel Clapsis dargelegte und begründete Einschätzung, dass von solchen Meinungen keine Gefahr für die Handlungsfreiheit der Kirche ausgeht. Die Nahtstelle zu einer von der bisherigen Argumentation abweichenden Sichtweise ist durch den Hinweis in § 13 markiert, dass eine solche Forderung nach Verdrängung von Religion despotisch sei, wenn sie mit gesetzlichen Zwangsmitteln umgesetzt werde. Die Untersuchung hat gezeigt, dass derartige gesetzliche Zwangsmittel mit dem Ziel einer Verdrängung von Kirche und Religion aus der Öffentlichkeit unter demokratischen Verhältnissen in der jüngeren Geschichte nicht verifizierbar sind und dass sie angesichts der garantierten Religionsfreiheit auch gar nicht möglich wären. Warum bemüht § 13 also ein derartiges Bedrohungsszenario? Ein Vergleich mit dem Sozialkonzept der ROK hat ergeben, dass dort in Abschnitt III.3 eine ganz ähnliche Formulierung verwendet wurde. Darin wurde von der Russischen Orthodoxen Kirche allerdings die Erfahrung von Verdrängung und Verfolgung reflektiert, die von Lenin unter dem Vorwand einer Trennung von Kirche und Staat nach der russischen Revolution eingeführt worden war. Das sozialethische Dokument hat diese Formulierung aufgegriffen. Dabei scheint von den Autoren allerdings übersehen worden zu sein, dass ein der Sowjetunion vergleichbarer Missbrauch der Verfassungsnorm hinsichtlich Trennung von Kirche und Staat ein *totalitäres System* voraussetzt. Im Rahmen einer „democratic society" westlichen Musters, von der § 13 handelt, ist dagegen eine Verdrängung von Religion aus dem öffentlichen Raum wegen der in ihr effektiven und von einer unabhängigen Justiz kontrollierten Garantie der Religions- und Meinungsfreiheit unmöglich. Der Schluss von § 13 und die Darlegungen in § 14 kehren dann zum ursprünglichen Gedankengang zurück, indem die Auflösung der Ehe von Thron und Altar als Segen für die christliche Kultur und als Befreiung der Kirche gewertet wird. Der Weg sei frei, unter pluralen Verhältnissen zur Neugestaltung einer Zusammenarbeit zugunsten des Gemeinwohls zu kommen. Im Ergebnis zeigt sich, dass zunächst durch eine gedankliche Anleihe und zusätzlich durch Verwendung einer dem Sozialkonzept der ROK nahestehenden Formulierung ein Bedrohungsszenario in die §§ 12 bzw. 13 des Dokuments „importiert" wurde, das den tatsächlichen Gegebenheiten nicht entspricht. So wurde zwar eine Brücke zum Sozialkonzept der ROK hergestellt, allerdings um den Preis einer Relativierung des ansonsten konsequenten Plädoyers für eine orthodoxe Mitgestaltung der gesellschaftlichen Verhältnisse.

Dass insofern versucht wurde, unterschiedliche Meinungen in der Orthodoxie hinsichtlich einer Bewertung pluraler gesellschaftlicher Verhältnisse in einem Kompromiss (provisorisch) zusammenzuführen, erhellt die Tatsache, dass im abschließenden Abschnitt IX die Thematik nochmals aufgegriffen wird. Näherhin wurde in § 80 – mit nachrangigen Abwandlungen – die Behauptung wiederholt, es sei eine merkwürdige Gemeinsamkeit moderner Gesellschaften in Ost und West, der zufolge es einen öffentlichen Bereich gebe, in dem Religion ausgeschlossen werden müsse, um neutral zu sein. Religion sei demzufolge eine reine Privatsache, welche in öffentlichen Diskussionen über das Gemeinwohl nichts zu suchen habe. In einigen Gesellschaften werde die Stimme der Religion gesetzlich und unter Zwang („legally and forcibly") zum Schweigen gebracht. Wie bereits im II. Abschnitt bleibt auch hier ungeklärt, in welcher pluralistischen demokratischen Gesellschaft so einschneidende Maßnahmen gegen die Kirche vorgenommen werden (können), wie es behauptet ist. Vor allem aber scheint der Textpassage in § 80 des Dokuments nochmals eine ganz ähnliche Formulierung des Sozialkonzepts der ROK zugrunde zu liegen (vgl. dessen Abschnitt III.6). Dort ist allerdings offengelegt, was Zielpunkt einer solchen Argumentation ist, nämlich die Forderung nach einem ganz bestimmten Verhältnis von Kirche und Staat: der Staat als Instrument zur Durchsetzung des göttlichen Gesetzes in der Gesellschaft. In der Sicht der Russischen Orthodoxen Kirche reicht es nämlich nicht aus, ein orthodoxes Zeugnis in die Gesellschaft einzubringen; sie fordert vom Staat die Durchsetzung ihrer Vorstellung vom „göttlichen Gesetz" und damit eine orthodoxe Gesellschaftsordnung (vgl. auch Abschnitt III.2 des Dokuments „Grundlagen der Lehre der Russischen Orthodoxen Kirche über Würde, Freiheit und Rechte des Menschen"). Soll der in § 80 aufgenommene Bezug auf derartige Sichtweisen einer Gruppe entgegenkommen, der es letztlich nicht um Mitwirkung an einem gesellschaftlichen Diskurs geht, sondern um die Durchsetzung der eigenen Vorstellungen? Der folgende § 81 beantwortet diese Frage nicht ausdrücklich, trägt allerdings das genaue Gegenteil zu § 80 vor: Unter Bezug auf die Gottesebenbildlichkeit des Menschen wird der Respekt und die Hochachtung der orthodoxen Kirche hinsichtlich der grundlegenden Freiheit des Menschen betont. Unmissverständlich ist das in § 81 angeschlossene Bekenntnis der Kirche, dass soziale und politische Verschiedenheit als gut anzusehen sei.

Erforderlich sei nur, dass es sich um eine wahre Freiheit des Gewissens und der freien Glaubensausübung handeln müsse. Das Ziel sei ein nachhaltiger Dialog mit der zeitgenössischen Kultur und ein Eintreten für die christliche Vision von sozialer Gerechtigkeit und politischer Gleichheit inmitten der modernen Welt. Damit liegen die Divergenzen zwischen zwei unterschiedlichen Strömungen in der orthodoxen Kirche offen, ohne gelöst zu sein.

Das sozialethische Dokument beschreitet in Abschnitt III neue Wege, indem das menschliche Leben in seiner Schutzbedürftigkeit zum Anknüpfungspunkt gewählt und im Gang durch die Lebensalter konkretisiert wurde. Dies hat ermöglicht, auf eine abstrakte Behandlung ethischer Fragen weitgehend zu verzichten. Stattdessen konnten Personen und Personengruppen sowie deren Lebensumstände in den Vordergrund rücken. In der Konsequenz wurde eine der jeweiligen Situation angepasste und damit differenzierte Sicht auf ethische Probleme möglich. Entsprechend variantenreich präsentieren sich die zu ethischen Problemen entwickelten Entscheidungsmaßstäbe, deren Anwendung – wie bereits erwähnt – weitgehend der Eigenverantwortung der Gläubigen überlassen wurden. Damit einher ging eine entsprechende Entfaltung seelsorglicher Dienste als Begleitung und Unterstützung, aber auch als flankierende Leistung praktischer Hilfen seitens der Kirche.

Hinsichtlich der konkreten Umsetzung dieser Grundsätze konnte festgestellt werden, dass großer Wert darauf gelegt wurde, theologische Zusammenhänge zu erschließen. In deren Licht wurden einerseits ethische Verhaltensweisen dann als feste Regeln präsentiert, wenn dies angesichts von konkreten Gefährdungen erforderlich war, um effektiven Schutz betroffener Werte zu gewährleisten. Das betrifft z. B. die Thematik „Schutz von Kindern vor Missbrauch“ (vgl. § 16), das Verbot biomedizinischer Technik, die mit der Vernichtung von Embryonen einhergeht (vgl. § 24), oder das Verbot von Abtreibungen (vgl. § 25, dort aber flankiert durch Aufmerksamkeit für spezifische Lebenssituationen schwangerer Frauen). Andererseits wurden sich bietende Spielräume genutzt, um jenseits eines bloß normierenden Regelwerks Entwicklungen aufzugreifen, etwa in der Einschätzung des Jugendalters als eigenständige Entwicklungsphase, in der richtungweisende Lebensentscheidungen schrittweise vorzubereiten seien. Auf diese Weise konnten sensible Fragen der Sexualität und der Lebensweise aus einer rein normativen Betrachtungsweise gelöst und in einen größeren Zusammenhang eingestellt werden, um flexible Lösungen vorzubereiten.

Dabei war zu beobachten, dass manches eher angedeutet als ausgeführt wurde, um Rücksichtnahme auf ein vorhandenes Meinungsspektrum zu üben. Dies betrifft z. B. eine ganzheitliche Sicht von Sexualität in § 18. Insoweit ist zwar gelungen, die gängigen Stereotypen „Zeitgeist“ und „Konsumverhalten“ zu durchbrechen. Andererseits blieb das Dokument hinter dem an anderer Stelle zitierten, also bekannten Brief der Orthodoxen Bischofskonferenz von Deutschland an die Jugend zurück; zugleich blieben die mit den darin festgehaltenen ethischen Maßstäben verbundenen Chancen ungenutzt. Stattdessen beschränkte man sich auf die Feststellung, dass menschliche „Identität“ nicht auf den Bereich der Sexualität reduziert werden könne, sondern mit der Gottesebenbildlichkeit zusammenhänge. Dieser Hinweis trifft zwar zu, doch ist es bei monolithischen Begriffen geblieben, ohne sie in positivem Sinn auszudeuten und anzuwenden. Letztlich konnte so – verglichen mit der traditionellen orthodoxen Sicht – hinsichtlich des Bereichs der menschlichen Sexualität lediglich eine sehr behutsame Öffnung ins Wort gebracht werden. Ziel dürfte gewesen sein, Rücksicht auf traditionell orientierte Gläubige zu nehmen. Demselben Ziel dürfte gedient haben, dass in § 20 jegliche Auseinandersetzung mit dem Thema „nichteheliche Lebensgemeinschaften“ oder zur Ehe zwischen Christen und Nichtchristen fehlt. Deren kategorisches Verbot hatte die Synode von Kreta erst jüngst bekräftigt, obwohl die Phänomene nicht (mehr) zu übersehender Teil der Lebenswirklichkeit sind. Diesbezüglich folgte leider auch das sozialethische Dokument dem sprichwörtlichen Grundsatz „Es kann nicht sein, was nicht sein darf“. Überraschenderweise wurde der ethischen Verantwortung von Eheleuten füreinander und für ihre Kinder weniger Aufmerksamkeit zugewandt als dem Thema „Ehescheidung“ und deren Folgen für die Beteiligten. Gegenüber der traditionellen Sichtweise, der zufolge die Ehe ausschließlich auf Empfängnis hingeordnet sei, wurde nur eine vorsichtige Öffnung erreicht (vgl. § 23). Der ganze Bereich „(Kinder-)Erziehung“ taucht in § 23 lediglich als Begriff auf. Diese Lücke scheint im Zug einer Kompromisslösung in Kauf genommen worden zu sein, da die Synode von Kreta dazu in krassem Schwarz-Weiß-Gegensatz gehaltene Aussagen verabschiedet hatte (vgl. Enzyklika, Nr. 4). Diese wurden zwar nicht wiederholt, ihnen sollte wohl aber auch nicht widersprochen werden. Allerdings blieb so der für eine positive Weiterentwicklung der synodalen Sichtweise bestehende Spielraum ungenutzt, etwa hinsichtlich der Bedeutung einer auf Aneignung ethischer Werte orientierten (Kindes-)Erziehung.

Abschnitt III bietet allerdings auch Hinweise auf wünschenswerte Weiterentwicklungen und sogar auf Reformbedarf. In § 23 a. E. wurde dafür geworben, allen Kindern das Taufsakrament zu ermöglichen; insoweit enthält ein Beschluss der Russischen Orthodoxen Kirche Begrenzungen, deren Überwindung angestrebt wird. Traditionelle Regeln hinsichtlich Reinheit oder Unreinheit des Körpers von Frauen, die sogar zum Gedanken einer rituellen Unreinheit verbunden mit einer Geburt geführt hätten, wurden als abergläubische Vorurteile („superstitious prejudices") qualifiziert (vgl. § 29). Entsprechend wurden Frauen ermutigt, unter Beachtung der allgemeinen Voraussetzungen an der Eucharistie teilzuhaben. Ebenfalls in § 29 enthalten ist die Forderung, die Wiedereinführung des Diakonats der Frau zu erwägen. Im abschließenden § 82 wird die Thematik sogar nochmals aufgegriffen, dort bezogen auf eine Wiederbelebung des Diakonats für Männer und Frauen, was die Wahrnehmung eines Reformbedarfs bei der bestehenden Praxis mit dem Gedanken einer Ausweitung des Diakonats auf Frauen verbindet. In § 31 schließlich wird für ein Überdenken der traditionellen Sanktionierung von Selbstmord geworben. Im Ergebnis erweist sich Abschnitt III als intensive Mischung unterschiedlicher Aspekte. In ihr finden sich situations- und personenbezogen entwickelte und sehr praktikable ethische Kriterien, weiterhin innovative Impulse für eine Neubewertung spezifischer Lebenslagen, dazu Beispiele von Rücksichtnahme vor allem auf traditionell orientierte Kreise in sensiblen Bereichen, Kompromisse, aber auch Reformvorschläge.

Abschnitt IV des Dokuments ist Fragen der sozialen Gerechtigkeit gewidmet. Wiederum war ein weiter Blickwinkel auf die in diesem Bereich auftretenden Herausforderungen festzustellen, der lokale und regionale Probleme, aber auch internationale Zusammenhänge im weit gefassten wirtschaftlichen Bereich erfassen konnte. In dieser Bandbreite dürfen die Ausführungen als Pionierleistung gewürdigt werden, hat doch der wirtschaftlich-soziale Bereich in der orthodoxen theologischen Literatur bislang noch nicht die gleiche Aufmerksamkeit erlangen können wie andere Bereiche. Entsprechender Wert wurde auf ein solides theologisches Fundament gelegt, für das in §§ 32 und 33 vor allem Wort und Beispiel Christi, in § 34 dann auch die Lehre der Kirchenväter herangezogen wurde. Im Rückgriff auf eine bereits in der orthodoxen theologischen Literatur greifbare Ausrichtung stand bei den Ausführungen zu den einzelnen Problembereichen durchgängig der Wert „Gerechtigkeit" im Mittelpunkt. Für verschiedene Bereiche des Wirtschafts- und

Arbeitslebens wurden jeweils Zusammenhänge aufgezeigt, die diesen Wert gefährden: in § 35 eine ungerechte Verteilung von Vermögen und deren Ursachen, in § 36 ungerechte Arbeitsbedingungen, die zu Ausbeutung und Verarmung führen. In § 37 werden der kritischen Bestandsaufnahme eine Reihe von Maßnahmen gegenübergestellt; sie betreffen vor allem ein solidarisches Eintreten für marginalisierte Personengruppen und Forderungen an Regierungen. Das Thema „Gerechtigkeit" wurde dann in § 38 wieder aufgegriffen und auf den Bereich der sozialen Sicherungssysteme angewandt, gefolgt von der Schuldenproblematik (vgl. § 39), Fragen angemessener medizinischer Versorgung (vgl. § 40) und der Benachteiligung aufgrund von Diskriminierung (vgl. § 41). Auch insoweit wurde das Engagement für das ethisch Richtige vor allem im Aufdecken von Zusammenhängen, in einem Erinnern und Mahnen gesehen. Während die Wahrnehmung betroffener oder gefährdeter Personengruppen deutlich und differenziert ausgestaltet ist, blieb die Methodik des Einsatzes für das Gute bei eher allgemeinen Maßnahmen stehen. Insoweit könnte ein Zusammenhang mit zwei Beobachtungen bestehen:

- In Abschnitt IV wurde auf Bezüge zu wirtschafts-, finanz- und sozialwissenschaftlichen Einsichten verzichtet, weshalb die aufgezeigten Ursachen von Benachteiligung weitgehend als bloße Behauptung im Raum stehen. Zugleich blieben auch die von diesen Wissenschaften angebotenen Verbesserungsvorschläge außer Betracht. In der orthodoxen theologischen Literatur greifbare Bedenken gegenüber einer zu großen Nähe zu den Sozialwissenschaften lassen vermuten, dass so eine Schwächung der theologischen Ausrichtung des Dokuments vermieden werden sollte.
- Weiterhin war zu beobachten, dass der Gedanke einer Zusammenarbeit mit anderen gesellschaftlichen Akteuren, die eine der orthodoxen Kirche vergleichbare Ausrichtung haben, keinen angemessenen Raum gefunden hat. Hier hätte eine leicht herzustellende Querverbindung zu Abschnitt II des Dokuments und zur dort festgehaltenen Bereitschaft der Kirche zur Beteiligung am gesellschaftlichen Diskurs in pluralen Gesellschaften viel bewirken können. Dieser Diskurs schließt nämlich gesellschaftliche Prozesse der Meinungs- und Bewusstseinsbildung etwa über eine Vernetzung verschiedener Akteure, über die Medien und sozialen Netzwerke ein, die ungleich wirksamer sind als die eher dem klassischen „Symphonia"-Prinzip verpflichteten – und allzu oft wirkungslosen – Appelle an Regierun-

gen. Nicht zuletzt hätten so auch die wirtschaftlichen Akteure verstärkt in die Pflicht genommen werden können.
Jenseits dieser Beobachtungen hinsichtlich möglicher Weiterentwicklungen erweist sich Abschnitt IV als konsequent entwickelter Beitrag der orthodoxen Kirche zur ethischen Verantwortung für sozial benachteiligte und marginalisierte Personengruppen. Wegweisend erscheint dabei vor allem die Differenzierung verschiedener Ebenen von lokal bis international, auf denen diese Verantwortung ausgestaltet werden kann.

Eine umfassende Sichtweise zeichnet auch die Darlegungen in Abschnitt V „War, Peace, and Violence“ aus. Nach einer theologischen Einleitung (vgl. § 42 und Teile von § 43) wurden nämlich sehr verschiedene Formen von Gewalt in die Betrachtung einbezogen, dazu unterschiedliche Größenordnungen in einer Bandbreite von häuslicher Gewalt bis hin zur Gefahr eines globalen atomaren Kriegs. Der weite Blickwinkel erfasst sogar die verschiedenen, durch Gewalt verursachten Verletzungen physischer, psychischer und spiritueller Art. Eindeutig fällt die ethische Bewertung der Kirche aus, die Gewaltanwendung grundsätzlich und umfassend als unethisch verwirft, da sie theologisch gleichermaßen aus der Gebrochenheit der Schöpfung infolge eines Abfallens des Menschen von Gott abzuleiten sei. Selbst die Anwendung von Gewalt durch Einzelne, Gemeinschaften oder Staaten zur Verteidigung oder Nothilfe gilt als tragische Notwendigkeit, die als lediglich entschuldbar gewertet wurde (vgl. § 45, weiterführend nochmals in § 46). Selbst dann sei es unabdingbar notwendig, auf eine moralisch gute innere Motivation zu achten (vgl. § 47). Andererseits habe die Kirche historisch nicht auf einer konsequent pazifistischen Grundhaltung bestanden, so dass Gläubige im Militär oder in der Polizei dienen könnten. Viel Mühe wurde auf eine sorgfältig begründete Ablehnung der Theorie vom „gerechten Krieg“ verwandt. Die Untersuchung hat ergeben, dass der Grund hierfür in der Rezeption dieser Lehre im Sozialkonzept der ROK zu suchen ist (vgl. dessen Abschnitt VIII.3); ohne die ROK und den Bezug auf das Sozialkonzept zu benennen, wurde einer solchen Rezeption eine klare Absage erteilt. Ebenso eindeutig fällt die grundsätzliche Ablehnung der Vorstellung von einem „heiligen Krieg“ aus. Zu diesem Aspekt blieb es allerdings bei weitgehend theoretischen Erwägungen. Als ungleich aussagekräftiger erscheinen die Ausführungen des Ökumenischen Patriarchen, in denen er eine Einordnung in den größeren Zusammenhang „religiös konnotierter Krieg“ vorgenommen und diesen als grundsätzlich unethisch zurückgewiesen hat, wobei die Interpretation möglicher Ursachen in den Vordergrund trat. § 48 ist der Notwendigkeit einer spirituellen und emotionalen Heilung aller von Gewalt Betroffenen gewidmet. Dabei standen Gewaltopfer und -täter gleichermaßen im Blick. In § 48 wurde die Anwendung der Todesstrafe in eindeutiger Weise verworfen. Der Text von § 49 hat sich schließlich dem ethischen Wert „Frieden" zugewandt: Der Weg des Friedens, des Dialogs und der Diplomatie, der Vergebung und Versöhnung sei immer jeglicher Gewaltanwendung vorzuziehen; es gelte, sich jeden Tag für Verständnis und Respekt zwischen Menschen einzusetzen, um so Konflikten vorzubeugen, Spaltungen zu überwinden sowie ökonomische wie soziale Voraussetzungen zu schaffen, die Konfliktpotential minimieren.

Abschnitt V weist im Ergebnis deutliche Schwerpunkte auf. Als besonders dringlich erachtete Klärungen wurden konsequent herbeigeführt. Die Konzentration auf bestimmte thematische Teilbereiche erfasst allerdings nicht die in § 43 zu Recht angesprochene Bandbreite verschiedener Formen und Zusammenhänge von Gewaltanwendung. So blieb es z. B. lediglich bei einer Benennung von sexueller und häuslicher Gewalt, Selbstverletzungen und Selbstmord, ohne mögliche Ursachen, Prävention oder Interventionsmöglichkeiten wenigstens andeutungsweise zu beleuchten. Auch den weitläufigen Ursachen von Gewaltanwendung wie z. B. Ungerechtigkeit, Ausgrenzung, Marginalisierung oder Armut hätte Aufmerksamkeit geschenkt werden können, wozu schon einige Querverweise innerhalb des Textes hilfreich gewesen wären. Die ethisch gebotenen Maßnahmen zur Gewaltvermeidung sind in § 49 a. E. lediglich benannt. Dasselbe gilt für die Heilung der schädlichen Folgen von Gewaltanwendung bei Opfern und Gewalttätern, deren Wege und Formen nicht näher ausgeführt sind.

Abschnitt VI besteht aus zwei Teilen, die einerseits den ökumenischen Dialog (§§ 50–54), andererseits die Beziehungen zu nichtchristlichen Religionen (§§ 55–60) behandeln. Die theologische Hinführung zur Thematik „Beziehung zu anderen christlichen Kirchen" ist ekklesiologisch ausgerichtet und schöpft vor allem aus einem direkten Zitat aus der Enzyklika der Synode von Kreta. Das Bemühen gilt zunächst einer behutsamen Weiterentwicklung synodaler Aussagen, greifbar in kleinen, aber für eine Öffnung gegenüber früheren Engführungen doch wirksamen Akzentverschiebungen in § 50. Durch ein längeres Zitat aus einem Werk Georges Florovskys wurde ein Anknüpfungspunkt zur Thematik „kirchliche Identität" in die künftige Diskussion eingeführt, der als Antwort auf diesbezügliche Sorgen ökumenekritischer Kreise gelten kann; zugleich wird damit aber auch ein neuer Bezugspunkt für künftige Dialogbemühungen angeboten. § 51 enthält ein eindeutiges Bekenntnis zur Fortsetzung der Bemühungen um kirchliche Einheit. Wegweisend erscheint dabei die klare Differenzierung zwischen kulturellen Ausdrucksformen von „Tradition" und tatsächlicher apostolischer Autorität bzw. sakramentaler Gnade.

Im Mittelpunkt von § 51 steht jedoch ein Rückgriff auf die Ekklesiologie von Ioannis Zizioulas, von der neue Perspektiven für den ökumenischen Dialog erwartet werden können (vgl. die Untersuchung von § 51). Dasselbe gilt für die Ablehnung eines „kulturellen Byzantinismus" als Element des Dialogs und für die Betonung einer Lernbereitschaft. Bekräftigt wurde die orthodoxe Überzeugung, dass eine unlösbare Beziehung zwischen Glauben und sakramentaler Kirchengemeinschaft besteht. In § 52 wurden zunächst übertriebene Erwartungen hinsichtlich einer raschen Vollendung kirchlicher Gemeinschaft relativiert. Zugleich wurde allerdings für eine Zusammenarbeit „zur Verwandlung der Welt" geworben, ein Begriff, der im gesamten Dokument intensiv mit sozialethischem Engagement verbunden ist. Beachtung verdient weiterhin die deutliche Hervorhebung der Taufe als verbindendes und konstitutives Element des Christseins. § 53 unterscheidet eine Gruppe von Kirchen, zu denen die orthodoxe Kirche aufgrund der apostolischen Sukzession der Bischofsweihe und der Sakramententheologie eine besondere Nähe erkennt. Doch wird sofort klargestellt, dass sich das Bemühen um Einheit nach wie vor auf alle Kirchen erstrecke. § 54 ist nochmals in intensiver Weise der Ekklesiologie von Ioannis Zizioulas verpflichtet. Das daraus abgeleitete Verständnis von „Dialog" stellt eine Weiterentwicklung von großer Tragweite dar. Der den ersten Teil abschließende § 54 wiederholt den Hinweis auf die Bedeutung der Taufe, ergänzt durch einen Hinweis auf die verbindende Kraft des Glaubensbekenntnisses von Nizäa-Konstantinopel. Damit wurden Elemente von Gemeinsamkeit betont, die im ökumenischen Dialog noch vertieft und ergänzt werden können und sollten. Insgesamt erscheinen die Ausführungen zum ökumenischen Dialog als deutliche Weiterentwicklung bzw. Öffnung gegenüber den synodalen Dokumenten. Angeboten sind eine ganze Reihe innovativer Ansätze, aus denen Fortschritte für eine kirchliche Annäherung und den ökumenischen Dialog erwartet werden dürfen.

Der zweite Teil von Abschnitt VI ist der Thematik „Begegnung mit anderen Religionen" gewidmet (vgl. §§ 55–69). Eine ausführliche theologische Einleitung unter Rückgriff auf die Lehre vom „Logos spermatikos“ Justins des Märtyrers sowie auf die Theologie des Maximus Confessor dient vor allem einer Selbstvergewisserung der Orthodoxie, dass und warum ein interreligiöser Dialog mit Nichtchristen seine Berechtigung hat. Das Bemühen um klare Konturen des eigenen Wahrheitsanspruchs, mehrfache Wiederholungen der spezifischen Eckpunkte sowie das Bemühen um möglichst klare Konturen des Dialogs deuten auf das Ziel in § 55, innerorthodoxe Einwände hinsichtlich eines interreligiösen Engagements zu zerstreuen, wie sie insbesondere von rückwärtsgewandten Kreisen immer wieder vorgetragen werden. In § 56 wurden die beiden anderen monotheistischen Weltreligionen, Islam und Judentum, als Gesprächspartner besonderer Bedeutung akzentuiert. Der Versuch, dies im Blick auf den Islam durch einige Querverbindungen z. B. hinsichtlich Jungfrauengeburt bzw. der Anerkennung Jesu als Messias, Bote, Wort und Geist Gottes in Sure 4,171 aufzuzeigen, vermag allerdings nicht zu überzeugen. Die hinsichtlich christologischer Aspekte zum Erweis partieller Gemeinsamkeiten herangezogene Koranstelle bereitet nämlich nur die unmittelbar angeschlossene Ablehnung der Trinität vor. Deren Zurückweisung sowie die Ablehnung der Inkarnation werden dann als wesentliche Unterscheidungsmerkmale beider Religionen qualifiziert. Große Verständnis- bzw. Interpretationsprobleme bereitet eine Passage in § 56, der zufolge ein Dialog mit dem Islam geführt werden solle „regarding the proper understanding of these central Christian teachings“. Erst eine detaillierte Untersuchung, eine Einbeziehung von orthodoxer Missionstheologie sowie der Rückgriff auf eine isoliert in § 54 angesiedelte Aussage eröffnen eine Interpretation des in § 56 angesprochenen Dialogs als Nachdenken über den Dialog zwischen Gott und der Menschheit, wie er von Gott mit der Schöpfung eingeleitet und vom göttlichen Logos entfaltet worden ist. Da dieser alle Lebensbereiche erfasse, gelte das auch für den zu führenden (interreligiösen) Dialog. Diese Aspekte in den Dialog mit dem Islam einzubringen, erscheint als schwierige Aufgabe; sollte es jedoch gelingen, können sich daraus neue und anregende Perspektiven ergeben.

Das Dokument wandte sich in § 57 dem Judentum zu. In vielfachen Anläufen werden die jüdischen Wurzeln des Christentums dargelegt. Ziel dessen ist zum einen eine Abgrenzung von Ideologien mit antisemitischen Tendenzen; zum anderen wird ein doppeltes Anliegen vorbereitet, nämlich eine intensive Bitte um Vergebung für zugefügtes Unrecht und der sehr ansprechend vorgetragene, intensive Wunsch nach einer vertieften Beziehung zum Judentum. Das auffällige Fehlen des

Wortes „Dialog“ lässt sich aus dem bislang erreichten Stand der entsprechenden Bemühungen und mit noch bestehenden beträchtlichen Hindernissen erklären. Die Ausführungen von § 58 wenden sich den Beziehungen der Orthodoxie zu nichtmonotheistischen Religionen zu. Sie bereiten wiederum erhebliche Verständnis- und Interpretationsprobleme, die letztlich aus einer unzureichenden Abgrenzung von „orthodoxem Zeugnis“ im Sinn von (Erst-)Evangelisierung und „orthodoxem Zeugnis“ als Grundzug einer Beteiligung der Orthodoxie an interreligiösem Dialog hervorgehen. Dass in diese Aspekte auch noch ein – für sich genommen durchaus bemerkenswertes – Plädoyer für eine stärkere Inkulturation der Orthodoxie in asiatische und afrikanische Kulturen hineinverwoben ist, macht die Erschließung des Textes nicht einfacher. Eine stärkere Differenzierung – auch hinsichtlich der verfolgten Ziele und einzusetzenden Methoden – hätte insofern die Auseinandersetzung mit den Ausführungen in § 68 wesentlich erleichtert. Das gilt auch für den Versuch, eine aus dem vorgängigen Handeln Gottes abgeleitete theologische Deutung anzubieten, die „Mission“ im Sinn von Erstevangelisierung, interreligiösen Dialog und Inkulturation als gemeinsames Dach überspannt. Klarere Zuordnungen hätten hier ebenfalls die Überzeugungskraft dieses Ansatzes deutlich verstärken können. Die §§ 59 und 60 behandeln den interreligiösen Dialog in seiner ethischen Ausrichtung, wie er seit Jahrzehnten unter Beteiligung der Orthodoxie und des Islam erfolgreich durchgeführt wird. Dabei sind Präzisierungen und Weiterentwicklungen gegenüber früheren orthodoxen Stellungnahmen zu beobachten. Ein inhaltlicher Schwerpunkt liegt auf dem Aspekt „friedliche Koexistenz“ sowie in einer Abwehr blasphemischer Berufung auf Gott zur vorgeblichen Rechtfertigung von Gewalttaten. Im abschließenden § 60 werden vor allem die Beachtung religiöser Unterschiede und der Wahrheitsanspruch der Kirche nochmals eingeschärft. Dies kann als wiederholtes Bemühen um eine Widerlegung von Kritik an einer orthodoxen Mitwirkung am interreligiösen Dialog interpretiert werden.

Abschnitt VII befasst sich mit der Frage, wie die Orthodoxie mit den Menschenrechten umgehen solle. Die Ausführungen dazu stellen ein in sich geschlossenes Konzept mit innovativen Ansätzen dar, von denen eine Belebung des bisherigen Engagements erwartet werden darf. Am Beginn steht ausnahmsweise nicht eine theologische Hinführung, sondern eine mehrfache Ein- bzw. Zuordnung der Menschenrechte. Zentrale Bedeutung kommt dabei dem Begriff „language of human rights“ zu, der Fixierungen auf eine bestimmte sprachliche Fassung der Menschenrechte überwindet. Deren Ursprung wird ganz grundsätzlich den vom christlichen Glauben geprägten Kulturen zugeordnet. Die Menschenrechte gelten als Sprachregelung („neutral grammar"), um zivile und rechtliche Zusammenhänge in sehr unterschiedlichen Teilbereichen aufzeigen zu können. Ihre gemeinsame Wurzel wird in evangeliumsgemäßen Aussagen über die menschliche Seele und die Menschenwürde jedes Individuums wahrgenommen. Daraus wird eine Ermutigung orthodoxer Christen abgeleitet, die „Sprache der Menschenrechte" ohne Bedenken aufzugreifen, wenn es darum gehe, grundlegende ethische Werte zu verteidigen (vgl. § 61). Von wesentlicher Bedeutung ist eine daran angeschlossene Positionierung, die darauf abzielt, ein bislang in der Orthodoxie vertretenes Meinungsspektrum hinsichtlich einer Bewertung der Menschenrechte zusammenzuführen. Zu diesem Zweck wurde in § 62 eine theologische Skizze eingeführt, in der das den Menschenrechten zugrunde liegende Menschenbild anhand der orthodoxen Auffassung vom „Person-Sein" vertieft bzw. ergänzt wurde. Dabei wurden wesentliche Elemente der theologischen Anthropologie von Ioannis Zizioulas aufgegriffen, der die Deutung von „Person" auf die Trinitätstheologie zurückgeführt und die Existenzweise Gottes zur Quelle und zum Endziel menschlicher Existenz als Person erklärt hat; dies eröffnete einen neuen Weg zur theologischen Einordnung von „Freiheit". Ziel dieser gedanklichen Rezeption ist die Relativierung eines auf das Individuum und seine persönlichen Rechte begrenzten Verständnisses von Freiheit. Der daraus entstehende Raum wurde für die Anreicherung des Konzepts um positive Elemente genutzt. Nochmals unter Rückgriff auf Ioannis Zizioulas wurde festgehalten, dass „Freiheit" personal zu bestimmen sei im Sinn eines „frei sein zu …". Dessen höchster Ausdruck bestehe in der menschlichen Entscheidung, Gemeinschaft mit Gott anzustreben und zu finden. Die verschiedenen Menschenrechtserklärungen könnten „Freiheit" in solcher Weite und Tiefe nicht erreichen. Dennoch sei die „Sprache der Menschenrechte" unverzichtbar, weil sie die unverletzliche Menschenwürde verkündigt und verteidigt.

Damit erweist sich als besondere Leistung des Textes in § 62, die Thematik der Menschenrechte vom weiteren Blickwinkel einer orthodoxen Theologie der Freiheit und ihres Verständnisses von „Person" her zu betrachten. In der bisherigen Diskussion war die Thematik „Menschenrechte" nicht selten zum Nebenkriegsschauplatz einer Auseinandersetzung „Person vs. Individuum" geworden, wobei „Individuum" zum Inbegriff dessen stilisiert wurde, was orthodoxe Theologie und Anthropologie glaubten ablehnen zu müssen. Die Rezeption zentraler Grundgedanken von Ioannis Zizioulas in § 62 hat demgegenüber ermöglicht, das Verhältnis zwischen Menschenrechten und einer umfassenderen Sicht von „Freiheit der Person“ als dasjenige von „gut“ zu „besser“ zu bestimmen, also integrativ. Auf dieser Grundlage können zuweilen verbissen verteidigte Gegensätze aufgelöst werden. Daraus dürfen sowohl eine Stimulierung der Diskussion über das den Menschenrechten zugrunde liegende Menschenbild als auch eine Annäherung westlicher und östlicher Betrachtungsweisen erwartet werden.

In § 63 wurde das dergestalt weiterentwickelte Konzept auf die Menschenrechte angewandt. Dabei sind vier Gruppen von Rechten unterschieden („legal rights“, „civil rights“, „social rights“ und „international rights“). Diese Differenzierung dient der Ausarbeitung eines ethischen Programms, das trotz gewisser Grenzen nützlich sei, um Regeln der Nächstenliebe, des Erbarmens und der Gerechtigkeit zu formulieren. Dabei gelte es, die „Sprache der Menschenrechte“ vorbehaltlos zu fördern und zu unterstützen. Nicht restlos geklärt scheint lediglich das Verhältnis von „klassischen Menschenrechten“ und den in den beigefügten Beispielen enthaltenen Forderungen im politischen Gestaltungsbereich. Darüber hinaus bedarf es noch einer Antwort auf die weiterführende Frage, wie, durch wen und mit welchen Mitteln das ethisch Geforderte im weiten Spektrum des § 63 verwirklicht werden kann und soll. Davon abgesehen wurde eine eindeutige und zustimmende orthodoxe Positionierung zu den Menschenrechten ins Wort gebracht.

Die weiteren Ausführungen konzentrieren sich auf einzelne, besonders dringliche Anliegen im Zusammenhang mit den Menschenrechten. Dazu gehört zunächst die Religionsfreiheit, die bezeichnenderweise unter dem Gesichtspunkt eines „Wir“, d. h. eines Miteinanders verschiedener Glaubensgemeinschaften in derselben Gesellschaft interpretiert wird. Daraus resultiert die Forderung nach einem übergreifenden Lernprozess, der letztlich auf gesellschaftlichen Zusammenhalt zielt (vgl. § 64). Der folgende § 65 enthält ein engagiertes Plädoyer gegen „moderne Sklaverei“ in ihren vielgestaltigen Formen. Schließlich wurde das Schicksal von Flüchtlingen und Migranten thematisiert, angereichert durch eine spezifische theologische Einordnung und durch eine Auseinandersetzung mit den Ursachen (vgl. §§ 66 und 67).

In Abschnitt VIII erfolgte eine Auseinandersetzung mit den Themen „Wissenschaft“, „Technologie“ und „Bewahrung der Schöpfung“. In elf

Paragraphen (§§ 68–78) wurden dabei die rasanten Fortschritte im wissenschaftlichen und technologischen Sektor fokussiert, die erheblich zur Ausprägung der modernen Welt beigetragen haben. Im einleitenden, wesentlich theologisch bestimmten § 68 ist eine Standortbestimmung vorgenommen: Die Menschheit habe erstmalig in der menschlichen Geschichte die Macht erhalten, die physische Welt zu verändern; dies könne zum Guten oder Schlechten geschehen. Daraus erwachse eine Verantwortung, auf die die Menschheit weithin unvorbereitet sei. Deshalb müsse die orthodoxe Kirche daran erinnern, dass die Welt trotz aller Verunstaltung durch Sünde und Tod Gottes gute Schöpfung und ein kostbares Geschenk an alle Geschöpfe sei. Zentrale Bedeutung hat ein unter Berufung auf Maximus Confessor entwickelter Gedanke, dem zufolge die Menschheit im physischen Kosmos einen spirituellen Dienst ausübe und dabei als eine kosmische Priesterschaft wirke. Durch die priesterliche Vermittlung der Menschheit durchdringe das Licht des Geistes die gesamte geschaffene Natur, während die gesamte kosmische Existenz zum geistigen Leben erhoben werde. Dieser Ansatz erhält eine starke eschatologische Perspektive durch den Hinweis, dass die Verfallenheit der Schöpfung an den Tod Folge eines Abfalls der Menschheit von ihrer priesterlichen Aufgabe sei; in Christus sei diese Priesterschaft aber erneuert worden, wobei die endgültige Erlösung die gesamte kosmische Realität umfasse und sich nur in einer neuen Schöpfung vollenden könne. Der in § 68 entwickelte Gedankengang steht einmal mehr der Theologie von Ioannis Zizioulas begrifflich wie sachlich sehr nahe. Aus diesem theologischen Ansatz wird überzeugend eine spezifische Verantwortung der Christen für die gesamte Schöpfung abgeleitet. Zentraler Begriff dafür ist eine „Verwandlung der Welt", die sich im Zuge wahrgenommener Verantwortung vollzieht. Mit dem Hinweis auf die Einführung eines „Tags der Schöpfung" bricht diese Darlegung unvermittelt ab. Die Anwendung der theologischen Erschließung auf die Umweltproblematik wird erst in § 73 weitergeführt.

§ 69 greift nochmals auf die kosmische Theologie des Maximus Confessor zurück, um auf ein anderes Thema hinzuführen, nämlich den „Dienst der Heilung". Die Berufung zur Verwandlung der Welt erweise sich dabei als Hinwendung der Christen zu allen leidenden Menschen. Dies zeige sich besonders im medizinischen Bereich. Dabei müsse das Urteil der Kirche sowohl die praktischen wie die moralischen Begleiterscheinungen moderner Technologie beurteilen. Dieser sehr klaren Eröffnung des Themas folgt jedoch keine konsequente Entfaltung. Hingewiesen wird lediglich auf die In-vitro-Befruchtung und auf die Stammzellentherapie, der die Kirche dann nicht zustimmen könne, wenn sie mit der Vernichtung von Embryonen einhergehe. Mit diesem isolierten Beispiel bricht die Behandlung des Themas ab und steht als Fragment im Raum.

Stattdessen wird in § 70 ein neuer Themenbereich eingeführt, nämlich die technischen Fortschritte im Kommunikationsbereich. Positive Begleiterscheinungen wurden ebenso wie ethische Gefahren eines Missbrauchs sorgfältig erarbeitet und einander gegenübergestellt. Dabei erscheint die Wahrnehmung verschwimmender Grenzen und der sich daraus ergebenden ethischen Problematik zunächst sehr ausgewogen. Die Betrachtungsweise ändert sich dann allerdings hin zum Negativen, was für das sozialethische Dokument sehr ungewöhnlich erscheint. Die Möglichkeit, moderne Kommunikationstechnologie seitens der Kirche positiv zu nutzen, blieb dadurch ausgeblendet. Festzuhalten ist schließlich, dass der Bereich Kommunikationstechnologie in § 72 nochmals begrifflich auftaucht, dort aber keine inhaltliche Fortführung erfolgte. Ein Grund für diese Fragmentierung ist dem Text nicht zu entnehmen.

§ 71 wechselt nochmals den Gegenstand, indem das Verhältnis von Glaube und Wissenschaft grundsätzlich in den Blick genommen wird. Es gelte, einen Antagonismus zwischen beiden zu überwinden. Damit wurde die grundsätzlichste Thematik erst ungefähr in der Mitte des Abschnitts aufgerollt. Die weiteren Ausführungen bestehen in der Kritik eines religiösen Fundamentalismus, dessen Wahrnehmung jedoch verkürzt erscheint, da sich dieses Phänomen keineswegs nur – wie behauptet – auf die Ablehnung wissenschaftlicher Erkenntnisse beschränkt; ebenso wenig ist es auf die einseitig fokussierten „fideistic forms of Christianity“ begrenzt. Vor allem aber wird der unzutreffende Eindruck erweckt, die Orthodoxie habe mit dem Phänomen „religiöser Fundamentalismus“ nichts zu tun, sondern brauche sich eines derartigen Irrwegs westlicher Kulturgeschichte („insidious aspects of modern Western cultural history“) lediglich zu enthalten. Ausgeblendet bleibt, dass die Synode von Kreta, kritische Stimmen in der orthodoxen Theologie und zuletzt noch das Vorwort der Herausgeber des sozialethischen Dokuments sehr wohl ein diesbezügliches Problem auch innerhalb der Orthodoxie aufgezeigt bzw. behandelt haben. Statt sich an den dort vorgenommenen Positionierungen zu orientieren, wird in § 71 eine Abgrenzung gegenüber Szientismus und Materialismus vorgenommen, wobei diese beiden lediglich benannten, aber nicht erklärten Denkrichtungen pauschal mit „Fundamentalismus" identifiziert werden. Insoweit muss bezweifelt werden, ob es sachgerecht ist, eine von außen *gegen die Kirche* eingesetzte Argumentation (Szientismus, Materialismus) mit einer von extremen Gruppen *innerhalb der Kirche* vorgenommenen Abgrenzung gegenüber Entwicklungen der modernen Welt gleichzusetzen. Zustimmung verdient jedoch die in Fortsetzung von § 71 urgierte, vorurteilsfreie Einstellung der Christen gegenüber wissenschaftlicher Erkenntnis. Man könne und solle sich über die erreichten Fortschritte freuen, von ihnen bereitwillig lernen, zu einer wissenschaftlichen Ausbildung ermutigen und sich für öffentliche wie private Finanzierung berechtigter und notwendiger Forschung einsetzen.

In § 72 sind die Auswirkungen des wissenschaftlichen Fortschritts auf den pastoralen Dienst der Kirche angesprochen. Angesichts wachsender Einsichten in verschiedenen medizinisch-psychologischen Wissenschaftsfeldern sei ein erweiterter Blickwinkel der Seelsorger notwendig, um die tatsächlichen Ursachen menschlicher Nöte zu verstehen und in die Pastoral zu integrieren. Der Zusammenhang mit den Stichworten „Reue" und „Vergebung" lässt vermuten, dass damit eine Überprüfung der beichtseelsorglichen Praxis eingefordert wird. Unerwähnt bleibt, dass die Wahrnehmung und richtige Einordnung physischer oder psychischer Faktoren bei Hilfesuchenden erhöhte Anforderungen an die künftige Ausbildung der Seelsorger bedingt. Die im ersten Satz von § 72 parallel angesprochene Nutzung des in Internet und sozialen Medien greifbaren technologischen Fortschritts für das pastorale Handeln der Kirche scheint dagegen aus dem Blick geraten zu sein, denn diese von der Kirche bereits aktiv genutzten technischen Möglichkeiten wurden lediglich benannt, nicht aber in ihrem Potential für eine kirchliche Beteiligung am Diskurs in pluralen Gesellschaften ausgeführt.

Mit § 73 beginnt die Behandlung des dritten in der Abschnittsüberschrift angekündigten Themenbereichs, nämlich der Bewahrung der natürlichen Umwelt. Den Einstieg bildet eine breit angelegte theologische Erschließung, die in einen Bezug auf Maximus Confessor mündet. Dabei fällt auf, dass bis hin zum Gebrauch der charakteristischen Wendung „transfigure fallen nature / transfigure the cosmos" und einer Zuspitzung in Richtung auf die Umweltproblematik deutliche Parallelen zwischen den §§ 68 und 73 bestehen. Weiterführend wird dargelegt, dass die Kirche gegen alle Widerstände versuche, einen wahrhaft liturgischen und sakramentalen Weg zur Gemeinschaft mit Gott in und durch seine Schöpfung zu pflegen. Dieser Weg erfordere Mitgefühl mit allen anderen und Sorge für die Gesamtheit der Schöpfung. Der so umschriebene Dienst der Kirche stellt einen Rückgriff auf den Gedanken „Priester der Schöpfung“ und damit auf die Theologie von Ioannis Zizioulas dar, wodurch die §§ 68 und 73 noch enger verzahnt werden. In den folgenden Paragraphen wird – rückgebunden an die eschatologische Berufung des Menschen – die Verantwortung näher ausgeführt, die Welt zu verwandeln; dazu bedürfe es eines asketischen und eucharistischen Ethos. Jede Ausbeutung oder Verschmutzung, jeder Missbrauch von Gottes Schöpfung sei als Sünde zu qualifizieren (vgl. § 75). Primär gefordert wird weniger ein bestimmtes Handeln des Einzelnen als vielmehr die Veränderung einer inneren Haltung der Menschheit insgesamt, die einer Umkehr von Sünde gleichkomme. In § 76 wird der Gedanke einer Gemeinschaft zwischen Schöpfer und Schöpfung erneut herangezogen, um von nochmals anderer Seite die Verantwortung des Menschen zu umschreiben. Menschen seien abhängige Geschöpfe, Geschöpfe, die immer in Gemeinschaft stünden. Deshalb bestehe eine Verantwortung nicht nur für sich selbst, sondern auch für den Nächsten und sogar für die gesamte Schöpfungsordnung. Diese Verantwortung wird dann für verschiedene Bereiche menschlichen Lebens und Handelns näher ausgeführt. Der Text der §§ 77 und 78 zeigt auf, dass sich diese Verantwortung auch auf die Tier- und Pflanzenwelt bezieht. Das Stichwort „ascetic ethos“ sowie die Wendung „Eucharistic spirit“ mit ihrem Bezug auf den priesterlichen Dienst des Menschen für die gesamte Schöpfung erweisen diese Textpassage einmal mehr als der Theologie von Ioannis Zizioulas verpflichtet. Beide Aspekte wollen nicht nur einen Zusammenhang erklären; sie sind vielmehr Grundlage einer inneren Haltung des Menschen, aus der heraus Positives für die Schöpfung bewirkt werden kann. Die §§ 73–78 erweisen sich als eine textlich wie gedanklich geschlossene Einheit zum Thema „Bewahrung der Schöpfung“. Sie ist konsequent aus dem theologischen Gedanken eines priesterlichen Dienstes der Menschheit an der Schöpfung entwickelt und konkretisiert eine innere Haltung des Menschen, aus der heraus eine Verwandlung zum Besseren geschieht. Die Argumentation ist so grundsätzlich angelegt, dass auf eher kurzlebige Vorgaben bestimmter Verhaltensweisen verzichtet werden konnte. Diese ergeben sich aus der richtigen inneren Haltung gleichsam von selbst. Dieser Ansatz ist anspruchsvoll; er basiert aber auf einem unangefochtenen Vertrauen in die Eigenverantwortlichkeit des Einzelnen und motiviert dadurch wohl besser, als es bloße Daten und Fakten vermögen.

Im Ergebnis finden sich in Abschnitt VIII zwei gegenläufige Tendenzen: Einerseits konnte an verschiedenen Stellen ein klarer Bezug zum theologischen Konzept einer kosmischen Verantwortung des Menschen beobachtet werden, das für die Thematik „Bewahrung der Schöpfung" geschlossen und konsequent ausgeführt wurde (vgl. §§ 68, 73–78). Demgegenüber enthalten die §§ 70–72 keine direkten Bezüge zum theologischen Konzept. Weiterhin fällt bei den Darlegungen zu den Bereichen „Dienst der Heilung" (vgl. § 69), „Kommunikation" (vgl. § 70) und „Verhältnis von Glaube und Wissenschaft" (vgl. §§ 71 und 72) auf, dass die Argumentation nur wenige spezielle Teilaspekte erfasst und dann jeweils unvermittelt abbricht. Dadurch entsteht der Eindruck einer Fragmentierung des Textes, in der ein Indiz für (sekundäre?) Entwicklungen im Verlauf des Redaktionsprozesses und für noch ausstehende Klärungen bei der detaillierten Entfaltung der genannten Themenbereiche wahrgenommen werden kann.

6. Das sozialethische Dokument im Vergleich zu ethischen Positionierungen der Russischen Orthodoxen Kirche

Das sozialethische Dokument nimmt an keiner Stelle direkten Bezug auf die Russische Orthodoxe Kirche, ebenso wenig wie auf eine andere der autokephalen orthodoxen Kirchen, mit Ausnahme des Ökumenischen Patriarchats (vgl. „Patriarchal Endorsement", §§ 17, 22, 53, 64, 65 und 68). Weiterhin gibt es weder Erwähnungen von offiziellen Dokumenten der Russischen Orthodoxen Kirche oder einer der anderen autokephalen Kirchen noch Zitate aus solchen. Einzige Ausnahme ist auch insoweit das Ökumenische Patriarchat (mit Bezug in § 17 auf die Weihnachtsansprache des Ökumenischen Patriarchen von 2017). Dennoch wäre es unzutreffend zu sagen, das Dokument ignoriere frühere Stellungnahmen zu sozialethisch relevanten Themen. Das Gegenteil ist der Fall. Die im Rahmen der Untersuchung für jeden Teilabschnitt des Dokuments hergestellten Vergleiche mit Texten der Russischen Orthodoxen Kirche haben nämlich gezeigt, dass sich ihr Verhältnis ausgesprochen komplex gestaltet. Die dabei zutage getretene Bandbreite reicht von einigen Passagen beträchtlicher gedanklicher Nähe über eine Vielzahl von Querverbindungen bis hin zu diametral entgegengesetzten Positionierungen.

Am häufigsten waren Stichwortverbindungen oder Parallelen bei theologischen Anknüpfungspunkten festzustellen (vgl. etwa B 1.3; B 3.2; B 6.1.2). Sie repräsentieren weniger ein Bemühen, die Texte einander anzugleichen, als vielmehr die Tatsache, dass aus demselben Glauben und derselben orthodoxen Überlieferung geschöpft wurde.

Von einer ungleich bedeutsameren Querverbindung war oben unter C.5 bei der Zusammenfassung von Abschnitt II „Kirche im öffentlichen Bereich" bereits die Rede. Dabei handelt es sich um eine als „Einschub" qualifizierte Passage in § 12, die nach Gedankenführung und Diktion dem Sozialkonzept sehr nahe steht. Als noch wesentlich deutlicher hat der für eine Passage von § 13 festgestellte Bezug zu Abschnitt III.3 des Sozialkonzepts zu gelten, wobei sich dessen Eingliederung in den Argumentationsstrang von § 13 überdies als unzureichend erwiesen hat, mit der Folge erheblicher Interpretationsprobleme. Die Beobachtung hat besondere Relevanz, weil dieselbe Thematik in Abschnitt IX nochmals aufgerollt wird. Dabei greift § 80 des Dokuments eine ganz ähnliche Formulierung in Abschnitt III.6 des Sozialkonzepts der ROK auf (vgl. auch Abschnitt III.2 des Dokuments „Grundlagen der Lehre der Russischen Orthodoxen Kirche über Würde, Freiheit und Rechte des Menschen" weiterführend zur gleichen Thematik). § 81 baut dazu erneut die Gegenposition auf. Die Brüche in der Gedankenführung und in der Diktion des sozialethischen Dokuments sind so offensichtlich, dass sie als Indiz für einen Kompromiss zu gelten haben, in dem Sichtweisen zweier divergierender Strömungen nebeneinandergestellt wurden, ohne sie miteinander in Einklang bringen zu können.

Im Übrigen hat der unter B 2.3 durchgeführte Vergleich hinsichtlich zentraler Themen des Abschnitts „The Church in the Public Sphere" ergeben, dass Übereinstimmungen im Ausgangspunkt der jeweiligen Argumentation bestehen, dass deren Ergebnis jedoch diametral entgegengesetzt ist. Dieser Befund wurde aus den dort mitgeteilten Gründen nicht als „Korrektur" des früheren Sozialkonzepts eingeschätzt. Eine Reihe von Indizien spricht vielmehr dafür, dass die Unterschiede aus unterschiedlichen Präferenzen resultieren: Das sozialethische Dokument hat eine jahrzehntelange Entwicklung vor allem in der griechisch bzw. von einer Diasporaerfahrung geprägten orthodoxen Theologie aufgegriffen und kraftvoll fortgeschrieben; im Sozialkonzept wurden diese im Jahr 2000 längst bekannten theologischen Einsichten hingegen ignoriert, um stattdessen abgrenzenden Positionen den Vorzug zu geben.

In § 23 a. E. des sozialethischen Dokuments wurde dafür geworben, allen Kindern das Taufsakrament zu ermöglichen. Die Formulierung legte nahe, dass es insoweit kanonistische Einschränkungen gibt. Tatsächlich hat der Heilige Synod der Russischen Orthodoxen Kirche bei seiner Sitzung am 25./26. Dezember 2013 beschlossen, in bestimmten Fällen nicht zu taufen, sondern die Spendung des Sakraments aufzuschieben (vgl. den unter FN 292 nachgewiesenen Text des Beschlusses). Damit bezieht das sozialethische Dokument auf diskrete Art und Weise eine Gegenposition.

Der Vergleich zwischen Abschnitt III des sozialethischen Dokuments und Abschnitt X des Sozialkonzepts der ROK hat einen je spezifischen Grundduktus aufgezeigt (vgl. B 3.2): Das Sozialkonzept ist kasuistisch orientiert und bietet viele Details. Das ethisch Gute wird nicht argumentativ erschlossen, sondern autoritativ bestimmt. Das sozialethische Dokument fokussiert dagegen unter weitgehendem Verzicht auf Kasuistik die ethisch relevanten Lebenssituationen. Für eine Beurteilung ethischer Problemfälle wird der Blick auf die Motivationen und Befindlichkeiten der Beteiligten geweitet und bezieht zudem die äußeren Umstände in die jeweilige Positionierung ein. In verschiedenen Fallgruppen zeigte sich, dass ein gemeinsamer, meist dogmatisch oder sakramental bestimmter Ausgangspunkt in unterschiedliche Richtung weiterentwickelt wurde, mit einer je anderen Verteilung der Verantwortlichkeit und divergierender Problemwahrnehmung (vgl. insbesondere die hinsichtlich einer Beurteilung sexueller Orientierung in B 3.2 (9) dargestellten Zuordnungen). Als Proprium des sozialethischen Dokuments zeigte sich eine vorurteilsfreie Behandlung von Situationen des alltäglichen Lebens in pluralen Gesellschaften sowie eine sich dem Leser spontan mitteilende Empathie, die den Betroffenen hinsichtlich Leiderfahrungen, Problemstellungen und Sorgen entgegengebracht wird.

Als Vergleichsbasis zu Abschnitt IV des sozialethischen Dokuments wurde zunächst Abschnitt VI des Sozialkonzepts herangezogen. Unter B 4.3 hat sich ergeben, dass für die ROK das Thema „Gesellschaft“ und deren Sicherung im Vordergrund steht, während ethische Pflichten mit Blick auf den Menschen weitgehend ignoriert sind. Darüber hinaus fehlt im Sozialkonzept jeglicher Hinweis auf eventuelle Pflichten des Staates, von Konzernen und sonstigen ökonomischen Akteuren, auf soziale Sicherungssysteme, auf gesetzliche Mindeststandards im Arbeitsleben oder im Sozialbereich, ebenso fehlt die Perspektive einer internationalen Dimension von Wirtschaft. Damit erweist sich das Sozialkonzept als vormodern. Die Ausrichtung des sozialethischen Dokuments ist dagegen an aktuellen Gegebenheiten und Problemen orientiert, was zu einer viel differenzierteren Verteilung der Verantwortlichkeiten unter dem Gesichtspunkt „Gerechtigkeit" führt. Ähnliche Ergebnisse hat ein Vergleich mit Abschnitt XI und XVI des Sozialkonzepts sowie mit Abschnitt IV.8 des Dokuments „Grundlagen der Lehre der Russischen Orthodoxen Kirche über Würde, Freiheit und Rechte des Menschen" erbracht. Im Ergebnis füllt Abschnitt IV des sozialethischen Dokuments die in den Aussagen der ROK zum weit gefassten wirtschaftlichen Bereich gelassenen Lücken. Der jüngere Text darf deshalb als innovativ und wegweisend bezeichnet werden.

Im unter 5.3 durchgeführten Vergleich hinsichtlich des Themenbereichs „Krieg, Frieden und Gewalt" war eine ganze Reihe von Übereinstimmungen festzustellen. Deren Zahl ist so beträchtlich, dass sie nicht als zufällig gelten kann. Zudem stimmt der methodische Anknüpfungspunkt überein. Obwohl die Texte völlig selbständig formuliert sind, kann die Summe der aufgelisteten Beobachtungen als Indiz gelten, dass den Autoren des sozialethischen Dokuments eine gewisse Nähe zu den Darlegungen im Sozialkonzept durchaus ein Anliegen war. Dennoch wurden dann, wenn es ihnen nötig erschien, grundlegend andere Wertungen getroffen. Das betrifft insbesondere eine ausführlich begründete Ablehnung der in Abschnitt VIII.3 bzw. XVI des Sozialkonzepts durchgeführten Rezeption der Lehre vom „gerechten Krieg". Dazu gehört aber auch die grundsätzliche Ablehnung der Todesstrafe in § 48 des sozialethischen Dokuments, während zu dieser Frage in Abschnitt IX.3 des Sozialkonzepts ein Kompromiss eingegangen wurde. Zudem werden in § 45 hinsichtlich des Themas „innerer Frieden" die Regierungen viel deutlicher und facettenreicher als im Sozialkonzept in die ethische Pflicht genommen. Schließlich geht das sozialethische Dokument eigene Wege hinsichtlich eines viel weiter gefassten Begriffs von Gewalt, eines viel genaueren Blicks auf Formen und Folgen von Gewaltanwendung sowie auf die sich der Kirche stellenden Aufgaben. In diesen Unterschieden zeigt sich einmal mehr die eigenständige Ausrichtung des sozialethischen Dokuments, wenn auch die Ausführlichkeit der entsprechenden Begründungen als Indiz für das Werben um ein Überdenken der bisherigen Positionen der ROK gelten kann.

Vergleichsbasis zur Thematik „Ökumene" in B 6.1.2 war das Dokument „Grundprinzipien der Beziehung der Russischen Orthodoxen Kirche zu Andersglaubenden" der ROK aus dem Jahr 2000. Abschnitt VI (erster Teil) des sozialethischen Dokuments weist zu ihm zwar eine ganze Reihe von Gemeinsamkeiten auf, enthält aber zugleich eine beträchtliche Zahl an Propria, darunter der Verzicht auf Bedingungen für den Dialog und auf Abgrenzungen. Vor allem aber ist die Sprache des ROK-Dokuments autoritativ und – vergleichbar einem juristischen Gutachten – kühl bis distanziert. Demgegenüber sind die Ausführungen im sozialethischen Dokument durchgängig von Wertschätzung, Respekt, Hoffnung und Zuversicht geprägt; in dieser Diktion wird der intensive Wunsch nach Einheit nicht nur ausgesprochen, sondern spürbar.

In den Vergleich zu Abschnitt VI (zweiter Teil) war eine ganze Reihe von offiziellen Dokumenten einzubeziehen, die wesentliche Aussagen zur Thematik „Beziehungen zu nichtchristlichen Religionen" enthalten. Unter B 6.2.2 wurden deshalb nicht sämtliche Aussagen dazu, sondern die wichtigsten Gemeinsamkeiten bzw. Unterschiede fokussiert. Als Ergebnis der entsprechenden Zusammenstellung konnte festgestellt werden, dass die §§ 55–60 des sozialethischen Dokuments in vielfacher Hinsicht eine aussagekräftige und eigenständige Weiterentwicklung in der Bestimmung der Beziehung zwischen der Orthodoxie und anderen Religionen darstellen. Auffällig sind allerdings inhaltliche Querverbindungen zum Dokument „On the external mission of the Russian Orthodox Church today", die beträchtliches Gewicht aufweisen. Damit stellt sich m. E. die Frage, ob der Text von Abschnitt VI das Ergebnis eines Kompromisses darstellen könnte, im Zuge dessen ein völlig eigenständiger Entwurf sekundär an das Dokument der ROK „On the external mission …" und die übrigen offiziellen Stellungnahmen der Orthodoxie zum Thema „interreligiöser Dialog" angenähert wurde. Die Frage ist aus den Texten nicht zu beantworten. Die hier vorgetragene Beobachtung könnte jedoch die zu Abschnitt VI des sozialethischen Dokuments herausgearbeiteten Verständnis- und Interpretationsprobleme erklären helfen.

Zur Thematik „Menschenrechte" wurde unter B 7.2 ein ausführlicher Vergleich zwischen dem Dokument „Grundlagen der Lehre der Russischen Orthodoxen Kirche über Würde, Freiheit und Rechte des Menschen" und Abschnitt VII des sozialethischen Dokuments durchgeführt. Entscheidendes Ergebnis ist, dass Abschnitt VII auf einer Rezeption wesentlicher Elemente der personalen Anthropologie von Ioannis Zizioulas beruht, die damit erstmals in einem offiziellen Dokument der orthodoxen Kirche zur Interpretation der Menschenrechte herangezogen wurde. Das bedeutet zugleich, dass das von der Russischen Orthodoxen Kirche vorgelegte Konzept nicht übernommen wurde. Daraus ist jedoch nicht zu schließen, dass das sozialethische Dokument insoweit einen „Gegenentwurf" repräsentiert. Die für Abschnitt VII entscheidenden theologischen Ansätze wurden in wesentlichen Zügen geraume Zeit *vor* dem Dokument der ROK erarbeitet. Aus deren grundsätzlich divergierenden Ausrichtung lässt sich deshalb ableiten, dass wesentliche Strömungen in der orthodoxen Theologie ignoriert wurden, um stattdessen einen eigenen Weg einzuschlagen, der zu den vielfach herausgearbeiteten (und kritisierten) Spezifika der ROK-Dokumente führte.

Zuletzt wurde unter B 8.2 ein Vergleich zwischen Abschnitt VIII des sozialethischen Dokuments und dem Sozialkonzept der ROK durchgeführt. Dieser Vergleich hatte die dargelegte komplexe Textstruktur der §§ 68–78 zu berücksichtigen. Hinsichtlich der Thematik „Bewahrung der Schöpfung" zeigte sich – wie bereits häufiger – eine Mischung von gedanklichen Querverbindungen zwischen beiden Texten und Propria. Zu letzteren zählt vor allem das den §§ 68 und 73–78 zugrunde liegende theologische Konzept. Nicht zuletzt durch dessen Leitmotiv einer möglichen Verwandlung der Welt wirkt dieser Text ermutigender und motivierender als das Sozialkonzept, das sich nur an wenigen Stellen von einer Wahrnehmung moralischen Versagens angesichts der unübersehbaren Probleme lösen kann. Hinsichtlich des medizinisch-technischen Fortschritts überwiegen unterschiedliche Wertungen, die – abgesehen von wenigen Einzelproblemen – auf einer durchgängig positiven Sicht in Abschnitt VIII beruhen, denen jedoch eine auf Gefahren, Probleme und moralisches Versagen fixierte Betrachtungsweise gegenübersteht. Im Bereich der Kommunikationstechnologie hat sich § 70 an deren neuestem Stand orientiert, wobei die wesentlichsten Elemente des „digitalen Zeitalters" auch bereits in Abschnitt XV des Sozialkonzepts hätten aufgegriffen werden können, wäre man daran interessiert gewesen. Noch entscheidender wirkt sich allerdings die Zielsetzung von § 70 aus, Bewusstsein zu bilden und zur Übernahme von Verantwortung zu motivieren. Im Unterschied zum Sozialkonzept wurde auf einen Ruf nach dem Staat ebenso verzichtet wie auf eine Sicht von Kirche als staatlichem Koalitionspartner bei der Regulierung der Entwicklung. Daraus ergibt sich ein grundsätzlicher Unterschied zwischen beiden Dokumenten. Allerdings können die Kürze, in der einzelne Bereiche in Abschnitt VIII des sozialethischen Dokuments behandelt werden, sowie einzelne Abbrüche in der Argumentation als Indiz interpretiert werden, dass insoweit eine innerkirchliche Diskussion noch nicht abgeschlossen ist und strittige Teilaspekte einfach ausgespart wurden.

Damit hat sich das Verhältnis zwischen sozialethischem Dokument und früheren Dokumenten der ROK als – unerwartet – komplex erwiesen. Dennoch steht m. E. außer Frage, dass es sich um zwei selbständige Konzeptionen handelt. Der entscheidende Aspekt dürfte sein, welche Perspektive diesen jeweils innewohnt. Die durchgängig positive und aufgeschlossene Betrachtungsweise des sozialethischen Dokuments, dazu dessen weiter Blickwinkel ermöglichen eine deutlich differenziertere Auseinandersetzung mit den Herausforderungen der Moderne. Darin liegt eine Ermutigung der Gläubigen, sich in eine kritisch-vertrauensvolle Auseinandersetzung mit den Verhältnissen zu begeben, in denen sie tatsächlich leben. Damit hat die orthodoxe Kirche zugleich einen Weg beschritten, der statt in abgeschlossene Räume scheinbarer „orthodoxer Sicherheit" vor Veränderungen in einen bewusst geführten Diskurs hineinführt. Das für ihn gesteckte Ziel ist klar und durchzieht den gesamten Text: Es geht um die Verwandlung der Welt zum Besseren im Licht gelebten und mit-geteilten Glaubens.

7. Ausblick

Mit dem Stichwort „Diskurs" ist zugleich das wesentliche Element eines Ausblicks benannt. Wie das sozialethische Dokument im Vorwort selbst zum Ausdruck bringt, sind Zuspruch *und* Widerspruch gegenüber den im Text entwickelten Positionen zu erwarten. Das dürfte zu einer innerorthodoxen Diskussion führen, die fruchtbar werden kann, wenn sie autokephale Monologe zugunsten eines orthodoxen Zeugnisses in der Welt überschreitet. Zugleich hat sich die orthodoxe Kirche als wesentlicher Akteur für einen weltweit zu führenden gesellschaftlichen Diskurs in Position gebracht. Sie vermag ihm essentielle und zukunftsweisende Impulse zu geben. Nicht zuletzt eröffnet das Dokument ein neues Feld für verstärkten Austausch zwischen den christlichen Kirchen. Es erscheint nicht unrealistisch anzunehmen, dass insoweit aus Dialog eine Zusammenarbeit im sozialethischen Bereich und aus der Zusammenarbeit eine bedeutsame Annäherung der Kirchen erwachsen kann. Den Herausforderungen der Zeit würde das gut entsprechen.

Abkürzungen

Dokument	David Bentley Hart / John Chryssavgis (Hg.), For the Life of the World. Toward a Social Ethos of the Orthodox Church, Holy Cross Orthodox Press Brookline/MA 2020.
Freiheit und Verantwortung	Barbara Hallensleben / Guido Vergauwen / Klaus Wyrwoll (Hg.), Freiheit und Verantwortung im Einklang. Zeugnisse für den Aufbruch zu einer neuen Weltgemeinschaft, Institut für Ökumenische Studien der Universität Freiburg/CH 2009.
Grundlagen	Josef Thesing / Rudolf Uertz, Die Grundlagen der Sozialdoktrin der Russisch-Orthodoxen Kirche, Verlag der Konrad-Adenauer-Stiftung St. Augustin 2001.
Synodos	Synodos. Die offiziellen Dokumente des Heiligen und Großen Konzils der Orthodoxen Kirche (Kreta, 18.–26. Juni 2016), Griechisch-Orthodoxe Metropolie von Deutschland Bonn 2018.

Literaturverzeichnis

Abmeier, Karlies (Hg.), Monitor Religion und Politik. Ausgewählte Beiträge 2016, online publiziert auf der Homepage der Konrad-Adenauer-Stiftung unter https://www.kas.de/documents/252038/253252/7_dokument_dok_pdf_47691_1.pdf/8d179f56-4318-9860-803f-5f44ed446774?version=1.0&t=1539649681302.

Adamsky, Dmitry, Russian Nuclear Orthodoxy. Religion, Politics, and Strategy, Stanford University Press Palo Alto/CA 2019.

Akgönül, Samim, Le Patriarcat grec orthodoxe. De l'isolement à l'internationalisation de 1923 à nos jours, Maisonneuve & Larose Paris 2005.

Alexander, Manfred / Stökl, Günther, Russische Geschichte, Kröner Stuttgart ^{7}2009.

Althoff, Gerd, Die Ottonen. Königsherrschaft ohne Staat, Kohlhammer Stuttgart ^{3}2013.

Anagnostou, Dia / Gropas, Ruby, Domesticating Islam and Muslim Immigrants. Political and Church Responses to Constructing a Central Mosque in Athens, in: Roudometof, Viktor / Makrides, Vasilios (Hg.), Orthodox Christianity in 21st Century Greece. The Role of Religion in Culture, Ethnicity and Politics, Ashgate Publishing Farnham 2010, 89–109.

Anapliotis, Anargyros, Oikonomia und ihre Grenzen im Orthodoxen Kirchenrecht, publiziert auf der Online-Plattform Ancilla Iuris 2019 unter https://www.anci.ch/articles/Ancilla2019_73_Anapliotis.pdf, 74–84.

Anapliotis, Anargyros, Die Orthodoxe Kirche im griechischen Staatskirchensystem, in: Orthodoxie aktuell 17 (10/2013), 8–15.

Angenendt, Arnold, Das Frühmittelalter. Die abendländische Christenheit von 400 bis 900, Kohlhammer Stuttgart u. a. ^{3}1995.

Anthony, Metropolit von Sourozh, Pastoral Care of the Sick and the Dying, online publizierter Vortrag unter https://www.pravmir.com/pastoral-care-sick-and-dying/.

Anzenbacher, Arno, Art. „Gemeinwohl“, in: RGG^{4} 3 (Sonderausgabe 2000), 653 f.

Appleby, R. Scott, Fundamentalists, Rigorists, and Traditionalists. An Unorthodox Trinity, in: Papanikolaou, Aristotle / Demacopoulos, George E. (Hg.), Fundamentalism or Tradition. Christianity after Secularism, Fordham University Press New York 2020, 165–179.

Arathymos, Panteleimon, Identität und Authentizität von Kirchen im ‚globalen Dorf‘. Eine orthodoxe Perspektive, in: Schon, Dietmar (Hg.), Identität und Authentizität von Kirchen im ‚globalen Dorf‘ (Schriften des Ostkircheninstituts der Diözese Regensburg 4), Pustet Regensburg 2019, 24–39.

Asfaw, Semegnish / Chehadeh, Alexios / Simion, Marian (Hg.), Just Peace. Orthodox Perspectives, WCC Publications Geneva 2012.

Auernheimer, Gustav, Orthodoxie und Nation. Zum Verhältnis von Religion und Politik in Griechenland, in: Behr, Hartmuth (Hg.), Politik und Religion in der Europäischen Union. Zwischen nationalen Traditionen und Europäisierung, VS Verlag für Sozialwissenschaften Wiesbaden 2006, 255–278.

Avdelas, Dimitrios, Fr. Georges Florovsky's Ecumenical Task. From Dostojewsky to Neopatristic Synthesis, in: International Journal of Orthodox Theology 7 (2016), 123–153.

Avis, Paul, Die Anglikanischen Kirchen, in: Oeldemann, Johannes (Hg.), Konfessionskunde, Evangelische Verlagsanstalt Leipzig / Bonifatius Paderborn 2015, 158–187.

Bartholomaios I. (Ökumenischer Patriarch), Begegnung mit dem Mysterium. Das orthodoxe Christentum von heute verstehen, Schöningh Paderborn 2019.

Beck, Hans-Georg, Kirche und theologische Literatur im Byzantinischen Reich, C.H. Beck München 1959.

Beestermöller, Gerhard, Thomas von Aquin und der gerechte Krieg. Friedensethik im theologischen Kontext der Summa Theologiae, Bachem Verlag Köln 1990.

Behr, Hartmuth (Hg.), Politik und Religion in der Europäischen Union. Zwischen nationalen Traditionen und Europäisierung, VS Verlag für Sozialwissenschaften Wiesbaden 2006.

Benevitch, Grégoire, Le sauvetage des Juifs. Le cas de Mère Marie (Skobtsov), in: Contacts 58 (2006), 494–515.

Bernath, Mathias / von Schroeder, Felix (Hg.), Biographisches Lexikon zur Geschichte Südosteuropas, Bd. 2, Oldenbourg München 1976, online zugänglich unter https://www.biolex.ios-regensburg.de/BioLexViewlist.php?cmd=reset.

Bernecker, Walther, Geschichte Spaniens im 20. Jahrhundert, C.H. Beck München 2010.

Bertaina, David, Christian and Muslim Dialogues. The Religious Uses of a Literary Form in the Early Islamic Middle East, Gorgias Press Piscataway/NJ 2011.

Betz, Hans Dieter u. a. (Hg.), Religion in Geschichte und Gegenwart (RGG), Mohr Siebeck Tübingen ⁴2008 (Studienausgabe).

Beutler, Johannes, Das Johannesevangelium, Herder Freiburg u. a. ²2016.

Bickelhaupt, Jörg, Zehn Jahre Magdeburger Tauferklärung. Eine kritische Bilanz, in: Materialdienst 68 (03/2017), 37–41; der Text ist online publiziert auf der Homepage des Konfessionskundlichen Instituts Bensheim unter https://konfessionskundliches-institut.com/wp-content/uploads/sites/2/2017/07/MD_3-2017_Hauptaufsatz_web.pdf.

Bischofsversammlung der Russischen Orthodoxen Kirche (Februar 2010), Empfehlungen, in: Messager de l'Église orthodoxe russe N° 19 (Januar–März 2010), 25–29.

Bodrov, Alexei, Relations between the Russian Orthodox Church and the Military, in: Asfaw, Semegnish / Chehadeh, Alexios / Simion, Marian (Hg.), Just Peace. Orthodox Perspectives, WCC Publications Geneva 2012, 43–48.

Bordeianu, Radu, Getting from Conflict to Communion. Ecclesiology at the Center of Recent Lutheran-Orthodox Dialogues and the 2016 Orthodox Council of Crete, in: Worship 91 (2017), 518–539. Der Text ist auch online publiziert unter https://www.duq.edu/assets/Documents/theology/_pdf/faculty-publications/Bordeianu%20Worship%20November%202017.pdf.

Botschaft und Kommuniqué der Ersthierarchen der Kirchen des Nahen Ostens von 2011, in: Orthodoxie Aktuell 15 (2011), 19–24 (deutsche Übersetzung).

Botschaft und Kommuniqué der Ersthierarchen der Kirchen des Nahen Ostens von 2011, in: Service Orthodoxe de Presse N° 361 (Oktober 2011), 28–31 (französischer Text).

Botschaft der Synaxis der orthodoxen Ersthierarchen von 2008, in: Orthodoxie Aktuell 12 (2008), 15–19 (deutsche Übersetzung).

Botschaft der Synaxis der orthodoxen Ersthierarchen von 2008, in: Episkepsis N° 692 (31.10.2008), 26–30 (französischer Text).

Botschaft der Synaxis der orthodoxen Ersthierarchen von 2008, in: The Ecumenical Review 60 (2008), 440–443 (englischer Text).

Boumis, Panagiotis, Das Kirchenrecht der Orthodoxen Kirche, in: Nyssen, Wilhelm / Schulz, Hans-Joachim / Wiertz, Paul (Hg.), Handbuch der Ostkirchenkunde, Bd. 3, Patmos Düsseldorf 1997, 145–179.

Breck, John, Bio-Medical Technology. Of the Kingdom or of the Cosmos?, in: St. Vladimir's Theological Quarterly 32 (1988), 5–26.

Breck, John, The sacred gift of life. Orthodox Christianity and bioethics, St. Vladimir's Seminary Press New York 1998.
Breck, John and Lyn, Stages of Life's Way. Orthodox Thinking on Bioethics, St. Vladimir's Seminary Press Crestwood/NY 2005.
Bremer, Thomas, Kreuz und Kreml. Geschichte der orthodoxen Kirche in Russland, Herder Freiburg u. a. [2]2016.
Bremer, Thomas, Art. „Kyrillos und Methodios", in: LThK[3] 6 (Sonderausgabe 2009), 556 f.
Bremer, Thomas / Gazer, Hacik / Lange, Christian (Hg.), Die orthodoxen Kirchen der byzantinischen Tradition, WBG Darmstadt 2013.
Bremer, Thomas / Wasmuth, Jennifer, Gott und die Welt. Kirche und Religion in Osteuropa, in: Osteuropa 59 (6/2009), 7–27.
Bria, Ion (Hg.), Martyria-Mission. The witness of the Orthodox Church today, WCC Publications Geneva 1980.
Brüning, Alfons / van der Zweerde, Evert (Hg.), Orthodox Christianity and Human Rights (Eastern Christian Studies 13), Peeters Leuven u. a. 2012.
Bryner, Erich, Die Ostkirchen vom 18. bis zum 20. Jahrhundert, Evangelische Verlagsanstalt Leipzig 1996.

Caneri, Sandrine, The Orthodox Church in Dialogue with Judaism: Toward an Official Document?, in: The Wheel 17/18 (2019), 33–40; der Beitrag ist online zugänglich unter https://static1.squarespace.com/static/54d0df1ee4b036ef1e44b144/t/5d33e58ab5c4a100011f7fb0/1563682206886/Wheel17_Ch6_Caneri.pdf.
Caneri, Sandrine, Under what Conditions would the Orthodox Engage in the Judeo-Christian Dialogue?, in: Review of Ecumenical Studies (RES, Sibiu) 11 (2/2019), 154–166.
Centre Orthodoxe du Patriarcat Œcuménique (Hg.), Un Regard Orthodoxe sur la Paix (Les Études Théologiques de Chambésy 7), Editions du Centre Orthodoxe du Patriarcat Œcuménique Chambésy/Genève 1986.
Chaillot, Christine, L'Église assyrienne de l'Orient, Éditions L'Harmattan Paris 2020.
Chirban, John T., Health and Faith. Medical, Psychological and Religious Dimensions, University Press of America Lanham/MD 1991.
Christopoulos, Dimitris, How Can One Both Apply Sharia Law in Greece and Deny Building a Mosque in Athens?, in: Diamantopoulou, Elisabeth / Christians, Louis-Léon (Hg.), Orthodox Christianity and Human Rights in Europe, Peter Lang Bruxelles u. a. 2018, 137–152.
Chryssavgis, John (Hg.), Cosmic Grace – Humble Prayer. The Ecological Vision of the Green Patriarch Bartholomew, William B. Eerdmans Publishing Grand Rapids, MI / Cambridge, U. K., revised Edition 2009.
Chryssavgis, John, „Für das Leben der Welt" – Sozialethos nach dem Panorthodoxen Konzil von Kreta, Interview, in: NÖK Newsletter 8/2020 vom 16.4.2020, online publiziert unter https://noek.info/hintergrund/1503-fuer-das-leben-der-welt-sozialethos-nach-dem-panorthodoxen-konzil-von-kreta?utm_source=newsletter_128&utm_medium=email&utm_campaign=noek-newsletter-8-2020.
Chryssavgis, John (Hg.), In the World, Yet Not of the World. Social and Global Initiatives of Ecumenical Patriarch Bartholomew, Fordham University Press New York 2010.
Chryssavgis, John, On Earth as in Heaven. Ecological Vision and Initiatives of Ecumenical Patriarch Bartholomew, Fordham University Press New York 2012.
Chryssavgis, John / Foltz, Bruce V., Toward an Ecology of Transfiguration. Orthodox Christian Perspectives on Environment, Nature, and Creation, Fordham University Press New York 2013.

Clapsis, Emmanuel, Human Dignity in a Global World, online publiziert auf der Homepage der griechisch-orthodoxen Erzdiözese von Amerika unter https://www.goarch.org/-/human-dignity-in-a-global-world.

Clapsis, Emmanuel, Human Dignity in Orthodox Theology, online publiziert auf der Homepage der griechisch-orthodoxen Erzdiözese von Amerika unter https://www.goarch.org/-/human-dignity-in-orthodox-theology.

Clapsis, Emmanuel, The Orthodox Church in a Pluralistic World, in: ders., Orthodoxy in Conversation. Orthodox Ecumenical Engagements, WCC Publications Geneva / Holy Cross Orthodox Press Brookline/MA 2000, 127–150.

Clapsis, Emmanuel (Hg.), Orthodoxy in Conversation. Orthodox Ecumenical Engagements, WCC Publications Geneva / Holy Cross Orthodox Press Brookline/MA 2000.

Clapsis, Emmanuel (Hg.), The Orthodox Churches in a Pluralistic World, WCC Publications Geneva / Holy Cross Orthodox Press Brookline/MA 2004.

Clapsis, Emmanuel, Peace and Peacemaking as an Interfaith and Ecumenical Vocation. An Orthodox View, online publiziert auf der Homepage der „Orthodox Peace Fellowship" unter https://incommunion.org/2012/09/28/peace-and-peacemaking-as-an-interfaith-and-ecumenical-vocation-an-orthodox-view/.

Clapsis, Emmanuel, Peacemaking as Vocation. Toward an Orthodox Understanding, online publiziert auf der Homepage der „Orthodox Peace Fellowship" unter https://incommunion.org/2013/04/26/peacemaking-as-vocation-toward-an-orthodox-understanding-by-fr-emmanuel-clapsis/.

Clapsis, Emmanuel, Politics and Christian Faith, in: ders., Orthodoxy in Conversation. Orthodox Ecumenical Engagements, WCC Publications Geneva / Holy Cross Orthodox Press Brookline/MA 2000, 221–224.

Constantine, Metropolitan of Derkon, The Importance of Orthodox Christian-Muslim Dialogue, in: Vaporis, Nomikos Michael (Hg.), Orthodox Christians and Muslims, Holy Cross Orthodox Press Brookline/MA 1986, 9–16.

Delgado, Mariano / Leppin, Volker / Neuhold, David (Hg.), Schwierige Toleranz. Der Umgang mit Andersdenkenden und Andersgläubigen in der Christentumsgeschichte (Studien zur christlichen Religions- und Kulturgeschichte 17), Academic Press Fribourg / W. Kohlhammer Stuttgart 2012.

Delikostantis, Konstantinos, Die Enzyklika der Heiligen und Großen Synode der Orthodoxen Kirche, in: Orthodoxes Forum 31 (2017), 75–80.

Delikostantis, Konstantinos, Die Menschenrechte im Kontext der Orthodoxen Theologie, in: Ökumenische Rundschau 56 (2007), 19–35.

Delikostantis, Konstantinos, Die Menschenrechte aus orthodoxer Sicht, in: Gabriel, Ingeborg (Hg.), Politik und Theologie in Europa. Perspektiven ökumenischer Sozialethik, Ostfildern 2008, 81–103.

Diamantopoulou, Elisabeth, Orthodox Christianity and Freedom of Religion in European Court of Human Rights Case Law, in: dies. / Christians, Louis-Léon (Hg.), Orthodox Christianity and Human Rights in Europe, Peter Lang Bruxelles u. a. 2018, 71–108.

Diamantopoulou, Elisabeth / Christians, Louis-Léon (Hg.), Orthodox Christianity and Human Rights in Europe, Peter Lang Bruxelles u. a. 2018.

Dokumente der Heiligen und Großen Synode von Kreta (2016), online publiziert unter https://www.holycouncil.org/.

Döpp, Siegmar / Geerlings, Wilhelm (Hg.), Lexikon der antiken christlichen Literatur, Herder Freiburg u. a. 1998.

Ehen zwischen orthodoxen und katholischen Christen. Eine Handreichung der Gemeinsamen Kommission der Griechisch-Orthodoxen Metropolie von Deutschland und der römisch-katholischen Kirche in Deutschland (1993), in: Orthodoxes Forum 8 (1994), 109–115.

Elsner, Regina, Neue Impulse für eine orthodoxe Sozialethik, NÖK 8/2020 „Hintergrund“, online publiziert unter https://noek.info/hintergrund/1502-neue-impulse-fuer-eine-orthodoxe-sozialethik?utm_source=newsletter_128&utm_medium=email&utm_campaign=noek-newsletter-8-2020.

Elsner, Regina, Staat und Kirche in Russland: Alter Wein in neuen Schläuchen?, online publiziert auf der Homepage der Bundeszentrale für politische Bildung unter https://www.bpb.de/internationales/europa/russland/analysen/249066/analyse-staat-und-kirche-in-russland-alter-wein-in-neuen-schlaeuchen.

Ess, Josef van, Art. „Heiliger Krieg – II. Islam“, in: RGG[4] 3 (Sonderausgabe 2008), 1563 f.

Evangelisch-Lutherische Landeskirche Hannover, Ehen zwischen evangelischen und orthodoxen bzw. orientalisch-orthodoxen Christen und Christinnen, online zugänglich unter https://www.hkd-material.de/media/pdf/33/5d/6f/2267_ehen_zwischen_A5_endfassung_web-1.pdf.

Evdokimov, Paul, The Sacrament of Love, St. Vladimir’s Seminary Press New York 1985.

Evers, Dirk, Art. „Materialismus – III. Theologisch“, in: RGG[4] 5 (Studienausgabe 2008), 906 f.

Felmy, Karl C. / Kretschmar, Georg / von Lilienfeld, Fairy / Roepke, Claus-Jürgen (Hg.), Tausend Jahre Christentum in Russland. Zum Millennium der Taufe der Kiewer Rus’, Vandenhoeck & Ruprecht Göttingen 1988.

Figl, Johann, Art. „Materialismus – I. Religionsgeschichtlich“, in: RGG[4] 5 (Studienausgabe 2008), 903 f.

Filatow, Sergej, Religion in Russland, in: Landeszentrale der politischen Bildung Baden-Württemberg (Hg.), Der Bürger im Staat 51 (2–3/2001), 130–136.

FitzGerald, Thomas / Bouteneff, Peter (Hg.), Turn to God – Rejoice in Hope. Orthodox Reflections on the Way to Harare, WCC Publications Geneva 1998.

Florovsky, Georges, Antinomies of Christian History: Empire and Desert, in: ders., Christianity and Culture (Collected Works, Vol. II), Nordland Publishing Belmont 1974, 67–100.

Florovsky, Georges, Christianity and Culture (Collected Works, Vol. II), Nordland Publishing Belmont 1974.

Fokas, Effie, Pluralism and Religious Freedom. Insights from Orthodox Europe, in: Diamantopoulou, Elisabeth / Christians, Louis-Léon (Hg.), Orthodox Christianity and Human Rights in Europe, Peter Lang Bruxelles u. a. 2018, 109–134.

Forest, Jim, Learning to be Peacemakers. A History of the Orthodox Peace Fellowship, online publiziert unter https://incommunion.org/2004/11/28/learning-to-be-peacemakers/.

Frötschner, Reinhard, Heilige Rus – Neues Israel – Drittes Rom. Die Verehrung der Gottesmutterikone von Tichvin als Element der politischen Mythologie des Moskauer Reiches in der Zeit Großfürst Vasilijs III. und Zar Ivans IV., in: Jahrbücher für Geschichte Osteuropas 52 (2004), 188–234.

Fürst, Carl / Potz, Richard (Hg.), Kanon XVI – Mutter, Nonne, Diakonin (Jahrbuch der Gesellschaft für das Recht der Ostkirchen), Verlag Roman Kovar Egling 2000.

Gabriel, Ingeborg G., A Catholic Comment on *For the Life of the World*, in: Ecumenical Trends 49 (2020), 9–13.

Gabriel, Ingeborg (Hg.), Politik und Theologie in Europa. Perspektiven ökumenischer Sozialethik, Ostfildern 2008.

Gabriel, Ingeborg / Papaderos, Alexandros / Körtner, Ulrich, Perspektiven ökumenischer Sozialethik. Der Auftrag der Kirchen im größeren Europa, Grünewald Mainz [2]2006.

Gaćeša, Dijana, Fundamentalist Tendencies of Serbian Orthodox Christianity, in: Western Balkans Security Observer (English Edition) 7–8/2007, 65–81.

Galitis, Georgios, Die Orthodoxe Kirche im Dialog, in: Nyssen, Wilhelm / Schulz, Hans-Joachim / Wiertz, Paul, Handbuch der Ostkirchenkunde, Bd. 3, Patmos Düsseldorf 1997, 245–257.

Garvey, John, Seeds of the Word. Orthodox Thinking on other Religions, St. Vladimir's Seminary Press Crestwood/NY 2005.

Gemeinsame Erklärung des Ökumenischen Patriarchen Bartholomaios und von Papst Franziskus vom 25. Mai 2014, in: Pontifical Council for Promoting Christian Unity, Information Service Nr. 143 (2014/1), 12 f.

Gemeinsame Erklärung von Papst Franziskus, des Ökumenischen Patriarchen und des Erzbischofs von Athen und Ganz Griechenland im Jahr 2016, in: Pontifical Council for Promoting Christian Unity, Information Service Nr. 147 (2016/1), 19.

Gieler, Wolfgang, Religion in der Türkei, in: Porsche-Ludwig, Markus / Bellers, Jürgen (Hg.), Handbuch der Religionen der Welt, Bd. 2, Verlag Traugott Bautz Nordhausen 2012, 1319–1326.

Groen, Bert, Anti-Judaism in the Present-Day Byzantine Liturgy, in: Journal of Eastern Christian Studies 60 (2008), 369–387.

Guroian, Vigen, Ethics after Christendom. Toward an Ecclesial Christian Ethic, Wipf & Stock Publishers Eugene/OR 1994.

Hahn, Josef, Art. „Kyrill der Philosoph", in: Bernath, Mathias / von Schroeder, Felix (Hg.), Biographisches Lexikon zur Geschichte Südosteuropas, Bd. 2, Oldenbourg München 1976, 539–541, online zugänglich unter https://www.biolex.ios-regensburg.de/BioLexViewview.php?ID=1224.

Halbach, Uwe, Kirche und Staat in Russland. Nationale und außenpolitische Akzente von Orthodoxie, SWP-Studie 8 vom April 2019, online publiziert unter https://www.swp-berlin.org/fileadmin/contents/products/studien/2019S08_hlb.pdf.

Hallensleben, Barbara / Vergauwen, Guido / Wyrwoll, Klaus (Hg.), Freiheit und Verantwortung im Einklang. Zeugnisse für den Aufbruch zu einer neuen Weltgemeinschaft, Institut für Ökumenische Studien der Universität Freiburg/CH 2009.

Hamalis, Perry T., Just Peacemaking and Christian Realism. Possibilities for Moving beyond the Impasse in the Orthodox Christian War Ethics, in: ders. / Karras, Valerie A. (Hg.), Orthodox Christian Perspectives on War, University of Notre Dame Press Notre Dame/IN 2018, 335–359.

Hamalis, Perry T. / Karras, Valerie A. (Hg.), Orthodox Christian Perspectives on War, University of Notre Dame Press Notre Dame/IN 2018.

Harakas, Stanley S., An Eastern Orthodox Perspective on Economic Life, Property, Work, and Business Ethics, in: Herman, Stewart W. / Gross Schaefer, Arthur (Hg.), Spiritual Goods. Faith Traditions and the Practice of Business, Philosophy Documentation Center Charlottesville/VA 2001, 143–163.

Harakas, Stanley S., For the Health of Body and Soul. An Eastern Orthodox Introduction to Bioethics, Holy Cross Orthodox Press Brookline/MA 1980.

Harakas, Stanley S., Health and Medicine in the Eastern Orthodox Tradition, Crossroad Publishing New York 1990.

Harakas, Stanley S., Health and Medicine in the Eastern Orthodox Tradition. Salvation as the Context of Healing, in: Greek Orthodox Theological Review 34 (1989), 219–235.

Harakas, Stanley S., Human Rights. An Eastern Orthodox Perspective, in: Journal of Ecumenical Studies 19 (1982), 13–24.

Harakas, Stanley S., Orthodox Christianity and Bioethics, in: Vaporis, Nomikos Michael (Hg.), Orthodox Christians and Muslims, Holy Cross Orthodox Press Brookline/MA 1986, 155–185.

Harakas, Stanley S., An Orthodox Comment on Violence and Religion, in: Clapsis, Emmanuel (Hg.), The Orthodox Churches in a Pluralistic World, WCC Publications Geneva / Holy Cross Orthodox Press Brookline/MA 2004, 103–109.

Harakas, Stanley S., The Teaching on Peace in the Fathers, in: Centre Orthodoxe du Patriarcat Œcuménique (Hg.), Un Regard Orthodoxe sur la Paix (Les Études Théologiques de Chambésy 7), Editions du Centre Orthodoxe du Patriarcat Œcuménique Chambésy/Genève 1986, 32–47.

Harakas, Stanley S., Wholeness of Faith and Life: Orthodox Christian Ethics. Part Three: Orthodox Social Ethics, Holy Cross Orthodox Press Brookline/MA 1999.

Hart, David Bentley / Chryssavgis, John (Hg.), For the Life of the World. Toward a Social Ethos of the Orthodox Church, Holy Cross Orthodox Press Brookline/MA 2020; das Dokument ist online publiziert auf der Homepage der Griechisch-Orthodoxen Metropolie von Amerika unter https://www.goarch.org/social-ethos?p_p_id=56_INSTANCE_km0Xa4sy69OV&p_p_lifecycle=0&p_p_state=normal&p_p_mode=view&p_p_col_id=column-1&p_p_col_count=1&_56_INSTANCE_km0Xa4sy69OV_languageId=en_US.

Hauptmann, Peter / Stricker, Gerd, Die Orthodoxe Kirche in Russland. Dokumente ihrer Geschichte, Vandenhoeck & Ruprecht Göttingen 1998.

Heilige Synode der Russischen Orthodoxen Kirche, Dokument „On the external mission of the Russian Orthodox Church today“, online zugänglich unter https://mospat.ru/en/documents/o-sovremennojj-vneshnejj-missii-russkojj-pravoslavnojj-cerkvi/.

Heiser, Andreas, Basilius von Caesarea – Krankenpflege zwischen den Fronten, in: Teologia 17 (2013), 10–34; der Beitrag ist auch online zugänglich unter https://docplayer.org/56343395-Basilius-von-caesarea.html.

Heldt, Petra, Bibliography of Dialogue between Orthodox Christians and Jews, in: Immanuel 26/27 (1994), 240–249; der Beitrag ist online zugänglich unter http://www.etrfi.info/immanuel/26/Immanuel_26_240.pdf.

Heldt, Petra, A Brief History of Dialogue between Orthodox Christian and Jews, in: Immanuel 26/27 (1994), 211–224; der Beitrag ist online zugänglich unter http://www.etrfi.info/immanuel/article.php?i=26&p=211.

Heller, Dagmar, Neuere sozialethische Entwicklungen in der Orthodoxie, online publiziert auf der Homepage des Konfessionskundlichen Instituts Bensheim unter https://konfessionskundliches-institut.com/essay/neuere-sozialethische-entwicklungen-in-der-orthodoxie/.

Herman, Stewart W. / Gross Schaefer, Arthur (Hg.), Spiritual Goods. Faith Traditions and the Practice of Business, Philosophy Documentation Center Charlottesville/VA 2001.

Hjelm, Titus (Hg.), Religion and Social Problems, Routledge London u. a. 2011.

Holy Synod of the Church of Greece / Bioethics Committee, Basic Positions on the Ethics of Assisted Reproduction, Athen 2007, online publiziert unter http://www.bioethics.org.gr/en/Assisted%20Reproduction4l.pdf.

Holy Synod of the Church of Greece / Bioethics Committee, Basic Positions on the Ethics of Euthanasia, Athen 2007, online publiziert unter http://www.bioethics.org.gr/en/Euthanasia4l.pdf.

Holy Synod of the Church of Greece / Bioethics Committee, Basic Positions on the Ethics of Transplantation, Athen 2007, online publiziert unter http://www.bioethics.org.gr/en/Transplantations4l.pdf.

Holy Synod of the Church of Greece / Bioethics Committee, Bibliography on Orthodox Bioethics, online publiziert unter http://www.bioethics.org.gr/en/06_d.html#1_1.

Hüttemann, Andreas, Art. „Materialismus – II. Philosophisch", in: RGG⁴ 5 (Studienausgabe 2008), 904–906.

Iloaie, Ştefan, Ethics and Life. The Documents of the Romanian Orthodox Church on Bioethics, in: Revista Romana de Bioetica 7 (2009), 18–29 und 86.

Ioniță, Alexandru, Byzantine Liturgical Hymnography: a Stumbling Stone for the Jewish-Orthodox Christian Dialogue?, in: Review of Ecumenical Studies (RES, Sibiu) 11 (2/2019), 253–267.

Ionita, Viorel, Towards the Holy and Great Synod of the Orthodox Church, Reinhardt Verlag Basel 2014.

Irenäus von Lyon, Darlegung der Apostolischen Verkündigung (Fontes Christiani 8/1), Herder Freiburg u. a. 1993.

Ishaya, Arianne, Assyrian-Americans. A Study in Ethnic Reconstruction and Dissolution in Diaspora, online publiziert auf der Homepage „Niniveh" der Aramäisch sprechenden Einwanderer in den USA unter https://www.nineveh.com/ASSYRIAN-AMERICANS.html.

Ivanka, Endre von, Die Sakralität des Kaisertums und die Konkretisierung der Idee des Gottesvolkes, in: Nyssen, Wilhelm / Schulz, Hans-Joachim / Wiertz, Paul (Hg.), Handbuch der Ostkirchenkunde, Bd. 1, Patmos Düsseldorf 1984, 82–87.

Jedin, Hubert (Hg.), Handbuch der Kirchengeschichte, Bd. VI/2, Herder Freiburg u. a. 1973.

Jerkić, Dragiša, Mut zur Freiheit? Antworten der orthodoxen Theologie des 20. Jahrhunderts auf eine Menschheitsfrage (Schriften des Ostkircheninstituts der Diözese Regensburg 5), Pustet Regensburg 2020.

Joannou, Périclès-Pierre, Discipline générale antique, CCO Fonti, fasc. IX, t. 2: Les canons des pères grecs, Rom 1933.

Joint International Commission for Theological Dialogue between the Roman Catholic Church and the Orthodox Church, Synodality and Primacy during the First Millennium. Towards a Common Understanding in Service to the Unity of the Church (Chieti, 21 September 2016), online publiziert auf der Homepage des Vatikans unter http://www.vatican.va/roman_curia/pontifical_councils/chrstuni/ch_orthodox_docs/rc_pc_chrstuni_doc_20160921_sinodality-primacy_en.html.

Kabasilas, Nikolaos, Das Buch vom Leben in Christus, Johannes Verlag Einsiedeln ³1991.

Kairoer Erklärung der Menschenrechte im Islam (1990), in: Bundeszentrale für politische Bildung (Hg.), Menschenrechte. Dokumente und Deklarationen (Schriftenreihe 397), BpB Bonn ⁴2004, 568–574.

Kalaitzidis, Pantelis, Ecclesiology and Globalization. In Search of an Ecclesiological Paradigm in the Era of Globalization, in: St. Vladimir's Theological Quarterly 57 (2013), 479–501.

Kalaitzidis, Pantelis, New Wine into Old Winescins? Orthodox Theology of Mission Facing the Challenges of a Global World, in: Longkumer, Atola / Huang, Po Ho / Andrée, Uta (Hg.), Theological Education and Theology of Life. Transformative Christian Leadership in the 21st Century, Regnum Oxford 2016, 119–147.

Kalaitzidis, Pantelis, Orthodoxy & Political Theology, WCC Publications Geneva 2012.

Kalkandjieva, Daniela, The Russian Orthodox Church 1917–1948. From decline to resurrection, Routledge London u. a. 2015.

Kallis, Anastasios, Auf dem Weg zum Konzil, Theophano Verlag Münster 2013.

Kallis, Anastasios, Das Jerusalemer Konzil von 2054, Theophano Verlag Münster 2012.

Kallis, Anastasios, Über den Tod hinaus. Ehe und Ehescheidung in der orthodoxen Kirche, Theophano Verlag Münster 2011.

Kappeler, Andreas, Russische Geschichte, C.H. Beck München [5]2008.

Karras, Valerie A., Orthodox Theologies of Women and Ordained Ministry, in: Papanikolaou, Aristotle / Prodromou, Elisabeth H. (Hg.), Thinking through Faith. New Perspectives from Orthodox Christian Scholars, St. Vladimir's Seminary Press Crestwood/NY 2008, 113–158.

Keller, Hagen, Die Ottonen, C.H. Beck München [5]2017.

Khodr, Georges, Christianisme dans une monde pluraliste, in: Irenikon 44 (1971), 191–202.

Khodr, Georges, The Church as the Privileged Witness of God, in: Bria, Ion (Hg.), Martyria-Mission. The witness of the Orthodox Church today, WCC Publications Geneva 1980, 30–37.

Knorre, Boris / Zygmont, Aleksei, „Militant Piety" in 21st-Century Orthodox Christianity. Return to Classical Traditions or Formation of a new Theology of War?, online publiziert auf der Baseler Publikationsplattform MDPI unter https://www.mdpi.com/2077-1444/11/1/2/htm.

Knox, Zoe, Russian Society and the Orthodox Church. Religion in Russia after communism, Routledge London/New York 2005.

Konferenz der orthodoxen Bischöfe Amerikas, Pastoraler Brief aus dem Jahr 2001, in: Greek Orthodox Theological Review 46 (2001), 161–220.

Konferenz für Sicherheit und Zusammenarbeit in Europa (KSZE), Schlussakte von Helsinki 1975, online zugänglich auf der Homepage der KSZE unter https://www.osce.org/files/f/documents/6/e/39503.pdf.

König, Otto / Wolkinger, Alois, Horizonte sittlichen Handelns, Richard Bruch Octogenario (Grazer Theologische Studien 14), Eigenverlag des Instituts für Ökumenische Theologie Graz 1991.

Konstantinidis, Chrysostomos, New Orthodox Insights in Evangelism, in: Bria, Ion (Hg.), Martyria-Mission. The witness of the Orthodox Church today, WCC Publications Geneva 1980, 12–19.

Der Koran, Reclam Stuttgart 1991.

Künkel, Christoph, „The True Church is Not Yet the Perfect Church". Ökumenisches Denken und Handeln bei Georges Florovsky, in: Felmy, Karl C. / Kretschmar, Georg / von Lilienfeld, Fairy / Roepke, Claus-Jürgen (Hg.), Tausend Jahre Christentum in Russland. Zum Millennium der Taufe der Kiewer Rus', Vandenhoeck & Ruprecht Göttingen 1988, 583–590.

Ladouceur, Paul, Modern Orthodox Theology, t&t clark London u. a. 2019.

Lange, Christian / Pinggéra, Karl (Hg.), Die altorientalischen Kirchen. Glaube und Geschichte, WBG Darmstadt [2]2011.

Larentzakis, Grigorios, Ehe – Mysterium der Liebe. Einige Aspekte zur Eheauffassung und Familienplanung aus orthodoxer Sicht, in: König, Otto / Wolkinger, Alois, Horizonte sittlichen Handelns, Richard Bruch Octogenario (Grazer Theologische Studien 14), Eigenverlag des Instituts für Ökumenische Theologie Graz 1991, 321–351.

Larentzakis, Grigorios, Die Orthodoxe Kirche. Ihr Leben und ihr Glaube, Styria Graz u. a. 2000.

LeMasters, Philipp, Orthodox Perspectives in the Americas and Western Europe on the Invasion of Iraq, in: Asfaw, Semegnish / Chehadeh, Alexios / Simion, Marian (Hg.), Just Peace. Orthodox Perspectives, WCC Publications Geneva 2012, 98–116.

LeMasters, Philipp, Orthodox Perspectives on Peace, War and Violence, in: The Ecumenical Review 63 (2011), 54–61.

Lienemann, Wolfgang, Frieden (Bensheimer Hefte 92), Vandenhoeck & Ruprecht Göttingen 2000.

Lienemann-Perrin, Christine, Mission und interreligiöser Dialog (Bensheimer Hefte 93), Vandenhoeck & Ruprecht Göttingen 1999.

Longkumer, Atola / Huang, Po Ho / Andrée, Uta (Hg.), Theological Education and Theology of Life. Transformative Christian Leadership in the 21st Century, Regnum Oxford 2016.

Louth, Andrew, Man and Cosmos in St. Maximus The Confessor, in: Chryssavgis, John / Foltz, Bruce V. (Hg.), Toward an Ecology of Transfiguration. Orthodox Christian Perspectives on Environment, Nature, and Creation, Fordham University Press New York 2013, 59–71.

Louth, Andrew, Orthodoxy and the problem of identity, in: International Journal for the Study of the Christian Church 12 (2/2012), 96–104.

Lubardić, Bogdan, Orthodox Theology of Personhood. A critical overview of currents, models and ideas in the 20th century, in: Šijaković, Bogoljub (Hg.), Ad Orientem. Essays from Serbian Theology Today, Faculty of Orthodox Theology Belgrade / St. Sebastian Orthodox Press Los Angeles 2019, 144–188.

Maier, Franz Georg, Byzanz, Fischer Frankfurt [11]2001.

Makrides, Vasilios, Aspects of Greek Orthodox Fundamentalism, in: Orthodoxes Forum 5 (1991), 49–72.

Makrides, Vasilios, Der konstruktive Umgang mit der Moderne – oder was die Orthodoxie vom Katholizismus zu lernen vermag, in: Schon, Dietmar (Hg.), Identität und Authentizität von Kirchen im ‚globalen Dorf' (Schriften des Ostkircheninstituts der Diözese Regensburg 4), Pustet Regensburg 2019, 103–127.

Makrides, Vasilios, Die Menschenrechte aus orthodox-christlicher Sicht. Evaluierung, Positionen und Reaktionen, in: Delgado, Mariano / Leppin, Volker / Neuhold, David (Hg.), Schwierige Toleranz. Der Umgang mit Andersdenkenden und Andersgläubigen in der Christentumsgeschichte (Studien zur christlichen Religions- und Kulturgeschichte 17), Academic Press Fribourg / W. Kohlhammer Stuttgart 2012, 293–320.

Makrides, Vasilios, Orthodox Christianity and Economic Development. A Critical Overview, in: Archives de sciences sociales des religions 185 (1/2019), 23–43.

Makrides, Vasilios, Das Panorthodoxe Konzil 2016 und die moderne Welt, in: Abmeier, Karlies (Hg.), Monitor Religion und Politik. Ausgewählte Beiträge 2016, online zugänglich auf der Homepage der Konrad-Adenauer-Stiftung unter https://www.kas.de/documents/252038/253252/7_dokument_dok_pdf_47691_1.pdf/8d179f56-4318-9860-803f-5f44ed446774?version=1.0&t=1539649681302, 141–157.

Makrides, Vasilios, Scandals, Secret Agents and Corruption: The Orthodox Church of Greece during the 2005 Crisis. Its Relation to the State and Modernization, in: Roudometof, Victor / Makrides, Vasilios, Orthodox Christianity in 21st Century Greece, Ashgate Farnham 2010, 61–87.

Mantzaridis, Georgios, Grundlinien christlicher Ethik, Eos Verlag St. Ottilien 1998.

Mantzaridis, Georgios, Orthodox Observations on Peace and War, in: Asfaw, Semegnish / Chehadeh, Alexios / Simion, Marian (Hg.), Just Peace. Orthodox Perspectives, WCC Publications Geneva 2012, 117–127.

Mantzaridis, Georg, Soziologie des Christentums, Duncker & Humblot Berlin 1981.

Mehlhausen, Johannes, Art. „Nationalsozialismus und Kirchen", in: TRE 24 (Sonderausgabe 2000), 43–78.

Meyendorff, John, Marriage. An Orthodox Perspective, St. Vladimir's Seminary Press Crestwood/NY [3]1984.

Meyer, Harding / Papandreou, Damaskinos / Urban, Hans Jörg / Vischer, Lukas (Hg.), Dokumente wachsender Übereinstimmung, Bd. 1–3, Bonifatius Paderborn / Lembeck Frankfurt 1983/1992/2003.

Miller, Timothy S., The Birth of the Hospital in the Byzantine Empire (Supplements to the Bulletin of the History of Medicine), John Hopkins University Press Baltimore 1997.

Miron, Radu Constantin, Das Heilige und Große Konzil der Orthodoxen Kirche – Kommentierte Tagebuchaufzeichnungen eines Teilnehmers, in: Una Sancta 73 (2018), 82–98.

Moga, Ioan, Jüdische Elemente in der Tradition der Orthodoxen Kirche. Ein Beitrag im Zeichen des Dialogs, in: Review of Ecumenical Studies (RES, Sibiu) 11 (2/2019), 167–179.

Molokotos-Liederman, Lina, Orthodox Diakonia Worldwide. An initial Assessment, online publiziert unter https://www.academia.edu/10350014/_orthodox_diakonia_worldwide._an_initial_assessment_

Molokotos-Liederman, Lina, Orthodox Social Service and the Role of the Orthodox Church in the Greek Economic Crisis, online publiziert unter https://www.faithineurope.org.uk/lina.pdf.

Molokotos-Liederman, Lina, Religion as a solution to social problems: a Christian Orthodox approach, in: Hjelm, Titus (Hg.), Religion and Social Problems, Routledge London u. a. 2011, 82–97.

Morelli, George, Ministry at the End of Life, online publiziert unter http://ww1.antiochian.org/content/ministry-end-life.

Musaj, Shpresa, Albaniens Religiosität. Konstante im Wandel der Zeit, Tectum Verlag Marburg 2011.

Neill, Stephen, Art. „Anglikanische (Kirchen-)Gemeinschaft", in: TRE 2 (Sonderausgabe 1993), 713–723.

Ngige Njoroge, Kosmas, Incarnation as a Mode of Orthodox Mission. Intercultural Orthodox Mission – Imposing Culture and Inculturation, in: Longkumer, Atola / Huang, Po Ho / Andrée, Uta (Hg.), Theological Education and Theology of Life. Transformative Christian Leadership in the 21st Century, Regnum Oxford 2016, 242–252.

Nikolaou, Theodor, Geschichtlicher Überblick und Würdigung des orthodox-anglikanischen Dialogs, in: Orthodoxes Forum 5 (1991), 81–90.

North American Orthodox-Catholic Theological Consultation, Baptism and ‚Sacramental Economy'. An agreed Statement (June 3, 1999), online publiziert auf der Homepage der Nordamerikanischen Orthodoxen Bischofskonferenz unter http://www.assemblyofbishops.org/ministries/orthodox-catholic/baptism-and-sacramental-economy-an-agreed-statement-of-the-north-american-orthodox-catholictheological-consultation-saint-vladimirs-orthodox-seminary-june-3-1999.

North American Orthodox-Catholic Theological Consultation, The Vocation and Mission of the People of God. ‚A Chosen Race, a Royal Priesthood, a Holy Nation', online publiziert auf der Homepage der Nordamerikanischen Orthodoxen Bischofskonferenz unter http://www.assemblyofbishops.org/ministries/orthodox-catholic/vocation-and-mission-of-the-people-of-god.

Nyssen, Wilhelm / Schulz, Hans-Joachim / Wiertz, Paul (Hg.), Handbuch der Ostkirchenkunde, Bd. 1 und 3, Patmos Düsseldorf 1984/1997.

Oeldemann, Johannes, Die Kirchen des christlichen Ostens, Topos Premium Kevelaer 2016.

Oeldemann, Johannes, Orthodoxe Kirchen im ökumenischen Dialog, Bonifatius Paderborn 2004.

Oeldemann, Johannes / Nüssel, Friedericke / Swarat, Uwe / Vletsis, Athanasios (Hg.), Dokumente wachsender Übereinstimmung, Bd. 4, Evangelische Verlagsanstalt Leipzig / Bonifatius Paderborn 2012.

Ohme, Heinz, Das Konzil Quinisextum (Fontes Christiani 82), Brepols Publishers Turnhout 2006.

Orthodox Peace Fellowship, Offener Brief an Patriarch Kyrill von Moskau und Ganz Russland vom 12.4.2020, online publiziert unter https://incommunion.org/2020/04/21/on-the-blessing-of-weapons-and-soldiers-letter-to-patriarch-kirill-in-moscow-and-all-russia/.

Orthodoxe Bischofskonferenz in Deutschland, Ein Brief an die Jugend über Liebe, Sexualität, Ehe, online publiziert unter http://www.obkd.de/Texte/Brief%20OBKD%20an%20die%20Jugend.pdf.

Oslington, Paul (Hg.), The Oxford Handbook of Christianity and Economics, Oxford University Press 2014.

Ostrogorsky, Georg, Geschichte des byzantinischen Staates, C.H. Beck München (Sonderausgabe) 1980.

Papademetriou, George C., Essays on Orthodox Christian-Jewish Relations, Wyndham Hall Press Bristol/IN 1990.

Papademetriou, George C., Introduction: Orthodox Christians and Muslims in Dialogue, in: Vaporis, Nomikos Michael (Hg.), Orthodox Christians and Muslims, Holy Cross Orthodox Press Brookline/MA 1986, 5–8.

Papademetriou, George C., An Orthodox Christian View of non-Christian Religions, online publiziert auf der Homepage der griechisch-orthodoxen Erzdiözese von Amerika unter https://www.goarch.org/-/an-orthodox-christian-view-of-non-christian-religions.

Papaderos, Alexandros, Aspekte orthodoxer Sozialethik, in: Ingeborg Gabriel / Alexandros Papaderos / Ulrich Körtner, Perspektiven ökumenischer Sozialethik. Der Auftrag der Kirchen im größeren Europa, Grünewald Mainz [2]2006, 23–126.

Papandreou, Damaskinos, Dialog als Leitmotiv. Die Orthodoxie an der Schwelle zum dritten Jahrtausend, Centre Orthodoxe du Patriarcat Œcuménique Chambésy/Genève 2000.

Papandreou, Damaskinos, Die interreligiösen Dialoge und die Begegnung der drei monotheistischen Religionen, in: ders., Dialog als Leitmotiv. Die Orthodoxie an der

Schwelle zum dritten Jahrtausend, Centre Orthodoxe du Patriarcat Œcuménique Chambésy/Genève 2000, 253–311.

Papandreou, Damaskinos, Réflexions sur la Question de la Paix, in: Centre Orthodoxe du Patriarcat Œcuménique (Hg.), Un Regard Orthodoxe sur la Paix, Editions du Centre Orthodoxe du Patriarcat Œcuménique Chambésy/Genève 1986, 21–31.

Papanikolaou, Aristotle, The Ascetics of War. The Undoing and Redoing of Virtue, in: Hamalis, Perry T. / Karras, Valerie A. (Hg.), Orthodox Christian Perspectives on War, University of Notre Dame Press Notre Dame/IN 2018, 13–35.

Papanikolaou, Aristotle, Creation as Communion in Contemporary Orthodox Theology, in: John Chryssavgis / Bruce V. Foltz (Hg.), Toward an Ecology of Transfiguration. Orthodox Christian Perspectives on Environment, Nature, and Creation, Fordham University Press New York 2013, 106–120.

Papanikolaou, Aristotle, The Mystical as Political. Democracy and Non-Radical Orthodoxy, Notre Dame Press 2012.

Papanikolaou, Aristotle / Demacopoulos, George E. (Hg.), Fundamentalism or Tradition. Christianity after Secularism, Fordham University Press New York 2020.

Papanikolaou, Aristotle / Prodromou, Elisabeth H. (Hg.), Thinking through Faith. New Perspectives from Orthodox Christian Scholars, St. Vladimir's Seminary Press Crestwood/NY 2008.

Päpstlicher Rat für Gerechtigkeit und Frieden, Kompendium der Soziallehre der Kirche, Libreria Editrice Vaticana / Herder Freiburg u. a. 2006.

Payne, Daniel P., Eastern Orthodoxy's Theology of Economics, in: Oslington, Paul (Hg.), The Oxford Handbook of Christianity and Economics, Oxford University Press 2014, 197–205; der Beitrag ist online zugänglich unter https://www.academia.edu/2424851/Eastern_Orthodoxy_and_Economics.

Porsche-Ludwig, Markus / Bellers, Jürgen (Hg.), Handbuch der Religionen der Welt, Bd. 2, Verlag Traugott Bautz Nordhausen 2012.

Prodromou, Elisabeth, International Religious Freedom and the Challenge of Proselytism, in: Papanikolaou, Aristotle / Prodromou, Elisabeth (Hg.), Thinking through Faith. New Perspectices from Orthodox Christian Scholars, St. Vladimir's Seminary Press Crestwood/NY 2008, 247–277.

Prodromou, Elizabeth H., Orthodox Christianity and Pluralism: Moving beyond Ambivalence?, in: Emmanuel Clapsis (Hg.), The Orthodox Churches in a Pluralistic World, WCC Publications Geneva / Holy Cross Orthodox Press Brookline/MA 2004, 22–46.

Proházka, Michael, Die Orthodoxe Kirche von Albanien, in: Thomas Bremer / Hacik Gazer / Christian Lange (Hg.), Die orthodoxen Kirchen der byzantinischen Tradition, WBG Darmstadt 2013, 89–94.

Rahner, Karl / Vorgrimler, Herbert, Kleines Konzilskompendium. Sämtliche Texte des Zweiten Vatikanum, Herder Freiburg [11]1976.

Resolution of the Russian Orthodox Church Bishops' Council on the Internal Life and External Work of the Russian Orthodox Church von 2008, online zugänglich unter https://mospat.ru/archive/en/2008/06/41632/.

Reuter, Hans-Richard, Art. „Heiliger Krieg – III. Ethisch", in: RGG[4] 4 (Studienausgabe 2008), 1564 f.

Reuter, Hans-Richard, Art. „Krieg – VI. Christentum", in: RGG[4] 4 (Studienausgabe 2008), 1770.

Rhalles, Georgios A. / Potles, Michael, Syntagma IV, Verlag Chartophylakos Athen 1854.

Roudometof, Victor / Makrides, Vasilios, Orthodox Christianity in 21st Century Greece. The Role of Religion in Culture, Ethnicity and Politics, Ashgate Farnham 2010.

Schlussbericht der orthodoxen Konsultation zum Thema „Die Stellung der Frau in der Orthodoxen Kirche und die Frage der Frauenordination, in: Orthodoxes Forum 3 (1989), 93–102.

Schlussdokument der interreligiösen Konferenz 28.2.–2.3.2008 (Beirut), in: Proche-Orient Chrétien 59 (2009), 332–336.

Schon, Dietmar (Hg.), Identität und Authentizität von Kirchen im ‚globalen Dorf' (Schriften des Ostkircheninstituts der Diözese Regensburg 4), Pustet Regensburg 2019.

Schon, Dietmar, Ignatios IV. Hazim – Patriarch von Antiochia, Wegbereiter, traditionsbewusster Reformer, in: Ostkirchliche Studien 62 (2013), 3–62.

Schon, Dietmar, Kirchliche Identität und ökumenische Zusammenarbeit – neue und alten Herausforderungen, in: ders. (Hg.), Identität und Authentizität von Kirchen im ‚globalen Dorf'. Annäherung von Ost und West durch gemeinsame Ziele? (Schriften des Ostkircheninstituts der Diözese Regensburg 4), Pustet Regensburg 2019, 197–219.

Schon, Dietmar, Die mittelalterliche Auseinandersetzung um „wahre Religion" – Orthodoxe Argumentationsmuster gegenüber dem Islam bei Johannes von Damaskus und Theodor Abu Qurra, in: Ostkirchliche Studien 65 (2016), 76–118.

Schon, Dietmar, Die orthodoxen Kirchen im interreligiösen Dialog mit dem Islam (Judaism, Christianity, and Islam – Tension, Transmission, Transformation 7), de Gruyter Berlin u. a. 2017.

Schon, Dietmar, Würde, Freiheit und Rechte des Menschen. Anmerkungen zu einem Grundlagendokument der ROK, in: Osteuropa 67 (2017), 191–204.

Schöttler, Peter, Szientismus. Zur Geschichte eines schwierigen Begriffs, in: NTM Zeitschrift für Geschichte der Wissenschaften, Technik und Medizin 20 (2012), 245–269; der Beitrag ist auch online zugänglich unter https://link.springer.com/article/10.1007/s00048-012-0078-5.

Schrey, Heinz-Horst, Art. „Gemeinnutz/Gemeinwohl", in: TRE 12 (Sonderausgabe 1993), 339–346.

Seppälä, Serafim, Forsaken or Not? Patristic Argumentation on the Forsakenness of Jews Revisited, in: Review of Ecumenical Studies (RES, Sibiu) 11 (1/2019), 180–198.

Siecienski, Edward, Holy Disobedience. Resistance to Secular and Ecclesiastical Authority in Orthodox Christian History, online publiziert auf der Homepage „Columbia University Libraries" unter https://academiccommons.columbia.edu/doi/10.7916/D8M04FRC.

Šijaković, Bogoljub (Hg.), Ad Orientem. Essays from Serbian Theology Today, Faculty of Orthodox Theology Belgrade / St. Sebastian Orthodox Press Los Angeles 2019.

Simion, Marian Gh., Seven Factors of Ambivalence in Defining a Just War Theory in Eastern Christianity, in: ders. / Tălpăşanu, Ilie (Hg.), Proceedings of the 32nd Annual Congress of the American Romanian Academy of Arts and Sciences, Polytechnic International Press Montreal, 2008, 537–543; der Beitrag ist online zugänglich unter https://www.academia.edu/2135040/Seven_Factors_of_Ambivalence_in_Defining_a_Just_War_Theory_in_Eastern_Christianity.

Simion, Marian Gh. / Tălpăşanu, Ilie (Hg.), Proceedings of the 32nd Annual Congress of the American Romanian Academy of Arts and Sciences, Polytechnic International Press Montreal 2008.

Skedros, James C., Lessons from Military Saints in the Byzantine Tradition, in: Hamalis, Perry T. / Karras, Valerie A. (Hg.), Orthodox Christian Perspectives on War, University of Notre Dame Press Notre Dame/IN 2018, 195–213.

Skira, Jerry Z., Christ, The Spirit and the Church in Modern Orthodox Theology. A Comparison of Georges Florovsky, Vladimir Lossky, Nikos Nissiotis and John Zizioulas, online veröffentlichte Dissertation von 1998, zugänglich unter https://tspace.library.utoronto.ca/bitstream/1807/10514/1/NQ36600.pdf.

Sooy, Nicholas, Just War and Orthodoxy. A Response to the Catechism of the Russian Orthodox Church, in: The Wheel 12 (2018), 51–56; der Text ist online zugänglich unter https://static1.squarespace.com/static/54d0df1ee4b036ef1e44b144/t/5a9cf48ce2c48369e06875c8/1520235671021/12_Sooy%2C+N.pdf.

Staikos, Michael, Auferstehung. Von erlebter orthodoxer Spiritualität, Ibera Verlag Wien 2000.

Staikos, Michael, Das Verhältnis der Orthodoxen Kirchen zum Judentum, in: Dialog. Christlich-Jüdische Informationen, Heft 49 (2002), 4–17; der Beitrag ist online zugänglich unter https://www.christenundjuden.org/index_files/de82b4b22575dbcb843dd4dde7733899-101.html.

Stan, Nicolae Răzvan, Human Person as a Being Created in the Image of God and as the Image of the Son. The Orthodox Christian Perspective, in: International Journal of Orthodox Theology 2 (3/2011), 120–143.

Stouraitis, Ioannis, Jihad and Crusade. Byzantine Positions towards the Notions of „Holy War", in: Βυζαντινά Σύμμεικτα 21 (2011), 11–63; der Beitrag ist online zugänglich unter https://www.academia.edu/1946896/Jih%C4%81d_and_Crusade_Byzantine_positions_towards_the_notions_of_holy_war_Byzantina_Symmeikta_21_2011_

Stylianopoulos, Theodore, Toward a Theology of Marriage in the Orthodox Church, in: Greek Orthodox Theological Review 22 (1977), 249–283.

Suchla, Beate R., Art. „Maximus Confessor", in: Döpp, Siegmar / Geerlings, Wilhelm (Hg.), Lexikon der antiken christlichen Literatur, Herder Freiburg u. a. 1998, 433–435.

Synek, Eva, „Wer aber nicht völlig rein ist an Seele und Leib …". Reinheitstabus im Orthodoxen Kirchenrecht (Kanon, Jahrbuch der Gesellschaft für das Recht der Ostkirchen, Sonderheft 1), Verlag Roman Kovar Egling 2006.

Synodos. Die offiziellen Dokumente des Heiligen und Großen Konzils der Orthodoxen Kirche (Kreta, 18.–26. Juni 2016), Griechisch-Orthodoxe Metropolie von Deutschland Bonn 2018.

Taneva, Albena / Gezenko, Ivanka (Hg.), The Power of Civil Society in a Time of Genocide. Proceedings of the Holy Synod of the Bulgarian Orthodox Church on the Rescue of the Jews in Bulgaria 1940–1944, Sofia University Press St. Kliment Ohridski 2005. Die Untersuchung ist im Volltext online zugänglich unter http://jews.archives.bg/jews/uploaded_files/The_Power_Of_Civil_Society_In_A_Time_Of_Genocide.pdf.

Taverne, Alain, Katholische Schulen in Frankreich, online publiziert unter https://www.schulstiftung-freiburg.de/eip/media/forum/pdf_180.pdf.

Teule, Herman, Les Assyro-Chaldéens. Chrétiens d'Irak, d'Iran et de Turquie, Brepols Turnhout 2008.

Theodorou, Evangelos, Weibliche Kleriker aus orthodoxer Sicht unter besonderer Berücksichtigung der Empfehlungen der panorthodoxen Theologenkonferenz von 1988, in: Fürst, Carl / Potz, Richard (Hg.), Kanon XVI – Mutter, Nonne, Diakonin (Jahrbuch der Gesellschaft für das Recht der Ostkirchen), Verlag Roman Kovar Egling 2000, 190–212.

Thesing, Josef / Uertz, Rudolf, Die Grundlagen der Sozialdoktrin der Russisch-Orthodoxen Kirche, Verlag der Konrad-Adenauer-Stiftung St. Augustin 2001.

Thomas von Aquin, Summa Theologica, Vol. 3 (englische Übersetzung), Cosimo New York 2007.

Thon, Nikolai, Quellenbuch zur Geschichte der Orthodoxen Kirche, Paulinus-Verlag Trier 1983.

Tollefsen, Torstein, The Christocentric Cosmology of St. Maximus the Confessor, Oxford University Press 2008.

Törönen, Mika Kalevi, Union and Distinction in the Thought of St. Maximus the Confessor, Ethesis an der University of Durham 2002, online publiziert unter http://etheses.dur.ac.uk/1087/.

Tsetsis, Georges (Hg.), Orthodox Thought. Reports of Orthodox Consultations organized by the World Council of Churches 1975–1982, WCC Publications Geneva 1983.

Tsironis, Christos, Peace-War-Ecclesia in Modern Greece. Fragments and Continuities, in: Asfaw, Semegnish / Chehadeh, Alexios / Simion, Marian (Hg.), Just Peace. Orthodox Perspectives, WCC Publications Geneva 2012, 128–151.

Ulrich, Jörg, Innovative Apologetik. Beobachtungen zur Originalität Justins am Beispiel der Lehre vom Logos spermatikos und anderer Befunde, in: Theologische Literaturzeitung 130 (2005), 1–16; der Beitrag ist online zugänglich unter http://www.thlz.com/artikel/13707/?inhalt=heft%3D2005_1%23r16.

Vaporis, Nomikos Michael (Hg.), Orthodox Christians and Muslims, Holy Cross Orthodox Press Brookline/MA 1986.

Vasilevich, Natallia, Die Soziallehre des Heiligen und Großen Konzils: Auf dem Weg, eine Kirche für die Welt zu werden, in: Ökumenische Rundschau 66 (2017), 12–28.

Vassiliadis, Petros (Hg.), Orthodox Perspectives on Mission, Regnum Oxford 2013.

Ventis, Haralambos, Fundamentalism as „Orthodoxism", online publiziert unter https://publicorthodoxy.org/2018/07/03/fundamentalism-as-orthodoxism/.

Vocht, Constant de, Art. „Maximus Confessor", in: TRE 22 (Studienausgabe 2000), 298–304.

Wagner, Harald, Art. „Branchtheorie", in: LThK³ 2 (Sonderausgabe 2009), 630.

Walters, Philip, Turning Outwards or Turning Inwards? The Russian Orthodox Church Challenged by Fundamentalism, in: Nationalities Papers. The Journal of Nationalism and Ethnicity 35 (2007), 853–879.

Ware, Kallistos, The human Person as icon of the Trinity, in: Sobornost 8 (1986), 6–23.

Ware, Kallistos, Through Creation to the Creator, in: John Chryssavgis / Bruce V. Foltz (Hg.), Toward an Ecology of Transfiguration. Orthodox Christian Perspectives on Environment, Nature, and Creation, Fordham University Press New York 2013, 86–105.

Wasmuth, Jennifer, Östliche Orthodoxien. Die Verbreitung des Sobornost'-Konzeptes in den orthodoxen Kirchen, online publiziert mit dem Datum 16.4.2012 auf der Plattform „Europäische Geschichte Online (EGO)" unter http://ieg-ego.eu/en/threads/crossroads/religious-and-confessional-spaces/jennifer-wasmuth-oestliche-orthodoxien-die-verbreitung-des-sobornost-konzeptes-in-den-orthodoxen-kirchen.

Weippert, Manfred, Art. „Heiliger Krieg – I. Alter Orient und AT", in: RGG⁴ 3 (Sonderausgabe 2008), 1562 f.

Wiesmann, Helmut, Kriterium Religionsfreiheit – zur Lage der religiösen Minderheiten in der Türkei im Kontext eines möglichen EU-Beitritts, in: OWEP 5 (2004), 42–50.

Yannaras, Christos, The Freedom of Morality, St. Vladimir's Seminary Press Crestwood/ NY 1984.
Yannoulatos, Anastasios, Dialog und Mission, in: ders., Mission auf dem Weg Jesu Christi. Eine orthodoxe Sicht, Aschendorff Münster 2020, 202–208.
Yannoulatos, Anastasios, Dialogue with Islam from an Orthodox Point of View, in: ders., Facing the World. Orthodox Christian Essays on Global Concerns, WCC Publications Geneva 2003, 103–126.
Yannoulatos, Anastasios, Facing the World. Orthodox Christian Essays on Global Concerns, WCC Publications Geneva 2003.
Yannoulatos, Anastasios, Mission auf dem Weg Jesu Christi. Eine orthodoxe Sicht, Aschendorff Münster 2020.
Yannoulatos, Anastasios, Orthodoxie and Human Rights. On the Universal Declaration of Human Rights and the Greek Orthodox Tradition, in: ders., Facing the World. Orthodox Christians Essays on Global Concerns, St. Vladimir's Seminary Press Crestwood/ NY 2003, 49–78.
Yannoulatos, Anastasios, A Theological Approach to Understanding Other Religions, in: ders., Facing the World. Orthodox Christian essays on Global Concerns, WCC Publications Geneva 2003, 127–153.

Zizioulas, John D., Being as Communion, Darton Longman & Todd London 2004.
Zizioulas, John D., The Eucharistic Communion and the World, t&t clark London/New York 2011.
Zizioulas, John D., Foreword, in: Chryssavgis, John (Hg.), Cosmic Grace – Humble Prayer. The Ecological Vision of the Green Patriarch Bartholomew, William B. Eerdmans Publishing Grand Rapids, MI / Cambridge, U. K., revised edition 2009, VII–IX.
Zizioulas, John D., Human Capacity and Human Incapacity. A Theological Exploration of Personhood, in: Scottish Journal of Theology 28 (1975), 401–447.
Zizioulas, John D., Lectures in Christian Dogmatics, t&t clark London/New York 2008.
Zizioulas, John (Metropolitan of Pergamon), Proprietors or Priests of Creation?, in: John Chryssavgis / Bruce V. Foltz, Toward an Ecology of Transfiguration. Orthodox Christian Perspectives on Environment, Nature, and Creation, Fordham University Press New York 2013, 163–171.
Zwahlen, Regula, Sergey N. Bulgakov's Concept of Human Dignity, in: Brüning, Alfons / van der Zweerde, Evert (Hg.), Orthodox Christianity and Human Rights (Eastern Christian Studies 13), Peeters Leuven u. a. 2012, 169–186.

Schriften des Ostkircheninstituts der Diözese Regensburg

Dietmar Schon (Hg.)

DIALOG 2.0 – BRAUCHT DER ORTHODOX-KATHOLISCHE DIALOG NEUE IMPULSE?

Trotz unbestreitbarer Erfolge wird zunehmend beklagt, dass sich die ökumenische Dynamik abzuschwächen scheint, dass sich Missverständnisse ereignen und »Durchbrüche« auf dem Weg zur erhofften Wiederaufnahme der COMMUNIO auf sich warten lassen. Braucht es neue Impulse, um das Begonnene weiterzuführen?

Band 1, 264 Seiten, kartoniert
ISBN 978-3-7917-2923-7 / auch als eBook

Volodymyr Pryymych

UNIONSGESPRÄCHE BEI DEN KONZILIEN DES 15. JAHRHUNDERTS

Kiewer Metropoliten als Mittler zwischen Byzanz und Rom

Mehrere Konzilien des 15. Jahrhunderts unternahmen den Versuch, in direkter Begegnung von Rom und Byzanz eine Annäherung zu erreichen. Der Autor kommt durch seine Forschung zu neuen, das Bild dieser Epoche schärfer konturierenden Erkenntnissen. Ein bemerkenswerter Akzent liegt dabei auf den Beiträgen der Kiewer Metropoliten, deren Vermittlerrolle einer Neubewertung bedarf.

Band 2, 272 Seiten, kartoniert
ISBN 978-3-7917-3008-0

VERLAG FRIEDRICH PUSTET

Verlag Friedrich Pustet
Unser komplettes Programm unter:
www.verlag-pustet.de

Tel. 0941 / 92022-0
Fax 0941 / 92022-330
bestellung@pustet.de

Schriften des Ostkircheninstituts der Diözese Regensburg

Dietmar Schon (Hg.)

DIE SERBISCHE ORTHODOXE KIRCHE IN DEN HERAUSFORDERUNGEN DES 21. JAHRHUNDERTS

Der Band liefert ein klares Bild über den aktuellen Stand des kirchlichen wie wissenschaftlichen Lebens der serbischen Orthodoxie. Die Autoren zeigen verschiedene Aspekte der theologischen, der jüngeren historischen sowie der aktuellen gesellschaftlichen Entwicklung auf und machen sie für die weitere Forschung zugänglich.

Band 3, 272 Seiten, kartoniert
ISBN 978-3-7917-3057-8 / auch als eBook

Dietmar Schon (Hg.)

IDENTITÄT UND AUTHENTIZITÄT VON KIRCHEN IM ›GLOBALEN DORF‹

Annäherung von Ost und West durch gemeinsame Ziele?

Um Identität und Authentizität zu verteidigen, wird von manchen eine Abgrenzung zu anderen Kirchen propagiert. Aber wie verhält sich der Rückzug in ein »kirchliches Binnenklima« zum Verkündigungsauftrag Jesu und zur kirchlichen Sendung? Die Zeichen der Zeit scheinen eher für eine Zusammenarbeit der Kirchen von Ost und West zu sprechen, um so auf die Herausforderungen von Globalisierung und Säkularisierung Antwort zu geben. Die Beiträge zeigen Wege auf, wie der Reichtum der kirchlichen Identität zum Nutzen gemeinsamer Ziele fruchtbar werden kann.

Band 4, 224 Seiten, kartoniert
ISBN 978-3-7917-3142-1 / auch als eBook

VERLAG FRIEDRICH PUSTET

Verlag Friedrich Pustet
Unser komplettes Programm unter:
www.verlag-pustet.de

Tel. 0941 / 92022-0
Fax 0941 / 92022-330
bestellung@pustet.de

Dragiša Jerkić

MUT ZUR FREIHEIT?

Antworten der orthodoxen Theologie des 20. Jahrhunderts auf eine Menschheitsfrage

376 Seiten, kartoniert
ISBN 978-3-7917-3197-1
auch als eBook

Die Debatte über Begründung und Ausgestaltung der Menschenrechte zeigt, dass das Ringen um Freiheit entscheidend mit dem Verständnis der menschlichen Person zusammenhängt. Vorbereitet durch Nikolaj Berdjaev, haben Vertreter der Neopatristischen Synthese wie Georges Florovsky und Vladimir Lossky Beiträge zu einer orthodoxen »Theologie der Freiheit« geleistet. Auch im griechischen Traditionszweig der Orthodoxie wurden Konzepte mit großer Wirkung erarbeitet, vor allem von Christos Yannaras und Ioannis Zizioulas. Die verschiedenen Lösungsansätze russischer wie griechischer Prägung werden beschrieben, verglichen und eingeordnet.
Daraus ergeben sich ein aussagekräftiger Zugang zur Entwicklung der orthodoxen Theologie im 20. Jahrhundert, ein Ansatzpunkt für einen Dialog zwischen Ost und West – und eine Ermutigung zur Freiheit.

VERLAG FRIEDRICH PUSTET

Verlag Friedrich Pustet
Unser komplettes Programm unter:
www.verlag-pustet.de

Tel. 0941 / 92022-0
Fax 0941 / 92022-330
bestellung@pustet.de